国語語彙史研究会編

国語語彙史の研究　三十四

和泉書院

目次

特集――複合語・派生語

複合語と派生語と

蜂矢真郷

一

阪倉篤義氏『語構成の研究』(注1)〔第一篇第一章第一節〕は、「複合」と「派生」とについて、

複合法——すなはち、本来自立の用法を有する二つ以上の単語(または、これに準ずる言語単位)を結合して、形態上一つの単語に相当する形式(「複合語」、また「熟語」)を創造するといふ方法

派生法——すなはち、本来自立の用法を有する一つの単語に、一つ以上の非自立的要素(いはゆる接辞)を接合して、おなじく形態上一単語に相当する形式(「派生語」、また「由生語」)を創造するといふ方法

として、「複合語」と「派生語」とを合わせて「合成語」と呼ばれ、語構成研究の中心の課題は「合成」にあるとされる。それに対して、右の「複合語」を〝合成語〟と、右の「合成語」を〝複合語〟と呼ぶ人もいるけれども、これまでに、前書㈠『国語重複語の語構成論的研究』・㈡『国語派生語の語構成論的研究』(注2)などで、阪倉氏に従い「複合」「派生」(および「合成」)の用語を用いてきたので、本稿もそれによる。

また、現代語の研究において、複数の要素からなる助動詞・助詞相当の連語を〝複合辞〟ないし〝複合助辞〟と(〝複合助動詞〟〝複合助詞〟とも)呼ぶことがあるが、この場合の〝複合〟は右のような意味に用いられていな

いので、注意が必要である。

なお、「非自立的要素（いはゆる接辞）」＋「非自立的要素（いはゆる接辞）」のものは、阪倉氏著書では「複合」にも「派生」にも（すなわち「合成」にも）入れられない。ただ、カ行動詞＋スの構成のアカス［明］などに対して、動詞＋カスの構成のオビヤカス［脅］・ノガラカス［逃］などがあり、後者のカスなどを「肥大」した接尾辞ととらえられる。（注3）「肥大した接尾辞」については、前書㈡〔第一篇・第二篇など〕に述べたことがあり、後に第三節にカスを含むいくらかを挙げて述べる。

さて、阪倉氏著書の右の引用において、合成語すなわち複合語・派生語の構成要素として、語構成要素の独立性から見て、㈠「本来自立の用法を有する単語」、㈡「これに準ずる言語単位」、㈢「非自立的要素（いはゆる接辞）」という三つの段階が認められる。これを、前書㈠〔第一篇〕では、㈠と㈡とを分けて、㈠独立的要素、㈡準独立的要素、㈢非独立的要素ととらえた。そして、「複合と派生と（ないし複合語と派生語と）の間においては、㈠・㈡と㈢との差が問題となり、通常㈠と㈡との差を問題にすることはあまりない」とも述べた。無論、㈠と㈡との差は重要であり、前書㈠でも前書㈡でもその点を重視して述べてきたが、本稿では、㈠・㈡と㈢との差（とりわけ、㈡と㈢との差）を中心に検討することにしたい。

ここに、㈡準独立的要素として、次のようなものが挙げられる。

名詞の被覆形、動詞の被覆形、ク活用形容詞の語幹（＝語基）、シク活用形容詞の語基（≠語幹）、情態副詞の語基（形容動詞の語幹を含む）、その他

「その他」の例としては、とりあえず、『時代別国語大辞典上代編』（以下、『上代編』と示す）が「形状言」とするもののかなりが挙げられる。『上代編』は、「凡例」において「形状言」を「形容詞・形容動詞の語幹など」としているが、前稿㈠「語構成と形状言」（注4）に見たように、実際に「形状言」とする項には、「形容詞・形容動詞の

語幹など」の「など」に当たるものが、マ〔真〕、サカ〔逆〕、タワヤ〔撓〕など多くある。

また、前稿(二)「古典語の複合語」(注5)に見たことであるが、二つの要素からなる複合語には

(イ)＋(イ)、(ロ)＋(イ)、(イ)＋(ロ)、(ロ)＋(ロ)

のものがあり、二つの要素からなる派生語には

(ハ)＋(イ)、(ハ)＋(ロ)、(イ)＋(ハ)、(ロ)＋(ハ)

のものがある。なお、派生語の前二者〔(ハ)＋(イ)、(ハ)＋(ロ)〕は接頭辞を伴うもの、後二者〔(イ)＋(ハ)、(ロ)＋(ハ)〕は接尾辞を伴うものである。そして、派生語について検討するに当たっては、接頭辞を伴う前二者より、接尾辞を伴う後二者の方が注意される。

前二者のうち、派生語〔(ハ)＋(イ)〕の品詞は、基本的に(イ)の品詞と同じであり、接頭辞を上に伴うことによって品詞が変わることはないと言える。また、派生語〔(ハ)＋(ロ)〕は、あまり例が多くないが、さらに下に何かの要素を伴うことがあり、(ロ)が下に何かの要素を伴うことが多いこととともにとらえることができよう。

それに対して、後二者は、(ハ)がどのような接尾辞であるかによって、派生語〔(イ)＋(ハ)〕の品詞が(イ)から変わり、〔(ロ)＋(ハ)〕の品詞が(ロ)から変わることが多くある。(注6)前書(一)でも前書(二)でも、動詞化接尾辞（ス・ルなど）とか形容詞化接尾辞（シ）という用語をよく用いたが、それはそれらの接尾辞を伴った派生語がそれぞれ動詞・形容詞として現れるからである。

つまり、派生語の品詞を決める力は、接頭辞より接尾辞の方にあると考えられる。いや、むしろ、派生語の場合は品詞を決める力が後項にある、と言う方がより正確である。そして、このことは、複合語の品詞を決める力が、前項と後項とが重複・並列の関係にあるものを別にして、基本的に後項にあることと、合わせとらえられることである。

二

さて、以下、(イ)・(ロ)と(ハ)との差（とりわけ、(ロ)と(ハ)との差）について、検討する。言わば、複合と派生との境界を見ることになる。なお、必要に応じて、(イ)と(ロ)との差についても言及する。

まず、複合語・派生語の前項についてである。

前稿㈢「テ［手］とその周辺」（注7）に、テ［手］の被覆形タ［手］と接頭辞タとについて、例を挙げ述べたことがある。

タ［手］＋名詞のものに、タモト［手本］「…娘子《をとめ》らが娘子《をとめ》さびすと韓玉《からたま》を手本《たもと》に巻《ま》かし〈多母等尓麻可志〉…」（萬八〇四 八〇八）などが、タ［手］＋動詞のものに、タヅクル［手作］「大和《やまと》の忍《おし》の広瀬《ひろせ》を渡《わた》らむと足結《あよひ》手作《づく》り〈阿庸比陁豆矩梨〉腰作《こしつく》らふも」（皇極紀・一〇六）などがある。他方、接頭辞タ＋動詞のものに、タバシル［激］「霜の上にあられた走《ばし》り〈安良礼多婆之里〉いや増《ま》しに我《あれ》は参《ま》ゐ来《こ》む年の緒長《なが》く」（萬四二九八 四三二二）などが、接頭辞タ＋形容詞のものに、タドホシ［遠］「…玉鉾《たまほこ》の道をた遠《どほ》み〈道乎多騰保美〉山川の隔《へな》りてあれば…」（萬三九五七 三九七九）などがある。

右のようであるので、タ＋動詞のものは、そのタがタ［手］であるか接頭辞タであるか、判断が難しいことがある。しかしながら、類聚名義抄によるアクセントは、「手巾太能古比（平平上平）」（図二七七）のようにタ［手］が低起式であり、「貴タフ《ブ》トシ（上上上〇《平》）」（高40オ）のように接頭辞タが高起式であって、両者が異なっている。（注8）よって、タスク［助］「…天地の神相《あひ》うづなひ皇祖《すめろき》のみ霊助《たす》けて〈御霊多須氣弖〉…」（萬四〇九四 四一二八）は、「忱多須久（平平上）」（図二七三）のように低起式であるのでタ［手］＋スク［助］ととらえることができ、タモツ［有・存］「能ク勝位にして永ク安寧なるを保《タモ》タ令《シ》メ、」（西大寺蔵金光明最勝王経平安初期点・春日政治氏釈文）は、「域タモツ（上上平）」（図二二八）のように高起式であるので接頭辞タ＋モツ［持］ととらえることができる。

名詞被覆形タ［手］は、同露出形テ［手］が(イ)であるのに対して(ロ)ととらえられる。他方、接頭辞タは、(ハ)である。よって、タ［手］＋名詞・動詞は(ロ)＋(イ)であり、接頭辞タ＋動詞・形容詞は(ハ)＋(イ)である。つまり、前者は複合語、後者は派生語である。

また、接頭辞タが(ハ)であるのと同様に、接頭辞カも(ハ)、接頭辞サも(ハ)である。

接頭辞カについて、例えば、カグロシ「…蜷《みな》の腸《わた》か黒《ぐろ》き髪《かみ》に〈迦具漏伎可美尓〉何時《いつ》の間《ま》か霜《しも》の降《ふ》りけむ…」（萬八〇四 八〇八）は(ハ)＋(イ)であるが、時代が下るもののカグロナリ「銀の編み棒に編む糸は／かぐろなる糸あかき糸」（佐藤春夫『殉情詩集』少年の日）の語幹カグロは(ハ)＋(ロ)である。カグロシは、カ＋［クロ《グ》＋シ］の構成ととらえられるが、［カ＋クロ《グ》］＋シと異分析されると、カグロナリが形成されることにつながる。

因みに、カグハシ［香妙］「…蒜摘《ひるつ》みに我《わ》が行《ゆ》く道《みち》の香妙《かぐは》し〈迦具波斯〉花橘《はなたちばな》は…」（記応神・四三）は、カ［香］「花のかを風のたよりにたぐへてぞ鶯さそふしるべにはやる」（古今一三）が名詞であるので、(イ)＋(イ)である。なお、類聚名義抄において、カ［香］は「薫カウバシ（上上上平）」（観僧上一五［9オ］）のように高起式であるが、接頭辞カのアクセントは必ずしも明らかでないので、接頭辞カとカ［香］との区別は困難であることがある。カグロシは派生語、カグハシは複合語である。

接頭辞サについて、例えば、サギリ「吹棄氣噴之狭霧 此云(二)浮枳于都屢伊浮岐能佐擬理(二)」（神代紀上・第六段）は、サに「狭」字が用いられているけれども、狭い意はなく接頭辞と見てよいと考えられて、(注9)(ハ)＋(イ)ととらえられるが、サヲナリ「人魂のさ青《を》なる君が〈佐青有公之〉ただ一人逢へりし雨夜の葉比左し思ほゆ」（萬三八八九 三八九二）の語幹サヲは(ハ)＋(ロ)である。

因みに、サマ［狭間］「缺《ヒマ》无ク隙《ヒマ・サマ》无きが譬如く、」（東大寺図書館蔵地蔵十輪経元慶七［883］年点・中田祝夫氏釈文）は、サがク活用形容詞サシ〔狭〕「住處迮 狭《セハクサク》」（正倉院蔵願経四分律三十七平安初期点）の語幹であるので、(ロ)＋(イ)である。なお、類聚名義抄において、サ〔狭〕は「窄サシ（上平）」（観法下六四〔33ウ〕）のように高起式であるのに対して、接頭辞サは、「狭度サワタル（上上〇〇）」（観法下一〇五〔54オ〕）の例があり、「狭」字が用いられているけれども、狭い意はなく接頭辞と見てよいと考えられて、（注10）(ハ)＋(イ)ととらえられるが、サは高起式であって、接頭辞サとサ〔狭〕との区別は困難であることがある。サギリは派生語、サマは複合語と見られる。

ところで、前稿㈣「マ〔真〕とモ〔最〕」（注11）に見たように、マ〔真〕＋名詞の構成のマコト〔誠・真言〕「葛飾《かづしか》の真間《まま》の手児奈をまことかも〈麻許登可聞〉我《われ》に寄《よ》すといふ真間《まま》の手児《てご》奈を」（萬三三八四 三四〇二・東歌）などのマ〔真〕は、接頭語と見られるが、マ〔真〕が副詞として用いられる例「…諾《うべ》しこそ問《と》ひ給《たま》へ 真《ま》こそに〈麻許曽迩〉問《と》ひ給《たま》へ…」（記仁徳・七二）もあって、これは(イ)と見るべきものである。

右に、「接頭語」と述べたが、これは「接頭辞」と同じではない。(イ)と見られる副詞マ〔真〕とともにとらえられるマ〔真〕を、非独立的要素としての接頭辞とするのは適切でないのではないか。マ〔真〕は、『上代編』が「形状言」とするものでもあった。「本来自立の用法を有する単語」の「自立」性が薄れて行った（それでも、「自立」性を失ったとは見られない）ととらえるならば、それは接頭辞（ハ）とするよりも接頭語（ロ）とする方がよいと考えられる。よって、マコト〔誠・真言〕などは、(ハ)＋(イ)ではなく(ロ)＋(イ)と見られる。他に、マシロ〔真白〕「矢形尾の真白《ましろ》の鷹を〈麻之路能鷹乎〉やどに据《す》ゑかき撫《な》で見つつ飼はくし良《よ》しも」（萬四一五五 四一七九）などのように、(ロ)＋(ロ)の例もある。いずれも複合語である。

因みに、前稿㈤「メ〔目〕とその周辺」（注12）に見たが、メ〔目〕の被覆形マ〔目〕は、マ〔目〕＋名詞のものに、マヘ〔前・目方〕「…後《しり》つ戸《と》よい行《ゆ》き違《たが》ひ 前《まへ》つ戸《と》よ〈麻幣都斗用〉い行《ゆ》き違《たが》ひ…」（記崇神・二二）などが、マ〔目〕＋動詞のものに、マミユ〔見・覲〕「覲《マミ》ニユルときは尊位一に、」（東大寺図書館蔵金剛般若経讃述仁和元〔885〕年点・大坪併治氏釈文〉などが、マ［目］＋形容詞のものに、マグハシ［目細］「下野《しもつけの》三毳《みかも》の山《やま》のこ楢《なら》のすまぐはし児《こ》ろは〈麻具波思兒呂波〉誰《た》がけか持《も》たむ」（萬三四二四 三四四三・東歌）などがある。名詞被覆形マ［目］は、同露出形メ［目］が(イ)であるのに対して(ロ)ととらえられるので、マ［目］＋名詞・動詞・形容詞は(ロ)＋(イ)と（つまり、複合語と）見られる。類聚名義抄によるアクセントは、「信マコト（上上上）」（図七二）のようにマ［真］が高起式であり、「目マナコ（平平上）」（高81オ）のようにマ［目］が低起式であって、両者が異なっている。

同様に、ミ［御］は、前稿(六)「チ［路］とミチ［道］」(注13)に見たように、ミ［御］＋名詞のものに、ミチ［道］「…木幡《こはた》の道《みち》に〈許波多能美知迩〉逢《あ》はしし嬢子《をとめ》…」（記応神・四二）、ミネ［嶺］「谷狭《たにせば》み峰《みね》に延《は》ひたる〈弥年尓波比多流〉玉《たま》かづら絶《た》えむの心我《こころわ》が思《も》はなくに」（萬三五〇七 三五二八・東歌）、ミサキ［岬］「夫 朝貢使者 恒避㈡嶋曲㈠ 謂海中嶋曲崎岸也 俗云美佐祁」（継体紀二十三年三月）などや、ミキ［神酒］「…豊御酒《とよみき》〈登与美岐〉献《たてまつ》らせ」（記神代・五）、ミヤ［宮］・ミカド［御門］「…八百土《やほに》よしい杵築《きづ》きの宮《みや》〈伊岐豆岐能美夜〉真木栄《まきさ》く檜《ひ》の御門《みかど》〈比能美加度〉…」（記雄略・九九）などがある。これらのミ［御］は、ミチ［道］・ミネ［嶺］・ミサキ［岬］では神と言うより自然などの原始的な霊格を指すと見られ、(注14)ミキ［神酒］・ミヤ［宮］・ミカド［御門］では神ないし天皇などを指すと見られるが、いずれも接頭語と見てよく、これらは複合語と見られる。

それに対して、ヤマツミ［山祇］「次 生㈡山神 名大山上津見神㈠」（記神代）・ワタツミ［海神］「海神《わたつみ》の〈和多都民能〉神《かみ》の命《みこと》の みくしげに貯《たくは》ひ置《お》きて…」（萬四二二〇 四二四四）のミは、それぞれのツが連体助詞と見られることからも、自然などの原始的霊格を表す名詞ととらえられ、それが、先に見た例のように接頭語ミ［御］としても用いられるようになったと考えられる。ヤマツミ［山祇］・ワタツミ［海神］のミは、名詞ととらえられるところから(イ)と、接頭語ミ［御］は(ロ)と見られる。

さて、ウチ＋動詞については、阪倉氏「接頭語「うち」の消長」(注15)に詳しいが、このウチの多くも接頭語と見られる。(注16) このウチは、本来、動詞ウツ［打］の連用形であり、ウチ＋動詞の中には打つ意を持つものもある。ウチヤム［打止］「…慨《うれた》くも鳴《な》くなる鳥《とり》か この鳥《とり》も打《う》ち止《や》めこせね〈宇知夜米許世泥〉…」（記神代・二）の例を、「腹だたしくも鳴く鳥どもめ。この鳥どもを、ぶったたいて（鳴くのを）止《や》めさせてくれ。」（土橋寛氏『古代歌謡全注釈 古事記編』(注17)）のように解すると、このウチヤムのウチは打つ意を持つと見られる。その打つ意が薄れて行く（意味が薄れて行くことと、「自立」性が薄れて行くこととは、連関すると考えられる）と、接頭語と見られるようになる。ウチミル「…うち廻《み》る〈宇知微流〉島《しま》の埼々《さきざき》 かき廻《み》る磯《いそ》の埼落《さきお》ちず…」（記神代・五）のウチは、打つ意が薄れたものと言える。すなわち、右のウチヤムの例は(イ)＋(イ)と、右のウチミルの例は(ロ)＋(イ)ととらえられる。

他方、既に知られていることであるが(注18)、類聚名義抄によると、ウチカク「搭ウチカク（平上平上）」（観仏下本五四［28ウ］）などのように、ウチ＋動詞などを含む、動詞連用形＋動詞のいわゆる複合動詞は二語のアクセントであるので、院政期において、これを一語としての複合動詞と見るかどうかは問題である。尤も、アクセントを重視すれば複合動詞と見ないことになるけれども、甚だ微妙な言い方になるが、意味の薄れることを考えると、(ロ)＋(イ)のものは複合動詞とするというとらえ方も、あるいはあり得るであろうかと考えられないではない。

三

次に、複合語・派生語の後項についてである。

〜＋メクについては、前書㈠〔第三篇第五章〕および前稿㈦「メク型動詞と重複情態副詞」(注19)に見たが、準独立的要素＋メクのものが多く、サバメク(注20)「處々海人 訕哤之不(レ)従(レ)命 訕哤 此云佐麼賣玖」（応神紀三年十一月）などがある。名詞＋メクのものも、子《コ》メク「気高《けだか》くこめきて、御髪《ぐしゅ》揺りかけたり」（宇津保物語・蔵開上）、岩瀬《イハセ》ノ杜ノ呼子《ヨブコ》鳥《ドリ》メク「岩瀬《いはせ》の杜《もり》の呼子鳥《よぶこどり》めいたりし夜《よ》のこと」（源氏物語・早蕨）などがあり、後者は「連体修飾語を伴った名詞を語基とするもの」（前稿(七)）である。副詞＋メクのものも、ワザトメク「わざとめきよしある火桶《をけ》に」（源氏物語・初音）などがある。メクは動詞メクのようなものが考えられないので接尾辞ととらえられ、準独立的要素＋メクは(ロ)＋(ハ)と、名詞＋メク、副詞＋メクは(イ)＋(ハ)と見られる。

それに対して、〜＋ツクは、息《イキ》ヅク「…鳰鳥《にほどり》の潜《かづ》き息《いき》づき〈迦豆伎伊岐豆岐〉…」（記応神・四二）などの名詞＋ツクのものを別にすると[注21]、〜＋メクに比べて基本的に時代が下る。平林一利氏「象徴詞＋動詞化接尾辞「つく」について――その消長と構成のあり方――」[注22]があり、中古の例としてムカツク「乾歐《カンヲウ》《ムカツク》」（医心方天養二［1145］年点）などが挙げられるが、多くは中世以降の例である。平林氏が言われる「象徴詞」は、擬音語・擬態語の語基としてもよく、先に「準独立的要素＋メク」としたものについても、サバメクのサバなどの準独立的要素は擬音語・擬態語の語基としてよいものである（ここに、準独立的要素に、情態副詞の語基と重なるものもあるが、擬音語・擬態語の語基を加えることになる）。これら、「擬音語・擬態語の語基」＋メクと「擬音語・擬態語の語基」＋ツクとの類似性を考えれば、このツクは、メクと同様に接尾辞と見ることになるであろうか。しかし、平林氏が「本動詞「つく」の意味である《接触する》《接近する》とは、抽象度の高いところで関連性を見せつつも、様相を異にした《そういう動作をする状態、そのような様子を示す状態》という独自の意味があること、そして、「〜つく」が結合することにより、語に状態の持続という意味を持たせる働きがある」と述べられるように、このツクは動詞ツク［付・着］に由来すると見るのがよいと考えられる。とするならば、接尾辞ではなく接尾語と見るべきことになる。つまり、この〜＋ツクは、(ロ)＋(ハ)かと見られそうでもあるが、(ロ)＋(ロ)と見られる（名詞＋ツクのものは、(イ)＋(ロ)と見られる）。複合語か派生語か判断のやや難しい例であるが、「擬音語・擬態語の語基」＋メクは派生語と、「擬音語・擬態語の語基」＋ツクは複合語と見ることになる。

また、〜＋ダツについては、辻田昌三氏「「だつ」と「めく」」[注23]、関一雄氏『平安時代和文語の研究』[注24]などがあり、名詞＋ダツのものに、紫《ムラサキ》ダツ「むらさきだちたる雲《くも》のほそくたなびきたる」（枕草子）などが、動詞連用形＋ダツのものに、ワカヤギダツ「佐理《すけまさ》の宰相なども、みなわかやぎだちて」（同）などが、シク活用形容詞語幹＋ダツのものに、ウルハシダツ「すき者《もの》どもの、いと、うるはしだちてのみ、このわたりに見ゆるも」（源氏物語・玉鬘）などが、ク活用形容詞語幹＋ダツのものに、ワカダツ「桃《もゝ》の木の若《わか》だちて、いとしもとがちにさし出《い》でたる」（枕草子）などが、形容動詞語幹＋ダツのものに、アヤニクダツ「人の子《こ》の、四《よ》つ五《いつゝ》つなるは、あやにくだちて、ものとりちらしそこなう《〔ふ〕》を」（同）などがある。これらのダツは、「動詞「たつ（立）」の接尾語化したもの」（『日本国語大辞典』〔初版・第二版とも〕）、「動詞「立つ」から転じたもの。」（『角川古語大辞典』）とされ、接尾語と見られて、名詞＋ダツ、動詞連用形＋ダツ、シク活用形容詞語幹＋ダツ、ク活用形容詞語幹＋ダツ、形容動詞語幹＋ダツは(ロ)＋(ロ)と、いずれも複合語と見られる。

そして、～＋ガルは、シク活用形容詞語幹＋ガルのものに、アヤシガル「あやしがりて寄《よ》りて見るに、筒《つゝ》の中光《ひか》りたり」（竹取物語）などが、ク活用形容詞語幹＋ガルのものに、クラガル「疾《はや》き風吹《ふ》きて、世界《せかい》暗《くら》がりて」（同）などが、形容動詞語幹＋ガルのものに、アハレガル「かぐや姫の、例《れい》も月をあはれがり給へども」（同）などがある。このガルは、春日和男氏「万葉集と存在詞――上代の形容動詞とガル語尾――」（注25）が言われるように、接尾辞ゲに動詞化接尾辞ルがついたものかと見られそうである。基本的にガルに上接する要素はゲに上接する要素に含まれ、ガルに上接する要素よりゲに上接する要素の方が範囲が広いと見られることからも、そのように見てよいと考えられる。その際に、ゲルではなくガルの形になることが問題であるが、『岩波古語辞典』は、「▽ガは接尾語ゲの古形。見た目の様子。リは動詞語尾。」としていて、露出形ゲに対する被覆形ガととらえようとするかと見られる（春日氏も同様に述べられる）。名詞露出形ネ［音］に対する被覆形ナが動詞ナル［鳴］・ナク［泣・鳴］に見えることや、イホツ［五百箇］―イホチ［五百箇］において助数詞ツ―同チのような被覆形―露出形が考えられることを合わせ見ると、春日氏や『岩波古語辞典』のとらえ方はあり得ることかと考えられる。とすると、ガルを一つの接尾辞と見るとすれば肥大した接尾辞ととらえられることになる（但し、ルを伴わない〜ガの形が見えないので、本来型を考えることはできないか）。シク活用形容詞語幹＋ガルは(イ)＋(ハ)、ク活用形容詞語幹＋ガル、形容動詞語幹＋ガルは(ロ)＋(ハ)と、いずれも派生語と見られる。

カスを末尾に持つ動詞であるカス型動詞については、阪倉氏著書〔第一篇第三章第二節〕を承け、前書(二)〔第一篇〕に詳しく見て、また、第一節（注26）に見たように、アカス〔明〕（萬四八五／四八八）などを本来型と、オビヤカス〔脅〕（正倉院蔵地蔵十輪経元慶七[883]年点）、ノガラカス〔逃〕（宇津保物語・蔵開上）などを応用型と呼んだ。応用型のカスは肥大した接尾辞ととらえられる。カス型動詞は本来型・応用型ともに派生語（〜＋(ハ)）である。

これも、阪倉氏著書〔第二篇第三章第三節〕を承け、前書(二)〔第二篇〕に詳しく見たように、ヤカ・ヨカを末尾に持つ形容動詞語幹であるヤカ型語幹は、本来型である〜ヤ＋カの構成のナゴヤカ〔和〕（東大寺諷誦文稿）などに対して、応用型である〜＋ヤカの構成のハナヤカ〔花〕（萬二九九三／三〇〇六）などがあり、応用型のヤカは肥大した接尾辞ととらえられる。ヤカ型語幹は本来型・応用型ともに派生語（〜＋(ハ)）である。また、同様に、ラカ・ロカを末尾に持つ形容動詞語幹であるラカ型語幹は、本来型である〜ラ＋カの構成のメヅラカ〔珍〕（七詔・続紀天平元年）などに対して、応用型である〜＋ラカの構成のミジカラカ〔短〕（平家物語）などがあり、応用型のラカは肥大した接尾辞ととらえられる。ラカ型語幹は本来型・応用型ともに派生語（〜＋(ハ)）である。当然のことながら、〜＋カの構成のカ型語幹であるサヤカ〔清〕（萬四四七四／四四九八）なども、派生語（〜＋(ハ)）である。そして、アタタカゲ（宇津保物語・俊蔭）などのように、カ（・ヤカ・ラカ）型語幹が接尾辞ゲを伴うと、また、ハナヤカサ（源氏物語・絵合）などのように、カ（・ヤカ・ラカ）型語幹が接尾辞サを伴うと、いずれも「［〜＋(ハ)］＋(ハ)」となるが、この場合に、カゲ・カサ（ヤカサ）は、カ（ヤカ）と異なる用法を持つとは見られないので肥大した接尾辞とは見ないのがよいと考えられる（再派生と見られる）。加えて、ニホヒヤカゲサ（源氏物語・胡蝶・大島本）などのように、カ（・ヤカ・ラカ）型語幹が接尾辞ゲを伴いさらに接尾辞サを伴うと、「〔〔〜＋㈧〕＋㈧〕＋㈧」となるが、このゲサ・カゲサ（ヤカゲサ）も、同様に肥大した接尾辞とは見ないのがよいと考えられる（再々派生と見られる）。

また、阪倉氏著書〔第二篇第三章第四節〕を承け、村田菜穂子氏「形容詞化接尾辞──〜ハシ・〜マシについて──」（注27）が述べられるが、末尾にハシを持つ形容詞は、ハ行動詞＋シの構成のヱマハシ「油火《あぶら》の光《ひかり》に見ゆる我《わ》が縵《かづら》さ百合《ゆり》の花《はな》の笑《ゑ》まはしきかも〈恵麻波之伎香母〉」（萬四〇八六 四二一〇）などが本来型、動詞＋ハシの構成のニツカハシ（注28）「幼《をさな》き童《わらは》の言《こと》にては、似《に》つかはし」（土左日記）などが応用型であり、また、末尾にマシを持つ形容詞は、マ行動詞＋シの構成のウトマシ「深《ふか》き山の奥《おく》を、うとましき獣《けだもの、み》の充ちくたる中を、尋《たづ》ねたる心をば」（宇津保物語・俊蔭）などが本来型、ク活用形容詞語幹＋マシの構成のオゾマシ「かく、おぞましくは、いみじき契《ちぎ》り、深《ふか》くとも、絶《た》えて又、見《み》じ」（源氏物語・帚木）などが応用型である。応用型のハシ・マシは肥大した接尾辞ととらえられ、末尾にハシ・マシを持つ形容詞は本来型・応用型ともに派生語（〜＋㈧）である。──メグシ〔愍〕「…父母を見れば貴《たふと》く妻子《めこ》見ればかなしく愛《めぐ》し〈可奈之久米具志〉…」（萬四一〇六 四一三〇）・ココログシ「…娘子《をとめ》らは思《おも》ひ乱《みだ》れて君待《きみま》つとうら恋《ごひ》すなり心《こころ》ぐし〈己許呂具志〉いざ見《み》に行《ゆ》かな…」（萬三九七三 三九九六）は複合語と見られて、「ココロ＝グシであり、メグシ（形ク）と同じ構成を持つものと考えられるが、クシの原義は不明。（略）」（『上代編』、ココログシの項、「考」欄）とされ、このクシを㈠と見るか㈡と見るか難しいが、単独のクシの例が見えないので、とりあえず㈡と見ておく（メグシ・ココログシは㈠＋㈡と見る）ことにする。いずれにせよ、複合語である。なお、このクシはク活用であり、シク活用のクシ〔奇〕とは別語である。

〜＋クサシについては、池上尚氏「嗅覚表現形容詞「クサシ」「〜クサシ」──接尾辞「‐クサシ」の発達を中心に――（注29）」などが詳しいが、蒜《ヒル》クサシ「かの蒜臭《ひるくさ》き御肴《さかな》こそ、いとたべまほしけれ」（宇津保物語・蔵開上）などの臭い意が薄れて、フルクサシ「我レハ年老テ舊梟キ人ニ副ガタル事ニ觸テ六借ク」（今昔物語集廿二―八）などのように「〝〜の不快な雰囲気〟がする」意になると形容詞クサシ［臭］が接尾語化するととらえられ、クサシが臭い意を表すものは〜+(イ)、臭い意が薄れてきたものは〜+(ロ)と見られ、いずれも複合語である。

前稿(八)「上代の形容詞（注30）」および前書(三)『古代語形容詞の研究（注31）』〔総論篇第二章〕に「特徴のある形容詞群」ととらえたもののうち、〜+ナシのナシ型形容詞は、無い意を持つスベナシ［便無］（萬八九二 八九六）などのナシ［無］型形容詞も、いわゆる甚だしい意を持つスクナシ［少］（萬三七四三 三七六五）などのナシ［甚］型形容詞も複合語であり、岩村恵美子氏(一)「ナシ（甚）型形容詞――否定性接尾語を有する形容詞の考察――」・(二)「ナシ（甚）型形容詞続考――上代〜中世の例を中心に――（注32）」が言われるように、ほとんど前者は(イ)+(イ)、後者は(ロ)+(イ)である。いわゆる甚だしい意は、西宮一民氏「いわゆる「甚《な》し」について（注33）」が言われるように「程度の否定（打消）」を表すと見るのがよいので、無い意が薄れたとは見ないものである。同じく、〜+（イ）タシのタシ型形容詞も複合語であり、舘谷（現姓、楠木）笑子氏(一)「接尾語タシの成立過程――タシ型形容詞の考察から――」・(二)「助動詞タシの成立（注34）」が言われるように、コトタシ［言痛］（萬三四八三或本歌曰・東歌 三五〇二）などの名詞+（イ）タシ、メデタシ［愛］（竹取物語）などの動詞連用形+（イ）タシのもの、および、ケブタシ［煙］（和名抄・廿巻本十二）などの動詞語幹+（イ）タシのものなどがある。これらは、痛い意が薄れていて、イが脱落する（ないし、縮約する（注35））ものであり、前者は(イ)+(ロ)、後者は(ロ)+(ロ)と見られる。一方、ココロイタシ［心痛］（萬三五四二・東歌 三五六四）のように、痛い意が薄れていない、イが脱落していない例もあり、これは(イ)+(イ)と見られる。いずれも複合語である。

また、同じく、ホカシ［他］（新訳華厳経音義私記）などの名詞（・数詞）+接尾辞シのもの、ワビシ［侘］（萬三〇二六 三〇四〇）などの動詞連用形+接尾辞シのもの、マダシ［未］（萬四二〇七 四二三一）などの副詞（・感動詞）+接尾辞シのもの、および、アカシ［明］（萬八九二 八九六）・ヤサシ［㕘］（萬八九三 八九七）・ヨラシ［宜］（記神武・一〇）などの動詞被覆形＋接尾辞シのものは、いずれも派生語で、前者は(イ)＋(ハ)、後者は(ロ)＋(ハ)である。

ところで、前稿(八)および前書(三)〔同〕では、複合派生形容詞という用語を用いた。すなわち、重複形容詞と並列形容詞とである。重複形容詞は、ヲヲシ［雄々］（萬一三）などの名詞の重複、ワキワキシ［分々］（東大寺諷誦文稿）などの動詞連用形の重複、ウベウベシ［宜々］（枕草子）などの副詞の重複、および、トホトホシ［遠々］（記神代・二）などの準独立的要素の重複（ク活用形容詞語幹の重複を含む）、のそれぞれが接尾辞シを伴ったものであって、前者は「［(イ)＋(イ)］＋(ハ)」（［(イ)×２］＋(ハ)）、後者は「［(ロ)＋(ロ)］＋(ハ)」（［(ロ)×２］＋(ハ)）である。また、並列形容詞は、トホナガシ［遠長］（萬三三五六 三三七〇・東歌）などのように、異なるク活用形容詞語幹の並列が接尾辞シを伴ったものであり、「［(ロ)＋(ロ)］＋(ハ)」である。重複形容詞も並列形容詞も、複合（重複・並列）したものが派生するので、複合派生形容詞と呼んだものであった。

四

以上のように、複合語・派生語の前項・後項における、(イ)・(ロ)と(ハ)との差（とりわけ、(ロ)と(ハ)との差）について、適宜いくらかの例を挙げて、複合語と派生語との境界を見るなどしてきた。その他、肥大した接尾辞と見るか否かについても見た。

これまでに見てきたように、(イ)の「自立」性ないし意味が薄れて行ったものは、(ハ)の「接頭辞」・「接尾辞」とせず、(ロ)の「接頭語」・「接尾語」として、両者を区別するのがよいと考える。つまり「接頭語」(ロ)と「接頭辞」(ハ)とを呼び分け、かつ、「接尾語」(ロ)と「接尾辞」(ハ)とを呼び分けるのがよい。これまで、両者は特に区別されず、おおよそのところ、人によって「接頭語」・「接尾語」と呼ばれたり「接頭辞」・「接尾辞」と呼ばれたりしてきたと言ってよいであろう（近年は、「接頭辞」・「接尾辞」とされることがやや多いであろうか）。しかしながら、その区別が複合語と派生語との境界に当たるので、中には(ロ)か(ハ)か判断の難しいものもあるであろうが、これらを区別することは重要なことであると考えられる。そしてまた、このことは、(ロ)準独立的要素に（(ハ)の接頭辞・接尾辞を別にした）接頭語・接尾語を加えることでもあった。

なお、(ロ)準独立的要素について、『上代編』などに「形状言」とされるものとの関係などは、小柳智一氏「被覆形・情態言・形状言・情態性語基」(注36)の述べられることをも合わせて、今後さらに考慮しなければならないとも考えてはいる。

（二〇一四・七・一七）

注

（1）[1966・5 角川書店]

（2）(一)[1998・4 塙書房]・(二)[2010・3 同]

（3）前書(二)で、吉田金彦氏「口語的表現の語彙「――かす」」（『国語国文』28-4 [1959・4]）によって、アク+ス→アカス[明]などの構成をカス型動詞の本来型と、オビユ+カス→オビヤカス[脅]、ノガル+カス→ノガラカス[逃]などの構成を同じく応用型と呼んだ。また、オビヤスの例のあるオビヤカスを応用型の中の代入型と、ノガラスの例のないノガラカスを応用型の中の直接型と呼んだが、本稿は応用型の中を分類することに関わらない。

（4）「語文」（大阪大学）65 [1996・2]

（5）「日本語学」20-9 [2001・8]。前稿(二)では、(イ)+(ロ)、(ロ)+(ロ)の構成の複合語を中心に述べた。

（6）(ロ)は準独立的要素であるので、「品詞が」とするのは必ずしも適当ではない。

（7）「待兼山論叢 文学篇」42 [2008・12]

（8）金田一春彦氏(一)「現代語方言の比較から観た平安朝アクセント――特に二音節名詞に就て――」（「方言」7-6 [1937・7]）・(二)「類聚名義抄和訓に施されたる声符に就て」（『日本語音韻音調史の研究』[2001・1 吉川弘文館]〔第二編

二）、もと橋本博士還暦記念会『国語学論集』〔1944・10 岩波書店〕）・㈢「国語アクセント史の研究が何に役立つか」（『日本語音韻音調史の研究』〔前掲〕〔第三編一〕、もと『金田一博士古稀記念言語民俗論叢』〔1953・5 三省堂〕）参照。同氏㈢には、「《ある語が高く始まるならば、その派生語・複合語もすべて高く始まり、ある語が低く始まるならば、その派生語・複合語もすべて低く始まる》」とある。以下、同様。

（9）『上代編』『岩波古語辞典』に「サは接頭語」とあること、参照。

（10）注（9）に同じ。

（11）「萬葉」211〔2012・3〕

（12）「親和国文」44〔2009・12〕

（13）『萬葉集研究』30〔2009・7 塙書房〕

（14）その意味においては、ミチ〔道〕・ミネ〔嶺〕・ミサキ〔岬〕のミは、ミ〔御〕と示さない方がよいとも言える。

（15）『国語語彙史の研究』4〔1983・5 和泉書院〕

（16）阪倉氏は、接頭語・接尾語と接頭辞・接尾辞とを区別されず、「接頭語」・「接尾語」とされる。注（9）・（10）のように、『上代編』『岩波古語辞典』も同様である。

（17）〔1972・1 角川書店〕

（18）注（8）金田一氏㈢、吉沢典男氏「複合動詞について」（『日本文学論究』（国学院大学）10〔1952・7〕）

（19）『国語語彙史の研究』7〔1986・12 和泉書院〕

（20）「サバは騒がしさを表わす擬声語か。」（『上代編』、サバアマの項）、「《サバは擬音語》」（『岩波古語辞典』）とある。

（21）オヒツク〔追着〕「女、いとかなしくて、しりにたちてを《〔お〕》ひゆけど、えをい《〔おひ〕》つかで」（伊勢物語）などの動詞連用形+ツクのものもあるが、第二節に見たように二語と見るのがよいかとも考えられるので、今は挙げずにおく。

（22）『日本近代語研究』3〔2002・3 ひつじ書房〕。同氏「接尾辞「めく」「つく」の意味――「めく」型動詞から「つく」型動詞へ――」（「埼玉短期大学研究紀要」11〔2002・3〕）・「接尾辞「めく」「つく」の意味――AB型象徴詞の意味から――」（「同」15〔2006・3〕）をも参照（前者では、「接尾辞「つく」と本動詞「つく（付・着・就など）」とでは、意味的な面において関連性を見せつつも様相を異にしている。」とも言われる）。

（23）『古代語の意味領域』〔1989・7 和泉書院〕、もと「埴生野国文」6〔1976・2〕

（24）〔1993・10 笠間書院〕〔第二部第一章〕、もと「接尾語〈ぶ〉〈む〉〈めく〉〈だつ〉〈がる〉の消長（1）――平安時代

仮名文学の用例を中心に――」（「山口大学文学会志」30［1979・11］）・「同（2）――同――」（『馬淵和夫博士退官記念国語学論集』［1981・7 大修館書店］）

(25)「武蔵野文学」22［1974・12］

(26) 注(3)参照。

(27)「甲南国文」35［1988・3］

(28) 近代に下ると、ニツカフ［似付］「浦島《うらしま》が帰郷の其《そ》れにも、／はて似付かふにもあらず、」（北村透谷「楚囚の詩」第二）の例がある。これは、ニツク＋ハシの構成をニツカフ＋シと異分析したことによるかと推定される。

(29)『国語語彙史の研究』31［2012・3 和泉書院］。同氏「接尾辞-クサシ再考――古代・近代の使用状況から――」（「早稲田大学大学院教育学研究科紀要」21-1［2013・3］）・「水クサイの意味変化――水ッポイとの共存過程から考える――」（「日本語の研究」10-2［2014・4］）をも参照。

(30)「萬葉」212［2012・6］

(31)［2014・5 清文堂出版］

(32)(一)「語文」(大阪大学)64［1995・9］・(二)『国語語彙史の研究』17［1998・10 和泉書院］

(33)『論集日本文学・日本語』1上代［1978・3 角川書店］

(34)(一)「語文」(大阪大学)69［1997・11］・(二)『国語論究』7中古語の研究［1998・12 明治書院］

(35) コチタシ［言痛］（常陸国風土記・新治郡、歌謡）

(36)『日本語文法史研究』1［2012・12 ひつじ書房］

キーワード：複合語　派生語　接尾語　接尾辞　肥大

（付記）本稿の要旨は、第一〇八回国語語彙史研究会（二〇一四年一二月八日、甲南大学）で研究発表した。その際およびその後に御質問・御指摘いただいた方々に感謝の微意を表す。

上代語動詞の形容詞転用に関する諸問題

釘貫　亨

一　動詞の形容詞転用法とは何か

動詞の形容詞的用法への転用は、欧語文法では、分詞 participle と呼ばれる。多くの欧語では、現在分詞と過去分詞のように時制形式を借りた二種類の分詞を備えている。実は、日本語においても欧語の分詞に似た動詞の形容詞転用法が存在している。現在と過去の二種類の形態によって能動・受動・原因・理由・付帯状況等様々な文法的意味を表示する欧語に対して、日本語動詞の形容詞用法は、「生きる経験（属性）」「生きている武士道（事態進行）」「生きた化石（過去事態の継続）」など前の文脈から離脱して動詞部が形容詞と同じように名詞修飾するが、動詞の形容詞的用法が共通するだけで詳細な働き方が欧語と対応するわけではない。従って、その日本語記述に際して、欧語文法に由来する「分詞」の用語を用いるのではなく、本来の意味に即して「動詞の形容詞的転用法」あるいは「動詞的形容詞用法」と呼ぶのが適切である。日本語動詞の形容詞転用は、殆どの場合、名詞修飾を指すが、どのような種類の名詞修飾を以て「形容詞的」であるかに関する文法家の見解が一致しているわけではない。本稿の考えでは、動詞の形容詞転用を規定するに際して、形容詞の用法を忠実に踏襲する動詞の用法が「動詞的形容詞」であるとする立場を取る。

日本語の形容詞は、「高い山」「青い海」のような名詞修飾とともに叙述形式を取る。形容詞が述語に位置する場合は、「山が高い」「海が青い」のように主格のみを文法項として要求する。その統語構造は、「雨が降る」「頭が切れる」のような主格一項だけを要求する自動詞文のそれと共通する。形容詞の名詞修飾は、「山が高い」「海が青い」のような既存の統語例を前提にして「高い山」「青い海」のような先行文脈から離脱した用法として成立している。自動詞による形容詞的名詞修飾は、形容詞の用法を類推的に転用して「降る雨」「切れる頭」のような表現が成立している。動詞が先行文脈から離脱して、形容詞と同様の振る舞いをする以上のような例は、奈良時代語から存在し、本稿において検討する。

一方、形容詞が述部に立って「主格—述語」の関係を保存したまま名詞修飾の位置に立つことがある。「髪の長い女」のような場合である。これと同様に自動詞文の名詞修飾もまた「雨の降る日」「頭の切れる人」のような統語型を取ることが出来る。このタイプの自動詞も動詞的形容詞用法と考えられる。これに対して「バケツを持つ人」「草を刈る男」のようなヲ格を取り込んだ他動詞による名詞修飾は、述部が動詞性を喪失していないと見て形容詞転用とは考えることが出来ない。このような統語型は、奈良時代以前にも存在した。

大和には村山あれど取りよろふ（取与呂布）天の香久山　（巻一・二舒明天皇）

右の歌は「大和国には多くの山があるけれど中でもそれらを取りよろっている天の香具山」という解釈がされることが多い。また「私が捨てた空き缶」「彼女が見た映画」のような統語型も述部の目的語（ヲ格相当）が被修飾名詞によって表されているので、述部が動詞性を失っていないと見られる。このような統語型は奈良時代語においても観察される。

秋さらば見つつ偲へと妹が植ゑし（殖之）宿の撫子咲きにけるかも　（巻三・四六四大伴家持）

また自動詞による名詞修飾でも「山の上にたゆたう雲」「狐が罠に掛かった場所」のような主格以外の項（こ

の場合は二格名詞）が表示される場合は、動詞部による動態表示が失われていないと見て形容詞的転用から除外して考えなければならない。この統語型は、「丘の上に赤い花」のような形容詞連体修飾と一見似ているが、この場合の二格名詞句は、「赤い」に直接掛かるのではなく「丘の上に赤い花（ガアル）」の類の省略された存在動詞に潜在的に関与するものと考えられ、二格を取り込んだ自動詞の名詞修飾とは異質と思われる。この統語型は、奈良時代語にも見いだすことが出来る。

佐保山に棚引く霞（多奈引霞）見る毎に妹を思い出泣かぬ日はなし　（巻三・四七三大伴家持）

我妹子が入りにし山（入尓之山）をよすがとぞ思ふ　（巻三・四八一高橋朝臣）

様々な文法項を先行文脈から引き込む名詞修飾としての分詞と動詞の分詞形が先行文脈から離脱して単独で形容詞と同じ機能を果たす形容詞転用を区別する考えは欧文法において存在する。

現代フランス語文法では、動詞の形容詞的用法への転用は、欧文法一般に倣って分詞 participe と呼ばれ、現在分詞 participe présent は次のような典型的な用法において能動的意味を表示する。

Ce sont des enfants obéissant à leurs parents（両親の言うことをよく聞く子供たちだ）

右では、動詞 obéir（従う）から派生した現在分詞 obéissant（従順な）に後続する文法的情報 à leurs parents（親に）を引き込んで「時間的に限定された一時的動作を表し」[注1]ている。これに対して、フランス語では現在分詞と共通の語形（語尾-ant）を持ちながらより純粋に形容詞に同化した用法を「動詞的形容詞 adjectif verbal」と呼んで分詞と区別している。動詞的形容詞は

Ce sont des enfants obéissants（従順な子供たちだ）

のように後続の文脈から文法情報を引き込まず、離散的で「多少とも永続的な性質を表す」という[注2]。右の用例は、目黒士門『現代フランス広文典』（白水社二〇〇四、二九五頁）によった。この事実は、フランス語の分詞が後続の

文法的情報に依存して文脈に拘束されたテンス的意味特徴を有するのに対して、動詞的形容詞が文脈離脱的な汎用性のある「永続的性質」を備えたより純粋な形容詞に同化した用法であることを示している。

本稿では、フランス語文法をも参考にして形容詞に同化した動詞の転用法を動詞的形容詞と呼ぶ。

そこで、本稿では、動詞部が自動詞であることを原則とし、次に挙げる二つの環境を指して動詞の形容詞的転用法（動詞的形容詞）と規定する。

①自動詞が主格名詞を修飾する場合（降る雨・咲く花・試される施策・泣いた赤鬼）自動詞には、基本形を始め助辞を接続したものを含む。）

②主格一項を取って名詞を修飾する場合（頭が切れる人・雨が降る日・爪先のとがった指）

要するに動詞的形容詞用法とは、日本語の形容詞が取る個性的な統語上の振る舞いを動詞（殆どが自動詞である）が踏襲した特殊な文法的範疇である。が中には「見せる野球」「読ませる文章」のようなヲ格を動詞に取り込んだ使役性のものがある。）①と②の統語環境における動詞部の働きは、形容詞の名詞修飾の働きと一致する。それゆえ、動詞の形容詞的転用法と考えられるのである。①②のうち、②は本来の自動詞構文をそのまま保持しており、実態は、本来の自動詞文の機能の発現と言うべきであり、万葉集中においても数多く観察される。

花散らふ秋津の野辺、水走る瀧の都（三六柿本人麻呂）深雪降る阿騎の大野（四五柿本人麻呂）霰打つあられ松原（六五長皇子）

このような自動詞構文をそのまま保存した名詞修飾は、とりあえず本稿では観察対象としない。そこで、注目されるのが本来の自動詞構文の主語と述語の順序を倒置して名詞修飾に「転用」した①の用法にあると考える。筆者がこれまで観察対象としてきたのもおおむね①の用法であった。これまでに明らかになった内容を次節で概観したい。

二　古代日本語の動詞的形容詞

奈良時代語の動詞的形容詞に関して筆者が留意するのが完了辞タリのこの用法への有意な関与である。すなわち「咲きたる花・荒れたる都」のような過去に生じた動作・作用の結果が現在に継続するという典型的な動詞の形容詞転用例にまとまって用いられる事実である。タリの後継形式である現代語のタ（ダ）にもこの種の形容詞的用法への有意味な関与が報告されている（とがった針・壊れた扉など）[注3]。タリが持つこのような事実は、奈良時代語の他の過去表示を担うキ・ケリ・ツ・ヌ・リでは観察されない。

奈良時代語のタリは、完了辞リ、断定辞ナリとともに歴史的成立の経緯を共有する特徴を備えている。すなわちこれら三形式の成立に際して、存在動詞アリが関与しているという点である。しかもその成立環境は、どれも名詞修飾の環境で生じたという明白な痕跡を残している。名詞修飾は、言うまでもなく形容詞と重複する分布環境である。タリ・リ・ナリは、叙述形式の典型的位置である文末ではなく、名詞修飾という特殊な環境でアリが介入することに伴う音縮約を生じてほぼ近似した時期に出現したと考えられる[注4]。

咲きて＋アル花➡咲きタル花　咲き＋アル花➡咲ける花

家に＋アル妹➡家ナル妹

名詞修飾は、形容詞に親和的な環境であるから、リ・タリとナリは、すでに述べた「形容詞的」用法をよく実現する位置に数多く出現することが期待される。このうち断定辞ナリの場合は、主たる接続が名詞という特徴に加えて、

場所＋ナル＋名詞（家なる妹・駿河なる富士）

のタイプの表現類型に用例が集中して偏っている。筆者の調査によれば万葉集のナリの全一七五例のうち、連体

形の用例が一〇一例観察される。この連体形の用例中、名詞修飾が九〇例に上っている。(注5) その総てが右に挙げたような先行文脈から独立した「家なる妹・駿河なる富士」のタイプの離散的な表現形式である。この形式の直接の原資が「妹、家にあり」「富士、駿河にあり」という主語・自動詞相当述語による一項存在文である。このようにナリは、先行文脈から離脱的で形容詞に親和的な環境から出現したのであると考えられる。問題は、かかる倒置的な過程に基づく動詞の形容詞転用の祖型が古代語資料中に見出されるかどうかにある。

ちなみに「名詞（1）＋ナル＋名詞（2）」の上接する名詞部（1）が「家」「駿河」等の場所名詞の代わりに「常磐」「遙か」などの状態表示名詞が現れれば、それはそのまま事実上の形容詞として機能することになるだろう。万葉集ではその兆候的用例を僅かながら見出すことが出来る。

咲く花もをそろは厭はし晩稲なる（奥手《おくて》有《ナル》）長き心はなほ如かずけり（八・一五四八、大伴坂上郎女）

海神の神の宮の内のへの妙なる（細《たへ》有《ナル》）殿に携はり（九・一七四〇、高橋蟲麻呂歌集）

「晩稲」「妙」ともに名詞であるが、文脈と語彙的意味から状態性を表示していると見られる。原表記「有」をナルと訓むことが可能であれば、これこそ平安時代以後広く観察される「形容動詞」の成立を示唆する現象である。また、ともに完了辞として、その意味の相違がしばしば問題となるリとタリの介入句においても名詞修飾に密集して分布する特徴から見て、両形式とも先行文脈から離脱した形容詞的用法に多用されると期待される。ところが筆者の観察の限り、リが介入する名詞修飾句は格助詞によって表示される先行文脈から文法項目を引き込む性格が強く、文脈から離散的な形容詞的用法にはタリが専ら動員されることが分かった。(注6) 先行文脈から離脱した「荒れたる都」のような用法と先行文脈から項を引き込む「光るまで降れる白雪」のような用法の相違は、前者が形容詞と同等の働きをする動詞的形容詞であり、後者がフランス語文法における分詞相当であることを反映する。文脈から離脱せず文法項を引き込む性質を持つリと文脈離脱的なタリとの間には、有意味な文法上の機能的相違が存在している。上代語の過去辞キ・ケリ・ツ・ヌ・タリ・リのうちで動詞的形容詞に組織的に介入できたのは、タリのみである。それに該当する万葉集の例（タリの名詞修飾全五十五例中）は以下の二十四例である。原典と原表記については拙稿を参照されたい。(注7)

咲きたる花　咲きたる梅の花　咲き出でたる宿の秋萩　咲きたるはねず　残りたる雪　雅たる花　後れたる我　後れたる兎原壮士　後れたる君　照りたるこの月夜　生まれ出でたる白玉　絶えたる恋　たぶれたる醜つ翁　栄えたる千代松の木　たみたる道　生ひたるなのりそ　生ひたる栂の木　生ひたるかほ花　荒れたる都　荒れたる家　古りたる君　籠もりたる我が下心　落ち激ちたる白波　盈ち盛りたる秋の香　二十四例

タリとの意味・機能の違いが取り上げられる完了辞リの万葉集における動詞的形容詞が推定される例は、リが介入する名詞修飾句九十九例中、次の六例に過ぎない。

咲ける梅の花　咲ける萩　立ち待てる我が衣手　さ馴らへる鷹　偲はせる君が心　さどはせる君が心

過去辞キが介入する同様の例は、万葉集四四九例中三例である。

栄えし君　見し人　通はしし人

奈良時代語におけるタリが、過去動作の結果が現在に及んでいることを表示する動詞的形容詞（フランス語における過去分詞を用いた受動的名詞修飾に相当）に関与する特徴を持つことが明らかである。既述のようにリ・タリ・ナリが名詞修飾の位置から成立したとすれば、タリの動詞的形容詞への組織的介入は、タリが成立当初から保持していた特徴であった。名詞修飾に密集するとは言え、リが現前事態の叙述を表示するという意味上の性格から先行の文脈に強く依存し、強く文法項を要求するのに対して、タリは、成立当初から先行文脈からの離脱的傾向を持ったのであり、それはナリと共通する性質でもあった。ナリとタリは、本質的にはともに形容詞に親和的な環境に生じたのであった。学校文法でナリが形容動詞語尾とされるのは、ナリのこのような性格をある程度

把握したものに外ならない。タリとナリが動詞的形容詞の表示に特化的に出現したとすれば、その前提となる統語構造は、

花咲きてあり　　妹家にあり

のごときものであったと言うことになろう。このような主語と述語動詞との倒置的な形容詞転用の原理原則がどのようなものであるのかについて説明がなされなければならない。

三　形容詞転用の契機と論理

前節末で述べたように、形容詞的用法に介入するタリ・ナリの「咲きたる花」「家なる妹」のような表現の前提に、「花咲きてあり」「妹家にあり」の統語構造が存在するとしたが、実際にそのような例が奈良時代語資料中に観察されるのであろうか。先ず、タリであるが、突出して多い名詞修飾以外に句末の位置にも出現している。次に挙げるのは、「主語―自動詞述語」の構造を有すると考えられる用例である。

久方の月は照りたり（月者弖利多里）暇なく海士のいざりは灯し合へり見ゆ　（十五・三六七二）

羽咋の海朝凪したり（安佐奈藝思多理）船梶もがも　（十七・四〇二五大伴家持）

国見れど人も通はず里見れば家も荒れたり（家裳荒有）　（六・一〇五九）

葉根蔓今する妹は無かりしを何れの妹ぞここだ恋ひたる（何妹其幾許恋多類）　（四・七〇六童女）

名詞修飾に密集分布するタリの中で右のような文末表現に介入するタリの例は数少ないのであるが、タリの祖型であると考えられているテアリの用例の中でも同様の統語構造における文末（句末）に出現するテアリは一層限られる。次は未然形の用例である。

我が背子が宿の山吹咲きてあらば（夜度乃也麻夫伎佐吉弖安良婆）止まず通はむ

恋ひ恋ひて後も逢はむと慰もる心し無くは生きてあらめやも（五十寸手有目八母）（二十・四三〇三大伴家持）

右では、「生きてあらめやも」の推定される主語「我」は言表に現れていないが、自動詞文であることが明らかである。これらの例によれば、「主語―述語自動詞・テアリ」の語序による統語構造が実在していたことが知られる。この構造における主述関係が倒置されて形容詞的名詞修飾に転用される際に、

山吹咲きテアリ→咲きタル山吹　（我）生きテアリ→生きタル我

のような特徴的な音縮約を生じて、完了助辞タリが成立したものと推測される。奈良時代文献におけるタリの名詞修飾への密集と形容詞的用法への有意味な出現傾向は、この経緯を反映するのである。

しかし、ここで新たな問題が生ずる。述語自動詞の形容詞的用法への転用が、「花咲きテアリ→咲きタル花」のような倒置的経過によって行われたとしても、かかる倒置的転用がどのような根拠と動機に基づいて生起するのか、明確な説明が必要である点である。現代語によれば「花が咲いた」から「咲いた花」への倒置的転換は、当然のことのように思われるが事柄は単純ではない。述語自動詞から形容詞的名詞修飾への倒置が行われるとしても、「花咲きてあり→咲きたる花」の倒置によってどのような体系内価値を獲得するのであるのかという点に説明が与えられなければならない。そもそも祖型表現（花咲きたり）と倒置転用後の表現（咲きたる花）とは、情報量が同じでも統語論的価値にどのような違いがあるのか。

先ず前者の「花咲きたり」は、それ自体で完結した文であるのに対して、後者「咲きたる花」は自立した文ではなく、より大きな情報を有する文の一部を構成する連語塊であるに過ぎない。

咲きたる花

改めて注目したいのは、「自動詞＋主語名詞」の表現は、万葉集において「咲きたる花・荒れたる都・雅たる花」のように美的規範化過程を経た格調の高い概念を表示する点である。これらの表現は、万葉集において多くの場合、歌想の中核的動機として使用される。ここでは、「咲きたる」を始め「後れたる」「照りたる」「絶えたる」「生ひたる」「荒れたる」などの連語は、万葉集中で何度も繰り返し用いられる。これらの表現は、いずれも奈良朝歌人達の歌想と歌作に利便を提供した筈である。タリが介入する動詞的形容詞の成立には文芸上の動機を伴っていたのではないだろうか。

　これらの表現を現代語で考えてみると、「雨が降る」「花が咲く」「鳥が鳴く」などの自動詞文は、それ自体で完結した文であって、容易に修得することができる統語構造であろう。これに対して「降る雨」「咲く花」「鳴く鳥」などの表現は、その言表への実現に際してより複雑な統語構造を必要とする。これらの連語を生きた言語場で使うには、これらを含むより大きな統語型が準備されていなければならない。自動詞文の倒置による動詞的形容詞には高度の抽象的、美的格調確立過程が伴っている。実は、この過程は、奈良時代語におけるタリ成立以前においてすでに完了していたと考えられるのである。タリ成立過程には、この統語型に対する模倣が関わっていたと考える。次に挙げるのは、万葉集中に観察される「咲く花・行く水」のような無助辞の基本形による動詞的形容詞の用例を採集して、表現ごとに掲出したものである。括弧内は原表記であり、巻の順に初出例から挙げて行き、以後重複する例は歌番号のみ記載する。

　畳なはる青垣山（畳有青垣山）（三八柿本人麻呂）行き添ふ川（逝副川）（三八）激つ河内（多藝津河内）（三九柿本人麻呂）流らふる妻（流経妻）（五九誉謝女王）打ち靡くあが黒髪（打靡吾黒髪）（八七磐姫皇后）打ち靡く日下の山（打靡草香乃山）（一四二八）打ち靡く春（打靡春）（一八一九）（一八三〇）（一八三二）（一八六五）打ち靡く心（宇知奈妣久許己呂）（三九九三大伴家持）行く水（逝水）（九二鏡王女、六九九大伴像見）（二七〇四）（二七一八）（三

○一四）（四一一六大伴家持）（四一六○大伴家持）（四二一四大伴家持）（往水）（九四八）（一二六九）（一七九七）（行水）（二八六○）（二四三○）（二七一一）逝水（由久美都）（三六二五）（由久美豆）（四○○二大伴家持）（四○○三大伴池主）行く鳥（去鳥）（一九九柿本人麻呂）行く船（行船）（二二二○柿本人麻呂）（往船）（一九九八）往く影（往影）（三二五○）行く吾（往吾）（四二五一久米広縄）往く河（往川）（一一一九柿本人麻呂之歌集）燃ゆる火（燃火）（一六○太上天皇、三一九）流るる涙（流涙）（一七八舎人）飛ぶ鳥（飛鳥）（一九四柿本人麻呂）（三一九、九七一高橋虫麻呂）（三七九一）飛ぶ火（飛火）（一○四七）（一九四）流るる水（進留水）（一九七柿本人麻呂）降る雪（零雪）（一○三穂積皇子、三一九、六二四、一○一○橘奈良麻呂）（二三三三）（二三四四）（落雪）（三三八一）（四二三○大伴家持）（二四二三四大伴家持）（布流雪）（三九二三紀朝臣清人）（布流由伎）（四○一六高市黒人）渡る日（渡日）（二○七柿本人麻呂）（和多流日）（四四六九大伴家持）照る月（照月）（二○七柿本人麻呂、六九○大伴三依）（一七一九春日蔵）（四四二）（三二○七）（三一七山部赤人）（四一六○大伴家持）照る月夜（照月夜）（一○八二）照る日（照日）（二八五七）（二○八柿本人麻呂）降り紛ふ雪（落乱雪）（二六二柿本人麻呂）降り来る雨（零来雨）（二六五長忌寸奥麻呂）鳴く鳥（鳴鳥）（三二二山部赤人）（一九三五）（喧鳥）（四一六六大伴家持）（鳴鶏）（四二三四大伴家持）鳴く鶴（鳴多頭）（五○九丹比真人笠麻呂）（鳴鶴）（一一六四）鳴く霍公鳥（奈久霍公鳥）（一四八二大伴清縄）（鳴霍公鳥）（一四八三）（一九四三）（四二○七大伴家持）（一九四三）（四一八一大伴家持）（鳴保等登藝須）（四○八九大伴家持）鳴く千鳥（鳴知等理）（四一四六大伴家持）鳴く河千鳥（鳴河波知等里）（四一四七大伴家持）鳴く鴫（鳴志藝）（四一四一大伴家持）鳴く蛙（鳴川津）（三八一八）咲く花（咲花）（三二八小野老、四四二大伴家持一○六一大伴家持）（一五四八大伴坂上郎女）（一九○二）（四一六七大伴家持）（開花）（二七八五）（四二一四大伴家持）（佐久波奈）（四四八四大伴家持）荒ぶる君（荒振公）（五五六賀茂女王）惑ふ心（惑情）（六七一）恋ふる吾（恋流吾）（六八二大伴家持）打ち靡く春の柳（有知奈毗久波流能也奈宜）（八二六大典史氏大原）鳴き行く鳥（鳴往鳥）（八九八山上憶良）たたなづく青垣（立名附

青垣）（九二三山部赤人）生ふる玉藻（生玉藻）（九三一車持朝臣千年）かがよふ玉（加我欲布珠）（九五一笠金村）（一〇四二市原王）（一三五九柿本人麻呂歌集）（三三三五）（三三三九）（四一六〇大伴家持）（布久風）（四二九一大伴家持）（布久可是）（三六二五）たゆたふ波（絶塔浪）（一〇八九）鳴る神（動神）（一〇九二）（響神）（一三六九）（鳴神）（二六五八）（四二三五県犬養命婦）立つ浪（三〇二六）（三三三五）（三三三九）（立波）（一一三九）立つ霧（立霧）（四二一四大伴家持）立つ年（立年）（四二六七大伴家持）移ろふ色（移変色）（一三三九）降り来る雪（零来雪）（一八四一）或る人（或者）（二三〇二）飛ぶ田鶴（飛鶴）（二四九〇）落つる日（落日）（二六七六）出で来る月（出来月）（二八二〇）荒ぶる妹（荒振妹）（二八二二）出づる日（出日）（二九四〇）絶ゆる紐の緒（絶紐之緒）（二九八二）靡く玉藻（靡玉藻）（三〇七八）落つる白波（落白浪）（三二二二、三二二三）漕ぐ船人（許具布奈妣等）（三六五八）寄せ来る浪（与世久流奈美）（三六六一）散る花（落花）（三九〇六大伴書持）思ふどち（於毛布度知）（三九九一大伴家持）（於母布度知）（三九九一大伴家持）（於毛布度知）（三九九三大伴家持）（三九九三大伴家持）思ふどち（念度知）（四一八七大伴家持）落ち激つ片貝川（於知多藝都）（四〇〇五大伴池主）帰る身（可敝流未）（四〇五五大伴家持）さぶるその児（左夫流其児）（四一〇六大伴家持）さぶる児（左夫流児）（四一〇六大伴家持）（四一〇八大伴家持）（四一一〇大伴家持）あゆる実（安由流実）（四一一一大伴家持）見さくる人（見左久流人）（四一五四大伴家持）流るる涙（流渧）（四一六〇大伴家持）流るる涙（流涕）（四二一四大伴家持）降り敷く雪（零敷雪）（四二三三内蔵伊美吉縄麻呂）上がる雲雀（安我流比婆理）（四四三三安倍沙美麻呂）延ふ葛（波布久受）（四五〇九大伴家持）

右の例によれば、万葉集中において動詞的形容詞に何度も繰り返して使用される語が多いことに気づくであろう。中でも、

打ち靡く・行く・流る・降る・照る・渡る・飛ぶ・咲く・鳴く・吹く・立つ・荒ぶる・思ふ

などの動詞は、集中で何度も用いられて、以後の時代でも王朝歌文の美的規範として長らく使用されることにな

る統語例を豊富に生み出している。次の例は、そのような規範の代表的な例であろう。

打ち靡く春・靡く玉藻・行く水・行く川・渡る日・咲く花・照る月・照る日・流るる水・流るる涙・飛ぶ鳥・鳴く時鳥・鳴く千鳥・鳴る神・吹く風・降る雪・立つ浪・立つ霧・思ふどち

右の最後の例「思ふどち」について、「秋萩を思ふ人どち」（八・一五五六）のようにヲ格を表示する「思ふ」ではなく「都の風流を」を「思ふ」内部に含意するように表現を熟成させた天平十八年以降の大伴家持を中心にした用法を指す。[注8] この際、「どち」は、仲間の意味を指す名詞として機能している。

「自動詞連体形＋主語名詞」による動詞的形容詞は、奈良朝和歌の格調を実現するための重要な規範観念を数多く創出している。かかる動詞的形容詞の類型表現の万葉集全巻に渡る分布状況から見て、奈良時代においてこれらは、文芸上の規範として確立していたことを示すものである。そこで奈良時代語の動詞的形容詞の出現例から、我々はどのような言語的実態を再建することが出来るであろうか。古代語完了辞リ・タリと断定辞ナリは、古代語以前のある時期、名詞修飾の環境において特徴的な音縮約を生じて集中的に出現した。その際、動詞に接続し、先行文脈から離脱した動詞的形容詞の用法に有意味に介入したのがタリであった。タリが介入する動詞的形容詞「荒れたる都・咲きたる梅の花・降りたる雪」のような文芸的規範表現にしばしば登場する統語型は、「都荒れたり（テアリ）・梅の花咲きたり（テアリ）・雪降りたり（テアリ）」のような自動詞文の存在を前提としている。この統語構造を倒置して新しい文芸上の規範観念を創出するためには、既存の規範観念からの類推が媒介したものと思われる。タリは、成立して間もない新しい文法形式であって、新しい文法形式を用いて文芸規範を創造するためには、そのモデルになる既存の規範観念が前提されなければならない。そのような既存の規範観念が、右に挙げた「咲く花」「行く水」のような無助辞の動詞的形容詞の豊富な実例であったと考えられる。「咲く花」のような安定した豊富な実例があってこそ、「咲きたる花」の動機が成立し、これによって初めて過去動作の結果が現在に及ぶ過去分詞的表現が規範的価値を獲得したのである。しかしこの「過去分詞」は、欧語と異なって受動性を表示しない。「broken door 壊された扉」のように欧語過去分詞による名詞修飾を正確に邦訳するには受け身助辞を補う必要があるのは、このためである。動詞的形容詞に介入するタリの実例によると、そこに出現する動詞は「咲く・照る・絶ゆ・荒る・生ふ・落つ・激つ」等無助辞の動詞的形容詞において用いられるものと重なっている。この明白な事実は、タリが介入する動詞的形容詞の成立が「咲く花・照る月」等の既存の用法を基礎にして、それに倣った形で成立したことを示唆するのである。ちなみにタリが介入する動詞的形容詞の②すなわち自動詞文をそのまま保存して名詞修飾する「雨が降る日」のような統語型の（第一節参照）万葉集における例を次に挙げる。

梅の花散りまがひたる（麻我比多流）岡ひ（五・八三八榎氏鉢麻呂）我妹子が〜遣せたる（於己勢多流）衣（十九・四一五六大伴家持）女郎花咲きたる（左伎多流）野辺（十七・三九四四大伴池主）女郎花咲きたる（佐伎多流）野辺（十七・三九五一秦千嶋）梅の花咲きたる（佐吉多流）苑（五・八一七粟田大夫）（五・八二五阿氏奥嶋）我妹子が〜贈りたる（於久理多流）衣（十五・三五八五遣新羅使人）桃の花紅色に匂ひたる（尓保比多流）面輪（十九・四一九二大伴家持）給りたる（給有）（給有《タバリタル》）茅花を喫めど（八・一四六二大伴家持）我が寝たる（宿有）衣（一・七九）吾が〜作りたる（造有）蔓（八・一六二四大伴坂上大娘）吾が着たる（衣有）服（九・一七八七笠金村）影草の生ひたる（生有）宿（十・二二五九）丈夫の伏し居嘆きて作りたる（造有）しだり柳（十・一九二四）秋萩の咲きたる（咲有）野辺（十・二二五三）秋萩の咲きたる（開有）野辺（十・二二五五）萩の花咲きたる（咲有）野辺（十・二二三一）卯の花の咲きたる（開有）野辺（九・一七五五）

ここでは、「女郎花咲きたる野辺」「梅の花咲きたる苑」のような「植物が咲きたる場所」のような類型的で規範的な表現が出現しているのは留意すべきである。②のような自動詞文を保存した動詞的形容詞の用法もまた規範的類型表現を産出しやすい環境であったのである。このように、タリが介入する動詞的形容詞の用例が歌想の中心的役割を担うことが多いのである。次に、タリが介入する名詞修飾のうちで動詞的形容詞を除く文法項を引き込んだ万葉集の例を次に挙げる。

［ニ格］我が宿に咲きたる（開有）梅（十・二三四九）野辺に咲きたる（開有）萩（八・一五三三、笠金村）朝霧に咲きすさびたる（酢左乾垂）つき草（十・二二八一）海に出でたる（伊弖多流）飾磨川（十五・三六〇五）山に生ひたる（生有）菅の根（四・五八〇余明軍）海神の沖に生ひたる（生有）縄海苔（十二・三〇八〇）丈夫に憑きたる（認有）神（三・四〇六娘子）麻笥に垂れたる（垂有）続麻（十三・三二四三）白露を玉に為したる（作有）九月（十・二二二九）水長鳥安房に継ぎたる（継有）梓弓（九・一七三八）峰に延ひたる（波比多流）玉蔓（十四・三五〇七）

［ヲ格］敵見たる（見有）虎（二・一九九柿本人麻呂）

ここでも、「吾が宿に咲きたる梅」「野辺に咲きたる萩」のような「場所に咲きたる植物」のような類型的表現が存在する。しかし、この二例を除けば、複数の文法項が関与する名詞修飾は、規範的表現とは言えず、自然言語の表現と落差があるとは考えられない。これは、言表に主格一項のみを取る「咲きたる花」のような統語型に比して複数の文法項を表示する名詞修飾がより現実を反映する具体的な文脈を実現しやすいためであろう。自動詞文を主述倒置した①や自動詞文を保存した②が何故、類型的規範表現を生み出しやすいのであろうか。その理由を筆者は次のように考えている。すなわち、①自動詞による主格名詞修飾（咲く花）や②自動詞句による名詞修飾（花が咲く丘）は、非文法的統語例ではないが自然言語の談話では余り出現しない美的抽象的な表現であったのではないか。和歌のような文芸言語であっても、言語芸術である限り、自然言語の談話構造の規制から自由ではあり得ない。かかる暗黙の了解があればこそ、我々は万葉集を奈良時代語の口語復元の資料として尊重するのである。①と②の環境に自然言語の談話を反映した用例よりも文芸上の規範的表現を多く見出すのは、この環境における談話への出現が余り自然なものではなかったことを反映するからではないだろうか。私見によれば、それは現代語にも及ぶ隠然たる事実であるように思われる。我々は、「咲く花」「降る雪」「飛ぶ鳥」などの表現をある種の格調を籠める文脈から離れて日常的談話文の中で使用することが少ないのではないか。これらの統語型は現代においてなお特殊なのである。

以上を要するに完了辞タリは、完了存続辞リ、断定辞ナリとともに奈良時代以前の近接した次期に、名詞修飾の位置で存在詞アリが介入して成立した。タリとナリは、先行文脈から離脱的な形容詞的用法に有意味に関与するのに対して、リは先行文脈から文法項を取り込む傾向が強い。また、過去情報を有する助辞群の中でタリだけが動詞的形容詞用法に組織的に関与した。タリが介入する動詞的形容詞には、「咲きたる花」「照りたる月夜」「絶えたる恋」のような規範表現がまとまって出現する。これは、使われる動詞の共通性から見て、当時規範的表現として確立していた「咲く花」「照る月」「行く水」のような自動詞基本形による主格名詞修飾に類推して成立した可能性がある。古代語タリの用法は、名詞修飾と動詞的形容詞が密接に関連しながら発達していった。

文芸言語という特殊な位相が後々の談話を含めた自然言語に介入する可能性を示唆する現象として筆者はこれに注目するのである。

注

（1）目黒士門『現代フランス広文典』第七章（白水社二〇〇四）二九五頁
（2）注1前掲書二九五頁
（3）金水敏「連体修飾の「〜タ」について」田窪行則『日本語の名詞修飾表現』（くろしお出版一九九四）
（4）拙稿「完了辞リ、タリと断定辞ナリの成立」『萬葉』第一七〇号（一九九九）

（5）注4拙稿

（6）拙稿「奈良平安朝文芸における過去辞が介入する分詞用法」『名古屋言語研究』第六号（二〇一二）

（7）拙稿「奈良時代語の述語状態化標識として成立したり・タリ・ナリ」『国語学』第五十四巻五号（二〇〇三）

（8）新沢典子「越中における「おもふどち」の世界」『美夫君志』第六十二号（二〇〇一）

副助詞の形
――「だに」「さへ」「すら」の場合――

小柳智一

はじめに

語構成論的研究で助詞が対象とされることは稀である。理由はいくつかあるだろうが、一つに、形態が単純すぎて分析に向かないということが考えられる。例外的に取り上げられることもあるが、ほとんどが語源を推定する中で言及される。「へ」は「辺《へ》」を語源とする、「ばかり」は「計《はか》る」に由来する、「さへ」は「添《そ》へ」が元である、「のみ」は「の」と「身」に分解される、というように。しかし、このような興味によって個々の助詞を論じるだけでは、助詞一般に対する語構成論的な関心は育たず、仮に助詞が何らかの形態的特徴を有していたとしても、それに気づいたり、その意味を探ったりすることにはならないだろう。

本稿は、上代の副助詞について、これが有する形態的特徴を指摘し、その意味するところを考えようとするものである。個々の副助詞の形成過程にも推測を及ぼすが、個別と全体の両方に目を配りながら、副助詞という群に共通する形態的特徴の一般性を考察したい。紙幅の都合で今回は「だに」「さへ」「すら」を取り上げる。

第一節　助詞の形態的分類

上代の助詞を、単音節か多音節か、末尾母音が奥舌（非前舌）のa・u・oか前舌のi・eか、という形態的観点によって分類すると、次表のようになる。

	単音節		多音節	
	a・u・o	i・e	a・u・o	i・e
格助詞	の　が　と　ゆ　よ　を	に　へ		ゆり　より　まで
連体助詞	の　が　な　つ　だ			
接続助詞	ば　ど　を	て	つつ　*ども　*とも	*して
副助詞			すら	ばかり　のみ　さへ　だに
係助詞	は　も　ぞ　か　や	い　し	こそ　*なも	
終助詞	な（詠嘆・禁止・願望）　そ	に　ね	こそ　*なむ　*もが　*しか	
間投助詞	や　よ　を　わ	ゑ		

この表について注記を付す。助詞の認定は、範囲を広く採る『時代別国語大辞典 上代編』の「上代語概説」を参考にし、以下の点を変更した。(i)格助詞とは別に連体助詞を設けた。(ii)「から」「なへ」「がに」「ながら」は助詞ではないと判断して除いた（第三節を参照）。(iii)係助詞「なむ」、終助詞「なも」、「がへ」「ろ」は用例が皆

無または稀少であったり、東国資料に限られたりして、不明の点が多いので除いた。(iv)「ものを」「ものから」「ものゆゑ」は名詞「もの」を含むことが明らかなので除いた。(v)「しも」「かも」「かな」「はも」「はや」は助詞が複合したことが明らかなので除いた。(vi)係助詞と終助詞・間投助詞の両方に挙げられる「は」「も」「を」「な（詠嘆）」「ぞ」「なも」「や」「か」「な（禁止）」は便宜的にいずれかに割り振った。(vii)終助詞「な」は詠嘆・禁止・願望の三種があるが、形態を問題にするので一つにまとめた。(viii)副助詞に挙げられている「し」「い」「まで」は、「し」「い」を係助詞に、「まで」を格助詞に所属を改めた。

このような変更の後で一往は表に残したものの、(v)に準じてよさそうな助詞がいくつかある。まず、接続助詞「ども」「とも」は「ど」「と」と「も」の複合と見てよいだろう。係助詞「なも」は「な」と「も」の複合かと言われ、終助詞「もが」「しか」も「も」「し」と「か」の複合かと言われる。係助詞「なも」が中古に「なむ」に変化することを考えると、終助詞「なむ」ももとは「なも」で、「な」と「も」の複合である可能性がある。また、助詞の複合ではないが、接続助詞「して」はサ行変格活用動詞「し」と「て」の複合と考えられている。このように考えると、単音節の助詞に還元される多音節の助詞（*を付したもの）が表中にはまだあり、助詞の本来的な形態を観察するためには、これらも除いた方がよい。

さて、このように処理した表からは、次のような、副助詞の形態的特徴が見出される。

(1)　副助詞はすべて多音節であり、かつ末尾母音がi・eに偏る。

他の助詞群は単音節が多いのに対し、副助詞はすべて多音節である点が特徴的である。多音節の助詞のうち、格助詞「ゆり」「より」「まで」も末尾母音がi・eだが、これらは副助詞に通じる側面を有しているので（小柳智一［二〇一一：15-19頁］）、多音節かつ末尾母音i・eという特徴は、著しく副助詞に偏ることになる。さらに詳しく見ると、末尾音節を除く音節の母音はa（「ばかり」「さへ」「だに」「まで」）・u（「ゆり」）・o（「より」「のみ」で、すべて奥舌母音である。唯一「すら」だけは末尾母音も含めてすべて奥舌だが、この点については第四節で述べるので今は措く。奥舌母音の現れる非末尾音節と前舌母音の現れる末尾音節の間には形態の切れ目を設けることができると思われ、副助詞の形態は次のように定式化できる。

(2)　前部要素（奥舌母音）＋後部要素（前舌母音）

これが副助詞の形である。副助詞一般がこの形をしているのには、何か意味があるにちがいない。それはどのような意味だろうか。実はこの問いについての解答は、川端善明〔一九七九：Ⅰ250頁〕が「のみ」の語構成を分析して簡潔に示している。すなわち、「前音節は、それが接する語を括って、いわば語幹形成的に働き、後音節は、その語幹に対して語尾的に機能するという分析が、機能的に可能なのではないかと思うのである。《中略》副助詞ノミも従って、語源的な二語分析性とは別に、機能的な二項分析性（語幹形成的ノと語尾的ミ）を感じられてよい」（傍点は原文通り）と。この見解は妥当だと思われる。本稿も基本的にこの線で考察を進め、「だに」「さへ」「すら」の形態を分析しながら、この見解を敷衍していく。

第二節　二種類の接尾辞

「だに」から始めよう。二種類の接尾辞に注目したい。一つは「だ」で、これを語末に持つ副詞がある。[注1]

(3)　いくだ〔幾〕　いまだ〔今〕　こきだ〔多〕　ここだ〔多〕　さはだ〔多〕

このうち、「いくだ」には「いくら」、「ここだ」には「ここば」「ここら」という対応する語形があるので、「だ」を「ら」「ば」と並ぶ接尾辞として抽出できる。小柳智一〔二〇一二：13頁〕で情態的な意味を表す語基を「情態語基」と呼んだが、「だ」「ら」「ば」の前接部は情態語基である。例えば「いく」が「いく日《か》」「いく夜《よ》」のように複合語前項に現れたり、「いま」「こき」が「いまし」「こきし」、「さは」が「さはに」のように別種の接尾辞を伴って派生語を構成したりするのは、情態語基の典型的な現れ方である。この情態語基に「だ」の類の付いた全体は、別種の接尾辞を伴って「いまだし」「いくばく」「こきだく」「ここだく」のように副詞になるので、やはり情態語基である。情態語基には事物の属性に定着しやすいもの（「いは〔岩〕」「くも〔雲〕」）から、情態として保たれやすいもの（「まさ〔増〕」「きよ〔清〕」）まで幅があるのだが（小柳智一［二〇一二：13-14頁］）、「だ」の類によって構成されるのは主に後者の情態語基である。このように、「だ」「ら」「ば」は情態語基を構成する接尾辞と考えられ、他に「や」（「なごや〔和〕」「にこや〔柔〕」）、「か」（「さやか〔明〕」「しづか〔静〕」）、「さ」（「つぶさ〔具〕」「にへさ〔多〕」）、「ま」（「ふつま〔都〕」）なども同種の接尾辞である。一つ一つの個性はあるにせよ、情態語基を構成するという点で機能を一にする接尾辞が多様にあったということである。

注目したいもう一つの接尾辞は「に」である。右に挙げた「さはに」のように、「に」は情態語基に付いて自立した連用修飾語を構成する。副詞はその主要なものである。

(4)　いかに〔何如〕　ここだくに〔多〕　すでに〔既〕　つひに〔終〕　なかなかに〔中々〕

「きよらに〔清〕」「しづかに〔静〕」などの「に」も、いずれナリ活用形容動詞の活用語尾に編入されるが、本質的にはこれらの「に」と同一である。

ここに見た二種類の接尾辞（注2）は、語構成的な機能・位置・形態において対蹠的である。機能的・位置的には「だ」の類は情態語基を構成して語基末（語基内）に位置するが、「に」は連用修飾語を構成して語基外に位置する。形態的には「だ」の類は母音が奥舌母音aだが、「に」は前舌母音iである。情態語基はそのまま自立して語となることもあり、(3)の副詞はそのような場合だが、多くは別の語基や接尾辞が後に付いて語となる。（注3）「に」はそのような接尾辞として有力なものの一つである。有坂秀世［一九五七］の被覆形・露出形に見るように、拘束的（非自立的）な形式末に現れる母音の典型が奥舌母音（a・u・o）、自立的な形式末に現れる典型が前舌母音（i・e）であることを考えると、「だ」の類の母音がaで、「に」の母音がiであるのは、標準的と言える。二種類の接尾辞についてまとめる。

(5) a 「だ」の類：情態語基構成の機能　語基末に位置　拘束的な形態の奥舌母音

b 「に」　：連用修飾語構成の機能　語基外に位置　自立的な形態の前舌母音

この二種類の接尾辞によって構成された連用修飾語の側から見ると、「に」は「語尾」に当たり、それを除いた部分を「語幹」と呼べば、「だ」の類は語幹の一部である。そこで、「だ」の類を「語幹的接尾辞」、「に」を「語尾的接尾辞」と称すれば、構成された連用修飾語の語構成は次のように図式化できる。

(6) ［情態語基＋語幹的接尾辞］＋語尾的接尾辞

さて、副助詞「だに」は右の「だ」「に」という接尾辞から形成されたという説があり（川端善明［一九七九：Ⅱ54、428頁］）、その蓋然性は高いと思う。これに関連して注目される二つの副詞がある。一つは、時間副詞「いまだ」である。副助詞「だに」は否定述語と呼応すると、ある事態が予想に反して成立しないことを表すが（岡崎正継［一九九六：227頁］、小柳智一［二〇〇八：15頁］）、「いまだ」にはこれに通じる用例がある。(7)の「だに」は、妻に似た人が一人くらい通ってもよさそうなのに通らないことを表し、(8)の「いまだ」は、自分は長生きしているので聞いたことがあってもよさそうだが、これまでに雁の産卵を聞いたことがないことを表している。

(7) ……　玉桙の　道行く人も　ひとりだに〔谷〕似てし行かねば　すべをなみ　妹が名呼びて　袖ぞ振りつる
〈万葉集2・二〇七〉

(8) ……　我こそは　世の長人　そらみつ　倭の国に　雁の卵産《む》と　いまだ〔伊麻陀〕聞かず
〈古事記歌謡・七二〉

もう一つは、「かく」に「だに」の付いた「かくだに」である。(9)の「かくだに」は恋い慕うことの程度の高さを表し、「これほどまでにも」（小学館新編日本古典文学全集）の意と考えられる。この「だに」には副助詞の意味が見出せず（岡崎正継［一九九六：250-253頁］）、「かくだに」全体で一語の程度副詞に相当する。

(9) かくだにも〔如是谷裳〕 我は恋ひなむ 玉梓の 君が使ひを 待ちやかねてむ 〈万葉集11・二五四八〉

この二つの副詞では「だ（に）」が「今」「かく」に付いて一語の副詞を構成しているが、副詞を構成するこのような「だに」が前部から離脱し、すでに副詞であるものに後接するようになり(10)、さらに名詞にも後接するようになって(11)、副助詞「だに」が確立したと推定される。

(10) a 庭に立つ 麻手小衾 今夜だに〔許余比太尓〕 夫寄しこせね 麻手小衾 〈万葉集14・三四五四〉

b 心なき 雨にもあるか 人目守り 乏しき妹に 今日だに〔今日谷〕 逢はむを 〈万葉集12・三一二二〉

c 明日香川 明日だに〔明日谷〕見むと 思へやも 我が大君の 御名忘れせぬ 〈万葉集2・一九八〉

(11) …… 名を問へど 名だにも〔名谷母〕告らず 泣く児なす 言だに〔言谷〕問はず …… 〈万葉集13・三三三六〉

もともと接尾辞「だ」には(7)のような副助詞の意味はない。このことは(3)の副詞の例を見れば明らかだが、(8)の「いまだ」の例は、「だ」の構成する副詞が文脈の中で、後に「だに」が表すようになる意味を推意的に表すことがありえたことを示している。[注4]「だに」という形が前部から離脱し、かつ推意が表意化したのが副助詞「だに」だと考えられる。この形成過程は次のように図示できる。図の「だに」の前部は、情態語基が自立して語に変化したという意味ではなく、情態語基に付いていた「だに」が語に後接するようになったことを示す。

(12) ［情態語基＋だ］＋に → 語＋だに

「だに」に限らず、副助詞とは「副詞性の助詞」の謂いで、副詞との間に意味的な共通性を有するが（小柳智一［二〇〇八：6-7頁］）、(6)を起源とする「だに」は形態的にも副詞（連用修飾語）的だと言える。

第三節　形式副詞

前節では、「だに」について、接尾辞から副助詞へという形成の径路を見出した。副助詞ではないが、同様の径路を経たと考えられるものに「がに」がある。

(13) うれたきや　醜ほととぎす　今こそは〔声の嗄る〕がに〔蟹〕来鳴き響めめ　〈万葉集10・一九五一〉

「がに」は、前節で挙げた語幹的接尾辞「か」と語尾的接尾辞「に」を起源とし（阪倉篤義〔一九六六：325頁〕）、「［情態語基＋か］＋に」から「句＋がに」へ、主節に対する連用修飾節を構成するようになったと考えられる（小柳智一〔二〇〇九：10頁〕）。このように連用修飾節を構成するものを、山田孝雄〔一九〇八：539頁〕の用語を借りて「形式副詞」(注5)と呼べば、「がに」は接尾辞から形式副詞へ発達したと言える。「がに」は終止形接続の形式副詞で、類例として、語幹的接尾辞「ま」から発達したと考えられる「まに」がある。上代には次の一例しかないが、中古に「懲りずまに」も見られるので（ただし語彙的に固定）、実際には生産性があったと思われる。

(14)〔ぬばたまの　夜見し君を　明くる朝　逢はず〕まに〔麻尓〕して　今ぞ悔しき　〈万葉集15・三七六九〉

接尾辞「ま」から形式副詞「まに」への途中に位置づけられるものとして「かへらまに」がある。

(15) かへらまに〔加敝良末尓〕　君こそ我に　栲領巾の　白浜波の　寄る時もなき　〈万葉集11・二八二三〉

「かへらばに〔反羽二〕」（万葉集12・三〇三五）という形もある。「かへらまに」は、情態語基「かへら」に接尾辞が付いて「反対に」という意の副詞を構成したものだが、「かへら」は動詞「返る」と関連があり、その分、「まに」も形式副詞へ発達する可能性を有している（阪倉篤義〔一九六六：320-321、332頁〕を参照）。

このような終止形接続の形式副詞とは別に、次のような連体形接続の形式副詞もある。

(16) a 〔草枕　旅の悲しく　ある〕なへに〔苗尓〕　妹を相見て　後恋ひむかも　〈万葉集12・三一四一〉

b　［初春の　初子の今日の　玉箒　手に執る］からに〈可良尓〉　ゆらく玉の緒　〈万葉集20・四四九三〉
c　山高み　夕日隠りぬ　［浅茅原　後見む］ために〈多米尓〉　標結はましを　〈万葉集7・一三四二〉
d　［苗代の　子水葱が花を　衣に摺り　馴るる］まにまに〈麻尓末仁〉　あぜか愛しけ
〈万葉集14・三五七六〉

これらの形式副詞には注目される特徴が二つある。まず一つは、述語連体形の他に連体助詞に接続するものがあることである。

(17) a　明日よりは　継ぎて聞こえむ　ほととぎす　一夜のからに〈乃可良尓〉　恋ひ渡るかも　〈万葉集18・四〇六九〉
b　娘子らが　挿頭のために〈乃多米尓〉　遊士の　縵のためと　……　〈万葉集8・一四二九〉
c　……　かからずも　かかりも　神のまにまに〈乃末尓麻尓〉と　……　〈万葉集5・九〇四〉

このため、名詞性が認められ、「形式名詞」（松下大三郎［一九三〇］223-224頁）の側面もある。しかし、同じく形式名詞とされる「もの〈物・者〉」「こと〈事〉」などとちがい、これらは主格・対格などの項に立つことはない。独立した名詞として使われた例もないか、あっても時代が大きく下るので、これらが本来的に名詞であったとは考えられない。それどころか、「なへに」については——連体助詞に接続する例はないが、連体形に接続する点で名詞性が認められる——、「なへ」が接尾辞だったことをうかがわせる例がある。

(18) ……　常磐なす　いやさか映えに　然れこそ　神の御代より　よろしなへ〈与呂之奈倍〉　この橘を　時じくの　香の木の実と　名づけけらしも　〈万葉集18・四一一一〉

この例は、「なへ」が情態語基「よろし」（形容詞語幹でもあるが、形容詞語幹は本質的に情態語基である）に付いて「よろしなへ」という副詞（「ふさわしく」「よい具合に」という意）を構成している。「なへ」の語源を「な〈連体助詞）＋上《うへ》」とする説（岩波古語辞典など）があるが、この「なへ」に「〜の上・上部・上方」のような実質的な意味は読み取れず、接尾辞と見られる。形式副詞「なへに」はこの接尾辞「なへ」から発達したと考えられる。

「から」は現れ方が複雑で意味が捉えにくいが、「或る事物にすこしも積極的な力をくはへない」（石垣謙二［一九五五：129頁］）や、「血筋・素性という意味から発して、抽象的に出発点・成行き・原因などの意味にまで広がって用いられる」（岩波古語辞典）のように捉えて、本来的に名詞だとする説がある。しかし、「から」も単独で使われた例がなく、想定されるような抽象的な意味の名詞が実在したかは疑わしい。「から」の用例の中で最も形が単純で、よって最も古いと考えられるのは次の類である。

⒆　うがら〔親族〕　はらから〔同胞〕　やがら〔家族〕　／　川から　神から　国から　山から

斜線上の語は同族を表すので、この「から」に「血筋・素性」という意味を見出すのは理解できるが、それを斜線下の語に当てはめることはできない。すべての「から」に共通する意味を考えようとすれば、きわめて抽象的な意味を設定するか、原義の他に派生義を設けて処理するかしかないだろうが、仮にそれができても、「から」が本来的に名詞だったことにはならない。意味の捉えにくさは、「から」が実質的な意味を有する名詞ではなく、接尾辞だったことを示すのではないだろうか（阪倉篤義［一九六六：357-358頁］を参照）。接尾辞を含む語が使用されるうちに、その語の語彙的意味や文脈的な推意に影響されて、接尾辞に新たな意味が読み込まれることは、十分ありうる。例えば、「あからさま〔暴〕」「さかさま〔逆〕」「よこさま〔横〕」に見られる接尾辞は、様子の意味が読み込まれて「さま〔様〕」になったと考えられる（阪倉篤義［一九六六：336-337頁］、山口佳紀［一九八五：595頁］）。「かた〔方〕」も「をちかた〔彼〕」「みやこかた〔都〕」などの「かた」が方向の意味を読み込まれてできたものではないか。その結果、名詞性を獲得して次のように連体修飾を受けるようになる。

⒇ａ　いと恥づかしげなる御文のさまに、さし出でも手つきも、恥づかしうつつましう、

〈源氏物語・明石、新編日本古典文学全集2—二四八〉

b　さ夜深けて　夜中のかたに〈夜中乃方尓〉　おほほしく　呼びし舟人　泊てにけむかも

〈万葉集7・一二二五〉

「なへ」「から」も本来は接尾辞だったが、同様の径路を辿って、連体修飾を受けるようになったと推測することができる。とすれば、「ため」「まにま」もまた接尾辞を起源とする可能性が考えられてよいだろう。「ため」は次例のように「た」の形が見られる。

(21)　竜の馬を　我は求めむ　あをによし　奈良の都に　来む人のたに〈多仁〉　〈万葉集5・八〇八〉

「た」に付く「め」は接尾辞と見なされるが、「た」も、「目的」という意味の抽象名詞がもともとあったとは考えにくいので、本来は接尾辞だろう。「まにま」の詳細は不明だが、山田孝雄［一九五四：381-383頁］の説くように、接尾辞「ま」と関連づけられるかもしれない。そうでなくても、「随順」のような意味の抽象名詞を想定するのはやはり無理だと思う。このように、「ため」「まにま」も接尾辞から発達したと見て問題がない。

「なへ」以下の接尾辞は「なへに」のように語尾的接尾辞「に」を伴うことからもわかる通り、語幹的接尾辞である。よって、ここに見出したのは、語幹的接尾辞から形式名詞への変化ということになる。ただし、その形式名詞は、事物・事態（「もの」「こと」）ではなく、時空や因果といった、事態の存在・成立に関係する意味——これが副詞の意味である（小柳智一［二〇〇五：第一節］）——を表すものだったために、形式副詞として用いられた。これが、連体形接続の形式副詞が名詞性を有しながら形式副詞であることの実態である。(注6)

次に注目される、連体形接続の形式副詞の特徴は、「に」がなくても用いられることである。「に」の有無は意味に関わらない。「からに」は「から」だけで使用された例がないが、(23)のように「ものからに」「ものから」は両形がある。

(22) a 〔秋風の　寒く吹く〕なへ〔奈倍〕我が宿の　浅茅が本に　こほろぎ鳴くも　〈万葉集10・二一五八〉

b 〔我妹子が　心慰に　遣らむ〕ため〔多米〕沖つ島なる　白玉もがも　〈万葉集18・四一〇四〉

c 〔去年の秋　相見し〕まにま〔末尓末〕今日見れば　面やめづらし　都方人　〈万葉集18・四一一七〉

(23) a 相見ては　面隠さるる　ものからに〔物柄尓〕継ぎて見まくの　欲しき君かも　〈万葉集11・二五五四〉

b 見渡せば　近きものから〔物可良〕石隠り　かがよふ珠を　取らずは止まじ　〈万葉集6・九五一〉

この特徴の意味するところは次節で考察することにして、ここで本節の内容をまとめておく。本節では、接尾辞から形式副詞が形成される過程について考えた。図示すれば(24)の通りである。

(24) 〔情態語基＋語幹的接尾辞〕＋に　↓　句＋形式副詞（に）

また、形式副詞として終止形接続と連体形接続の二種類を挙げ——「ながら」のように連用形接続の形式副詞もあるが、論旨に関わらないので取り上げなかった——、連体形接続の形式副詞には、①名詞性を有する、②「に」を伴わないことがある（図の「（に）」はこのことを示す）という特徴のあることを指摘した。

第四節　多音節の語幹的接尾辞

さて、「さへ」と「すら」について考えよう。興味深いことに、前節で指摘した、連体形接続の形式副詞の特徴②が「さへ」「すら」にも認められる。すなわち、「さへに」と「さへ」、「すらに」と「すら」の両形が見られるのである。次に挙げる例はすべて主格に立つ名詞に後接しており、(25)a「さへに」と(26)「すらに」の「に」が与格の格助詞でないことは明らかである。「に」の有無は意味に関係しない。

(25) a 白たへの　君が下紐　我さへに〔左倍尓〕今日結びてな　逢はむ日のため　〈万葉集12・三一八一〉

b　あしひきの　山さへ〔左倍〕光り　咲く花の　散りぬるごとき　我が大君かも　〈万葉集3・四七七〉

(26)a　軽の池の　浦廻行き廻る　鴨すらに〔尚尓〕玉藻の上に　ひとり寝なくに　〈万葉集3・三九〇〉

b　かくしつつ　遊び飲みこそ　草木すら〔尚〕春は生ひつつ　秋は散りゆく　〈万葉集6・九九五〉

さらに、「すら」には形式副詞と共通する点がある。「だに」「さへ」は私の言う「第二種副助詞」に属し、連用成分に後接する（小柳智一〔二〇〇八：8-10頁〕）。格助詞との相互承接では格助詞に後置する。

(27)a　暁の　目覚まし草と　これをだに〔乎谷〕見つついまして　我を偲はせ　〈万葉集12・三〇六一〉

b　天つ日嗣受け賜はれる事をさへ〔乎左閇〕歓び奉出せれば、辱けなみ歓ぼしみなも聞こし行す。
〈続日本紀宣命・五七〉

「すら」も格助詞に後置する例(28)aが見られ、第二種副助詞と考えられるが、上代では格助詞に前置する例(28)bもあり、むしろその方が多い。万葉集では前置する例が一〇例、後置する例が三例である。

(28)a　一重のみ　妹が結ばむ　帯をすら〔乎尚〕三重結ぶべく　我が身はなりぬ　〈万葉集4・七四二〉

b　……　まして恋しみ　雪消する　山道すらを〔尚矣〕なづみぞ我が来る　〈万葉集3・三八二〉

これは格助詞に前置する場合から後置する場合へ変化したのだと思われるが、[注7]名詞に直接して格内部に収まっていたことから、「すら」はもともと名詞性を有していたと目される。これは、連体形接続の形式副詞の特徴①と合致する。こうしたことから考えられるのは、連体形接続の形式副詞が接尾辞から発達したように、「さへ（に）」「すら（に）」もまた同種の接尾辞から発達したのではないかということである。

「さへ」の語源は、しばしば動詞「添《そ》ふ」の連用形「添《そ》へ」だとされ、根拠として万葉集の「副」（4・五二四）という表記が示されることもある。しかし、「添《さ》ふ」という動詞も「添《さ》へ」という語形も存在するわけではなく、「さへ」とは直接結びつかない。万葉集の表記には「共」（7・一〇九〇）・「幷」（10・二二五）・「兼」（12・二九五三）も見え、「副」はこれらと同様、副助詞「さへ」の添加の意味を反映しただけだろう。「副《さ》へ」という動詞の存在やそれが副助詞「さへ」の起源であることを示すとは考えられない。このような語源説には、機能語（付属語）の起源は内容語（自立語）に求められるという一種の先入観があるように思う。前節の「なへ」について「な上」を考えるのも同様である。しかし、多様な接尾辞が語構成に活発に参加していた古代語では、接尾辞が機能語に発達することも多かったと推測され、「さへ」は直ちには同形態の接尾辞を指摘することができないものの、接尾辞起源と見て支障ないと考える。「すら」については、「ひたすら（直）」に見える接尾辞「すら」があり、これを起源に想定することができる（川端善明［一九七九：Ⅱ54-55頁］）。

「さへ」「すら」を接尾辞起源と考えれば、それは語幹的接尾辞である。前節で挙げた「なへ」「から」「ため」「まにま」「さま」「かた」と合わせて興味深いのは、これらが多音節だということである。「さま」が二つの語幹的接尾辞「さ」「ま」の複合とされ（阪倉篤義［一九六六：336頁］）、「ため」が「た」と「め」に分解されたように（前節）、これらは単音節の接尾辞の複合と考えてよいだろう。そうであれば、「さへ」「すら」も単音節の接尾辞の複合と考えられる。「さへ」の「さ」には第二節で挙げた接尾辞を当てることができる。「すら」の「す」は「さ」と母音交替の関係にある接尾辞と見られる。川端善明［一九七九：Ⅱ55頁］は「（ひた）すら」の交替形として「（くむ）しら（隠）」「（こと）さら（殊）」を考えており、接尾辞はこのように母音交替によって異形態を作る。「すら」の「ら」は第二節で挙げた、非常に使用頻度の高い接尾辞だろう。

「さへ」の「へ」には直接当たるものはないが、次のものが候補になる。「さきはふ（幸）」「いはふ（斎）」「にぎはふ（饒）」の類からは動詞構成の接尾辞「はふ」が抽出できるが、これを「あつかふ（熱）」「ともなふ（伴）」「うやまふ（敬）」「ねぎらふ（労）」などと並べると、「は」と「ふ」に分解され、「か」「な」「ま」「ら」と並ぶ「は」という接尾辞のあったことが推測できる。もとは「［情態語基＋は］＋ふ」という構造だったものが「情態語基＋はふ」に変化して、多音節の接尾辞「はふ」ができたと考えられる。この「は」の母音交替形が「さへ」の「へ」ではないだろうか。ちなみに、「なへ」は「たけなは〔酣〕」（図書寮本日本書紀・巻15）に見える「なは」に遡ると想像されるが、この「なは」は「な」と「は」の複合だろう。「さへ」についても古くは「さは」という接尾辞があったかもしれない。

このように考えてくると、連体形接続の形式副詞と「さへに」「すらに」とが語尾的接尾辞「に」を伴わなくても用いられることの意味が明らかになる。これらは「に」を除いた部分（語幹的部分）が多音節なので、それ自体を語幹的前部要素と語尾的後部要素に再分析することが可能である。終止形接続の形式副詞「がに」「まに」と「だに」は「に」を除くと単音節になってしまうので、語幹と語尾に分析することができず、そのため、「に」を伴ったままの形で固定せざるをえなかった。第一節で「すら」だけが末尾母音が奥舌であることを指摘したが、これは本来は「すらに」だったものが「に」を脱落した形だからである。その点では、「さへに」の「に」が脱落した「さへ」の末尾母音が前舌であるのは、偶然にすぎず、「だに」の末尾母音が前舌であるのとは意味が異なる。「だに」の「に」が前舌母音であるのは、自立的な形式の語尾として前舌母音なのであった。しかし、語幹的接尾辞の段階（語尾に達する前の段階）で、末尾に前舌母音が現れるのは自立的な形式へ傾いているということであり、語尾として再分析される自然さがあると言える。(注8)

以上のように、副助詞「だに」「さへ」「すら」の形成は副詞（連用修飾語）を構成する接尾辞から形成されたのではないかと考えられ、それは形式副詞の形成と並行的に捉えられる。終止形接続の形式副詞と「だに」、連体形接続の形式副詞と「さへ」「すら」の二組をそれぞれ図示すれば、次の通りである。

(29) a 〔情態語基＋語幹的接尾辞〕＋に → 句＋終止形接続の形式副詞に

b 〔情態語基＋だ〕＋に → 語＋だに （(12)の再掲）

(30) a　［情態語基＋語幹的接尾辞］＋に　→　句＋連体形接続の形式副詞（に）

b　［情態語基＋さへ／すら］＋に　→　語＋さへ（に）／すら（に）

形式副詞と副助詞がともに語幹的前部要素と語尾的後部要素を有するのは、副詞（連用修飾語）を構成する接尾辞の形態を受け継ぐからである。第一節で定式化した(2)「前部要素（奥舌母音）＋後部要素（前舌母音）」は副詞の形であり、副詞性の助詞である副助詞に見合う形なのである。

おわりに

本稿は、「だに」「さへ」「すら」を取り上げ、これらの副助詞が有する形態的な特徴とその意味について考察した。今回取り上げなかった「のみ」「まで」「ゆり」「より」「ばかり」については続稿で考察を行うこととしたい。それを俟って、副助詞の形についての全き一つの論となる。

注

（1）「はだ〔甚〕」「はなはだ〔甚〕」は語構成が明らかでないが、挙例となりうるかもしれない。「だ」は本来は清音「た」だと考えられており、そうであれば「あまた〔多〕」「うたた〔転〕」「しまた〔数〕」なども追加される（阪倉篤義［一九六六：328頁］）。

（2）接尾辞がこの二種類で尽きると言うつもりはなく、接尾辞の全体的な把握は今後の課題である。その際、以下に述べる、語幹的接尾辞と語尾的接尾辞の区別は有効であろう。

（3）小柳智一［二〇一二：15-17頁］では情態語基の関わる語構成を、(a)情態語基＋語基、(b)情態語基＋接尾辞、(c)情態語基＋φ、の三つに整理した。「いく日」「いく夜」などは(a)、「いまし」「こきし」「さはに」などは(b)、情態語基がそのまま自立して語になるのは(c)である。

（4）ちなみに、副助詞「だに」は希求表現（希望・意志・禁止など）とも呼応するが（岡崎正継［一九九六：238頁］）、

「今」に「だに」の後接した「今だに」は希求表現と呼応する例ばかりで、「いまだ」のように否定述語と呼応する例はない。

露霜に　衣手濡れて　今だにも〔今谷毛〕　妹がり行かな　夜は更けぬとも　〈万葉集10・二二五七〉

このことは、「いまだ」と「今だに」が無関係であることを示すと思われるかもしれないが、そうではなく、二つは相補的な関係にあるので、かえって関係の深さをうかがわせる。

（5）用語だけを借り、広く連用修飾節（有属文の連用従属節）を構成するものを「形式副詞」と呼ぶ。本稿の形式副詞は、山田孝雄のものより外延が広い。詳細は別の機会に譲る。

（6）したがって、時空的な意味を表す名詞が連体形接続の形式副詞になるのも自然である。「とき〔時〕」「ひ〔日〕」「よ〔夜〕」「うち〔内〕」など。連体形接続の形式副詞には名詞起源のものもある。

（7）「のみ」にも同じ変化が認められる。小柳智一［一九九九：第四節］を参照。

（8）この点は続稿で「のみ」「まで」を取り上げる際に詳しく述べる。

参考文献

有坂秀世［一九五七］「国語にあらはれたる一種の母音交替について」『国語音韻史の研究　増補新版』3-68頁、三省堂

石垣謙二［一九五五］「助詞「から」の通時的考察」『助詞の歴史的研究』81-214頁、岩波書店

岡崎正継［一九九六］「万葉集の「すら」「だに」の意味用法について」『国語助詞論攷』209-256頁、おうふう

川端善明［一九七九］『活用の研究Ⅰ・Ⅱ』大修館書店（［一九九七］新装版、清文堂出版による）

小柳智一［一九九九］「万葉集のノミ―史的変容―」『実践国文学』55、38-52頁

小柳智一［二〇〇五］「副詞と否定―中古の「必ず」―」『福岡教育大学国語科研究論集』46、35-50頁

小柳智一［二〇〇八］「副助詞研究の可能性」『日本語文法』8-2、3-19頁

小柳智一［二〇〇九］「同語反復仮定の表現と従属句化」『福岡教育大学国語科研究論集』50、1-18頁

小柳智一［二〇一一］「古代の助詞ヨリ類―場所の格助詞と第1種副助詞―」青木博史編『日本語文法の歴史と変化』1-24頁、くろしお出版

小柳智一［二〇一二］「被覆形・情態言・形状言・情態性語基」『日本語文法史研究』1、1-20頁、ひつじ書房

阪倉篤義［一九六六］『語構成の研究』角川書店

松下大三郎〔一九三〇〕『改撰標準日本文法』中文館書店（〔一九七四〕勉誠社版による）
山口佳紀〔一九八五〕『古代日本語文法の成立の研究』有精堂出版
山田孝雄〔一九〇八〕『日本文法論』宝文館出版
山田孝雄〔一九五四〕『奈良朝文法史』（改版）宝文館出版

付記　本稿は、平成二十六年度科学研究費補助金（基盤研究（C）課題番号二四五二五〇八）による研究成果の一部である。

形容詞被覆形・露出形による名詞複合用法

蜂矢真弓

一

有坂（一九三二・一九三四）は、上代における名詞・動詞には、それ自体が名詞・動詞として自立するものと、複合語・派生語の語構成要素であるものとがあり、それらのうち、同一形態素を持つものについて比較し、両者に「一種の母音交替」が存在すると述べている。そして、両者の末尾形態に着目し、

(a)エ列イ列に終る形はそれが単語の末尾に立つ場合にも用ゐられ得るもの

(b)ア列ウ列オ列に終る形は、そのあとに何か他の要素がついて一語を作る場合にのみ用ゐられるもの

として、右の名詞・動詞として自立することが多い(a)を「露出形」、複合語・派生語の語構成要素として用いられることが多い(b)を「被覆形」と名付けている。

なお、本稿では、名詞・動詞の被覆形―露出形の組み合わせを持つもののうち、末尾の音節がア・ウ・オ列のものを名詞被覆形・動詞被覆形、末尾の音節がイ・エ列のものを名詞露出形・動詞露出形とする。また、基本的に、確例のみを考察の対象とする。

その上で、各品詞の被覆形が、(1)下に名詞を伴って（複合）名詞を作る場合、(2)下に接尾辞シを伴って（派生）

形容詞を作る場合、⑶下に接尾辞ス・ルなどを伴って（派生）動詞を作る場合の、三つの複合・派生用法を取る場合について考え、これらを、被覆形の⑴名詞複合用法、⑵形容詞派生用法、⑶動詞派生用法、と呼ぶことにする。有坂（一九三一）では、⑵は⑶の一部という位置付けとされていたが、派生形容詞と派生動詞は別のものであるため、本稿では、⑶と⑵を分けて考える。右と同様の考えの下、拙稿（二〇一三）では、名詞・形容詞・動詞という三つの品詞が存在し、複合名詞・派生形容詞・派生動詞の三つが存在して、被覆形の、名詞複合用法・形容詞派生用法・動詞派生用法の三用法について考察するのであれば、名詞被覆形・動詞被覆形と同様に、形容詞被覆形というものが存在するのではないかと考え、名詞・形容詞・動詞の被覆形による、名詞複合用法・形容詞派生用法・動詞派生用法の三用法について考察した。

形容詞とは、全て接尾辞シを伴ったものであるので、形容詞から接尾辞シを除いた部分にあたる語基（ク活用形容詞の場合は、形態の上で語基＝語幹である）が形容詞被覆形にあたることになる。ク活用形容詞・シク活用形容詞、それぞれの場合を例に挙げると、

ク活用　形容詞被覆形ヤス〔安〕＋接尾辞シ➡派生形容詞ヤスシ〔安・易〕

シク活用　形容詞被覆形サカ〔賢〕＋接尾辞シ➡派生形容詞サカシ〔賢〕

ということになる。

川端（一九七九）において、「名詞の活用」の〔C〕として挙げられたものは、名詞被覆形ア―露出形アシ〔足・脚〕、名詞被覆形ス―露出形スシ〔醢〕等のように、被覆形が、「自立形を形造る、資格的に接尾語であるもの」である《ⅰ》を伴う際に、子音（この場合はｓ）を挿入したものである。これと同様に考えると、形容詞被覆形が《ⅰ》を伴う際に、子音ｓを挿入して出来た派生形容詞が、形容詞露出形という位置付けになる。

このうち、基本的に末尾の音節がア・ウ・オ列の語基を、本稿では形容詞被覆形とし、形容詞被覆形・露出形

の(1)名詞複合用法について、拙稿（二〇一三）に引き続き考察を進めて行く。

二

ク活用形容詞被覆形・ク活用形容詞露出形・シク活用形容詞被覆形・シク活用形容詞露出形の四種による名詞複合用法を調査したところ、この四種の名詞複合用法を行う用例が、以下の通り見付かった。（注1）

（1）ク活用形容詞―「ク活用形容詞被覆形＋名詞（注2）」：二九例―一〇八例
（2）ク活用形容詞―「ク活用形容詞露出形＋名詞」：四例―七例
（3）シク活用形容詞―「シク活用形容詞被覆形＋名詞」：八例―一七例
（4）シク活用形容詞―「シク活用形容詞露出形＋名詞（注3）」：二三例―三八例

ク活用形容詞の場合は、被覆形の方が露出形よりも用例数が多く、シク活用形容詞の場合は、露出形の方が被覆形よりも用例数が多いことが分かる。これには、形容詞の語幹の用法が関連している。『時代別国語大辞典上代編』の「上代語概説」にもあるように、形容詞の語幹は、「形容詞語幹＋名詞」の形態において、連体修飾語として機能する性質を持っている。よって、ク活用形容詞の場合は、語幹と形態が一致する被覆形による（1）、シク活用形容詞の場合は、語幹と形態が一致する露出形による（4）の用例数が多くなる。（注4）では、形容詞の語幹と形態が一致しない、ク活用形容詞露出形・シク活用形容詞被覆形による、（2）・（3）の例について、まずは用例を挙げた後、存在するに至った理由について考える。

三

（2）ク活用形容詞―「ク活用形容詞露出形＋名詞（注5）」

ウマシ〔味・可美〕─ウマシ小汀・ウマシモノ─・ウマシマデノミコト（固有名詞）・ウマシアシカビヒコヂノ─カミ（固有名詞）

鴫（略）豆良〻〻弥留又宇万久見（『新撰字鏡』）

即自然有二可怜小汀一。可怜此云于麻師 汀此云波麻（『日本書紀』神代紀下）

我妹子《わぎもこ》に逢はず久しもうましもの〈馬下乃〉阿倍《あべ》橘《たちばな》の苔生《こけむ》すまでに（『萬葉集』二七五〇）

名曰二可美真手命一。可美真手此云于魔詩莽耐（『日本書紀』神武即位前紀）

如二葦牙一因二萌騰之物一而成神名、宇摩志阿斯訶備比古遅神。此神名以音（『古事記』神代）

アラシ〔荒〕─アラシヲ

……大和《やまと》をも遠く離《さか》りて岩《いは》が根《ね》の荒き島根に〈安良伎之麻祢尓〉宿《やど》りする君（『萬葉集』三六八八）

たまきはる命《いのちを》惜しけどせむすべのたどきを知らにかくしてや荒《あら》し男《を》すらに〈安良志乎須良尓〉嘆き伏《ふ》せらむ（『萬葉集』三九六二）

ヨシ〔吉・好・宜〕─ヨシキラヒモノ─

多胡《たご》の嶺《ね》に寄《よ》せ綱延《つなは》へて寄すれどもあにくやしづしその顔良《よ》きに〈曽能可抱与吉尓〉（『萬葉集』三四一一）

手端吉棄、此云二多那須衛能余之岐羅毗一。（『日本書紀』神代紀上）

カタシ〔堅〕─カタシハ〔堅磐〕

…大君《おほきみ》に堅《かた》く〈柯拖倶〉仕《つか》へ奉《まつ》らむと我《わ》が命《いのち》も長《なが》くもがといひし工匠《たくみ》はやあたら工匠はや（『日本書紀』雄略紀・七八）

遣二日鷹吉士堅磐固安銭一、堅磐此云柯陀之波（『日本書紀』雄略紀七年）

カタシハ〔堅磐〕は、「カタ＋ｓ＋イハ」や、「カタ＋イハの古形シハ」という捉え方もありはするが、カタシイハの縮約であるとも考えられ、その場合は（2）に当てはまるため、ここに挙げておく。

では、右のような（2）の用例が発生した理由について考える。ウマシ〔味・可美〕・アラシ〔荒〕・ヨシ〔吉・好・宜〕・カタシ〔堅〕には、以下のような（1）の用例も存在する。

ウマイ〔味寝〕「…宍串《ししくし》ろ味寝《うまいね》寝し間《と》に〈于魔伊禰矢度儞〉庭《には》つ鳥鶏《とりかけ》は鳴《な》くなり…」（『日本書紀』継体紀・九六）・ウマサケ〔味酒〕「味酒《うまさけ》〈宇磨佐開〉三輪《みわ》の殿《との》の朝門《あさと》にも出《い》でて行《ゆ》かな三輪の殿門《とのと》を」（『日本書紀』崇神紀・一六）・ウマヒト「…貴人《うまひと》は〈宇摩比等破〉貴人どちや〈于摩譬苔奴知野〉親友《いとこ》はも親友《いとこ》どちいざ闘《あ》はな我《われ》は…」（『日本書紀』神功紀・二八）

アラガキマユミ「金門《かなと》田《だ》をあらがきまゆみ〈安良我枝麻由美〉日が照《と》れば雨を待《ま》とのす君をと待《ま》とも」（『萬葉集』三五六一）・アラキ〔荒木〕「樸布久反入一朴同字治也直也劉削也木索也未治阿良木」（『新撰字鏡』）・アラクサ〔荒草〕「草陰《くさかげ》の安努《あの》な行《ゆ》かむと墾《は》りし道安努は行かずて荒草《あらくさ》立《だ》ちぬ〈阿良久佐太知奴〉」（『萬葉集』三四四七）・アラタヘ〔荒妙・荒栲〕「造二木綿、及、麻、幷織布《アラタヘ》一を古語阿良多倍」（『古語拾遺』嘉禄本）・アラタマノ（枕詞・荒と新と両説有り）「…あらたまの〈安良多麻乃〉年の緒《を》長く相見《あひみ》ずは恋《こひ》しくあるべし…」（『萬葉集』四四〇八）・アラノ〔荒野〕「信濃《しなぬ》なる須我《すが》の荒野《あらの》に〈須我能安良野尓〉ほととぎす鳴く声《こゑ》聞けば時《とき》過ぎにけり」（『萬葉集』三三五二）・アラミタマ〔荒御魂〕「…荒魂為三先鋒而導二師船一。和魂此云珥岐瀰多摩荒魂此云阿邏瀰多摩」（『日本書紀』神功前紀）

ヨゴト〔善事〕「新《あらた》しき年の初めの初春《はつはる》の今日《けふ》降る雪のいやしけ吉事《よごと》〈伊夜之家余其騰〉」（『萬葉集』四五一六）

カタカス〔堅糟・固糟〕「糟（略）堅也加太加須」（『新撰字鏡』）

ウマシ〔味・可美〕（注6）は（2）の複合名詞を作る一方で、（1）に当たるウマイ〔味寝〕・ウマサケ〔味酒〕・ウマヒトという複合名詞も作る。同様に、アラシ〔荒〕は（2）の複合名詞を作る一方で、（1）に当たるアラガキマユミ・アラキ〔荒木〕・アラクサ〔荒草〕・アラタヘ〔荒妙・荒栲〕・アラタマノ〔枕詞・荒と新と両説有り〕・アラノ〔荒野〕・アラミタマ〔荒御魂〕という複合名詞、ヨシ〔吉・好・宜〕は（2）の複合名詞を作る一方で、（1）に当たるヨゴト〔善事〕という複合名詞も作る。また、カタシハ〔堅磐〕が（2）に当てはまる場合は、カタシ〔堅〕は（2）の複合名詞を作る一方で、（1）に当たるカタカス〔堅糟・固糟〕という複合名詞も作ることになる。

このうち、まずはウマシ〔味・可美〕による複合名詞ついて考える。林（二〇〇三）では、「ウマ＋名詞」に対して、「感覚的意味」、及び、「客観的に述べる状態的意味」を持つと述べられているのに対し、「ウマシ＋名詞」に対しては、「対象への評価・感情という主観的判断」を持つと述べられている。このことから、ウマシ〔味・可美〕は、（1）の複合名詞を作る場合と（2）の複合名詞を作る場合とでは意味が異なることが分かる。つまり、意味を使い分けるために、形容詞語幹の用法と一致する（1）の複合名詞だけではなく、（2）の複合名詞をも作ったものと考えられる。

また、アラシ〔荒〕・カタシ〔堅〕については、ウマシ〔味・可美〕とは異なり、用例数が少ないため確証はないが、ウマシ〔味・可美〕と同様に、意味を使い分けるために、形容詞語幹の用法と一致する（1）の複合名詞だけではなく、（2）の複合名詞を作った可能性も考えられる。

一方、ヨシ〔吉・好・宜〕が、形容詞語幹の用法と一致する（1）の複合名詞だけではなく、（2）の複合名詞ヨシキラヒモノを作ったことは、ヨシ〔吉・好・宜〕の語幹が一音節であることが関係しているものと思われる。形容詞被覆形が一音節である場合は、出来上がった複合語が「形容詞被覆形＋名詞」であるという認識が困難になる可能性がある。そのため、形容詞被覆形が接尾辞シを伴い、「形容詞露出形＋名詞」の形態を取ること

によって、前項が形容詞、後項が名詞であるということを明示したものと考えられる。(注7)

四

（3）「シク活用形容詞被覆形＋名詞」(注8)（説明の便宜上、①～⑧の数字を付けて用例を挙げる。）

①アタラシ〔惜〕―アタラスミナハ・アタラスガハラ・アタラスガシメ・アタラサカリ・アタラソノカ・アタラタクミ

あたらしき〈婀拕羅斯枳〉猪名部《ゐなべ》の工匠《たくみ》かけし墨縄其《すみなはし》が無《な》けば誰《たれ》かかけむよあたら墨縄〈婀拕羅須弥儺皤〉（『日本書紀』雄略紀・八〇）

八田《やた》の一本菅《ひともとすげ》は子《こ》持たず立ちか荒れなむ惜《あた》ら〈阿多良須賀波良〉菅原言《すがはらこと》をこそ菅原《すげはら》と言はめ惜《あた》ら清《すが》し女《め》〈阿多良須賀志売〉（『古事記』仁徳・六四）

秋の野に露負《つゆお》へる萩を手折《たを》らずてあたら盛りを〈安多良佐可里乎〉過ぐしてむとか（『萬葉集』四三一八）

己乃己呂乃　志具礼乃阿米尓　菊乃波奈　知利曽之奴倍岐　阿多羅蘇乃香乎（『類聚国史』七五　曲宴　延暦十六年十月）

…大君《おほきみ》に堅《かた》く仕《つか》え奉《まつ》らむと我《わ》が命《いのち》も長《なが》くもがといひし工匠《たくみ》はやあたら工匠はや〈阿拕羅陀倶弥皤夜〉（『日本書紀』雄略紀・七八）

②マサシ〔正〕―マサメ

譪万佐之支己止又万己止也（『新撰字鏡』）

善《よ》き人《ひと》の正目《まさめ》に見《み》けむ〈麻佐米尓美祁牟〉御足跡《みあと》すらを我《われ》はえ見《み》ずて石《いは》に彫《ゑ》りつく玉《たま》に彫《ゑ》りつく（『仏足石歌』）

③タダシ〔正〕―タダチ〔直道〕・タダテ・タダミ

譡（略）太〻志支己止又万佐之支己止又万己止（『新撰字鏡』享和本）

徑（略）正也（略）太〻千（『新撰字鏡』）

鈴が音の駅《はゆまうまや》　家の堤《つつみゐ》　井の水を飲《たま》へな妹《いも》が直手《ただて》よ〈伊毛我多太手欲〉（『萬葉集』三四三九）

……家人《いへびと》の斎《いは》ひ待たねか正身《ただみ》かも〈多太未可母〉過《あやま》ちしけむ……（『萬葉集』三六八八）

④アラタシ〔新〕―アラタヨ〔新夜〕

片降阿良多之支止之乃波之女尓可久之己曽知止世乎可祢弖多乃之支乎倍女（『琴歌譜』）

今更《いまさら》に寝《ね》めや我《わ》が背子《せこ》新《あら》た夜《よ》の〈荒田夜之〉全夜《またよ》も落ちず夢《いめ》に見えこそ（『萬葉集』三一二〇）

⑤タハシ〔靡靡〕―タハコト〔狂言〕・タハモノ・タハワザ

妷（略）虚也婬也（略）太波志又宇良也牟（『新撰字鏡』）

……逆言《およづれ》の狂言《たはこと》とかも〈多波許登等可毛〉はしきよし汝弟《なおと》の……（『萬葉集』三九五七）

狂虚太波毛乃（『新撰字鏡』）

いざ子ども狂《たは》わざなせそ〈多波和射奈世曽〉天地《あめつち》の堅《かた》めし国そ大和島根《やまとしまね》は（『萬葉集』四四八七）

⑥ナグシ〔和〕―ナグムラ（固有名詞）

至竹野郡船木里奈具村云此處我心成奈具志久古事平善者云奈具志（『丹後国風土記逸文（古事記裏書）』）

⑦メヅラシ〔珍・希見〕―メヅラコ〔子〕（固有名詞）

大宮《おほみや》の内《うち》にも外《と》にもめづらしく〈米都良之久〉降れる大雪な踏《ふ》みそね惜《を》し（『萬葉集』四二八五）

韓国《からくに》を如何《いか》に言《ふ》ことそ目頬子《めづらこ》来《きた》る〈梅豆羅古枳駄楼〉むかさくる壱岐《いき》の済《わたり》を目頬子来る〈梅豆羅古枳駄楼〉（『日本書紀』継体紀・九九）

⑧ムナシ〔空〕―ムナコト〔空言〕

世の中は空《むな》しきものと〈牟奈之伎母乃等〉知る時しいよよますます悲しかりけり（『萬葉集』七九三）

……おぼろかに心思《おも》ひて空言《むなこと》も〈牟奈許等母〉祖《おや》の名絶《た》つな……（『萬葉集』四四六五）

①アタラシ〔惜〕―アタラスミナハ・アタラスガハラ・アタラスガシメ・アタラサカリ・アタラソノカ・アタラタクミ

アタラタクミのアタラに対し、新編日本古典文学全集『日本書紀』の頭注に、「アタラは、惜しい、もったいない、の意の感動詞。」とあることから、アタラはある程度自立的に用いられていたものと考えられる。

②マサシ〔正〕―マサメ

マサが下にニを伴って副詞を作っていること、また、下にナリをを伴って形容動詞を作っている（或いはニを伴って副詞を作った後に有リを伴った）ことから、マサにはある程度自立性があるものと考えられる。

マサニ〔正・当・将〕「丈夫《ますらを》の進《すす》み先立《さきた》ち踏《ふ》める足跡《あと》を見《み》つつ偲《しの》はむ直《ただ》に會《あ》ふまでに正《まさ》に會《あ》ふまでに〈麻佐尓阿布麻弖尓〉」（『仏足石歌』）・マサナリ「鹽醤二合末佐奈る己止乎」（『日本霊異記』上巻第十三縁）

③タダシ〔正〕―タダチ〔直道〕・タダテ・タダミ

『時代別国語大辞典上代編』の「ただし【正】」の【考】で、左の『令集解』に見えるタダシは、左の『和名類聚抄』の例と「あわせて考えて、動詞正《タダ》ス（四段）の連用形に当たる。」と述べている。つまり、タダは接尾辞スを伴って派生動詞を作ることから、タダにはある程度自立性がある可能性が考えられる。また、タダそのものが副詞である、または、タダが下にニ・シを伴って副詞を作ることから、やはりタダにはある程度自立性があるものと考えられる。

タダシマヲス「奏彈式（略）古記云奏彈式條未知訓方答多々志麻乎須」（『令集解』巻卅二「公式令」第廿一ノ二）・「臺　職員令云彈正臺和名太々須豆加佐」（二十巻本『和名類聚抄』巻五）

タダ〔直・正・但〕（副詞）「志雄道《しをぢ》から直越《ただこ》え来《く》れば〈多太古要久礼婆〉羽昨《はくひ》の海《うみ》朝なぎしたり船梶《ふねかぢ》もがも」（『萬葉集』四〇二五）・タダニ〔直〕「丈夫《ますらを》の進《すす》み先立《さきた》ち踏《ふ》める足跡《あと》を見《み》つつ偲《しの》はむ直《ただ》に會《あ》ふまでに〈多太尓阿布麻弖尓〉正《まさ》に會《あ》ふまでに」（『仏足石歌』）・タダシ〔唯・但〕「唯《タタシ》内（ノ）一（ノ）字（ヲ）足ス」（松田本四分律行事鈔平安初期点・中田祝夫氏釈文）

④アラタシ〔新〕―アラタヨ〔新夜〕

アラタが重複した部分が下にニを伴って副詞を作っていることから、アラタにはある程度自立性があるものと考えられる。また、アラタム〔改〕については、林（二〇〇四）が「ブ・ムは形容詞語幹に特に多く接し、（略）おおまかには、ブ・ムは独立的に用いられるものに（略）接する傾向があると言えるだろう。」とした上で、「ムがシク活用形容詞語基に接した」例として、アラタム〔改〕の例も挙げられる。[注9] このことから考えると、アラタは、シク活用形容詞露出形（語幹）ではなく、シク活用形容詞被覆形（語基）であるが、ムを伴うことが出来るということは、やはり、アラタが自立的（独立的）であるためだと考えられる。

アラタアラタニ「年月《としつき》は新《あら》た新《あら》たに〈安良多〻〻尓〉相見《あひみ》れど我《あ》が思《も》ふ君は飽《あ》き足《だ》らぬかも」（『萬葉集』四二九九）・アラタム〔改〕「以迩之弊能　能那何浮流弥知　阿良多米波　阿良多麻良武也　能那賀浮流弥知」（『類聚国史』七五　曲宴　延暦十四年四月）

⑤タハシ〔靡靡〕―タハコト〔狂言〕・タハモノ・タハワザ

タハが下に接尾辞ク・ルを伴って派生動詞を作ることから、タハにはある程度自立性がある可能性も考えられる。

タハク〔淫・婚〕「遂、竊《ソヒ》に通《タハケヌ》《タハク》。」（図書寮本『日本書紀』允恭紀二十三年）・「奸姦（略）乱也犯婬誰也比須加和佐又太波久」（『新撰字鏡』享和本）・タハル「…うちしなひ寄りてそ妹《いも》はたはれてありける〈多波礼弖有家留〉」（『萬葉集』一七三八）

ナグとナゴは母音交替の関係性にあり、ナグとナゴが、それぞれ接尾辞シを伴って派生形容詞を作っていることから、ナグにはある程度自立性があるものと考えられる。

⑥ナグシ〔和〕―ナグムラ（固有名詞）

ナゴシ〔和〕「鶏の聲など、さま〴〵なごうきこえたり。」（『蜻蛉日記』下）

⑦メヅラシ〔珍・希見〕―メヅラコ（子）（固有名詞）

メヅラは、少し時代は下るが、上にイヤ・トコ、下にナリを伴って形容動詞を作る（或いは、下にニを伴って副詞を作った後に有リを伴った）ことから、ある程度自立性があるものと考えられる。ただ、この点においては、他の（3）の例と同様であるが、一方で、（4）に当たるメヅラシ吾ガ君・メヅラシ物・メヅラシ人の例も存在するという特性が、メヅラシ〔珍・希見〕にはある。ただ、（3）に当たるメヅラコ（子）は固有名詞であり、且つ、孤例である。そして、（4）に当たる複合名詞は、上代だけではなく、平安中期まで下っても見られることから、（3）に当たるメヅラコ（子）はむしろ例外的な用例であり、メヅラシ〔珍・希見〕は、本来は、シク活用形容詞の語幹の用法と一致する（4）の複合名詞のみを作る形容詞であるものと考えられる。

イヤメヅラナリ「長今《イヤメツラナリ》」（『色葉字類抄』前田本）・トコメヅラナリ「むめのはないろはめなれてふくかぜににほひくるかぞとこめづらなる」（『躬恒集』二二八）

メヅラシ吾ガ君「青山《あをやま》の嶺《みね》の白雲《しらくも》朝に日《け》に常《つね》に見れどもめづらし我《あ》が君〈目頰四吾君〉」（『萬葉集』三七七）・メヅラシ物「皇后曰甚希見物希見謂梅豆羅志」（『肥前国風土記』松浦郡）・メヅラシ人〈珍人〉「まことや、などそのめ

づらし人は、それもや何ならば隠し給はんとする」（『宇津保物語』国譲上）

⑧ムナシ〔空〕―ムナコト〔空言〕

（3）の複合名詞を作る他のシク活用形容詞被覆形とは異なり、被覆形ムナ〔空〕には自立性が見られない。しかし、ムナシ〔空〕は（3）に当たるムナコト〔空言〕という複合名詞を作る一方で、少し時代は下るが、（4）に当たるムナシケブリという複合名詞も作る。このことについて考えるために、山口（一九八五）を見てみると、「ムナシ（空）は、ム（身）＋ナシ（無）に分割されると思われるから、ク活用であることが期待され」と述べられている。つまり、ムナシ〔空〕は本来はク活用であるから、（2）の項目にて述べたク活用形容詞と同様に、ムナコト〔空言〕という、ク活用形容詞の語幹の用法と一致した（1）の複合名詞を作り、その一方で、（2）に当たるムナシケブリという複合名詞を作ったものと考えられる。そのため、ムナコト〔空言〕については、（3）の中では例外的な用例ということになる。

ムナシケブリ「ふじのねのならぬおもひにもえばもえ神だにけたぬむなしけぶりを」（『古今和歌集』一〇二八）

以上のように、例外に当たるメヅラシ〔珍・希見〕―メヅラコ〔子〕（固有名詞）、ムナシ〔空〕―ムナコト〔空言〕以外の六例については、シク活用形容詞被覆形が、ある程度自立性があるものと考えられ、そのため、形容詞の語幹と形態が一致しないところの、（3）「シク活用形容詞被覆形＋名詞」を作るものと考えられる。

五

第一節から第四節についてのまとめを述べる。

(1)（1）ク活用形容詞―「ク活用形容詞被覆形＋名詞」、（2）ク活用形容詞―「ク活用形容詞露出形＋名詞」、

（3）シク活用形容詞―「シク活用形容詞被覆形＋名詞」、（4）シク活用形容詞―「シク活用形容詞露出形＋名詞」について調べたところ、ク活用形容詞の語幹の用法と一致する（1）、シク活用形容詞の語幹の用法と一致する（4）の用例数が多いという結果になったが、少数ながら（2）・（3）の用例も存在する。

(2)

（2）に当たるものは、ウマシ〔味・可美〕―ウマシ小汀・ウマシモノ・ウマシマデノミコト（固有名詞）・ウマシアシカビヒコヂノカミ（固有名詞）、アラシ〔荒〕―アラシヲ、ヨシ〔吉・好・宜〕―ヨシキラヒモノ、カタシ〔堅〕―カタシハ〔堅磐〕である。このうち、ウマシ〔味・可美〕は、意味を使い分けるために、形容詞語幹の用法と一致する（1）の複合名詞だけではなく、（2）の複合名詞を作ったものと考えられる。また、アラシ〔荒〕・カタシ〔堅〕については、ウマシ〔味・可美〕とは異なり、用例数が少ないため確証はないが、ウマシ〔味・可美〕と同様に、意味を使い分けるために、形容詞語幹の用法と一致する（1）の複合名詞だけではなく、（2）の複合名詞を作った可能性も考えられる。一方、ヨシ〔吉・好・宜〕は、語幹が一音節であるが故に、出来上がった複合語が「形容詞被覆形＋名詞」であるという認識が困難になる可能性があるため、形容詞被覆形が接尾辞シを伴い、「形容詞露出形＋名詞」の形態を取ったものと考えられる。

(3)

（3）に当たるものは、①アタラシ〔惜〕―アタラスミナハ・アタラスガハラ・アタラスガシメ・アタラサカリ・アタラソノカ・アタラタクミ、②マサシ〔正〕―マサメ、③タダシ〔正〕―タダチ〔直道〕・タダテ・タダミ、④アラタシ〔新〕―アラタヨ〔新夜〕、⑤タハシ〔靡靡〕―タハコト〔狂言〕・タハモノ・タハワザ、⑥ナグシ〔和〕―ナグムラ（固有名詞）、⑦メヅラシ〔珍・希見〕―メヅラコ〔子〕（固有名詞）、⑧ムナシ〔空〕―ムナコト〔空言〕である。①アタラは感動詞であるため、②マサは下に何かを伴って副詞・形容動詞を作るため、③タダは、タダそのものが副詞になる、或いは、下に何かを伴って動詞・副詞を作るため、④アラタは、重複した下に何かを伴って副詞を作ることや、独立的に用いられるものに接する傾向があるムを伴って動詞を作るため、⑤タハは下に何かを伴って動詞を作るため、⑥ナグはナゴと母音交替の関係性にあり、ナグとナゴが、それぞれシを伴って形容詞を作るため、それぞれ、ある程度自立的に用いられており、その結果、（3）の複合名詞を作ることが出来たものと考えられる。また、メヅラシ〔珍・希見〕は、本来は（4）の複合名詞のみを作る形容詞であると思われるため、メヅラコ〔子〕（固有名詞）はむしろ例外的であると考えられる。そして、ムナシ〔空〕は本来はク活用形容詞であり、ムナコト〔空言〕は、（3）ではなく（1）に当たる複合名詞であると思われることから、（3）の中ではムナコト〔空言〕は例外的であると考えられる。

注

（1）上代の用例に加えて平安初期の用例も入れることにする。平安初期の用例も入れることにするのは、上代の確例だけでは用例数が少ないという理由もあるが、平安初期とそれ以降との間で言葉が大きく変わるということも理由の一つである。拙稿（二〇一三）注（1）参照。なお、▒の用例は平安初期の用例を指す。

（2）（1）に当てはまる形容詞は以下の通り。（　）内の数字は、その形容詞によって作られた複合名詞の異なり語数である。なお、被覆形―露出形の体系の中には、末尾がア列・ウ列・オ列甲類・オ列乙類の被覆形、末尾がイ列甲類・イ列乙類・エ列乙類の露出形は含まれるが、エ列甲類はこの中には含まれていないので、タケシ〔武〕のタケを形容詞被覆形と見なせる可能性があるため、タケシ〔武〕も（1）に入れておく。なお、▒の用例は平安初期の用例、░の用例は平安中期以降の用例を指す（注（3）も同様）。アカシ〔明〕（九例）・タカシ〔高〕（八例）・ナガシ〔長〕（四例）・ワカシ〔若・稚〕（八例）・フカシ〔深〕（一例）・アサシ〔浅〕（四例）・チヒサシ〔小〕（一例）・カタシ〔堅〕（一例）・イタシ〔痛〕（一例）・スクナシ〔少〕（一例）・ウマシ〔味・可美〕（三例）・ハヤシ〔早・速〕（一例）・アラシ〔荒〕（七例）・ヤスシ〔安〕（二例）・ウスシ〔薄〕（二例）・アツシ〔熱〕（一例）・フルシ〔古〕（二例）・タケシ〔武〕（一例）・ニコシ〔柔・和〕（四例）・ホソシ〔細〕（二例）・トシ〔利・鋭・聡〕（一例）・フトシ〔太〕（四例）・オホシ〔多〕（一七例）・トホシ〔遠〕（一例）・ヨシ〔吉〕（一例）・シロシ〔白〕（四例）・クロシ〔黒〕（四例）・ヒロシ〔広〕（二例）・アヲシ〔青〕（一一例）

（3）（4）に当てはまる形容詞は以下の通り。（ ）内の数字は、その形容詞によって作られた複合名詞の異なり語数である。なお、注（2）におけるタケシ〔武〕と同様の理由で、シケシ〔穢蕪〕を（4）に入れておく。また、レの甲類・乙類の区別が不明であるウレシ〔歓〕、及び、コホシが本来の形で有り、コホシからの母音交替であると考えられるコヒシ〔恋〕を含むウラゴヒシ〔裏恋〕を（4）に追加出来る可能性もあるが、今回は追加しないでおく。サカシ〔賢〕（一例）・イカシ〔厳〕（五例）・イスカシ〔傲佷〕（一例）・カナシ〔悲・哀・憐〕（一例）・オナジ〔同〕（二例）・ハシ〔愛〕（二例）・クハシ〔妙・細〕（一例）・カグハシ〔二例〕・ハナグハシ〔花細〕（一例）・マグハシ〔目細〕（一例）・ウラグハシ（一例）・オヤジ〔同〕（四例）・メヅラシ〔珍・希見〕（二例）・クシ〔奇〕（一例）・ウツクシ〔愛〕（二例）・クスシ〔奇〕（一例）・ウツシ〔現・顕〕（三例）・シケシ〔穢蕪〕（一例）・イソシ〔勤〕（一例）・ミガホシ〔欲見〕（二例）・トホトホシ（一例）・オヨシ（一例）・ヨロシ〔宜〕（一例）

（4）（1）と（4）を比べると、形容詞の用例数はあまり変わらないが、複合名詞の用例数には大きな差がある。

（5）エの甲類・乙類の区別が不明であるエシ〔宜・吉〕によるミエシノも（2）に追加出来る可能性もあるが、今回は追加しないでおく。

（6）時代が下ると、「かぐや姫に言《い》ふやう、「なんでう《(ふ)》心地《ち》すれば、かく、物を思ひたるさまにて、月を見たまふぞ。うましき世に」と言《い》ふ。」（『竹取物語』）というシク活用の用例が見える。ただし、これは孤例である。

（7）一音節に関する先行研究としては、まず、岩村（一九九五）が、キナイ〔黄〕・ケナリイ〔異〕・マッカイナ〔赤〕について、「語幹が一音節のものは、二音節以上のものに比べて語の識別等において安定性を欠くと思われるが、そこに、語義の中核である語幹の保存安定意識がはたらき、語尾を伴った形をとりこんで、形容詞・形容動詞間で活用が渡り合うことになった」と述べられている。そして、林（二〇〇三）が、形容詞語幹の連体修飾用法において、通常「語幹＋名詞」の形態を取るク活用形容詞が、基本的に一音節語幹のものについてはその他の形態を取るとしている。そして、その理由として、「一音節語基が連体修飾用法となる例（略）では意味の理解に困難をきたす可能性が高い。（略）二音節以上の語基と比較した場合にはその意味の理解度が低くなる可能性は十分考えられる。そこで、語の意味を明示するためにシを伴って連体修飾用法となったものと思われる。」と述べられている。岩村（一九九五）は形容詞・形容動詞について、林（二〇〇三）は形容詞についてであるが、どちらも一音節の語の識別が困難であることを指摘し、そのために、語尾を伴うことによって語の識別を可能にしたという実態について説明されている。

（8）ニヒシ〔新〕によるニヒクサ・ニヒグハマヨ・ニヒサキモリ〔新島守〕・ニヒナヘ〔新嘗・初嘗〕・ニヒハダ・ニヒム

ロ〔新室〕という用例もあるが、被覆形—露出形の体系の中では、ニヒは、注（2）で述べたように露出形に当たるため、ニヒシ〔新〕による複合名詞は、（3）には当てはまらない。

（9）林（二〇〇四）は、「ムがシク活用形容詞語基に接したハゲム・アラタム・スズムがある。（略）これらの語に共通するのは、いずれも状態性語基にムが接している点である。」と述べられている。

【使用文献】

『古事記』、『日本書紀』、『萬葉集』、（新編日本古典文学全集　小学館）、『古事記　祝詞』、『日本書紀』、『古代歌謡集』、『日本霊異記』、『古今和歌集』、『竹取物語　伊勢物語　大和物語』、『土左日記　かげろふ日記　和泉式部日記　更級日記』、『宇津保物語』（日本古典文学大系　岩波書店）、『萬葉集総索引』（平凡社）、『神宮古典籍影印叢刊1　古事記　日本書紀（上）』（八木書店）、『図書寮本日本書紀』（美季出版社）、『肥前国風土記』（貴重図書複製会）、中田祝夫『改訂版古点本の国語学的研究総論篇』（勉誠社）、『古楽古歌謡集』（陽明叢書8）（思文閣）、村田正博編（一九八二）「続日本紀・日本後紀・続日本後紀・三代実録所収和歌・歌謡用語索引」（山辺道二六）、『新訂増補國史大系〈普及版〉令集解第四』（吉川弘文館）、『古代史籍集』（天理図書館善本叢書　八木書店）、『新編　国歌大観』（角川書店）、『天治本新撰字鏡　増訂版』（臨川書店）、『尊経閣蔵三巻本色葉字類抄　単』（勉誠社）、『和名類聚抄　声点本古写本　本文および索引』（風間書房）、『時代別国語大辞典上代編』（三省堂）

【参考文献】

安部　清哉（一九九六）「語彙・語法史から見る資料——『篁物語』の成立時期をめぐりて——」（『国語学』一八四）
有坂　秀世（一九三一）「国語にあらはれる一種の母音交替について」
（一九三四）「母音交替の法則について」（『国語音韻史の研究　増補新版』一九五七　三省堂）
岩村恵美子（一九九五）「ナシ（甚）型形容詞——否定性接尾語を有する形容詞の考察——」（大阪大学『語文』第六十四輯）
川端　善明（一九七九）『活用の研究　Ⅱ』（大修館書店）
金水　敏（一九八三）「上代・中古のヰルとヲリ——状態化形式の推移——」（『国語学』一三四）
阪倉　篤義（一九六六）『語構成の研究』（角川書店）
橋本　四郎（一九五七ａ）「ク活用形容詞とシク活用形容詞」（『女子大国文』５）

（『橋本四郎論文集　国語学編』一九八六　角川書店）
（一九五七b）「うまし」（『萬葉』第二四号）　（『橋本四郎論文集　万葉集編』一九八六　角川書店）
林　浩恵（二〇〇三）「形容詞語幹の用法の違例」（『萬葉』第一八五号）
（二〇〇四）「上代・中古に見られる形容詞派生の動詞――形容詞における意味分類との関連を中心に――」
（『国語語彙史の研究』二十三）
（二〇〇六）「上代における形容詞語素とニ――なぜク活用形容詞語素は単独でニを伴わないか――」（『萬葉』
第一九四号）
村田菜穂子（二〇〇五）『形容詞・形容動詞の語彙論的研究』（和泉書院）
山口佳紀（一九八五）『古代日本語文法の成立の研究』（有精堂）
山本俊英（一九五五）「形容詞ク活用・シク活用の意味上の相違について」（『国語学』二三集）
蜂矢真弓（二〇一三）「被覆形による複合・派生の再考察――形容詞被覆形の想定――」（『萬葉』第二一四号）
（二〇一四）「形容詞被覆形・露出形＋「人を表す名詞」の形態と意味」（『萬葉語文研究』第10集）

上代・中古のナフ型動詞

中垣徳子

はじめに

阪倉篤義『語構成の研究』によれば、「派生」とは「本来自立の用法を有する一つの単語に、一つ以上の非自立的要素（いはゆる接辞）が「接合」することである。ここに「動詞の派生」を考察するにあたり、語末にナフを持つ動詞であるアキナフ・ヤシナフなど（これらをナフ型動詞と呼ぶ）を取り上げる。ナフ型動詞は、ナ行動詞～ヌが接尾辞フを伴ったととらえられるものを本来型と、語基が肥大した接尾辞ナフを伴ったととらえられるのを応用型と見るが、ナフ型動詞においては明確に本来型であるものは極めて少ないので、以下には応用型と一括して検討することにしたい。また、四段動詞と下二段動詞を特に区別せず、そして、連用形が名詞として用いられた～ナヒのものを含んで言うものである。上代・中古の用例二三種について見るにあたり、語基が一音節のものと二音節のものとに分けて、それぞれ挙げると次のようである。

カナフ・ソナフ・トナフ・ニナフ

アキナフ・アタナフ・アナナフ・アマナフ・イザナフ・ウシナフ・ウヅナフ・ウベナフ・ウラナフ・オコナフ・オモナフ・ソコナフ・ツミナフ・トキナフ・トモナフ・マカナフ・マジナフ・マヒナフ・ヤシナフ

以上の二三種を上代に例のあるものと中古になって例が見られるものとに分け、ナフ型動詞が中古においてどのような環境で用いられたか、つまり、和歌・歌謡に用いられるか、和文・漢文訓読文系(注1)に用いられるかについても検討し、通時的に、また、文体の差について見てゆく。

第一節では、上代のナフ型動詞の用例を見て行き、第二節では中古になってから文献に見られるナフ型動詞を挙げる。第三節ではオコナフを中心に考察し、第四節以降にまとめを述べる。

一

上代に例のあるものをAとし、例のないものをBとする。次に、中古において和歌・歌謡の例があるものを1、ないものを2とする。また、その中で中古の和文および漢文訓読文系に例があるものをイ、和文に例が見えず漢文訓読文系のみに例があるものをロ、逆に和文のみに例があり漢文訓読文系に例が見えないものをハとするが、ハに分類されるものはなかった。すると、次のようになる。

A1イ　カナフ・ソナフ・トナフ・ニナフ／イザナフ・ウシナフ・(ウヅナフ)・オコナフ・トモナフ・ヤシナフ

A2イ　アナナフ・マカナフ

A2ロ　ツミナフ

B2イ　(アキナフ)・ウラナフ・ソコナフ・マジナフ

B2ロ　アタナフ・アマナフ・ウベナフ・オモナフ・トキナフ・(マヒナフ)

上代	中古		種
A 上代に例がある	1 中古の和歌・歌謡に例がある	イ	10
		ロ	0
	2 中古の和歌・歌謡に例がない	イ	2
		ロ	1
B 上代に例がない	1 中古の和歌・歌謡に例がある	イ	0
		ロ	0
	2 中古の和歌・歌謡に例がない	イ	4
		ロ	6

まず、A1イ一〇種の、上代の例、中古の和歌・歌謡、和文、漢文訓読文系の例を挙げる。

カナフ

熟田津に船乗りせむと月待てば潮もかなひぬ（可奈比沼《かなひぬ》）今は漕ぎ出でな（万葉八）

いのちだに心にかなふ物ならばなにか別のかなしからまし（古今三八七）

この歌の心さらにかなはず、とめうたとやいふべからむ（古今・仮名序）

天、善キ人ヲ生(じ)、厥《(そ)》(の)徳(は)人情(に)應《カナ》ヘリ。（東大寺諷誦文稿）

ソナフ

……やすみしし吾《わ》が大君《おほきみ》の　猪鹿《しし》待つと呉床《あぐら》に坐《いま》し　白栲《しろたへ》の袖著具《そでき》ふ（蘇奈布《そなふ》）……（記雄略・九八）

みそぢあまりふたつのすがたそなへたるむかしの人のふめるあとぞこれ（拾遺集一一四五）

ありつる魚は魚と見つれど、百味をそなへたる飲食になりぬ（宇津保物語・俊蔭）

軍儀を備《ソナ》へ整《トヽノ》へ、盛《サカ》リに音樂を陳《ツラ》ネ、（西大寺本金光明最勝王経平安初期点・春日政治氏釈文）

トナフ

山鳥《やまどり》の尾《を》ろの端《は》つ尾《を》に鏡《かがみか》懸け唱ふ（刀奈布《となふ》）べみこそ汝《な》に寄《よ》そりけめ（万葉三四六八・東歌）

あみだぶととなふるこゑにゆめさめてにしへながるる月をこそみれ（金葉六三〇・二度本）

うへの御局の東面に耳をとなへて聞くに知る人の名告りにはふと胸つぶらるむかし（枕草子）

嗶（略）調人皃　率下人也　止ゝ乃不　伊佐奈不　又女志　止奈不（新撰字鏡）

ニナフ

常《つね》の恋《こひ》いまだ止《や》まぬに都《みやこ》より馬《うま》に恋《こ》ひ来《こ》ば荷なひ（尓奈比《になひ》）堪《あ》へむかも（万葉四〇八三）

人こふる事をおもにとになひもてあふごなきこそわびしかりけれ（古今一〇五八）

川のも海のもこともものども長櫃に担《にな》ひつゞけておこせたり（土左日記）

嘔々たる梵‐衆、獨《ヒ(と)》リ荷《にな》二ヒ恩の榮一を、（三蔵玄奘法師表啓平安初期点・大坪併治氏釈文）

イザナフ

……ますらをの伴《とも》誘ひ（伊射奈比《いざなひ》）て　鷹《たか》はしも数多《あまた》あれども……（万葉四〇一一）

いたづらに行きてはきぬるものゆゑに見まくほしさにいざなはれつつ（古今六二〇）

あづまの方へ友とするひとりふたりいざなひていきけり（古今四一〇詞書）

啀（略）調人皃　率下人也　止〻乃不　伊佐奈不　又女志　止奈不（新撰字鏡）

ウシナフ

白栲《しろたへ》の吾《あ》が下衣《したごろも》失なは（宇思奈波《うしなは》）ず持《も》てれわが背子直《ただ》に逢《あ》ふまでに（万葉三七五一）

いつかまた春のみやこの花を見ん時うしなへる山がつにして（源氏物語・須磨、和歌）

きのふはさかえおごりて時をうしなひ世にわびしたしかりしもうとくなり（古今・仮名序）

我に同（じく）する者《ヒト》〔を〕は、魄を〔する〕〔於〕眞‐彩に失《キャ》シテ・ウシナヒ、（東大寺図書館本地蔵十輪経元慶七年点・中田祝夫氏釈文）

（ウヅナフ）

……わご大君《おほきみ》の諸人《もろひと》を誘《いざな》ひ給ひ……天地《あめつち》の神相《かみあひ》珍なひ（宇豆奈比《うづなひ》）……（万葉四〇九四）

……所以《（そこゆゑ）》尓神毛順《（うづな）》比仏左倍敬《（ゐやまひ）》給布……（続後紀・四）

オコナフ

我《わ》が夫子《せこ》が来《く》べき夕《よひ》なりささがねの蜘蛛《くも》の行ひ（於虚奈比《おこなひ》）是夕著《こよひしる》しも（允恭紀・六五）

おこなひのしるしもあらばかづらきのはしたなしとてさてやみなむ（和泉式部日記・九六）

米、魚など乞へばおこなひつ（土左日記）

先ニ〔に〕修集セル所の声-聞乗の行を受け行《オコナ》ハム。（正倉院本地蔵十輪経元慶七年点・中田祝夫氏釈文）

トモナフ

……島つ鳥鵜飼ともなへ（等母奈倍《ともなへ》）篝さしなづさひ行けば……（万葉四一五六）

ひとりゐてもゆるほのほにむかへばやかげをともなふみとはなりぬる（赤人集九〇）

春宮も、次々《つぎ》の宮たちも、なつかしき遊《あそ》びがたきにて、ともなひ給へば（源氏物語・匂宮）

聞《ケハ》二其ノ操《サ□ヲ》一則《チ》伴《トモナヘナリ》〔衍〕二盗-賊ニ一（楊守敬本将門記）

ヤシナフ

水底ふ臣の嬢子《をとめ》を誰《たれ》養（揶始儺《やしな》）はむ（仁徳紀・四四）

あづまにてやしなはれたる人のこはしただみてこそ物はいひけれ（拾遺四一三）

いとをさなければ籠に入れてやしなふ（竹取物語）

大咲賜《に御恵タマヒて》　嬰兒《を》　於螺蠃《に》一て曰汝宜自《ヒタ》養《ヤシナへ》。（雄略紀六年三月・前田本）

右の（ウヅナフ）を括弧付きに示したのは、中古の和文、漢文訓読文系の用例が見られないからであるが、続日本後紀の歌謡の例が確例ではないこともある。中古の和文、漢文訓読文系の用例が見られないのでイ・ロ・ハには分類できないが、続日本後紀の歌謡の例によって1に分類されるかとも見られるので、括弧付きでここに入れておいた。

A1イのものは、上代では、右に挙げたように記紀歌謡・万葉集のみではなく宣命の例もあるが、宣命の例で万葉仮名表記によりナフ型動詞と確定できるものは六種（注2）にとどまり、中心は和歌・歌謡であると言えよう。

次に、A2イ、A2ロの例を挙げる。A2イは二種、A2ロは一種である。

Ａ２イ
アナナフ
浄明心以而弥務尓弥結尓阿奈々比奉輔佐奉牟事尓依而志（第三詔・続紀慶雲四年七月）
まめなる男ども二十人ばかりつかはして、あななひにあげ据ゑられたり（竹取物語）
麻柱阿奈〻比須（新撰字鏡）
マカナフ
令占合麻迦那波而自麻下四字以音（記神代）
御髪あげまゐりて蔵人どもまかなひの髪あげてまゐらするほどに（枕草子）
Ａ２ロ
擬（略）依也　設況也　宛當也　向出度也　比也　万可奈不（新撰字鏡・享和本）
ツミナフ
必法乃末尓末尓罪奈比給岐良比給止（第三十五詔・続紀天平神護元年八月）
罸《ツミナヘ》ば不在罪に。（推古紀十二年四月・岩崎本平安中期点〔十七条憲法〕）
上代に例があるＡは、計一三種である。

二

上代に例が見られず中古で初見されるナフ型動詞Ｂのうち、中古の和歌・歌謡に用いられている1の例は無い。すなわち、中古において和歌・歌謡に用いられるナフ型動詞は、全て既に上代において例があるものばかりである。和文および漢文訓読文系両方に用例のあるＢ２イと、漢文訓読文系のみに用例があるＢ２ロがある。和文のみに用いられたハに該当するものは、Aと同様に無い。B2イは四種、B2ロは六種である。

B2イ

（アキナフ）

このくに、も持てまうで来なましいと難きあきなひなり（竹取物語）

有(ら)所《し》む供食をば、之を貿《アキナ》ヒて直を取レ。（西大寺本金光明最勝王経平安初期点・春日政治氏釈文）

ウラナフ

いと怖ろしくうらなひたる物忌により（源氏物語・浮舟）

於是、獦《カリ》止以て更に下卜《ウラナフ》ゞ矣。（允恭紀十四年九月・図書寮本）

ソコナフ

二十日、三十日と数ふれば指もそこなはれぬべし（土左日記）

マジナフ

胎[貽]患於傷手〈傷曽去奈不尓〉（霊異記・上序・興福寺本）

まじなはんとてさわぐもいとあはれなり（蜻蛉日記）

遂作太□子彦人《キノミコヒコヒト》皇子像《ミカタ》与を竹《タケ》田皇子の像一て厭《マシナフ》之。（用明紀二年四月・図書寮本）

B2ロ

アタナフ

蝦夷《エミシ》数-千《チアマリ》寇《アタナフ》　於辺-境に。（敏達紀十年閏二月・前田本）

アマナフ

明日之夕《クルツヒノヨ》、速待、詣于玖賀媛か之家。而、玖賀媛、不-和《アマナハス》。（仁徳紀十六年七月・前田本）

ウベナフ

訖恐不可得《オナフ事又ウヘナフ》（黒板本金剛波若経集験記平安初期点）

オモナフ

面《ムカ》ふて厚恩ヲ〔を〕謝《オモナ》へム、トイフ。（石山寺本大唐西域記長寛元年点・中田祝夫氏釈文）

トキナフ

晨（略）アシタ　アケヌ　トキナフルコト　トモ　ツクス　アキラカナリ　ケサ　トキ（類聚名義抄）

（マヒナフ）

新羅知是《を》一て密《に》、行貨《マヒナヒ》｜略《を》于磐井所《かモトニ「に」》一て而（継体紀廿一年六月・前田本）

以上のように、中古になってから例の見られるBは、計一〇種である。

右に、括弧付きで示したものについて述べる。

Ｂ２イの（アキナフ）であるが、和歌に詠まれた例が平安中期の為頼集にただ一首あり、次のようである。

いまの左大弁の御子のいかにおほわりごのふたにいちひめのかたちなどかけるところに

いちひめのかみのいがきのいかなれやあきなひものにちよをつむらん（為頼集四三）

子の出生後の「五十日の祝い」に市場で餅を買い求める習わしがあり、為頼は「商い物」という俗世間の語を使っている。筑紫平安文学会『為頼集全釈』によれば、為頼の和歌の特色のひとつとして、飄逸、或いは軽妙洒脱な読みぶりがあるという。この歌もその一面を持ち、いわば戯れ歌、特殊な例であるとし、基本的には和歌・歌謡には用いられない語と見て、Ｂ２イに分類した。

Ｂ２ロの（マヒナフ）も、和歌の例がただ一首あり、

あめにます月よみをとこまひなはんこよひのながさいほよつげそも　弓削王（古今六帖三四三）

とある。しかし、「天尓座　月読壮子　幣者将為　今夜乃長者　五百夜継許増」（万葉九八五、湯原王）の「幣者将為」は、『新日本古典文学大系　万葉集』などでマヒハセムと読まれ、ナフ型動詞ではないとされる。古今六帖の例は、万葉集の歌を、中古において異なる読み方をしたための例と見られる。この理由から古今六帖の例は中古の和歌・歌謡の例とは見ずに、括弧を付してB2ロに分類した。

三

次に、意味範囲が狭く限定されていったナフ型動詞の一例としてオコナフを挙げ考察する。

オコナフの上代の和歌・歌謡の例は、日本書紀歌謡のつぎの一首のみである。

我《わ》が夫子《せこ》が来《く》べき夕《よひ》なりささがねの蜘蛛《くも》の行ひ（於虚奈比《おこなひ》）是夕《こよひ》著《しる》しも（允恭紀・六五、再掲）

中古の和歌・歌謡を見渡しても、オコナフが用いられているものは少ない。第一節に挙げた歌と、これから考察するもの、および、梁塵秘抄の所載のものが挙げられるに過ぎない。院政期の梁塵秘抄の巻第二法文歌　二二〇首中にオコナフ八首が集中している。仏教についての歌を寄せている部分である。それ以外の、たとえば神事を詠む四句神歌・二句神歌にはオコナフは出てこない。一部の例を挙げる。

おほみねをこなふひしりこそ、あはれにたうときものはあれ、法華経誦するこゑはして、たしかの正たいまたみえす（梁塵秘抄一八九）

やまてらおこなふひしりこそ、あはれにたうときものはあれ、行道いんせいあみた経、あか月せんほうせいきやうほうち佛（同一九〇）

オコナフが用いられている和歌に関連して、滝澤貞夫『王朝和歌と歌語』の中に曽根好忠（曽丹）についての研究があり、曽根好忠の使う歌語は和歌には珍しい散文語が多いと分析し、毎月集の散文語の用例中、行なふ

（オコナフ）の語は歌語には珍しいとしている。次の一首である。

しみこほるきのねをとことならしつ、おこなふ人ぞほとけともなる（毎月集・十二月はしめ三四四）

この和歌について　近藤みゆき『古代後期和歌文学の研究』は第四節『古今和歌六帖』の「歌ことば」の中で以下のように論じている。

……好忠の、／しみ凍る木の根をとことならしつつ行ふ人ぞ仏ともなる（三百六十首歌・三四四・十二月初め）[注3]／の、修行の意「行ふ」などは、かつて滝沢貞夫が、好忠の特殊用語の中でも、特に歌には珍しい散文語として指摘した用語で、事実、滝沢の調査当時以上に完備した現在の索引類に照らしても和歌での用例は少なく、好忠以前のそれとしては、ただ一首ある歌が、『古今六帖』の／苔の袖雪消の水にすすぎつつ行ふ身にも恋は絶えせず（古今六帖・第二・法師・一四四五）／となっているのである。この六帖歌と好忠の「しみ凍る」の歌は、特殊語が一致しているだけでなく、寒中の修行を題材とする点でも共通する。六帖の「苔の袖」詠に着想を得て、それを恋歌から冬の修行の情景に転じ、「木の根」「とこ（床）」など、用語に工夫を凝らして詠出されたのが好忠の三四四番歌ではないか。

しかし、この歌の詠出についての近藤みゆきの説には疑問があり、好忠は次に挙げる神楽歌の優婆塞が行ふ山の椎が本あなそばそばしとこよしあらねば（承徳本古謡集・北の御神楽）に依って詠んだのではないかと考える。なぜならば、好忠は〔毎月集（三百六十首歌）〕において「しみ凍る・三四四・十二月はしめ」に先立ち、次のように詠み、優婆塞が山岳仏教、修験道の厳しい修行を寒さの中、険しい山の中で行うことを、既に題材としているからである。

かはかみやかさきのいはやけをさむみこけをむしろとならすうはそく（毎月集・十月中・二九四）
むはそくかあさなにきさむまつのは、やまのゆきにやうつもれぬらん（同・十二月はしめ・三三九）

好忠が神楽歌・催馬楽などを知識とし、参考としたのは次の歌の詞の類似からも認められよう。

大比禮や小比禮の山はや寄りてこそ寄りてこそ山は良らなれや遠目はあれど（東遊歌一五七）

おほひえやをひえのやまも秋くれはとほめもみえすきりのまかきに（毎月集・七月おはり・二一五）

大原や清和井の清水もて鶏は鳴くとも……（神楽歌二七）

おほはらやせかゐのみくさかきわけておりやた丶ましす丶みかてらに（毎月集・五月中・一三七）

これらの他にも内容、語など関連性を感じられるものがあるので、好忠の「しみ凍る」の歌は、古今六帖の「苔の袖」から着想し用語に散文語の「行ふ」を工夫して詠出したのでは無いと考える。「行ふ」を散文語とする点については本稿は論じないが、「行ふ」が仏道修行の意味を好忠作歌時点ですでに担っていたとは言える。また、近藤みゆきはこの論文の中で好忠の用語の実態は古今六帖から得たのではないか、という。ここでいうところの古今六帖に関し、荒木尚は「私撰集　古今和歌六帖」の中で考察している。(注5)『校註國歌大系第九巻』の古今六帖の内容を見ると、神楽歌、催馬楽から採られている歌も挙げているが、数は少なく一〇首に満たない。(注6)古今六帖の収集分類四三七〇首の中における神楽歌や催馬楽の割合はごく小さい。近藤は古今六帖の「苔の袖」から着想を得て、歌語にはごく特異なオコナフを（好忠らしく）使ったと考察しているが、他の歌はともかくオコナフの歌については好忠は当時あまり顧みられなかった神楽歌や催馬楽を詠想のもとにしていることが考えられる。九七〇年代成立とされる古今六帖の「苔の袖」の歌の方が（承徳本古謡集）記載の（優婆塞のおこなひ）の歌より古いのではないか、だから「苔の袖」から着想を得たと言えるかもしれないという疑問には、以下の理由を挙げ、神楽の（優婆塞のおこなひ）の歌を参考とした考えの証としたい。

（1）七〇〇年代の終りには催馬楽が行われていたといわれる。八〇〇年代半ばには神楽の樂譜が撰定された。(注7)

（2）神楽歌・催馬楽などが広く浸透していたことは伊勢物語・第二四段に（あづさ弓）の歌があることや神

楽歌・催馬楽の名が源氏物語の巻名に（東屋・竹河など）使われ、本文中でも場面のそこここに見えることから窺える。

（3）九六〇年代成立の宇津保物語の（嵯峨の院）・（菊の宴）の神楽の場面に「優婆塞がおこなふ山の椎が本あなそばそばし床にしあらねば」とある。

（4）毎月集（三六〇首歌）は安和元年（西暦九六八）から遅くとも天禄三年（西暦九七二）までには成立したと推測されるので、九六〇年代成立とされる宇津保物語を好忠は時間的には読むことが可能であった。公任集・枕草子・源氏物語の中にも宇津保物語が話題に出ているから広く流布していたと考えられる。つまり、オコナフの歌語は好忠が特異さを望んで使用したかどうかは不明であるが、参考としたのは「優婆塞がおこなふ」の歌だと考えられ、仏道修行を詠んでいる。

さて、和歌におけるオコナフの用例を続けて挙げたい。和泉式部日記に見られる次の歌である。

おこなひのしるしもあらばかづらきのはしたなしとてさてやみなむ

ここでいう「行《おこな》ひ」とは葛城の神と争った役《えん》の行者の「行ひ」を歌っている。奈良時代の山岳修行者・修験道の開祖である役の行者は別名（役の優婆塞）とも呼ばれているのでこの和歌はつまり、優婆塞のおこなひ・仏道修行が題材である。

次は、源氏物語（夕顔）の光源氏の歌である。

優婆塞が行ふ道をしるべにて来む世も深き契たがふな

物語のこの場面は在俗の仏道修行者（優婆塞）を詠んでいる。先ほどの梁塵秘抄でも見られたようにオコナフは担う意味表現領域がだんだん限定されていった。初めは同じ形式や調子で進行する行為・儀式などを表現していたものが時代が下るにつれ、（仏事などの）法式どおりの行事をすること・勤行することに狭められていった。

次に、別の側面からオコナフの和歌での使用状況変遷を見てみる。日本書紀歌謡にこうある。

我《わ》が夫子《せこ》が来《く》べき夕《よひ》なりささがねの蜘蛛《くも》の行ひ（於虚奈比《おこなひ》）是夕著《こよひしる》しも（允恭紀・六五、再掲）

上代の日本の俗信の一つに蜘蛛が巣をかけているのは待ち人の来る前兆とするものがあった。この詠想が、日本書紀歌謡から二〇〇年ほど後の古今集では、

わが背子《せこ》が来《く》べき宵《よひ》なりささがにの蜘蛛《くも》のふるまひかねてしるしも（巻十四・墨滅歌・一一一〇）

となっている。古今集の頃にはオコナフの意味することは仏道の勤行・修行を指すようになり、蜘蛛の動きはフルマヒ（ある心づもりをもって身を処する）の語で表現された。それからまた一〇〇年後の実方集ではこう詠われている。

彦星の来べき宵とやささがにの蜘蛛のいがきもしるく見ゆらむ（実方集一四二）

これら三首はいずれも恋人の男性が来るのを待つ、という同じ状況そして恋人の来訪を期待させる蜘蛛の動作を詠んでいるが、上古で使われたオコナヒいう表現は使用されなくなり、三〇〇年のあいだにフルマヒからイガキ（巣懸き）へと変化している。オコナフの語からただちにイメージされるものは仏道の勤行・修行となってしまい、歌語として使いにくくなっていたと考えられる。

四

冒頭の二三種中にあった語基一音節のカナフ・ソナフ・トナフ・ニナフはいずれもA1イに含まれている。また、語基二音節の中でイザナフ・ウシナフ・（ウヅナフ）・オコナフ・トモナフ・ヤシナフは、上代から院政期まで、和歌・歌謡、和文、漢文訓読文系に継続して用いられている。

ただし、ナフ型動詞の語が和歌に使い続けられたというものの、数は多くない。たとえば、八代集から鎌倉時

代成立の新古今集を除いた七勅撰集のうち後撰集・詞花集・千載集には、カナフ以外のナフ型動詞の用例を見出し得ないのである。

また、和歌の中の語とナフ型動詞が使い分けられているものもある。

……白川殿へわたり給ふとていざなひ給けるに

白川にさそふ水だになかりせば心もゆかずおもはましや（実方集九）

詞書にはイザナヒとあるが、和歌の中ではサソフが用いられている。示す動作は同じでも、詞書にあるナフ型動詞を和歌では用いていない。

次に、上代の用例から四〇〇年ほど隔てて、院政期の西行の山家集に見えるヤシナフとトモナフを挙げる。

朝夕の子をやしなひにすと聞けばくにすぐれてもかなしかるらむ（山家集九八〇）

柴の庵は住み憂きこともあらましをともなふ月のかげなかりせば（山家集一〇三二）

ヤシナヒとは食物を表し、生んだ子を食べる「餓鬼」の世界を仏教に関連して詠んでいる。個性的かつ特殊な西行の一例と言えよう。

ここまで見てきたことを考察すると、ナフ型動詞のA1イのものは、上代でも、中古において和歌・歌謡にも和文にも漢文訓読文系にも用いられ続けた。このA1イの特徴のひとつに、語基が短い一音節であったり、表す意味範囲が狭く限定されて用いられた（第三節参照）ことが挙げられる。A1イのもうひとつの特徴は、A1イの、上代に和歌・歌謡に用いられたナフ型動詞が、中古においても和歌・歌謡に用いられ続けたということである（但し、ウヅナフ（続後紀・四）には問題がある）。

本稿においてナフ型動詞の異なり語数二三としたが延べ語数を挙げていないので、一例でも用例のある語と多数回用いられれた語とを同列に考察することは危険であるとは承知している。しかし、ナフ型動詞は、中古において和文よりは漢文訓読文系に用いられやすいものであったとは言い得る。なぜならば、中古において「和文のみに例があり漢文訓読文系に例が見えない」ところのハとしたものに分類されるナフ型動詞は見られないのに対して、「和文に例が見えず漢文訓読文系に例がある」ロに分類されるナフ型動詞は、A２ロのツミナフ、B２ロのアタナフ・アマナフ・ウベナフ・オモナフ・トキナフ・（マヒナフ）の七種が存在するからである。そしてまた、これらの語の語基は、アマナフのアマを別にして、名詞（および副詞）という独立的なものが多いという特徴を持っている。語基である名詞（および副詞）の例を挙げると、ツミ「……千世の罪（都美《つみ》）さへ滅ぶとそいふ……」（仏足石歌）・アタ「……筑紫の国は敵（安多《あた》）守る……」（万葉四三三一）・オモ「……面（於毛《おも》）やは見えむ……」（万葉一五三五）・トキ「……沖つ鳥胸見るとき（登伎《とき》）……」（記神代・四）・マヒ「河《の》神、崇之《て》以吾《ヤツを》一て爲幣《マヒと》。」（仁徳紀十一年十月・前田本）／ウベ「……清けき見ればうべ（宇倍《ウベ》）知らすらし」（万葉一〇三七）のようである（ウベは副詞）。これらの語基は、名詞（および副詞）として用いられ、独立的であると言える。

おわりに

院政期末までになるとカナフ・ソナフ・トナフ・ニナフの語基一音節の語は用いられたこと、オコナフなどは用いられ続けたことがわかった。語基一音節の語については、形態的に短い語が用いられたと言える。意味的には、第三節でオコナフについて考察したことからは仏事関連を表わすという狭い領域を担い、和歌・歌謡でも散文でも多用され続けたことが理解された。オコナフは、仏教の受容・浸透・興隆という時代の要請に依り、用い続けられた特殊な語とも言えよう。

ナフ型動詞は上代の和歌・歌謡に淵源を持つとみられるが、造語力は必ずしも強くなく、衰微してゆく種類もあった。中古の和歌・歌謡に用いられているのは、上代に既に用いられたものばかりなのである。久しく間をおいて使われていなかった語が用いられ詠まれても、その先には斬新さ、目新しさを見せんが為に古きものを使用した意識が感じられる。和文、漢文訓読文系においても使用種類の減少傾向が見られるが、オコナフのような特定の語は上代に続き中古でも用いられている。

ナフ型動詞は、中古では漢文訓読文系を中心に用いられた語と言える。その理由はA・Bのイ・ロともに用いられているのに対し、ハという和文にのみ使い続けられたナフ型動詞はAにもBにも無いことである。また、中古以降に文献資料に初出するナフ型動詞の語は漢文訓読文系に多く用いられているが、その特徴のひとつに上接する語基が名詞・副詞など独立性を持っていることが挙げられる。

今後は～ハフを含むハ行動詞全体を検討して行きたい。

注

（1）ここに漢文訓読文系としたのは新撰字鏡・類聚名義抄を含む意である。

（2）ソナフ／イザナフ・ツミナフ・トモナフ・アナナフ・ウヅナフの六種である。

（3）「三百六十首歌（毎月集）」とも表記し、同じものを指す。天禄二、三年（九七一、二）頃成立とされる。

（4）筑波山葉山繁山繁きをぞや誰が子も通はな……（風俗歌一七〇）

つくはやまはやまのしけりしけゝれとふりしく雪はさはらさりけり（毎月集・十二月中・三五〇）

鈴鹿河八十瀬の瀧を皆人の愛づるも著く時に会へる……（催馬楽一二九）

すゝかゝはやそせのなみのをとなきはこほりやせゝにむすひとめつる（毎月集・十二月おは・三六二）

（5）荒木尚「私撰集　古今和歌六帖」（『歌語り・歌物語事典』、勉誠社）は、「『古今和歌六帖』（以下『古今六帖』と略称）は『万葉集』から『後撰集』ごろまでの歌四三七〇首を収集分類した類題歌集とも歌語例歌辞典ともいうべきものであり、（略）資料源となっているものはきわめて複雑で多岐にわたり、今日知られるような『万葉集』『古今集』『後撰集』などいくつかの歌集や原初的な『伊勢物語』などの歌物語に依拠したばかりでなく、今日存在しない異本異伝の歌集類や歌語りの場を経た伝誦歌なども広く渉猟し採歌していることが明らかになっている。」と述べている。

（6）霜八度置けど枯れせぬ榊葉の立ち栄ゆべき神のきねかな　神楽歌
榊葉にゆふとりしでて誰がかく神の御前に祝ひそめけむ　同右
神垣や三室の山の榊葉は神の御前にしげり合ひにけり　同右
深山には霰振るらし外山なる正木の葛色づきにけり　同右
我が宿の板井の清水里遠み人し汲まねばみ草おひけり　同右
大原やせが井の水を手に汲みて鳥は鳴くとも遊びて行かむ　同右
美作や久米の皿山さらさらに我が名はたてじ萬代までに　催馬楽歌
我がせこが入るさの山の山あらしきてな取り触れそ香も優るか　同右
みの山に茂り重なる玉柏豊のあかりに逢ふが楽しさ　同右

（7）神楽に仏道修行の歌が出てくることについては　小中村清矩『歌舞音楽略史』に、「神楽にはつきなきこゝちすれど、此は其始、石清水の如き、佛家習合の社にて行はれたる神楽の移れるものならんか。」と記している。つまり、あり得ることであり、矛盾しないと述べている。

参考文献

青木紀元校注『神道大系　古典注釈編六　祝詞・宣命注釈』神道大系編纂会　一九七八年
雨海博洋・神作光一・中田武司編『歌語り・歌物語事典』勉誠社、一九九七年
粕谷興紀注解『延喜式祝詞（付）中臣寿詞』和泉書院、二〇一三年
小中村清矩『歌舞音楽略史』岩波書店、一九二八年
小林芳規・神作光一・王朝文学研究会編『梁塵秘抄総索引』武蔵野書院、一九七二年
小町谷照彦『古今和歌集と歌ことば表現』岩波書店、一九九四年
五来重他編『講座・日本の民俗宗教　4巫俗と俗信』弘文堂、一九六九年
近藤みゆき『古代後期和歌文学の研究』風間書房、二〇〇五年
斎藤慎一郎『ものと人間の文化史107・蜘蛛（くも）』法政大学出版局、二〇〇二年
阪倉篤義『語構成の研究』角川書店、一九六六年
滝澤貞夫『王朝和歌と歌語』笠間書院、二〇〇〇年

築島裕編著『訓点語彙集成』汲古書院、二〇〇九年
筑紫平安文学会『為頼集全釈』風間書房、二〇〇八年
土橋寛『古代歌謡の生態と構造　土橋寛論文集　中』塙書房、一九八八年
蜂矢真郷『国語派生語の語構成論的研究』塙書房、二〇一〇年
山口仲美『平安朝の言葉と文体』風間書房、一九九八年
山口佳紀『古代日本語文法の成立の研究』有精堂出版、一九八五年
同『古代日本文体史論考』有精堂出版、一九九三年
『校註國歌大系』九　国民図書、一九二九年

中古形容詞に見られる複合的方式についての一考察

村田菜穂子

一　はじめに

これまで、上代から院政期を含む中古（あるいはそれをやや下る時期）に至る古代語の形容詞語彙について、語構成をはじめとする体系性を分析し、質的に異なる語の量的構成について考察を行ってきた。(注1) その結果、古代語形容詞において、上代と中古とでは語構成法に明らかな差違が認められるようになり、上代形容詞と中古形容詞(注2)それぞれの量的構成にも明確な差違が見られるようになった。(注3)

上代形容詞と中古形容詞との間に認められる主な差違を簡潔に述べると、次のようなものである。(一)活用別構成比率、(二)一語あたりの構成単位数、(注4)(三)形容詞の発達段階、(注5)(四)造語形式の種類(注6)

まず、上代形容詞と中古形容詞との間に認められた差違として挙げられるのはク活用形容詞とシク活用形容詞の構成比率（量的構成）で、これが上代形容詞と中古形容詞の間で変化していることである。具体的に言うと、上代形容詞ではク活用形容詞とシク活用形容詞の活用別構成比はおおよそ七対六で、両者の間にあまり開きはなかったが、中古形容詞においてはク活用形容詞対シク活用形容詞の構成比が二対一と、ク活用形容詞がシク活用形容詞を大幅に上回って量的構成が大きく変化する。

また、形容詞を構成する語構成要素の数、すなわち構成単位数から見た形容詞の量的構成にも変化が見られるようになり、上代形容詞ではク活用・シク活用とも二単位語の割合が最も高く、これを基本としていたが、中古形容詞では二単位語の割合は減少して三単位語および四単位語の形容詞が増加する。すなわち、長単位語化という変化の方向が認められた。

では、長単位語化という現象が起こった背景として、中古において新たに造語された形容詞に上代形容詞とは異なるどのようなことが起こっているのであろうか。

結論から言えば、中古で新たに造語された形容詞においては、第一次形容詞（形容詞として成立した第一番目の語形）から構成された二次的な語形である第二次形容詞、すなわち、「□＋第一次形容詞」という形式の形容詞が増加しているということである。もっとも、これは、ク活用形容詞・シク活用形容詞の両形式に一様に認められるものではなくて、シク活用形容詞の方は、上代より引き続き第一次形容詞が依然として主流であるのに対して、ク活用形容詞の方は、上代において主流であった第一次形容詞の割合が減少し、中古では第二次形容詞の割合が急増してこれが主流となり、ク活用形容詞とシク活用形容詞とで発達段階が分化する様相が認められるようになる。

そして、長単位語化への変化は、単に一語あたりの語構成要素（造語成分）の数が増えるということにとどまらず、語形成論的な視点から、形容詞が「どのような造語成分から組み立てられているか」を分析し、造語成分の結びつきを「前項要素＋後項要素」という二項式で示そうとしたところの「造語形式」が、上代から中古への流れにおいて多様化の方向へと向かっていることと連関している。具体的に言うと、上代形容詞において認められた造語形式は、ク活用形容詞で二〇種類・シク活用形容詞で一六種類であったが、中古形容詞においては造語形式の新旧交替が起こり、使われなくなった造語形式もありはするものの、その種類はク活用形容詞で四〇種類・シク活用形容詞で三五種類と大幅に増加している。

二　上代から中古にかけての造語の方式についての変化

前節では、上代形容詞と中古形容詞との間に見られた差違、言い換えると、体系的変化を鳥瞰したわけであるが、通時的に見て、ク活用形容詞は第二次形容詞、すなわち、第一次形容詞に接頭辞ないしは、a自立形式である【語基】およびb結合形式である【語基】[注7]が上接した合成形式である形容詞の造語が活発になる方向へと変化し、一方のシク活用形容詞は第一次形容詞の造語が依然として中心である様相を呈していることを述べた。ただし、シク活用形容詞については上代と変わらず第一次形容詞が主流であるとは言っても、造語形式の種類は一六種類→三五種類へと二倍以上に増加していることから、上代形容詞と中古形容詞との間には大きな差違があったと考えてよいだろう。

以下、本節ではもう少し詳しく上代形容詞と中古形容詞との間に見られた造語形式における差違について考察することにしたい。

さて、中古において、どのよう造語形式が新語産出に多用されたのかについてであるが、この点については拙著『形容詞・形容動詞の語彙論的研究』および拙稿①「ク活用形容詞とシク活用形容詞の量的構成と語構成」[注8]において、上代形容詞と中古新出形容詞とを比較し、それぞれの造語形式別の構成比率を分析している。そして、その結果、中古の新出形容詞においては、「モノ+形容詞」や「ナマ+形容詞」をはじめとする（A）接頭辞を上接する派生方式と、「名詞+形容詞」「動詞（連用形）+形容詞」といった自立形式の（B）名詞や動詞（連用形）を上接する複合方式による二次的（ないしは三次的）な自己増殖が急増しているとともに、「動詞被覆形+シ」「名詞+シ」などのような（C）既存の動詞や名詞を派生源にした転成方式による増殖が活発に行われている状況が見られることを明らかにした。

表1に示したように、中古では、派生あるいは複合による二次的（三次的）な自己増殖方式（A）（B）と、転成方式（C）という二方向からの造語が進められたと考えられる。そして、先にも述べたように、注目すべき点は、新しい形容詞を構成する造語の方式がク活用形容詞とシク活用形容詞とでは異なっているという点である。

表1

	第一次形容詞		第二次形容詞
(A)	うとし	→	ものうとし
	うらめし	→	なまうらめし
(B)	つよし	→	こころづよし
	かたし	→	ありがたし
(C)	動詞		第一次形容詞
	さわぐ	→	さわがし
	につく	→	につかはし
	みだる	→	みだれがまし
	名詞		第一次形容詞
	おとな	→	おとなし
	はぢ	→	はぢがまし

繰り返しになるが、中古になると、ク活用形容詞では、第二次ないしは第三次形容詞の造語を活発に行うようになる。その一つは（A）接頭辞を上接する派生方式であり、もう一つは（B）名詞や動詞（連用形）を上接する複合方式であるが、とりわけ、後者（B）の方式が活発で多数の二次的な形容詞を産出している。要するに、ク活用形容詞における新出形容詞産出方式の中心は（B）と捉えることができる。これに対して、依然として第一次形容詞の造語が主流であるシク活用形容詞では、（A）の派生方式によっても新出形容詞の造語を行ってはいるが、新造語の異なり語数から言えば、（C）の既存の動詞

表2

	造語形式	上代ク活用形容詞	中古新出ク活用形容詞	上代シク活用形容詞	中古新出シク活用形容詞
(A)	接頭辞＋形容詞[注9]	7	53	2	59
(B)	名詞／動詞（連用形）＋形容詞[注10]	29	589	14	46
(C)	動詞被覆形＋シ／名詞＋シなど[注11]	7	11	35	132

や名詞を派生源にした転成による第一次的な形容詞産出が圧倒的に多く、シク活用形容詞における新造語産出方式の中心は（C）と捉えることができる（表2）。

このように、中古における形容詞語彙の造語はク活用形容詞とシク活用形容詞とでは異なる二方向から推し進められていったのである。

三　第二次形容詞の構成に与る第一次形容詞の特徴

それでは、どのような第一次形容詞が第二次形容詞を構成しているのか、それを次に見ておくことにする。なお、第三次形容詞についてはその語数が少なく、しかも「接頭辞＋第二次形容詞」の構造のものが中心であるのでひとまず措き、以下においては、第二次形容詞を中心に分析・考察を行うこととする。

さて、次に挙げる語は第二次形容詞を構成している後項部に位置する形容詞で、その形容詞が何語くらい第二次形容詞を構成しているかを示している。

※第二次形容詞を構成する第一次形容詞（ク活用）

ナシ(注12)［無］一九〇語、カタシ［難］一六五語、ニクシ［難］五九語、ヤスシ［易］二五語、ヨシ［良］二二語、フカシ［深］二二語、ウシ［憂］一八語、イタシ［痛］一六語、タカシ［高］一三語、チカシ［近］一二語、クサシ［臭］・クラシ［暗］以上六語、ナガシ［長］五語、オホシ［多］・キタナシ［汚］・キヨシ［清］・サムシ［寒］・シゲシ［繁］・トシ［利・敏］・トホシ［遠］以上四語、ウトシ［疎］・コハシ［強］・サトシ［聡］・スクナシ［少］・タケシ［猛］・ツヨシ［強］・ハヤシ［早］・ヨワシ［弱］以上三語、オモシ［重］・カシコシ［賢］・カルシ［軽］・サガナシ［不祥］・セバシ［狭］・ネタシ［妬］・ハシタナシ［端］・ハユシ［映］・ホソシ［細］・ワロシ［悪］以上二語、アサシ［浅］・アヤフシ［危］・イハケナシ［稚］・ウルサシ・オソシ［遅］・カロシ［軽］・クロシ［黒］・ケヤケシ・コシ［濃］・シドケナシ・シルシ［著］・シロシ［白］・スゴシ［凄］・セシ(注13)［狭］・タユシ［弛］・ツタナシ［拙］・ヌルシ［温］・ノドケシ［長閑］・ヒロシ［広］・ミジカシ［短］・（＊ミスシ(注14)［囂］）・モロシ［脆］・ワカシ［若］・ワルシ［悪］・以上一語

※第二次形容詞を構成する第一次形容詞（シク活用）

クルシ［苦］一二語、アシ［悪］八語、ハヅカシ［恥］六語、オソロシ［恐］五語、サワガシ［騒］・ユカシ以上四語、サビシ［寂］・スサマジ［凄］・ナツカシ［懐］・ワヅラハシ［煩］以上三語、ウラメシ［恨］・クネクネシ・サカシ［賢］・ツツマシ［慎］・ムツカシ［難］・ヲカシ［可笑］以上二語、アラアラシ［荒荒］・アワタダシ［慌］・イソガシ［忙］・イトホシ［労］・イドマシ［挑］・ウツクシ［美］・ウヒウヒシ［初初］・ウルハシ［麗］・ウレシ［嬉］・オゾマシ［悍］・オナジ［同］・オモハシ［思］・カタクナシ［頑］・＊カマシ［囂］・キラキラシ［端正］・クハシ［詳］・クヤシ［悔］・クルハシ・クルホシ(注15)［狂］・コノマシ［好］・サウザウシ［騒］・スクスクシ・タノモシ［頼］・ツブラハシ［潰］・ナゲカシ［嘆］・ナヤマシ［悩］・ニガシ［苦］・ハカバカシ・ハラダタシ［腹立］・ヒガヒガシ［僻僻］・ヘダテガマシ［隔］・マギラハシ［紛］・メザマシ［目覚］・メヅラシ［珍］・ヤマシ・ユユシ・ヨロシ［宜］・ワビシ［侘］・ヲシ［惜］以上一語

右に示したように、第二次形容詞を構成している第一次形容詞は、ク活用形容詞六三語（種類）、シク活用形容詞五五語（種類）と活用形式による差違は、一見大きくないように見える。しかし、視点を変えて、第二次形容詞を構成していない第一次形容詞を見ると、ク活用形容詞五九語に対して、シク活用形容詞二三三語と大きく開いている。すなわち、第二次形容詞を構成している第一次形容詞が全第一次形容詞全体に占める割合は、ク活用形容詞で五一・六％、シク活用形容詞で一九・一％と、ク活用形容詞では過半数の語が第二次形容詞の造語に与っているのに対して、シク活用形容詞では約二割と、活用形式の違いによる差違がかなり大きいことが注意さ

れる。（注16）

　ところで、右に示した第二次形容詞を構成している第一次形容詞の中で、ある程度まとまった、たとえば一〇語以上の複合形容詞を構成している語としては、ナシ［無］を除くと、カタシ［難］・ニクシ［難］・ヤスシ［易］・ヨシ［良］・フカシ［深］・ウシ［憂］・イタシ［痛］・タカシ［高］・チカシ［近］（以上ク活用）、クルシ［苦］（シク活用）が挙げられるが、大半がク活用形容詞である。言い換えると、大きな自己増殖力を発揮する語はク活用形容詞の方が圧倒的に多く、しかも、それぞれが多数の第二次形容詞を構成していることから中古にク活用形容詞がシク活用形容詞を大きく上回るという結果へとつながっていると考えられる。

　ではなぜ、このようにク活用形容詞とシク活用形容詞との間で、第二次形容詞を構成する第一次形容詞の造語力に大きな差違が生じたのであろうか。そしてまた、第二次形容詞を構成する語と第二次形容詞を構成していない語との間には、同じ第一次形容詞でもどのような差違があるのであろうか。換言すると、ある第一次形容詞が第二次形容詞の後項要素になり得る条件、ないしは第二次形容詞を自己増殖する段階に至るか否かの差違はどこにあるのであろうか。

　かつて、第二次形容詞を構成する第一次形容詞に認められる特徴について、拙稿②「形容詞の生産性に関する一考察」（注17）で調査・分析を行ったことがある。その結果、先に指摘した活用形式による差違のほかに、【1】成立の新しい第一次形容詞よりも、成立の古い第一次形容詞の方が第二次形容詞を合成しやすい、【2】使用頻度の低い第一次形容詞よりも、使用頻度の高い第一次形容詞の方が第二次形容詞を合成しやすい、【3】使用範囲の狭い第一次形容詞よりも、使用範囲の広い第一次形容詞の方が第二次形容詞を合成しやすい、という様相が認められることを述べた。予測し得る結果とも言えるが、成立が古くて長い期間使用されている語は基本語彙的な性格が強く、したがって、使用頻度や使用範囲も大きくなる可能性を多分に有している。これまで見てきたことから推し量るに、中古においては、ク活用形容詞はもはや新たな第一次形容詞を産出する力が衰え、第一次形容詞を構成する段階から複合的形式である第二次形容詞を構成する自己増殖の段階に入っていると考えられる一方、シク活用形容詞は動詞や名詞をもとにした転成という方式によって第一次形容詞を構成する段階にあって、ク活用形容詞で活発に行われている第二次形容詞を構成する段階には至っていないという状況にあったのではないか。すなわち、中古における新たな形容詞の造語は、ク活用形容詞＝第二次形容詞、シク活用形容詞＝第一次形容詞といった具合に、活用形式の違いによって差違が生じているということである。そして、この様相は、発生論的に見て、ク活用形容詞がシク活用形容詞よりも先に成立したということを物語っているという理解へと推し進めることを可能にしている。(注18)

もっとも、拙稿②の趣旨は、第二次形容詞を構成する第一次形容詞に共通する特徴ないしは傾向性を総合的に捉えるところにあって、第二次形容詞を構成している個々の要素（前項部・後項部のそれぞれ要素）にどのような特徴が認められるかについては分析・考察を行っていない。よって、以下この点について考えてみたい。

四　第二次形容詞の前項要素と後項要素

本節では、まず、中古に新たに構成された第二次形容詞について鳥瞰しておこう。

さて、表3は、第二次形容詞を構成する第一次形容詞をク活用形容詞・シク活用形容詞、および、ナシ［無］に分け、それぞれが上接する前項要素別にその語数と割合を示したものである。

表3にあるように、後項部の形容詞の違いによって前項部にとる語構成要素の多寡が異なっていて、中古において新たに造語された第二次形容詞のうち、「〜＋ク活用形容詞」では動詞（連用形）、「〜＋シク活用形容詞」では接頭辞を前項要素とするものが最も多く、それぞれ半数を超え、「〜＋ナシ［無］」では前項要素としては名詞

が最も多く、六割を超えている。

ところで、拙著でも述べたことであるが、ナシ［無］を他のク活用形容詞と切り離して別個に扱ったのには理由がある。それは、ナシ［無］が他の語のように特定の概念を表すものではなく、特定概念を排除するのみでそ

表3　第二次形容詞の前項要素

前項要素	ク活用	シク活用	ナシ[無]	合計
動詞（連用形）	274	11	45	330
	59.3%	10.8%	23.7%	43.8%
名詞	131	34	119	284
	28.4%	33.3%	62.6%	37.7%
接頭辞	34	55		89
	7.4%	53.9%		11.8%
語基	12	1	1	14
	2.6%	1.0%	0.5%	1.9%
名詞被覆形	6	1		7
	1.3%	1.0%		0.9%
形容詞（語幹）	3			3
	0.6%			0.4%
形容動詞（語幹）			12	12
			6.3%	1.6%
（動詞（連用形）＋ゲ）			4	4
			2.1%	0.5%
（名詞＋ゲ）			3	3
			1.6%	0.4%
副詞	2		6	8
	0.4%		3.2%	1.1%
合計	462	102	190	754

れ自身は特定概念を指示しないという点において他の形容詞とは区別すべき特殊な形容詞であるということである。そして、こうしたナシ［無］という形容詞の特殊性は、表3にもあるように、ナシ［無］が第二次形容詞の前項要素として接頭辞を取ることがないという現象として現れている。

では、以下、第二次形容詞の前項要素と後項要素とを分析してその関係性を考察するために、一〇語以上の第二次形容詞を構成している、ナシ［無］を除いた、カタシ［難］・ニクシ［難］・ヤスシ［易］・ヨシ［良］・フカシ［深］・ウシ［憂］・イタシ［痛］・タカシ［高］・チカシ［近］（以上ク活用）、クルシ［苦］（シク活用）という語に焦点を当てて見ていくことにする。

次に示す表4-1~9（ク活用）および表5（シク活用）は、カタシからクルシまでの第一次形容詞がどのような前項要素と結びついているかを見たものである。

表4-1「～＋カタシ」

前項要素	語数	比率（%）
動詞（連用形）	165	100.0%
合計	165	100.0%

表4-2「～＋ニクシ」

前項要素	語数	比率（%）
動詞（連用形）	52	88.1%
名詞	5	8.5%
接頭辞	2	3.4%
合計	59	100.0%

表4-3「～＋ヤスシ」

前項要素	語数	比率（%）
動詞（連用形）	16	64.0%
名詞	7	28.0%
接頭辞	1	4.0%
語基	1	4.0%
合計	25	100.0%

表4-4「～＋ヨシ」

前項要素	語数	比率（%）
動詞（連用形）	12	54.5%
名詞	8	36.4%
語基	2	9.1%
合計	22	100.0%

表４－８「～＋タカシ」

前項要素	語数	比率（％）
名詞	9	69.2％
語基	2	15.4％
接頭辞	1	7.7％
動詞（連用形）	1	7.7％
合計	13	100.0％

表４－９「～＋チカシ」

前項要素	語数	比率（％）
名詞	8	72.7％
接頭辞	2	18.1％
名詞被覆形	1	9.0％
合計	11	100.0％

表５「～＋クルシ」

前項	語数	比率（％）
動詞（連用形）	7	58.3％
接頭辞	2	16.7％
名詞	2	16.7％
名詞被覆形	1	8.3％
合計	12	100.0％

表４－５「～＋フカシ」

前項要素	語数	比率（％）
名詞	15	71.4％
動詞（連用形）	4	19.0％
接頭辞	1	4.8％
名詞被覆形	1	4.8％
合計	21	100.0％

表４－６「～＋イタシ」

前項要素	語数	比率（％）
動詞（連用形）	6	42.9％
名詞	4	28.6％
語基	2	14.3％
形容詞（語幹）	1	7.1％
名詞被覆形	1	7.1％
合計	14	100.0％

表４－７「～＋ウシ」

前項要素	語数	比率（％）
動詞（連用形）	14	77.8％
接頭辞	1	5.6％
名詞	3	16.7％
合計	18	100.0％

先にも述べたように、第二次形容詞を構成する後項要素がク活用形容詞である場合は動詞（連用形）の割合が最も高かったが、表4-1〜9を見ると、動詞（連用形）を前項要素としているもので最もその割合が高いのは「〜+カタシ」（一六五語）で、これに、「〜+ニクシ」（五二語）、「〜+ヤスシ」（一六語）、「〜+ウシ」（一四語）、「〜+ヨシ」（一二語）が続く。そして、前項要素を動詞（連用形）とするこれら五種類の第二次形容詞の合計は二五九語で、この二五九語というのは動詞（連用形）を前項要素とする第二次形容詞（二七四語）の約九五%に当る。逆に言うと、これら五種類の語以外で、動詞（連用形）を上接しているク活用形容詞はイタシ・フカシ・スクナシ・オホシ・クサシ・タカシの六語であるが、これらを後項要素として構成された第二次形容詞はわずか一五語すぎず、「動詞（連用形）+ク活用形容詞」の大半がカタシ・ニクシ・ヤスシ・ウシ・ヨシという特定の第一次形容詞で、これらの形容詞が集中的に用いられて多数の第二次形容詞の造語を行っているというのが中古語形容詞に見られる特徴的な造語法の一つであるということが言える。しかしながら、シク活用形容詞の方にはこのような特徴は認められない。

また、「〜+フカシ」・「〜+タカシ」・「〜+チカシ」は主として名詞を前項要素とし、それぞれ二一語・一三語・一一語の第二次形容詞を構成しているが、カタシやニクシなどのような旺盛な造語力は前項要素が名詞の場合には見られない。

以上、ク活用形容詞がシク活用形容詞の六倍以上の第二次形容詞を中古に造語している背景には、ク活用形容詞では過半数の語が第二次形容詞の造語に与っているという実態が観察されたのに対して、シク活用形容詞では第二次形容詞の造語に与っている第一次形容詞が約二割にとどまっているという差違があり、さらにまた、ク活用形容詞にはナシ［無］のほか、カタシ・ニクシ・ヤスシ・ウシ・ヨシという第一次形容詞が多数の第二次形容詞の造語を行っているということがあることが明らかになった。

五　第二次形容詞を構成する第一次形容詞とその前項要素との関係

本節では、第二次形容詞を構成している前項部および後項部の語構成要素についてもう少し詳しく考察したい。では、改めて前節で挙げた表4-1〜9および表5を見ることにしよう。

前節で述べたように、「〜＋カタシ」は一六五語という多数の第二次形容詞を構成している。そして、その前項要素はすべて動詞（連用形）である。また、「〜＋ニクシ」もその前項要素は動詞（連用形）五二語・名詞五語・接頭辞二語と、その中心的なものは動詞（連用形）である。これらのほか、「〜＋ヤスシ」・「〜＋ウシ」・「〜＋ヨシ」、および「〜＋クルシ」も動詞（連用形）が主な前項要素となっている。一方、「〜＋フカシ」・「〜＋タカシ」・「〜＋チカシ」は名詞が主な前項要素であり、先に挙げた六語とは対立している。

右に見た自己増殖力の強い形容詞を上接する前項要素の違いから分類すると、「〜＋カタシ」をはじめとする前者六語は動詞（連用形）卓越型、そして、「〜＋フカシ」以下の後者三語は名詞卓越型と分類することができる。また、「〜＋イタシ」が上接している前項要素は、動詞（連用形）六語・名詞四語（ほか四語）と、動詞（連用形）卓越型や名詞卓越型のように一つの前項要素が突出しているのではなく、動詞（連用形）と名詞とであまり差がないので、ひとまず、拮抗型と分けて捉えておくのが適当であろう。

では、この動詞（連用形）卓越型である形容詞と名詞卓越型である形容詞、そして拮抗型である形容詞にはどのような特質があるのだろうか。まず、それぞれの形容詞の意味（機能）の面から考えてみよう。

かつて、形容詞の意味分類については拙著（第二篇第二章第一節）で詳しく述べたことがある。ここで改めてそれを参照し、簡潔に意味分類の結果を図示すると図1のようになる。

図1に示したように、形容詞はその意味・機能の違いから、状態形容詞と感情形容詞とが対極に位置し、両者

否定形容詞

状態性形容詞　状態形容詞
感覚形容詞
（程度形容詞）
評価形容詞
情意性形容詞　感情形容詞

図１

をつなぐ中間態の語として感覚形容詞・程度形容詞・評価形容詞が連続しており、大きくは、状態形容詞・感覚形容詞が状態性形容詞、程度形容詞・評価形容詞・感情形容詞が情意性形容詞に二分して捉えることができる。これを踏まえて、表4-1〜9および表5に取り上げた形容詞の意味・機能を考えると、動詞（連用形）卓越型であるカタシ・ニクシ・ヤスシ・ヨシ・ウシ、およびクルシという形容詞はみな情意性形容詞であるという共通点を持っている。これに対して、名詞卓越型であるフカシ・タカシ・チカシという形容詞は、状態性形容詞であるという共通点を持っており、前項部の語構成要素と第二次形容詞を構成する後項部の形容詞の意味との間に、「動詞（連用形）＝情意性形容詞」「名詞＝状態性形容詞」という対応関係が認められる。言い換えると、動詞（連用形）↔名詞という対立は、情意性形容詞↔状態性形容詞という対立に対応している。これは看過できない有意味な関係と考えるべきで、押さえておく必要がある。

ところで、一般的に、形容詞はサマを表し、名詞はモノ、動詞はコト（ガラ）を表すと捉えることができる。たとえば、「名詞＋形容詞」という構造をとる第二次形容詞とは、前項要素の名詞が主語・後項要素の形容詞が述語という関係にあり、モノについてのサマを表す。換言すると、後項要素の形容詞は、前項要素の名詞モノが有している状態（性状・属性）の一つを表したものであり、前項要素モノと後項要素サマとの間には有縁性が存在する。

これに対して、「動詞（連用形）＋形容詞」という構造をとる第二次形容詞の場合は、前項要素が主語・後項要素は述語という関係を構成しているが、前項要素の表す内容がモノではなくコト（ガラ）であるという点で、先の「名詞＋形容詞」という構造をとる第二次形容詞とは大きく異なっており、「動詞（連用形）＋形容詞」という構造の第二次形容詞はコト（ガラ）ついてのサマを表す。換言すると、後項要素の形容詞は、主語の動詞（連用形）が表す何がしかのコトガラに対する主体の感情や評価の意を表している。そして、この場合の情意の主体は「私」という一人称であって、後項部の形容詞は「私」のコト（ガラ）に対する主観を表現している。したがって、「名詞＋形容詞」の構造にある第二次形容詞が「主語―述語」という関係構造であるのに対して、「動詞（連用形）＋形容詞」の構造にある第二次形容詞は「対象―（私）―述語」という関係構造が形成されている。

川端善明氏[注19]は、形容詞を述語とする文、すなわち、形容詞文について説かれた際、「文の構造的な特徴はその二項性にある。二項の対立と統一とにあって、一つのまとまったことがらとその承認、即ち一つの判断を表現している。」とした上で、大別して二つに分けられる形容詞文の特徴は「一句一文」と「二句一文」であることを指摘されている。

そして、川端氏は、「（イ）山が高い／空が青い／この犬は強い」、「（ロ）旅が淋しい／手紙がうれしい」という例文を挙げられ、（イ）のような文では主語はモノである「語」であり、述語はそのモノから分節された「外的情態」の意味を表して「一句一文」を成しているのに対して、（ロ）のような文では主語は単なるモノではなく、「旅することが（私にとって）淋しい／手紙が届いたことが（私にとって）うれしい」のように、主語はモノではないコトガラを表し、述語はコトガラに対する私の「内的情態」、すなわち、情意を表す「句」の性格をもっている。そして、語は語と相関し「一句一文」を成すのに対して、句は句と相関し「二句一文」を成すことを典型とすることを川端氏は説いておられる。

以上、右に取り上げた川端氏の見方は形容詞文の本質を説かれたものであって、二項の関係性が発生している第二次形容詞を考える際にも押さえておく必要がある重要な指摘であると言える。そして、先に挙げたカタシ・

ニクシ・ヤスシ・ヨシ・ウシという形容詞を後項要素として「動詞（連用形）＋形容詞」という構造をとる第二次形容詞は、コトガラである主語（対象語）と相関する後項部の第一次形容詞がク活用という形式――ク活用形容詞＝状態・シク活用形容詞＝情意という古代語形容詞（第一次形容詞）に認められる傾向性――ではありつつも情意的意味を表しており、一方のフカシ・タカシ・チカシという形容詞を後項要素として「名詞＋形容詞」という構造をとる第二次形容詞は、モノである主語と相関する後項部の第一次形容詞はク活用形容詞が傾向として表す状態的意味を表している。そして、「動詞（連用形）＋形容詞」という構造をとるクルシは古代語形容詞の意味と形式との間に認められる傾向性に沿う形で情意的意味を表しており、本節で明らかになった第二次形容詞を構成する前項要素と後項要素との間に認められた「動詞（連用形）＝情意性形容詞」「名詞＝状態性形容詞」という関係性は前述の川端氏の指摘と符合する、極めて興味深い結果であるということである。

また、拮抗型としたイタシはいわゆる感覚形容詞に分類される語である。感覚というのが「知覚に基づく」ものであるゆえ状態性形容詞に括られるが、感覚が成立するのが「私」という一人称の身体の一部においてであることから、感覚形容詞の主語は情意性形容詞における一人称主語に連続している。このように、イタシは状態形容詞よりもやや情意性形容詞よりの感覚の意味を表す一方で、「痛みを感じさせるほどに激しくひどい様」という意味（注20）から甚だしいという程度の意味が前面に出た用法も存在する。

御門、なほめでたく思さるゝ事せき止めがたし。［竹取物語］

右に取り上げたメデタシは、動詞メヅの連用形＋イタシという語構成と考えられる語で、イタシが母音連続を避けて成立した語形がメデタシであり、後項要素のイタシは甚だしいという意味を表している。

このように、イタシには右に述べたような二つの意味用法が存することから、前項部に現れる要素として名詞と動詞（連用形）とが拮抗している可能性をが考えられるが、この点について、詳しくは別稿に譲ることにする。

注

（1）拙著『形容詞・形容動詞の語彙論的研究』（和泉書院［2005・11］）

（2）中古形容詞は、以下に挙げる中古散文作品・八代集・訓点資料から採取した。

（イ）中古散文作品　『竹取物語』『土佐日記』『伊勢物語』『平中物語』『大和物語』『多武峯少将物語』『篁物語』『宇津保物語』『蜻蛉日記』『落窪物語』『和泉式部日記』『枕草子』『源氏物語』『紫式部日記』『堤中納言物語』『夜の寝覚』『浜松中納言物語』『更級日記』『狭衣物語』『大鏡』『讃岐典侍日記』『とりかへばや物語』

（ロ）八代集　『古今集』『後撰集』『拾遺集』『後拾遺集』『金葉集』『詞花集』『千載集』『新古今集』

（ハ）訓点資料　『興福寺本大慈恩寺三蔵法師伝古点』『神田本白氏文集巻第三・四』『高山寺本古往来』

（3）拙著第一篇および第二篇参照。

（4）一語あたりの構成単位数を確定するには、まず語を構成する部分要素、すなわち語構成要素の認め方を明らかにする必要がある。詳細は拙著第一篇第一章「二　語構成（語のしくみ）の記述方法」に述べたのでそれに拠られたいが、語構成要素は**【語基】**と**【接辞】**に大別することができ、さらに**【語基】**は、その独立性の違いから、a単独で語を組み立てることができる自立形式の要素（単語）と、b単独で語を組み立てることができない結合形式の要素（名詞被覆形や動詞被覆形、形容詞語幹など）との二つに分けることができる。そして、このa自立形式である**【語基】**とb結合形式である**【語基】**、および**【接辞】**のそれぞれを一単位と認めている。

（5）発達段階については拙著第一篇第二章第四節で詳しく述べたのでここでは簡潔に説明すると、たとえば、「こころをさなし・ものけぢかし」「そらはづかし」「おぼろけなし」という形容詞について言えば、すべて四つの語構成要素から成る四単位語であるが、「おぼろけなし」は形容詞として成立した第一番目の語形である第一次形容詞であるが、「そらはづかし」は「はづかし」という第一次形容詞に接頭辞「そら」を上接した第二次形容詞ということになる。そして、「こころをさなし・ものけぢかし」は「こころ＋をさ＋なし・もの＋け＋ぢかし」で、第二次形容詞「をさ＋なし・け＋ぢかし」に名詞「こころ」・接頭辞「もの」が上接した第三次形容詞と分析することができる。つまり、同じ単位数の語であっても、形容詞としての発達段階は異なっている。

（6）造語形式とは、「語のくみたて」、すなわち、語がどのような造語成分から組み立てられているかという側面を分析しようとしたものであり、階層的結合の最終結合段階の前項要素（α）と後項要素（β）をそれぞれ一つの造語成分として捉えて、それぞれの造語成分の品詞性を分類し、各形容詞の最終結合次の形式がいかなる成分同士の結びつきかを二項式［α＋β］で表したものを「造語形式」と呼んでいる。

（7） 注4参照。

（8） 拙著：注1参照。拙稿①：『国語語彙史の研究』三〇（和泉書院［2011・3］）

（9） ここで一括した造語形式は、「カ＋形容詞」「サ＋形容詞」「タ＋形容詞」「モノ＋形容詞」（上代よりすでに見られる形式）、「ケ＋形容詞」「コ＋形容詞」「ヲ＋形容詞」「ソラ＋形容詞」「トコ＋形容詞」「ナマ＋形容詞」（中古になって新たに出現した形式）である。

（10） ここで一括した造語形式は、「名詞＋形容詞」「名詞＋無シ」「動詞（連用形）＋形容詞」（上代よりすでに見られる形式）、「動詞（連用形）＋無シ」（中古になって新たに出現した形式）である。

（11） ここで一括した造語形式は、「動詞（被覆形）＋シ」「名詞＋ジ」「副詞＋シ」（上代よりすでに見られる形式）、「動詞被覆形＋ハシ」「形容詞（語幹）＋ケシ」「形容詞（語幹）＋ナシ」「形容詞（語幹）＋マシ」「形容動詞（語幹）＋シ」「形容動詞（語幹）＋ナシ」「形容動詞（語幹）＋ハシ」「名詞＋シ」「名詞＋ケシ」「名詞＋ガハシ」「名詞＋ガマシ」「動詞（連用形）＋シ」「動詞（連用形）＋ナシ」「動詞（連用形）＋ガハシ」「動詞（連用形）＋ガマシ」「副詞＋ガマシ」（中古になって新たに出現した形式）である。

（12） 第一次形容詞の構成に与る、いわゆる～ナシ［甚］は接尾辞であり、第二次形容詞を構成する形容詞のナシ［無］とは区別されるのでここには含まれない。

（13） セシは、中古にはトコロセシやイブセシ・ウルセシなどの語形の中に認められるが、単独で用いられた例は管見に及んでいない。

（14） ミスシは、次の例「其獦人聲甚譀天皇勅云、大囂謂二阿奈美須一因レ斯曰二大囂野一［豊後国風土記大野郡］」のみに確認できる孤例であり、中古以降、カマミスシを除いては複合形態中に存在する用法でも確認することができない。ミスシがク活用であったらしいことはこの例から推定されるにとどまる。

（15） クルホシは中古散文作品においてはモノグルホシという形態の中に現れるのみであり、小松英雄氏（『徒然草抜書』三省堂［1983・6］）は、「和文系に用いられる『ものぐるほし』をもとにして、新しく『クルホシ』を作り出した」と説かれている。

（16） 拙稿②「形容詞の生産性に関する一考察」（『表現研究』八六［2007・10］）

（17） 注16参照。

(18) 拙稿①(注8参照)
(19) 川端善明氏「用言5」(『岩波講座日本語　6文法Ⅱ』(岩波書店[1976・12])、および「文の構造と種類—形容詞文—」(『日本語学』二‐五[1983・5])
(20) 舘谷笑子氏「接尾辞タシの成立過程——タシ型形容詞の考察から——」(『語文』六九[1997・11])

〔付記〕本稿は、日本学術振興会平成二五—二七年度科学研究費補助金(基盤研究(C)課題番号25370533)による研究成果の一部である。

「そら＋形容詞」型の「そら」に関する一考察

山王丸　有紀

一　はじめに

本稿では、先稿（注1）にひきつづき、日本語の古典文学作品に見られる接頭語と呼ばれている語の考察を行う。今回取り上げるのは、「そら＋形容詞」型の「そら」についてである。古典文学作品において、「そら」＋「形容詞」の異なり語は非常に少ないが、名詞などを後続する「そらごと」や「そらね」などの「そら」が、実体のないことである意などを示す語素であるとされる一方、「そら」＋形容詞の「そら」の解釈には、疑念を抱く部分があるからである。

二　「そら＋形容詞」の解釈をめぐって

まず、本稿で取りあげる「そら＋形容詞」型の例を一例挙げておく。この型で一番数多いのは、「そらおそろし」の例である。

○　人目も繁き所なれば、常よりも端近なる、そら恐ろしうおぼゆ。（源氏・賢木・一―三八二頁）

二のア　辞書的記述

「そらおそろし」などの「そら」について、いわゆる辞書では、「何となく、いいようもなく」などの意味を添える接頭語と示している場合が多い。例えば、『日本国語大辞典』（第二版）の「そらおそろし」の記述では、（「そら」は接頭語）とした上で、

いいようもない不安を感じるさま。天罰・神罰・仏罰に対する恐怖や、漠然と身に迫る恐ろしさ、また、その人の将来、世の成り行きについての不安などにいう。

とある。「いいようもない」の部分が「そら」を表していると考えられるが、これでは、「そら」自体の意味はよくわからない。そこで、同じく、同辞典の接頭語「そら」の記述を確認すると、「そら（空・虚）」の項の【三】として、

②形容詞の上に付いて、はっきりした結果、または事情は不明であるが、その気持のはなはだしいことを表わす。「そらおそろしい（空恐）」「そらはづかし（空恥）」など。

とある。これも程度を示す接頭語として処理されているといってよい。さらに、『源氏物語事典』（大和書房）の「そらおそろし」の項（布野恭一郎氏執筆）においても、「形容詞。自分の犯した罪などがなんとなく恐ろしい、の意を表す。（二五四頁）」とある。こちらも「そら」にあたるのは、「なんとなく」となっている。

二のイ　「そら＋形容詞」型の語彙量

実際の実例を検討する前に、「そら＋形容詞」型の語彙量を確認する。この型の用例は、源氏物語が初出であり、先行論などでは、異なり語は、「そらおそろし」「そらはづかし」の二つであるとする。後述するように、私は形としては、もう一語あると考えるが、まずは、この二語について調査をした結果、以下の作品の実例が得ら

れた。括弧内はその実例数を示している。（実例収集の範囲は本稿の最後の部分に示す）

1「そらおそろし」

源氏物語（5）浜松中納言物語（5）夜の寝覚（4）今昔物語（1）松浦宮物語（1）

十六夜日記（1）とはずがたり（6）平家物語（1）

2「そらはづかし」

源氏物語（1）とりかへばや（1）松浦宮物語（1）

二のウ　実例の検討

「そら＋形容詞」型は、初出の源氏物語において「そらおそろし」が五例、「そらはづかし」が一例ある。まず、「そらおそろし」五例をすべて挙げてゆく。

① …、常は、「いと、すく〳〵しく、心づきなし」と、思ひあなづりつる伊豫の方のみ思ひやられて、「夢にや見ゆらん」と、空おそろしく、つゝまし。（源氏・帚木・一―九八頁）

② いとゞ、あはれにかぎりなう思されて、御使などひまなきも、空恐ろしう、物を思す事ひまなし。（源氏・若紫・一―二〇七頁）

③ 人目も繁き所なれば、常よりも端近なる、そら恐ろしうおぼゆ。（源氏・賢木・一―三八二頁）

④ 「いと、かうしも、おぼえ給へるこそ、心憂けれ」と、玉のきずにおぼさるゝも、世のわづらはしさの、空恐ろしう思え給ふなりけり。（源氏・賢木・一―三九〇頁）

⑤ 命さへ心にかなはず、類なき、いみじき目を見るは」と、いと、心憂きうちにも、「知らぬ人に具して、さるる、道の歩きを、したらんよ」と、そら恐ろしくおぼゆ。（源氏・手習・五―三七七頁）

①は、人を思うと、その人の夢に自分が現れると当時信じられていたことに基づく内容である。空蟬は、源氏と関係を持った事実を夫である伊予の介に知られることを恐れているのである。②は、藤壺中宮の懐妊を喜んだ桐壺帝が、中宮を厚遇しようとする場面での例である。源氏の子を身ごもっている中宮は、見舞いの使者が足繁く訪れる様子にも「そらおそろし」く物思いの休まる時がないのである。さらに、⑤は、入水したものの一命を取り留めた浮舟が、妹尼に初瀬参りの同行をさそわれる場面での「そらおそろし」である。いずれの例においても、「そらおそろし」は、「おそろし」と感じる主体の内面での自覚による内容を示しているといえ、この場合の「そら」が「何となく」という意味を表す接頭語とは言いがたい。これに関して、松尾氏は、(注2)「…『空恐ろし』は、現代語でも中古語でも、自分の心やましさ（罪意識）の自覚の上に立って恐ろしいとおぼえる気持をいうもののように私には思われる（十六頁）」とされている。

次に、源氏物語以外の「そらおそろし」例も二例挙げる。

⑥　少将なさけなう恨めしけれども、人もこそみれとそらおそろしう思はれければ、いそぎ是をとッてふところに入れてぞ出でられける。（平家・巻第六・小督・一―四三二頁）

⑦　「イデヤ、何ガセマシ。人ノ事ヲ大事ニ思フトテ、此モ由無人カハ。介殿何カニ迷給ハントスラン」ト空怖クテ、木石ノ心ヲ発シテ土ヲ堀ニ、（今昔・巻第二六―五・三―四七九頁）

⑥は、かつて恋仲であった少将が天皇のお召しを受けた小督にこっそり一首の歌を御簾の中へ投げ入れた場面。すぐに中庭へと投げ返されて、少将は恨めしく思いつつも、人でも見ると大変だと「そらおそろしく」思うのである。⑦は、陸奥介某の後妻が、連れ子の娘かわいさから、腹心の郎党に先妻の子を殺害させようとしている場面。郎党は、「介殿」がどんなにお嘆きになるだろうかと「空恐ク」なるのである。源氏の例での場合と同様、「そらおそろし」は、その心中において「おそろし」と感じる内容となっている。

続いて源氏物語一例を含む「そら恥づかし」の例を検討する。

⑧「さても、いみじき過ちしつる身かな。世にあらん事こそ、まばゆくなりぬれ」と、おそろしく、空恥づかしき心ちして、ありきなどもし給はず、（源氏・若菜下・五―三七六頁）

⑨…かういといみじく死ぬばかり思ひ焦らるる人を心ざしあるにこそと思ひながら、気色にても人の漏り聞きたらん時と、恐ろしうそら恥づかしきに、（とりかへばや物語・巻第一・二一六頁）

⑩思ひ寄らぬ心疾さは「これも曇りなきにや」とそら恥づかしきものから、（松浦宮物語・一三八頁）

以上の例の解釈は、いずれも「著しくはづかしい」となっている。この場合の「そら」は、「程度」を示すだけのものだろうか。そこで、「接頭語」の定義をここで再度確認する。前論と重複しないよう、ポイントのみまとめると以下のようになる。

Ⅰ…単独に用いられることはなく、常に他の語に添加され、これと一続きに発音されて一つの単語の構成にあずかっている形態素を言う。（『国語学大辞典』五五一頁）

Ⅱ…単独には用いられることがなく、いつも他の語や語基に従属、融合して一語を構成する要素（後略）（『国語学研究事典』一〇七頁）

「接頭語（辞）」に関する記述を中心にまとめるならば、「単独に用いられることはなく、いつも語や語基の上に添加されるもの」といえる。

そこで実例調査の結果に戻ると、「そらおそろし・そらはづかし」には、助詞の介入する例がある。助詞が介入できるということは、「そら」と「形容詞」との結びつきが緩いということであり、「そら」が他に一語として独立した用法を持っているということにつながる。

⑪「たゞ、かく思ひかけぬ罪にあたり侍るも、思ひ給へあはする事の一ふしに、空もおそろしうなん侍る。

⑫　女、「いかで、見えたてまつらむとすらん」と、空さへ、恥づかしく、恐ろしきに、あながちなりし、人の御有様、うち思ひ出でらるゝに、また、この人に、見えたてまつらんを、思ひやるなん、いみじう、心憂き。（源氏・須磨・二―二五頁）

右の「そらも恐ろしう」「空さへ恥づかしく」は、助詞を介さない「そら恐ろし」「そら恥づかし」と全く同じ意味を示している。つまり、これらは、「そら」の独立した用法である。接頭語の定義でみたように、独立用法を持つものは、到底接頭語ではあり得ない。（源氏・浮舟・五―二三〇頁）

二のエ「そら」の意味

そこで次に、「そら」の実際の意味内容について確認していく。二のウで示したように、「そらおそろし」などの「そら」は接頭語ではあり得ない。これに関して、「そらおそろし」の「そら」は接頭語ではないとする見方[注3]もある。しかし、この場合、「そら」＝「天（の目）」という解釈をするため、私はこの解釈に疑念を抱いている。前出の⑤の手習の例において、「そら」は、浮舟の不安に満ちた混乱した心中そのものである。この場面においては、「そら（＝天の目）」が「おそろし」いのだとする解釈は成立しない。私見では、「天（の目）」の意味では「あま」の方が適すると考える。『日本国語大辞典』（第二版）においても、「あま」項の語誌(2)の部分に、

「あま・あめ（天）」は天上・天空をさすが、類義語「そら（空）」は空中・虚空をさす。「天」には高天原（たかまがはら）・天つ神にかかわる意味があるが、「空」にはない。平安初期の「あめつちの詞」の「あめつちほしそら」のように、天の対語は地であり、空は星と並ぶものである。

とある。また、「そらおそろし」があっても、「あまおそろし」は存在しない。前後するが、解釈の分かれる先の

⑫の例についても少々取り上げる。⑫の「そらさへはづかしくおそろし」は、気が咎め、天もすべてお見通しかと身の縮む思いであるが、と解釈をする場合がある。しかし、この場合の「そら」は、誠実な薫に囲われつつも、匂宮に惹かれる自分に困惑している心の中の混乱状態をいうものである。従って、以下、薫と会ったことを匂宮がどう思うかを考えると苦しいと続くのである。つまり、この場面は、「匂宮と関係を持ってしまったのに、それをつゆ知らない薫と会うことで乱れる心中（＝そら）」さえ、恥ずかしく、恐ろしいのにという意味で解釈すべきだと考える。「そら」の状態で恥ずかしく恐ろしいということである。「そらはづかし」を「そら（＝天の目）」が「はづかし」と考えるのには不自然さがあると思うのである。

三　「そら」の原義に関して

二での実例から、「そら＋形容詞」型における「そら」は、不安定な心理状態をさすものである。三では、この「そら」の原義について更に追求していく。「そら＋形容詞」型の初出は、源氏物語であると先に述べた。したがって、上代の作品には「そら＋形容詞」型の例はないが、この場合の「そら」が名詞であるとするならば、「そら＋形容詞」型における「そら」の原義を上代に遡って確認する必要がある。そこで、上代の万葉集での実例を中心に検討した。「そら」に「天（の目）」の意味がいきなり現れるとは考えがたいからである。結論からいうと、調査の結果、上代では、「そら」の読みで、畏敬の対象としての「天（の目）」の意味を表す例はなかった。

まず、万葉集における「そら」の使用例は、大きく二分類することができる。以下**Aそら＋［肯定形なり］**と**Bそら＋［否定形ず・なし（マイナスの心情を示す形容詞を含む）］**に分けて考察し、AB各型の変遷も含めて取り上げる。（「大空」の意味を示すものは除いた）

三A　そら＋［肯定形なり］

Aの1　上代における実例

万葉集に数多い表現に、「そらなり」がある。「心空なり」の形で現れる場合が多いが、「空ナリ」は空ニ在リの約と考えられる。「あり」は形容詞ではないが、状態性の強い動詞であるため、形容詞を後続する「そら」の原義を考える上で十分参考になるはずであると考え、実例を取り上げる。

⑬　我妹子が　夜戸出の姿　見てしより　心空なり（情空有）　地は踏めども　（万葉集・二九五〇番歌）

⑭　たもとほり　行箕の里に　妹を置きて　こころそらなり（心空在）　土は踏めども　（万葉集・二五四一番歌）

⑮　この山の　峰に近しと　我が見つる　月の空なる（月之空有）　恋もするかも　（万葉集・二六七二番歌）

⑯　立ちて居て　たどきも知らず　我が心　天つ空なり（天津空有）　土は踏めども　（万葉集・二八八七番歌）

⑬では、「夜戸出」とあるので、女性が男性（作者）を待って、夜戸口に立って待っていると考えられる。その姿をみて、男性は、「心は上の空に」なったというのである。地面に足はついているもののと続くことからも、浮かれて安定しない状態が「そら」であると言えよう。⑭も同様である。「心そらなり」は、「心が不安定で落ち着かない状態」をいうと解釈できる。この場合の「そら」が一種の不安や混乱を内包するものであることは明白である。この点で、中古以降の「そら＋形容詞」型の「そら」と同じ意味を持つ。更に、⑮の「月の空なる」は、「月のように上の空の」恋をすることを意味している。⑯の「我が心　天つ空なり」も同様に、「私の心」は「中空にある」意味を持ち、浮つく心理状態を示すものである。「心」と比べ、「そら」はバランスを崩した状態を指すものであることが明かである。当然「天（の目）」を表すものではない。

Aの2　「心そらなり」の変遷

「心そらなり」は、時代を通じて多い形である。中には、「心」との間に助詞の「も」などを解する例もある。

ここでは、中古以降の「心（も）そらなり」についてもとりあげ、ここでの「そら」が「天（の目）」という意味ではなく、二での「そら」と同様の心理状態を意味していることを示す。

最初に助詞の介入していない例からである。

⑰ 又、「これも、いかならむ」と、心そらにてとらへ給へり。 （源氏・夕顔・一―一五一頁）

⑱ 山がつの籬をこめて立つ霧も心そらなる人はとゞめず ほのかに、聞ゆる御けはひに、なぐさめつゝ、まことに、帰るさ忘れはてぬ。 （源氏・夕霧・四―一〇一頁）

⑲ 「今いと疾く参りこむ。一人、月な見給ひそよ。心空になれば、いと苦し」と、きこえおき給ひて、なほ、かたはら痛ければ、隠れのかたより、寝殿へ渡り給ふ。 （源氏・宿木・五―五五頁）

⑳ …、宮は、「あふみの海」の心ちして、「遠方人の恨み、いかに」とのみ、御心空なり。

（源氏・総角・四―四三六頁）

⑰から⑳の例は、全て「心」が「そら」の状態にあることを示している。⑰は、夕顔の死に面しての場面である。源氏自身の「心」も「そら（この場合は、無我夢中の状態）」で、狼狽している右近をつかんでいるのである。⑱は、夕霧への返歌の部分であるが、ここでの「心そらなる」人とは、夕霧を指しており、「心が浮ついている人（実のない人）」の意味で使われている。⑲・⑳も同様である。いずれの例においても「そら」は、落ち着かず不安定な心理状態を示すものである。

更に「心そらなり」には、「心」と「そらなり」との間に助詞の介入している例が多くある。私の調査によると、源氏物語だけで十一例もある。これらの例も二で挙げた「そら＋形容詞」型における「そら」と同様の意味を持っており、やはり「天（の目）」を示す例はない。

㉑ たぐひあらじと思ひわたるを、かう似たてまつりたる人こそありけれと、心もそらに乱れて、さるべきに

や、のちの行くさきのたどりもなくなりて、やうやう人静まるほどに入りぬ。（浜松中納言物語・六八頁）

㉒　暮れぬれば、心もそらに浮きたちて、「いかで出でなむ」と思ほすに、雪、かきくれて降る。

（源氏・真木柱・三―一二七頁）

㉓　…、さばかり、「ゆかし」と、思し召したる人を、「それ」と見て、さて、やみ給ふべき御心ならねば、まして隈もなく見給ふに、「いかでか、これを、我物にはなすべき」と（中略）心も空になり給ひて、猶まもり給へば、

（源氏・浮舟・五―二一五頁）

以上、「そらなり」の「そら」は、掴み所のない動揺・混乱や不安を含む心理状態を示す。本稿で問題としている「そら＋形容詞」での「そら」と全く同じ内容を表し、「心が『そら』の状態にある」という意味を持っている。心は実体を持たない。心が「変化しやすい心理状態」であることを示しているのである。「そら」は「虚」の意味から発していると推論することが可能である。

三B　そら＋［否定形ず・なし（マイナスの心情を示す形容詞を含む）］

Bの1　上代における実例

三Aでの例とは別に、万葉集には、「そら」が否定形（或いはマイナスの心情を示す形容詞）と対応する実例がある。具体的にいうと、「思ふそら」「嘆くそら」などの形をとる例である。この場合の「そら」も、「天（の目）」の意味を示しているのではなく、いずれも「ある心理状態」をさし、多く「安からず」など否定表現と呼応する点が特徴的である。

㉔　彦星は　織女と　天地の　別れし時ゆ　いなむしろ　川に向き立ち　思ふそら（思空）　安けなくに　嘆くそら（嘆空）　安けなくに　青波に　望みは絶えぬ　白雲に　涙は尽きぬ（後略）（万葉集・一五二〇番歌）

㉕　遠妻の　ここにしあらねば　玉桙の　道をた遠み　思ふそら（思空）　安けなくに　嘆くそら（嘆虚）　苦しきものを　（万葉集・五三四番歌）

㉖　ほととぎす　来鳴く五月に　咲きにほふ（中略）あしひきの　山のたをりに　立つ雲を　外のみ見つつ嘆くそら（嘆蘇良）　安けなくに　思ふそら（念蘇良）　苦しきものを（後略）　（万葉集・四一六九番歌）

㉗　うちはへて　思ひし小野は　遠からぬ　その里人の　標結ふと　聞きてし日より（中略）にきびにし　我が家すらを　草枕　旅寝のごとく　思ふそら（思空）　苦しきものを　嘆くそら（嗟空）　過ぐし得ぬものを天雲の　ゆくらゆくらに　葦垣の　思ひ乱れて（後略）　（万葉集・三二七二番歌）

㉘　白玉の　人のその名を　なかなかに（中略）まそ鏡　直目に見ねば　したひ山　下行く水の　上に出でず我が思ふ心　安きそらかも（安虚歟毛）　（万葉集・一七九二番歌）

㉔での「そら」は、いわば心境を示すものである。常に打ち消しを伴って使用されるのが特徴で、内面が不安に満ちた状態であることを示している。㉕での「そら」も同様である。「胸の内も安らかでなく嘆く胸の内も苦しくてならないのに」とある。ここでは、「思ふそら」＝「安からず」、「嘆くそら」＝「苦しき」という関係が見て取れる。「そら」は「心理状態」を表すが、これは、意識の働きとして思いや考えを巡らすあり方とそれによって生じる感情を分けた表現である。「そら」は、意識の働きとそれによって生じる感情、つまり、意識と心理の両義性を持っているといえる。「嘆くそら」の方には否定形が続かないが、マイナスの心情を示す形容詞「苦しき」が続く。㉖の例も全く同様のことが指摘できる。全体的な傾向として、「そら」はマイナスの心理状態の場合に用いられやすいのである。「〜そら＋マイナスの心情を示す形容詞」の表現は、「そらおそろし」「そらはづかし」へと続くものであろう。㉘の一七九二番歌は「かも」が反語になっている。具体的な精神活動をいう「心」が、「安きそら」の「心理状態」にあろうかと反問しており、「そら」が、意識の働きを重視した心理状態

れは、「そら」の原義が「マイナスに移り変わりやすい（揺れ動く）状態」を指すことに起因すると考える。

Bの2 「そらなし」の実例

中古以降においては、「そら＋否定（マイナスの心情を示す形容詞）」の例として、「そらおそろし」「そらはづかし」が現れるが、この他に、「そら＋なし」という形が見える。内容の重複を避け、ここでは「そらなし」を取り上げる。この形は、上代の「〜そら・安け・なく・に」や「やすき・そら・かも（反語）」などから続く形と考えるべきである。この場合の「そら」は、Bの1と同様の「移り変わりやすい（実体のない）揺れ動く心理状態そのもの」というよりも、もっと具体的な「気そのもの」や「意志」をいう例が目立つ。いずれの例も「天（の目）」を意味するものではない。

㉙ 西園寺の方ざまへ御幸なるとて、たびたび御使あれども、「憂き身はいつも」とおぼえて、さし出でむ空なき心地してはべるも、あはれなる心の中ならむかし。（とはずがたり・四二二頁）

㉚ 「今日は、かくて」と、おぼすに、また、宮の大夫、さらぬ殿上人など、あまたたてまつり給へり。心あわたゞしく、口惜しく、歸り給はん空なし。（源氏・総角・四—四三七頁）

㉛ また我も、今始めぬこととといひながらも、いつしか心のままならむことは、さまざま憚りなきならねば、暮れゆくに、出でたまはむそらなく、事しも、はるかならむ別れめいて、えも出でやりたまはず。（夜の寝覚・三五九頁）

㉜ 冬の初めにもなりぬれば、確かなることは知らねど、ありし懐紙のしるし思し出でて、乳母たちにも言ひ知らせたまひければ、なにやかやと心知るどちはやすきそらなく胸を焦しつつ、疎き人々をばいづれの御方にも近く寄せず、ただこのこと助けたまへと神仏を念じたてまつる。（狭衣・二〇九頁）

㉝　文の端つかたに、「例ならぬほととぎすのおとなひにも、やすき空なく思ふべかめり」と、かしこまりをはなはだしうおきたれば、つややかなることはものせざりけり。（蜻蛉日記・下巻・天延二年四月・三四一頁）

㉞　かかるほどに、つごもりになりぬれば、世の中もの騒がしう営むころなるに、かうおこたらせたまはぬを、やすき空なく公私御嘆きなり。かくて行幸あり。（栄華物語・一—三四八頁）

㉜㉝㉞の例は、上代の「安き・そら・かも（反語）」形と似ており、「そら」は「安き」を受けている。㉙では、「さし出でむ空なき心地してはべるも」が「出仕する気にもなれないでおりましたのを」という意味を示している。直後に「あはれなる心の中ならむかし」とあるように、「空」が「心の中」の何かを指していることは明らかである。㉛では、女君のところから離れる「そら（お気持ち）」がないといっている。更に㉝では、「やすきそらなく」は「安らかなお気持ちにもなれない」様子を指しているといえよう。いずれの例に於いても、「そら」は移り変わりやすい心理状態というよりも、心の中にあり、具体的に揺れ動くもの、つまり「気そのもの」や「意志」の意味を表しているのである。先に「そら」は、意識の働きの有様とそれによって生じる感情、つまり、意識と心理の両義性を持っていると述べた。Bの1の上代の「そら」が、意識的に思考を巡らす有様を中心とした意味を表していたとするならば、これを否定する形をとることで、その結果に表れる感情としての気持ちを示す用法が出てきたのではないか。「そらなし」型の「〜そら」を否定する用法や文脈は、結果的に「そら」の展開を引き起こし、いわば上代の「思ふそら〜」への再解釈として、「そら」＝「気持ち」が生じたものと考えることが可能である。

以上の例での「空」は、直前の語を直接受けるものであり、省略ができない。更に、「空無し」には、次に示すように、助詞を介入して、助詞を介入しない場合の意味と同じ意味を示す例も存在する。この点で、この場合の「そら」は独立した用法を持つ名詞であり、当然接頭語ではあり得ない。[注4]

㉟　山里のあはれを添ふる夕霧に立（ち）出でん空もなき心ちして　と、きこえ給へば、
（源氏・夕霧・四―一〇一頁）

㊱　心ニ懸リ恋シク思エケレバ、行ヒノ空モ無クテノミ有ケル程ニ、
（今昔・巻第三十―三・四―四三一頁）

㊲　然レドモ書生禄得ル空モ無ク、心ハ騒ギテゾ有ケル。
（今昔・巻第二十九―二十六・四―三六八頁）

管見の限り、先行論では、「そら＋形容詞」型には、「そら・おそろし」と「そら・はづかし」しかないように指摘されている。「そら・なし」は、この時代にはまだ一語化しているとはいえないものの、形としては「そら＋（ク活用）形容詞」例である。ちなみに『日本国語大辞典』（第二版）によると、「そらなし【空無・虚無】」の項には、

　正気を失ってぼんやりしている。うつつがない。

とあり、

＊評判記・秘伝書〔1655頃〕かぶる人あひの事「そらなき人をこらすべし、そらなきとは。その人にうつつなきをいふ。うつつなきとは、あほうをいふなり」

という近世の例を引いている。

三C　「そら」の漢字表記

『日本書紀』での例では、「そら」や「おほぞら」と読ませている字を挙げると、「空、空中、太虚、大虚、虚空、虚、虚天」など、「虚」のつく表記が多く、このことについては、すでにご指摘(注5)もある。これらの字はいずれも「天（の目）」や「神」を意味するものではない。

更に、「そら」と読む字を古辞書で調べた結果を挙げておく。

ア　**類聚名義抄**

曠（佛中七五）暗（佛中九二）漢（法上六）空（法下五八）霄（法下六九）

（ソラコト）哃（佛中五〇）呫（佛中五五）偽（佛上二〇）譃（法上四八）（「暗記」意のソラニは省略）

イ　**色葉字類抄**

空　虚　霄　穹　暗　豁　諳（中ソ天象15ウ1）

（そらこと）虚言（中ソ畳字19ウ3）（「暗記」意の「そらに」、「そらにす」略）

ウ　**古本節用集**

天、空、霄、乾、天漢（明応、天正、饅頭、黒本、易林）

（そらこと）食言、虚言（伊京、明応、天正、饅頭、黒本、易林）

このうち、「天」の字のみは、「あま」とも読める漢字だが、「そら」という訓に於いては、「天（の目）」や「神」を意味しない。「天」を「そら」と読むのは、「半天《ナカソラ》」表記の場合であり、天象の空を示す場合だけである。「天」は「あま」と読む場合に「天界」の意味を示す。畏敬の対象、神的存在という意味を積極的に示すのは、むしろ「かみ」の語である。

㊵　天地の　神（可未）を乞ひつつ　我待たむ　はや来ませ君　待たば苦しも　（万葉集・三六八二番歌）

そこで、カミの訓を持つ字についても調査したところ、「ソラ」と読める漢字と共通する漢字はない。以上から、「そら」は、「虚」を表すと考えるべきで、「心もそらなり」は、心が「虚」の状態にあると見るべきである。

三D　三のまとめ

以上の考察から、本稿で取りあげた「そら」は元来「虚」の意味を持つ名詞である。つまり、「中身のない空間」を示すものである。これを「あめ」との間の空間とすれば、いわゆる「上空、空」の意味になる。いわゆる「空」は、実体がなく、不安定で変化しやすい状態をいうものであり、ここから、「心の中がそら（虚）」、つまり、「不安定で揺れ動く心理状態（「そらなり」「そらおそろし」などでの「そら」の意味）」をいう用法が出るのは当然のことである。一方、移り変わりやすい心理状態からは、具体的に心の中で揺れ動く「具体的な気」を示す意味も出てくる。以上の派生の段階を示しておく。

［**派生の段階**（形容詞を接続するものに限る）］

そら（虚）→中身のない空間→上空、空
→ア　不安定な心理状態
→イ　具体的な気

「そらなし」の「なし」は、状態形容詞である。状態形容詞である「なし」は、「〜ガ」という主語を必要とする。「ア　不安定な心理状態」を示す抽象的な意味の名詞は、主語には立ちがたいため、「イ　具体的な気」を表す意味において、「なし」を後続するのである。この場合の「そら」と「なし」との関係は、「そら（気）」ガ「なし」である。一方、アのような抽象的な状態を意味する名詞は、「おそろし」「はづかし」などの情態形容詞（感情形容詞）とは結びつく。「そら」と「情態形容詞」との関係は、「そら（の状態）」デ「情態形容詞（おそろし・はづかし）」とまとめることができる。

　これに関して、私は先に、「うら＋形容詞」の考察において、

　「うら＋状態形容詞」は、「主語・述語関係」を明確に表す。一方、「うら＋情態形容詞」は、「修飾語・被修飾語」という関係を表す。（注6）

と指摘した。「そら」に関しても同様の区別があると考える。

四　結び

この小考では、接頭語と呼ばれる「そら」が形容詞と接続する場合を中心に考察した。考察の結果、接頭語とみられる「そら」には、独立用法がある点で、接頭語とはいえないことが判明した。また、この場合の「そら」の原義は、「虚」であり、形容詞を下接するものだけに限った場合、二種類の意味を持つ。情態形容詞「おそろし」「はづかし」を下接する場合、修飾語・被修飾語の関係（「そら（動揺した心理状態）」で「おそろし・はづかし」）を示す。抽象的な情態をいう「そら」が「情態形容詞」の主語にはなり得ないからである。一方、「そら」が状態形容詞「なし」を下接する場合、主語・述語の関係（「そら（気）」ガ「なし」）を示す。

注

（1）山王丸有紀（二〇一二）「『もの』小考―『ものくるほし』の『もの』とは何か―」『国語語彙史の研究』三十（和泉書院）
　山王丸有紀（二〇一一）「『接頭語』と解される『うち―』について―源氏物語における『うち―』を中心として―」『汲古』第六〇号
　山王丸有紀（二〇一三）「古典語において接頭語とされる『うら―』についての一考察―形容詞が後接する場合―」『汲古』第六三号

（2）松尾聰（一九八四）「『そら恐ろし』の語意について」『源氏物語を中心とした語彙の紛れ易い中古語攷』（笠間書院）参照。松尾氏のご指摘には、賛同する部分が多い。氏のいう「天の目」は、該当例の文脈上の意味からの解釈で、公に対する自らの罪悪感を比喩的にいうものである。従って、この罪悪感をマイナスの心情と捉えれば、本稿と同様の方向性をもつものと考える。

（3）（2）の松尾氏の御論考の他、藤田加代（一九八五）「源氏物語における『そら恐ろし』について―日本語『そら』の考察を基盤にした語義把握―」『高知女子大学保育短期大学部紀要』第9号などがある。

（4）中古の「そらなし」は、「そら」が直前の語を受ける実例しかなく、「名詞＋なし」の段階にとどまるものとみるべきである。
（5）山崎和子（二〇〇四）「源氏物語における『そら』の恐懼について」『日本文学誌要』第70号五一頁参照。
（6）（1）の山王丸（二〇一三）四九頁参照。

テキスト（本稿で挙げた用例に用いたテキストのみを示す。）
○**万葉集**…新編日本古典文学全集6～9『万葉集』○**蜻蛉日記**…新編日本古典文学全集13『土佐日記 蜻蛉日記』○**源氏物語**…日本古典文学大系14～18『源氏物語』○**浜松中納言物語**…新編日本古典文学全集27『浜松中納言物語』○**夜の寝覚**…新編日本古典文学全集28『夜の寝覚』○**狭衣物語**…新編日本古典文学全集29 30『狭衣物語』○**栄華物語**…新編日本古典文学全集31～33『栄華物語』○**今昔物語集**…新編日本古典文学全集35～38『今昔物語集』○**とりかへばや物語**…新編日本古典文学全集39『住吉物語　とりかへばや物語』○**松浦宮物語**…新編日本古典文学全集40『松浦宮物語　無名草子』○**徒然草**…新編日本古典文学全集44『方丈記　徒然草　正法眼蔵随聞記』○**平家物語**…新編日本古典文学全集45 46『平家物語』○**とはずがたり**…新編日本古典文学全集47『建礼門院右京大夫集　とはずがたり』

尚、実例の収集は、「源氏物語」を中心に、「万葉集」から「沙石集」までの時代を対象とした。

モノクサシの語史

——嗅覚表現〈くさい〉から性向表現〈ものぐさ〉へ——

池上　尚

一　はじめに

物事をするのに面倒がる性質・人を指して、モノグサと表現することがある。この語は、『言海』の「(物臭シ、ノ義カ) モノウシ。タイギナリ。慵懶」[『明治期国語辞書大系 [普5]』大空社1998] という語源理解にも見えるように、嗅覚表現語モノクサシに由来する。(注1) しかし、現代共通語においては専ら形容詞語幹の形で名詞・形容動詞語幹として人間の性向表現に使用され、嗅覚的な意味は意識されていない。

(1)今どき「料理作れません」じゃ、自立した男とはいえないらしい。この際、台所に立つきっかけをと、ものぐさながら考えついたのが、ゆで卵。(朝日新聞1996 4/21朝刊) [聞蔵Ⅱ]

(2)洗車は面倒だけど車が汚いのも嫌っていう、ものぐさでワガママな野郎です。(Yahoo!　知恵袋2005) [BCCWJ]

本稿では、モノクサシが嗅覚表現から性向表現へと意味・用法を変化させていく史的変遷を明らかにする。また、そうした変化を可能にした嗅覚の在り方についても言及する。

二　モノクサシをめぐる記述

一般に、モノ形容語のモノは〈何となく〉という情意的な意味を添える接頭辞と考えられている。(注2)これをより具体的な考察へと進めたのが東辻保和氏の一連の論考である。氏の成果がまとめられた東辻（一九九七）によれば、モノに下接する形容語の種類によりモノ形容語の表す情緒性は異なるという。例えば、クサシと同じ属性形容語である遠シの場合、［モノ（実質名詞的）＋遠シ］という、主述関係で解釈でき、全体が具体的な意味〈程遠い〉を表す段階があるとする。これの一語化が進むと主述関係は意識されなくなり、情緒性を帯びた抽象的な意味〈つれない・冷淡だ〉を表すモノ遠シへ変化すると説明する。

また、モノクサシの中世語としての側面に注目したものとして、佐竹（一九六七）がある。佐竹氏は、御伽草子『物くさ太郎』から出発し、『類聚名義抄』の「嬾」「慵」「窳」などにモノクサシ・モノウシの両訓が施されること、『沙石集』や『他阿上人法語』においてモノクサシ・モノウシが併用されることを論拠に、モノクサシの基本的意味がモノウシと同様、《倦怠》にあると指摘した。

これを踏まえた小林（二〇一二）では、モノクサシの多義の連続性について指摘があり参考になる。すなわち、『日葡辞書』（後掲例⑽）に見られるモノクサシの意味〈体調が悪い〉と、現代語モノグサの意味〈気が進まない〉との連続性である。体調が悪ければ何をするにも気が進まないのは自然の道理であるとして、体調による無気力感と単なる怠け心による無気力感とは連続するものと見るのである。

こうした佐竹・小林両氏の指摘をモノクサシの共時的側面として位置づけながら、通時的な全体像はいかに記述できるであろうか。また、その史的変遷は、［モノ＋属性形容語］における〝具体的な意味から抽象的な意味への変化〟として捉えられる（東辻一九九七）ことが期待される。

さて、考察に入る前に、モノクサシの語構成の前提について触れておきたい。稿者は、モノクサシも他のモノ形容語の傾向にもれず［モノ＋自立語］と考える（クサシを接尾辞と見ない）。史的観点から接尾辞・クサシとその上接成分との関係を示した池上（二〇一三）で指摘した・クサシの基本的な意味（A・B・Cクサシ）では、モノクサシ㋺〈（あるものが）怪しい・疑わしい〉の存在（後述）を説明できないためである。（注3）

三　単純形容詞クサシ

まず、単純形容詞クサシについて、用例の出現順から考えられる意味の広がりを確認しておく。転義の発生時期については池上（二〇一二）でも触れたが、ここでは、そうした意味変化の経緯・要因について詳しく述べる。図一に示したように、本来クサシは具体的な事物の㋑〈不快なにおいがする〉さまを表す語であった。しかし、抽象的な物事をも対象とし始め、「におい」は「気・感じ」へと転じ、（注4）㋑´〈不快な気・感じがする〉へと意味が

図一　クサシの意味

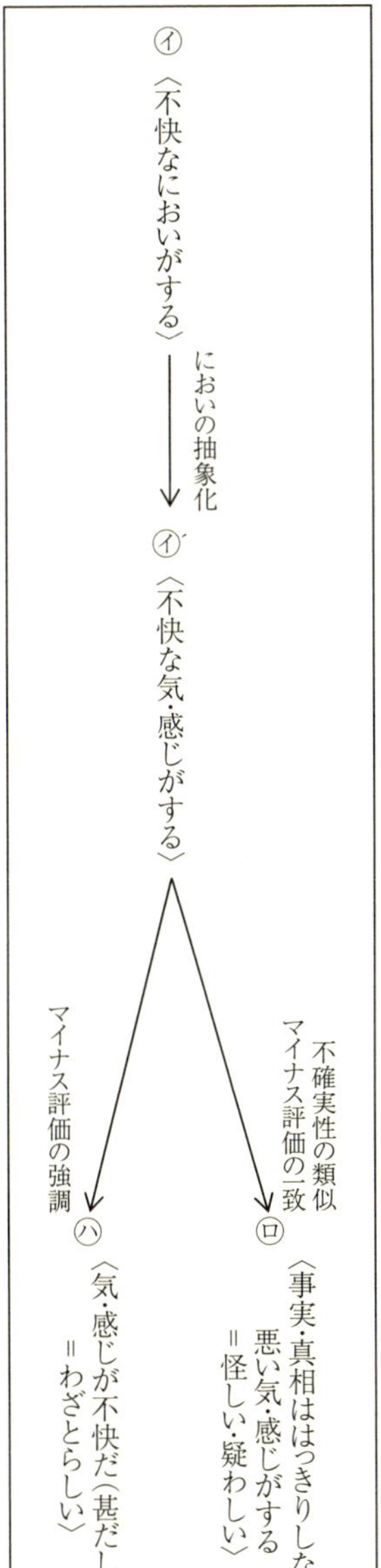

※㋑´は、あくまでも意味変化の過程を説明する際に想定した段階であり、必ずしも語の意味として確立しているわけではない。

抽象化する。そこから、「気・感じ」の不確実性、「不快」というマイナス評価の一致を共通項にして、〈事実・真相ははっきりしないが悪い気・感じがする〉という㋺〈怪しい・疑わしい〉の比喩的転義（注5）を派生させた（注6）。一方で、㋑〈不快な気・感じがする〉のマイナス評価の側面が断定的に強調される（注7）と、〈気・感じが不快だ（甚だしい）〉という㋩〈わざとらしい〉の比喩的転義も派生させることになった（注8）。

四　［モノ＋クサシ］からモノクサシへ

次に示す図二は、用例の出現順から考えられるモノクサシの意味の広がりである。これに沿って記述を進める。なお、表一は図二の意味分類に従い用例数をまとめたものである（注9）。

四・一　クサシと重なる意味

（一）（あるものが）不快なにおいがする

モノクサシの初出例は中古に見え、クサシ㋑〈不快なにおいがする〉とほぼ同義である。ただし、こうした用例は、初出例の後、近世後期に一例しか確認できない。また、この一例は文語体資料である読本に見えた用例であり、当代的なモノクサシの意味であったかは定かでない。

(3) ［「酢、酒、魚など、まさなくしたる部屋」にいる］君は、万に物の香くさくにほひたるがわびしければ、いとあさましきには、涙もいでやみにけり。……女君は、程ふるまゝに、物くさき部屋に臥して、死なば少将に又物いはず成なん事、長くのみいひ契りし物をと、……「くさき物どものならびゐたる、いみじうみだりがはしうてなん。生きたれば、かゝる目も見るなりけり」とて、泣き給……　（落窪物語 一）

(4) おのれ［＝法師］は「さか魚《な》物臭し」とて、袋の中より大なる蕪根《かぶらね》をほしかためしをとり出でて、しがむつ

らつき、わらべ顔して又懼《おそろし》。　（春雨物語目ひとつの神）

図二　モノクサシの意味

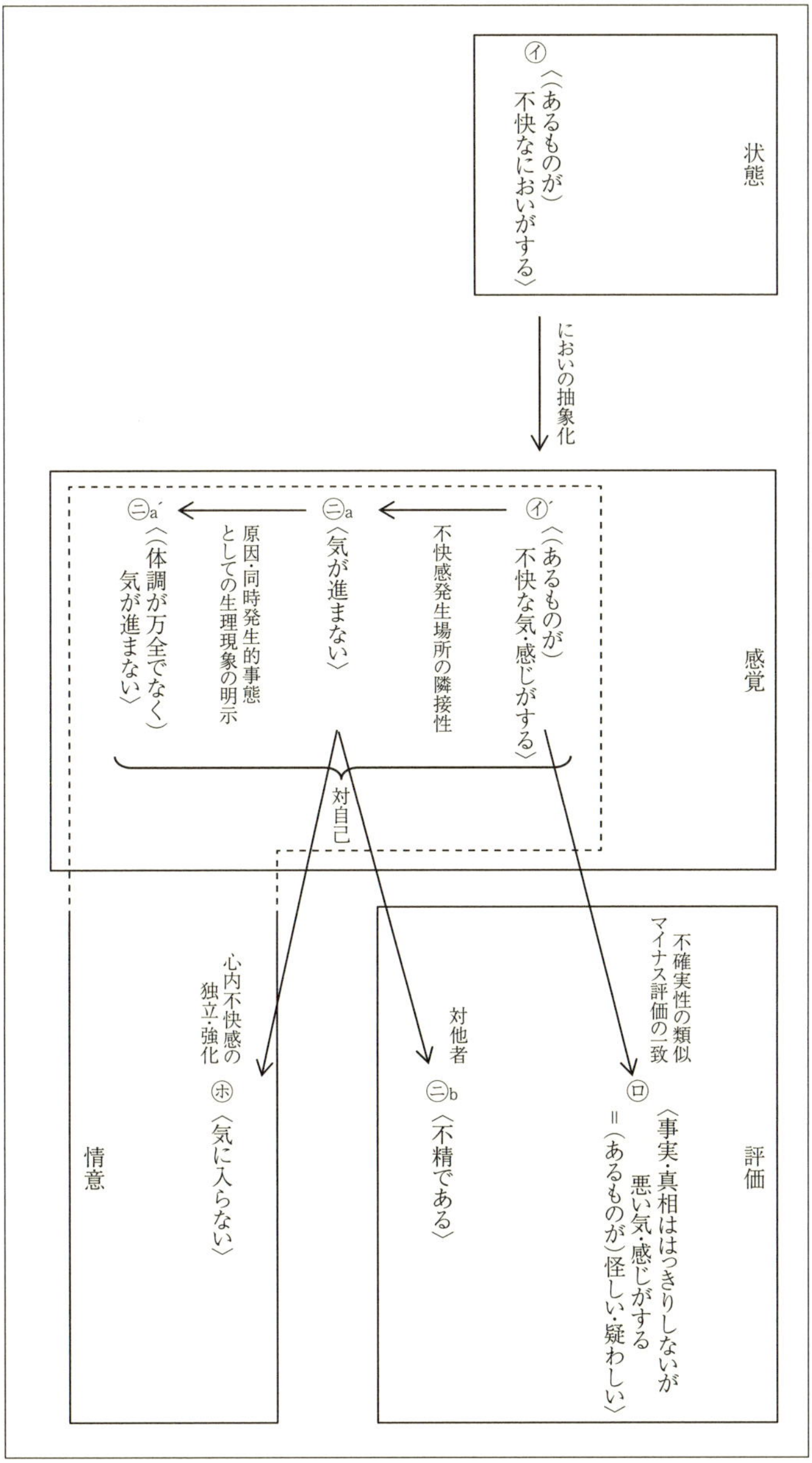

※㋑´は、あくまでも意味変化の過程を説明する際に想定した段階であり、必ずしも語の意味として確立しているわけではない。

表一　モノクサシ用例数

資料名（※一部調査）・成立年代＼意味		㋑	㋺	㊁ a （㊁a′）	b	㋭
落窪物語	10C 後	1				
今鏡	1170			1		
十訓抄	1252				1	
栂尾明恵上人伝記	1232-50頃			1（1）		
栂尾明恵上人遺訓	1238				2#	
名語記	1275				1	
一遍上人語録	中世前期				1#	
とはずがたり	14C 前					1
連理秘抄	1349			1		
申楽談儀	1430			1		
杜詩続翠抄	1439頃				4	
漢書抄	1458-60				1	
親長卿記※	1471				1	
史記抄	1477			1*		
古文真宝桂林抄	1485頃				1	
古文真宝彦龍抄	1490頃			1		
山谷抄	1500頃			4（4）	1	
論語湖月抄※	1514			1*		
蒙求抄	1529頃			1（1）		
塵添壒嚢鈔	1532			1（1）		
四河入海	1534			6（4）*	5	
中興禅林風月集抄	1550頃			4（4）	1	
玉塵抄※	1563				2	
弁慶物語	中世後期					2
高館	室町末-近世初					1
室町殿日記	1602頃					1
日葡辞書	1603			1（1）		
仁勢物語	1639-40頃			1（1）	1	
都風俗鑑	1681		1			
好色訓蒙図彙	1686					1
真蹟去来文※	1694			1		
日本西王母	1699頃					1
古今堪忍記	1708		1			
碁盤太平記	1710		1			
国姓爺明朝太平記	1717					1
双生隅田川	1720					1
信州川中島合戦	1721		1			
芭蕉文集	近世前期				2	
他阿上人法語	1778			30（3）	5	
春雨物語	1808	1				
染替蝶桔梗	1816		1			
鶉衣	1785・1823				1	
和英語林集成（初版）	1867				1	
計		2	5	56（20）	31	9
				103		

（　）は㊁a′の内訳を示す　*の数：［モノガ（ハ）クサシ］の内数　#の数：モノクサゲナリの内数

（二）〈あるものが〉怪しい・疑わしい

近世前期には、クサシ㋺〈怪しい・疑わしい〉とほぼ同義の用例も見られるようになる。ただし、こうした用例は近世期に計五例確認されるのみで、モノクサシの一時的な用法であったらしい。

(5)呉服棚にかゝりけるに、其風俗何様由ある旗本家に召しつかはるゝ、買物使と見えて、端々の都合あはずと見ゆるは、如何様物ぐさき仕出しと各心もとなく、目をも離さず守り居たる　（古今堪忍記七・二）

(6)我も〳〵と小屋の戸に手をかけ。ゑいやつと引はなせば。中には薪炭俵煙は消えてなかりけり。此内は物ぐさし捜せや捜せと言ふ声に。内より炭を攫みかけわり木を投げかけ投げつくる。　（碁盤太平記）

（三）モノクサシ㋑・㋺の語構成

クサシとモノクサシとの意味の重なりは、㋑〈不快なにおいがする〉、㋺〈怪しい・疑わしい〉にのみ認められるようである。モノクサシ㋑・㋺の場合、モノの指す対象は明確で「モノ（主語）（実質名詞）＋クサシ（述語）」と解釈でき、クサシの類義語という意識は強かったと推測される。こうした〝対象の実質名詞モノへの置き換え〟は、対象の明言を避けるという一種の婉曲的表現であり、〈何となく〉の意を添える接頭辞モノの機能と通ずる。モノの品詞は唯一的に決定せず、「モノ＋クサシ」と解釈できる段階においてはモノを実質名詞と捉えておく。そして、こうした立場からモノクサシの意味を詳細に記述するならば、モノクサシ㋑は〈（あるものが）不快なにおいがする〉、㋺は〈（あるものが）怪しい・疑わしい〉となる。「あるもの」の訳出は、言語化が憚られるというニュアンスの付加を担う。

四・二　モノクサシ独自の意味

（一）対自己

（一・一）気が進まない

中世前期頃から、前述の㋑・㋺の意味では理解しにくい用例が現れる。対象への不快感を表す点は㋑・㋺と共通するが、その不快感ゆえに自らが消極的になる内部的状態を含意している。これを㊁a〈気が進まない〉とする。これには自らも含んだ一般論として語る(8)のような用例もある。

(7)かの僧正、大二条殿の限りにおはしましけるに参り給て、「碁打たせ給へ」と申給ければ、……打たせ給けるほどに、御腹のふくれ減らせ給て、一番がほどに例ざまにならせ給ける。いとありがたき験者にて侍けり。……［僧正］「何、出でよ。かに出でよ」などいひて、打たせ給けるに、かひ〴〵しくて減らせ給にければ、「この碁ものくさし」とて、立ち給にけりとかや。（今鏡むかしがたり第九・いのるしるし）

(8)［句を詠むこと、また、それが採用されることを］人にふと越されてちぢけだちぬれば、あがる事なし。又［句を出すのが］物くさくなる因縁也。（連理秘抄）

現代語モノグサは専ら他者（としての自己）を描写するが、㊁aはいずれも自己の内部的状態を描写している。現代語モノグサには見られない対自己の㊁aは、いつ頃衰退していったのであろうか。表一からは、モノクサシ㊁aが近世後期の『他阿上人法語』においても見えることが分かる。しかし、この『他阿上人法語』は『一遍上人語録』の用語を受け継ぎ多用する言語資料であり、中世前期語資料としての側面を持つ（小林二〇一一）。そうした資料性を踏まえると、㊁aは『真蹟去来文』あたりを最後に、一七世紀末頃には衰退し始めたと考えられる。

（一・二）（体調が万全でなく）気が進まない

中世には、先の㊁aのように自らの〈気が進まない〉さまを表しながら、対象への心進まざる気持ちの原因・同時発生的事態として、病気(9)(10)や眠気(11)、老化(12)といった生理現象を同時に示す用例が多い。これらは、㊁aからの発展として㊁a′〈（体調が万全でなく）気が進まない〉を表すと見る。この㊁a′は特に抄物に多く見られ、（『他阿上人法語』を除き）近世以降の用例はなかなか見出せない。（注10）

(9)モノクサキハ、四支五体モヌケタルヤウニテ、スクヤカナラズ。是ニヨリテ、解体《ケタイ》トモ書歟。（塵添壒嚢抄一）

(10)*Monocusai. Oeſtar indeſpoſto, como doente.*（日葡辞書オックスフォード大学本）

［病気にかかっているなど，気分がすぐれない（こと）.（『邦訳日葡辞書』岩波書店1980）］

(11)三月ノ末ワタリゾ。物クサフ眠イ時分ゾ。（中興禅林風月集抄九オ一二）

(12)庭―年ハヨリツ、シカモ物クサイゾ。衰ヘクタビレタホドニ久ク詩ヲモ作ラヌゾ。（山谷抄一二）

小林（二〇一二）は、モノクサシ㊁a′が『日葡辞書』に記述されたことを以て、これをモノクサシの中世語的側面であると指摘した。しかし、前述の通り、㊁a′は具体性に踏み込んだ表現をする抄物に頻出する点に注意しなければならない。㊁a′が抄物を越えて中世語一般に指摘し得るモノクサシの側面であるかは、現存する言語資料から十分に検討できないのである。（注11）そこで、小林（二〇一二）の言う〈体調が悪い〉と何をするにも〈気が進まない〉という多義の連続性は、多義の派生順を指すものではなく〝多義派生の要因としての言語使用者の推測〟と捉えたい。すなわち、〝㊁a〈気が進まない〉場合には〈体調が悪い〉という原因・同時発生的事態も想定されるという当代の言語使用者の推測が、モノクサシ㊁a′を誕生させた〟という共時的な現象と考えるのである。

（一・三）気に入らない

自らの内部的状態を描写するモノクサシには、㊁a・㊁a´とは別に、明らかに心情表現として用いられた例が中世後期頃から近世前期にかけ認められる。これは、㋭〈気に入らない〉さまを表すと考えられる。

⒀「『源氏物語』の六条院の女楽をまねて」紫の上には東の御方、女三の宮の琴の代はりに箏の琴を隆親の女の今参りに弾かせんに、隆親ことさら所望ありと聞くより、などやらん、むつかしくて参りたくもなきに、「御鞠の折に、ことさら御言葉かゝりなどして御覧じ知りたるに」とて、「明石の上にて琵琶に参るべし」とてあり。……折々は弾きしかども、いたく心にも入らでありしを、「弾け」とてあるもむつかしく、などやらん、物くさながら出で立ちて、「柳の衣に紅の袿、萌黄の表着、裏山吹の小袿を着るべし」とてあるが、なぞしも、必ず人よりことに落ち端なる明石になることは。（とはずがたり二）

⒁我先にと進みし大衆、我劣らじと逃げたるはをかしうぞ見えたりける。武蔵是を見て、「あら、うたての御坊たちの空義勢や。さらば迎ひに参らん」とて、行けども人一人もなかりけり。「あら、物くさや。仏に申つる諍ひの違せぬ事、口惜しや」とて、独り言して立ち聞きをぞしたりけり。（弁慶物語中）

㊁a・㊁a´は、身体内部で認識した対象への不快感を表すとともに、「その不快感ゆえに自らが消極的になる」という心内で認識した不快感をも含意するのであった。体内と心内とは隣接するため、一方の不快感がもう一方のそれをも引き起こし得る。その結果、単なる心内における不快感の表明である㋭〈気に入らない〉をも表すに至ったのである。また、㊁a・㊁a´の情意的意味と㋭のそれとの相違としては、前者が対象への消極的な回避を意図するのに対し、後者は対象への積極的な拒絶を意図するという、心理的距離の程度の差が指摘できる。

（二）対他者—不精である

（一）では、モノクサシが一人称（一般論も含む）の内部的状態の描写に使用される場合を見てきた。この場合、モノクサシによって表されるのは自分自身の感覚・感情である。よって、㊁a・㊁a´・㋭については、ある行為・対象について心が惹かれない原因・理由の把握ができ、かつ、その描写も可能になるのであった。

これにやや遅れて、モノクサシが二・三人称の描写に使用されたり⒂⒃⒄、自己の客観視の描写に使用されたり⒅するようになる。この場合、描写されるのはあくまでも発話者・書き手から見た他者（としての自己）の状態であり、気が進まない原因・理由は知り得ない。あるいは、原因・理由がないにも関わらずそういう状態であると見なすことになる。ゆえに、〝原因・理由はよく分からないが気が進まないように見える〟という、発話者・書き手の評価が前面に押し出された性向表現となる。現代語モノグサの意味とほぼ変わらないモノクサシ㊁b〈不精である〉の誕生である。対自己の表現である㊁a・㊁a´は一七世紀末には衰退し始めていたと推測されるが、一方で、対他者の表現である㊁bは現代まで引き継がれている。なお、現代語のような形容詞語幹の形は㋭に初出で⒀、㊁bを表す用例では⒃などの抄物に初めて見られる。

⒂シタル所作モナクテソラニ果報ヲ期セン事、大ニ不定ノハカラヒ也。カヤウノ事ヲ云者ハ心ノ至リテ物クサク、性ノ極メテ不覚ナルガイタス也。（十訓抄中・七）

⒃ヲコタラントハ天下ノ諸侯ガモノクサガラウスト云タリ（漢書抄三）

⒄彼去来物ぐさきをのこにて、窓前の草高く、数株の柿の木枝さしおほひ、五月雨漏尽して畳・障子かびくさく、打臥処もいと不自由なり。（芭蕉俳文五三・落柿舎ノ記）

⒅坡言ハ我元カラモノクサキ人ナルニトテ、邦直トノ我ヲ勧テ懶ヲ起ニ詩ヲ作テ寄ラレタゾ。（四河入海一七・四）

㈢ モノクサシ㊁a・㊁a´・㊁b・㋭の語構成

クサシにはないモノクサシ独自の意味である㊁a〈気が進まない〉、㊁a´〈（体調が万全でなく）気が進まない〉、㊁b

〈不精である〉、㋭〈気に入らない〉は、㋑・㋺のように［モノ（主語（実質名詞））＋クサシ（述語）］という構造としてはもはや理解できず、一語化が進んでいると考えられる。(注12)

四・三　モノクサシの意味の広がり

出現順から考えるに、モノクサシは本来㋑〈（あるものが）不快なにおいがする〉を表す状態形容詞(注13)であった。そこから、抽象化を経て生じた意味変化の過程をまとめたものが前掲の図二である。㋑から㋑′、㋑′から㋺への変化は三節で触れたので繰り返さず、ここではモノクサシに独自の意味について述べる。

㋑′〈（あるものが）不快な気・感じがする〉は、自らの体内における不快感を表明する感覚形容詞としてのモノクサシである。そして、体内と心内とは隣接するがゆえに、〝㋑〈原因（あるものが）不快な気・感じがする〉ために結果㊁a〈気が進まない〉〟という不快感の連鎖が中世に生じる。そして、《原因―結果》でひとつの意味を表していたところから、《結果》㊁aのみが定着するという語用論的意味の転移が起こったのである。この段階になると、自らの心内における不快感の表明が強調され、モノクサシは情意形容詞的な側面をも獲得したと言える。また、中世後期の抄物では、㊁a〈気が進まない〉ことの原因・同時発生的事態を明示しようとする向きが強まり、㊁a′〈（体調が万全でなく）気が進まない〉という意味で解釈できる用例も散見された。また、一方で、㊁a〈気が進まない〉の心内不快感の表明が独立・強化され、対象への積極的な拒否を表す㋭〈気に入らない〉という情意形容詞としての用法も出現した。

こうした、**対象（体外の事象）の属性を表す状態形容詞**から**対象に対する内部の生理的反応（体内の事象）を表す感覚形容詞**への変化は、嗅覚そのものの在り方に起因すると考えられる。すなわち、嗅覚が味覚・内臓感覚などと同様に（粘膜を通した）内部的感覚であるために、嗅覚表現の段階においてすでに、身体の内部（体内・心内）

図三　クサシ・モノクサシの史的変遷

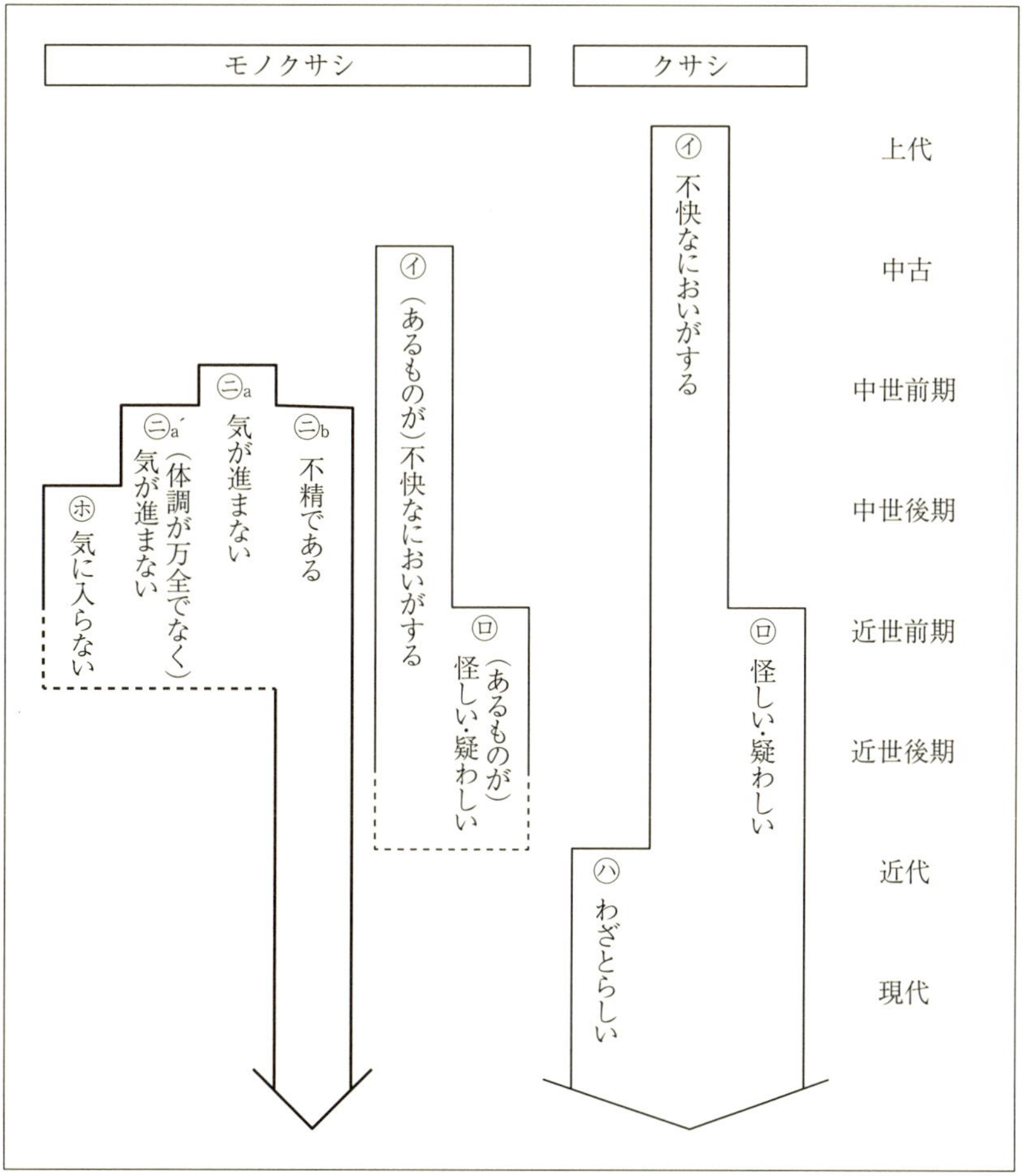

※㋑´は、あくまでも意味変化の過程を説明する際に想定した段階であり、必ずしも語の意味として確立しているわけではない。そのため、用例の認められる意味をまとめる図三では表示しなかった。

の状態を描写する語へと変化する契機を内包していたのである。

さて、㊁a・㊁a´のような対自己の描写にやや遅れて、対他者の描写も可能になる。この場合、〝原因・理由はよく分からないが気が進まないように見える〟という、発話者・書き手の評価が前面に押し出された性向表現となる。㊁b〈不精である〉という評価形容詞としての側面の誕生である。

これらのうち、対自己の描写に使用される㊁a・㊁a´・㊭は近世前期頃までに衰退し、以後、専ら対他者についての㊁bを表す語として意味が限定化し、現代語モノグサに至る。以上の史的変遷を図三としてまとめる。

五　おわりに

本稿では、モノクサシが嗅覚表現（状態形容詞）から体内感覚表現（感覚形容詞）・心内感情表現（情意形容詞）へ、さらには性向表現（評価形容詞）へと意味・用法を拡大していく過程とその要因を考察した。(注14) 今後は、類義語としてのモノウシ（佐竹一九六七）などと比較する必要がある。山口（一九八二）は、「感情語彙」から「感覚語彙」への転用が例外的に認められる語例としてモノウシを挙げるが、(注15) その語史については十分に分かっていない。この語に意味変化が生じる過程を丁寧に記述するとともに、《倦怠》語彙史の中でのモノクサシ・モノウシの位置づけについても明らかにしていきたい。

注

（1）後掲例（10）『日葡辞書』に〝Monocusai〟と採録されていることからも、古く第三音節が清音であったと考えられ、金井（二〇〇五）にも同様の指摘がある。これを踏まえ、本稿では現代語を除き「モノクサシ」の語形で統一する。

（2）他に、名詞モノの一用法に過ぎないと見る立場（山王丸二〇一一）もある。

（3）ここで思い出されるのは胡散クサシ・キナクサシである。しかし、前者は接尾辞ではなく上接成分によって〈怪しい・疑わしい〉を表している。また、後者は、本来の意味〈布などが焦げる不快なにおいがする〉が〝火のない所に煙は立たぬ〟という発想により比喩的に〈怪しい・疑わしい〉を表すようになったもので、接尾辞ではなく語の意味（文脈から付与された語用論的意味、転義）である。

（4）においとは、《発散》という共通項でまとめられる「気」の下位分類に過ぎない（E・ミンコフスキー一九八三）。ゆえに、抽象化を経て「におい」は「気・感じ」へと転ずるのである。

（5）術語は国広（一九九七）による。

（6）森田良行（一九八九）では、怪シイは「事実がはっきりしないため真実や真相はまだ分からないが、結果的にはマイナス評価へと傾くかもしれない」という気持ちを表し、疑ワシイは「対象に対して、それがAであるか、その逆のBであるか、確かでないという気持ち」を表すとそれぞれ記述する（八〇頁・傍線稿者）。

（7）評価性にも程度がある（飛田・浅田一九九一など）。

（8）『日本国語大辞典（第二版）』では、「くさい」項(3)「演劇などで、演技が大げさでわざとらしい。転じて、言動、表現などが、いかにもわざとらしくて嫌味である。」の初出として「わざと、そんなクサい芝居をしてると思はれては、たまらないから」（苦笑風呂ロッパ放談1948）を挙げる。本調査では、そこからさらに半世紀ほど遡る次の例が得られた。

東京者は上方俳優を観て「臭《くさ》くて、しつこい」といへば、上方者は東京俳優を見て「あつけない」といへり。（東京風俗志下1899-1902）

（9）渋川版御伽草子『物くさ太郎』も調査し、モノクサシ七例・モノクサゲナリ一例の計八例すべてが㊁bの用例であることが分かった。しかし、歴史的な位置づけが難しいとされる叢書のため、用例数は表一に掲載しなかった。

（10）なお、㊁〈気が進まない〉の初出例(7)も、㊁a′〈(体調が万全でなく)気が進まない〉さまを表すと解釈することもできる。僧正は碁を打つことで教通の病気を治した後、「この碁ものくさし」と言って退席するその理由を、「教通の病気は、それを取り去ったこの碁に移ってしまい、もはやる気が起きない」と読むこともできるのである。このように解釈すれば、モノクサシは、独自の意味を発生させた当初よりすでに、㊁a′〈(体調が万全でなく)気が進まない〉さまをも表す語と認識されていたことになる。

（11）ただし、『日本国語大辞典（第二版）』「ものぐさい」項【方言】欄には「(2)病気で気分がすぐれない。《ものくさい》三重県志摩郡」とあり、現在でも一部地域でモノクサシの㊁a′に通ずる意味が保存されていることは確かめられる。中央語史上では衰退していると考えられるため後掲の図三には示さなかったが、今後、地域差についても調査を進めたい。

(12) その傍証となるのが、抄物に見えるモノクサシ㈡bの同義表現［モノガクサシ］である。次の［モノガクサシ］は、後続文の述語に、オコタル（字類抄・名義抄）・モノウシ（字類抄・名義抄・下学集）・モノクサシ（名義抄）などの字訓候補を持つ「懶（＝嬾）」があることからも分かるように、《倦怠》を表す。

年老テハ何モモノカクサイゾ。少年ノ時為功名急々ト有ガ、老テハ其ガナイ程ニ何モ懶ゾ　（四河入海五・三）

抄物は講義録という性質ゆえ、ことばの意味を説明することもある。この［モノガクサシ］も、当時一語化が進んでいたモノクサシの語源理解を示そうとした結果ではなかろうか。なお、『時代別国語大辞典（室町時代編）』「ものくさし」項では「「ものぐさし」「物が臭し」とも。」（用例なし）、「くさし」項には「「物がくさい」の言い方で、事をするのが何となくわずらわしく、大儀に感じられるさまである意を表わす。」（用例：「酌デ飲メバモノカクサイト云テ、ウツブイテ牛飲スルゾ」『史記抄二』、前掲『四河入海五・三』の例）とある。また、『日本国語大辞典（第二版）』「もの」項の小見出し「ものがくさい」には「面倒である。面倒くさい。」（用例：『時代別国語大辞典（室町時代編）』「くさし」項『史記抄二』の例）とある。

(13) 「状態・評価・感覚・情意」の用語は川端（一九八三）を参考にした。

(14) 状態から評価へ変化した感覚表現語には、他にミットモナイもある（佐竹一九七七、彦坂一九八三）。

(15) 一語性の高さ（根来一九八二、西崎一九九五、坂詰二〇一一）と関係するか。

参考文献

池上　尚（二〇一二）「嗅覚表現形容詞「クサシ」「～クサシ」―接尾辞「‐クサシ」の発達を中心に―」『国語語彙史の研究　三一』和泉書院

池上　尚（二〇一三）「接尾辞‐クサシ再考―古代・近代の使用状況から―」『早稲田大学大学院教育学研究科紀要』二一・一

金井清光（二〇〇五）『一遍聖絵新考』岩田書院（「『一遍聖絵』に見る草履・草鞋と被差別民の草履作り」）

川端善明（一九八三）「日本文法提要三　文の構造と種類―形容詞文―」『日本語学』二・五

国広哲弥（一九九七）『理想の国語辞典』大修館書店

小林賢次（二〇一一）「中世語資料としての『一遍上人語録』『他阿上人法語』―モノクサ・サバクル・イロフなど―」『一遍教学の総合的研究報告書』時宗教学研究所

坂詰力治（二〇一一）「抽象的表現から具体的表現へ―「もの」形容詞を通して見た一考察―」『言語変化の分析と理論』おうふう
佐竹昭広（一九六七）『下剋上の文学』筑摩書房（「怠惰と抵抗―物くさ太郎―」「無知と愚鈍―物くさ太郎のゆくえ―」）『佐竹昭広集　四』二〇〇九　所収
佐竹昭広（一九七七）「意味の変遷」『岩波講座日本語　九　語彙と意味』岩波書店
山王丸有紀（二〇一一）「「もの―」小考―「ものくるほし」の「もの」とは何か―」『国語語彙史の研究　三〇』和泉書院
玉村千恵子（一九八八）「嗅覚と非嗅覚―合成語「‐くさい」をめぐって―」『月刊日本語（アルク）』一・六
西尾寅弥（一九七二）『国立国語研究所報告　四四　形容詞の意味・用法の記述的研究』秀英出版
西崎　亨編（一九九五）『日本古辞書を学ぶ人のために』世界思想社（西崎氏執筆「第一章　古辞書へのいざない」）
根来　司（一九八二）「中古和歌の語彙」『講座日本語の語彙　三　古代の語彙』明治書院
東辻保和（一九九七）『もの語彙こと語彙の国語史的研究』汲古書院
蜂矢真郷（二〇〇三）「語幹を共通にする形容詞と形容動詞」『国語語彙史の研究　二二』和泉書院
彦坂佳宣（一九八三）「みっともない」『講座日本語の語彙　一一　語誌Ⅲ』明治書院
飛田良文・浅田秀子（一九九一）『現代形容詞用法辞典』東京堂出版
村田菜穂子（二〇〇五）『形容詞・形容動詞の語彙論的研究』和泉書院
籾山洋介（一九九二）「接頭辞「モノ」を含む形容詞・形容動詞の意味分析」『日本語論究　三　現代日本語の研究』和泉書院
山口仲美（一九八二）「感覚・感情語彙の歴史」『講座日本語学　四　語彙史』明治書院
森田良行（一九八九）『基礎日本語辞典』角川書店
E・ミンコフスキー（中村雄二郎・松本小四郎訳）（一九八三）『精神のコスモロジーへ』人文書院（初出："Vers une cosmologie, fragments philosophiques" 1936）

［付記］池上（二〇一二）は、玉村（一九八八）をはじめとする接尾辞‐クサイに関する重要な先行研究の検討を経ずに稿をなした部分があった。先学の研究成果を十分に取り入れられなかったことを心よりお詫び申し上げる。池上（二〇一三）はその不足を補いながら池上（二〇一二）の再考を試みたものである。

別表　調査対象資料

凡例　■日本古典文学大系　□新日本古典文学大系　◇岩波文庫　◆古典文庫　△日本思想大系　▲早稲田大学中央図書館所蔵本　○日本古典全書

上代・中古『古事記大成』平凡社／『東洋文庫蔵岩崎本日本書紀』貴重本刊行会／『万葉集本文篇』塙書房／『訓点語彙集成』汲古書院／**【仮名散文】**■伊勢物語／■土左日記／■大和物語／『平中物語本文と索引』洛文社／『宇津保物語本文と索引』笠間書院／『改訂新版かげろふ日記総索引』風間書房／■落窪物語／■枕草子／■和泉式部日記／□源氏物語／■紫式部日記／『栄花物語本文と索引』武蔵野書院／■浜松中納言物語／■堤中納言物語／■更級日記／■狭衣物語**中世****【仮名散文】**『讃岐典侍日記本文と索引』おうふう／『大鏡新考』学燈社／『今鏡本文及び総索引』『とりかへばや物語の研究』『篁物語校本及び総索引』『校註無名草子』『源通親日記本文及び語彙索引』『うた、ね本文および索引』『十六夜日記校本及び総索引』『うた、ね・竹むきが記』『とはずがたり総索引』以上、笠間書院／『松浦宮物語』角川書店／百詠和歌『続群書類従』／『無名抄総索引』風間書房／『たまきはる（健御前の記）総索引』明治書院／『水府明徳会彰考館蔵本中務内侍日記』新典社／■徒然草／■増鏡**【説話（宗教関係資料含む）】**■今昔物語集／■古本説話集／『打聞集の研究と総索引』『発心集本文・自立語索引』以上、清文堂出版／『唐物語 校本及び総索引』『閑居友本文及び総索引』『撰集抄』『十訓抄本文と索引』以上、笠間書院／■宇治拾遺物語／『今物語・隆房集・東斎随筆』三弥井書店／■古今著聞集／■沙石集／■親鸞集三帖和讃／『昭和定本日蓮聖人遺文』身延山久遠寺／栂尾明恵上人伝記・栂尾明恵上人遺訓『栂尾明恵上人伝記』森江書店／一遍上人語録『定本時宗宗典』時宗宗務所／◆地蔵菩薩霊験記**【和漢混淆文】**『雲州往来享禄本研究と総索引』和泉書院／『水鏡 本文及び総索引』『東関紀行 本文及び総索引』以上、笠間書院／『広本略本方丈記総索引』武蔵野書院／■保元物語／■平治物語／■平家物語／『海道記総索引』明治書院／『源平盛衰記』勉誠社／■曽我物語／『義経記文節索引』清文堂出版／『土井本太平記本文及び語彙索引』勉誠社／『信長公記』角川書店**【室町物語】**□『室町物語集上・下』／◆『未完中世小説二』**【抄物】**『抄物資料集成』『続抄物資料集成』『新抄物資料集成一』『湯山聯句抄本文と総索引』『句双紙抄総索引』以上、清文堂出版／『抄物大系別』『類証弁異全九集』『玉塵抄』以上、勉誠社／□中華若木詩抄／『論語抄の国語学的研究』武蔵野出版／論語湖月抄『時代別国語大辞典室町時代編』用例**【キリシタン資料】**『天草版平家物語対照本文及び総索引』明治書院／『エソポのハブラス本文と総索引』『キリシタン版ぎやどぺかどる本文・索引』以上、清文堂出版／『天草版金句集本文及索引』白帝社／『キリシタン資料集成コンテムツス・ムンヂ』勉誠社／『どちりなきりしたん総索引』風間書房**【狂言台本】**『天正狂言本本文・総索引・研究』笠間書院／祝本『狂言変遷考』三弥井書店**【その他】**

『親長卿記』臨川書店／■さゝめごと／■連理秘抄／■中楽談儀／□高館／あづまの道の記『群書類従』近世【狂言台本】『大蔵虎明本狂言集の研究』表現社／『狂言六義全注』『狂言記の研究』『狂言記外五十番の研究』『続狂言記の研究』『狂言記拾遺の研究』以上、勉誠社／虎清本『国語国文学研究史大成』三省堂／和泉家古本『日本庶民文化史料集成』三一書房／「鷺流狂言『延宝・忠政本』翻刻・解説」（『静岡英和女学院短期大学紀要』11）／『鷺流狂言伝書保教本』八木書店／『宮島大蔵流狂言台本伊藤源之丞本』米子工業高等専門学校国語研究室／「翻刻鷺流狂言『宝暦名女川本』」（『女子大國文』105～111）／◇虎寛本／◆虎光本／雲形本（原本の写真）／○賢通本【仮名草子】◆酒茶論／■□『仮名草子集』／○『仮名草子集上』／『仮名草子集成二』東京堂出版【浮世草子】◆『好色物草子集 本文・索引』／■『浮世草子集』／『桃の林』未刊江戸文学刊行会／風流曲三味線・国姓爺明朝太平記『八文字屋本全集』汲古書院／『教訓小説』国書刊行会／□『けいせい色三味線 けいせい伝受紙子 世間娘気質』／▲傾城手管三味線／▲傾城歌三味線／▲当世宗匠気質／野郎虫『歌舞伎評判記集成一』岩波書店／△たきつけ草 もえくゐ けしすみ／『新版色道大鏡』八木書店／◇難波鉦／『新編西鶴全集一～五』勉誠社【浄瑠璃・歌舞伎】『近松全集一～一二』岩波書店／◆心中恋の中道／心中二つ腹帯『紀海音全集』清文堂出版／■『浄瑠璃集』／壇浦兜軍記『浄瑠璃名作集』有朋堂書店／猿丸太夫鹿巻毫『竹本座浄瑠璃集』国書刊行会／■神霊矢口渡／道中亀山噺『近松半二浄瑠璃集』国書刊行会／◇『近頃河原達引 桂川連理柵』／▲蝶花形名歌島台／『鶴屋南北全集六』三一書房【談義本】△艶道通鑑／□『田舎荘子 当世下手談義 当世穴さがし』／■『風来山人集』／遊婦多数寄『洒落本大系』岩波書店【洒落本・黄表紙】『洒落本大成一～四・六・七・一二・一三・二八』中央公論社／富賀川拝見『洒落本集』岩波書店／傾情知恵鑑『洒落本大系』林平書店／■『黄表紙・洒落本集』／□賢愚湊銭湯新話【読本】■『上田秋成集』／■『椿説弓張月』【滑稽本】■風来六部集／▲戯男伊勢物語／■東海道中膝栗毛／□『浮世風呂・戯場粋言幕の外・大千世界楽屋探』／狂言田舎操『滑稽本集』国書刊行会／○浮世床／▲七偏人【人情本】▲仮名文章娘節用／■『春色梅児誉美』／▲貞操婦女八賢誌／▲春色恵の花／▲花の志満台／▲いろは文庫／▲閑情末摘花／▲清談若緑／「『春色恋廼染分解』初編～三編・四編～五編（翻刻）」（『人文学報（日本語教育学）』413・428）【俳諧】■犬子集／◇毛吹草／◆埋木／■芭蕉文集句集／■三冊子／■風俗文選／『蕪村句集影印・翻刻・索引』法蔵館／『一茶発句総索引』信濃毎日新聞社／『完本うづら衣新講』大修館書店／◇誹風柳多留／伊勢冠付・神酒の口『未刊雑排資料』【その他】『咄本大系一～一九』東京堂出版／『室町殿日記』『三本対照捷解新語』以上、臨川書店／『女重宝記』東横学園女子短期大学女性文化研究所／△町人嚢／それぞれ草（国文学研究資料館蔵マイクロフィルム）／■ひとりね／『明治一四年版交隣須知本文及び総索引』笠

間書院／他阿上人法語『定本時宗宗典』時宗宗務所／□四方のあか／◇癇癖談／◇玉勝間／△道二翁道話／◇松翁道話／■蘭東事始／◇花月草紙／紹鷗茶湯百首『続群書類従』／△鳩翁道話／▲玲瓏随筆／真蹟去来文『古典俳文学大系十』集英社［現代］現代日本語書き言葉均衡コーパス／聞蔵Ⅱ［辞書］『新撰字鏡』京都大学文学部国語学国文学研究室／『色葉字類抄研究並びに索引』『倭玉篇研究並びに索引』『文明本節用集研究並びに索引』『古本節用集六種研究並びに総合索引』以上、風間書房／『類聚名義抄』日本古典全集刊行会／『下学集』岩波書店／『名語記』勉誠社／『塵添壒嚢鈔・壒嚢鈔』臨川書店／『オックスフォード大学本日葡辞書』勉誠社／『和英語林集成』（明治学院大学デジタルアーカイブス）

近世初期俳諧『紅梅千句』に見える「ふためく」について

田中巳榮子

はじめに

「めく」が付く語については、蜂矢真郷氏（1986）が「メク型動詞と重複情態副詞」で、語基が名詞のもの、形状言のもの、副詞のものの三種を立て、源氏物語・今昔物語集・平家物語・史記抄などから「メク型動詞」の例を取り上げて詳しく述べられている。(注1) そこには、上代のメク型動詞は、「サバメク」しか確例が見当らないこと、また、「語基が名詞のものの造語力は源氏物語において強かった」、「語基が形状言のものの造語力は院政期以降のものにおいて強かったと言ってよい」と指摘がある。（『国語語彙史の研究　七』一六九～一七二頁）

大坪併治氏は、『擬声語の研究』（擬声語研究の歴史）で、擬声語を特別な言葉として注意した最初の文献は僧慈円の『愚管抄』であると記し、「慈円は、擬声語という言葉を使っているわけではないが、擬声語に注意し、その民衆性と表現力とを指摘したものとして重視したい」（一六二頁）と述べる。(注2) この『愚管抄』では「クロ血ヲフタ〳〵トトリイダシタリケレバ」と血がしたたり落ちる様を表す「フタ〳〵」が見え、享保俳諧集『七さみだれ』では、鳥が羽をばたばたさせながら飛び立つ様を「重箱鳥のふた〳〵と飛ぶ（舎仙　三五）」と表現する。この「ふた〳〵」の二音節の語基に、「めく」が付いて動詞化したのが「ふためく」であり、『紅梅千句』には

ふためきてときにし帯《オビ》を忘《ワス》れ置《キ》　季吟　七五七

と見える。「ふためく」は「ふたふた」から派生した語ではあるが、この句では「慌てふためいて、解いた帯を忘れてきてしまった」と慌てる様子を「ふためく」と表現し、『愚管抄』や『七さみだれ』の「ふたふた」とは意味用法に違いがある。

潁原退蔵氏は『江戸時代語の研究』（四　俳諧と俗語）で「室町末期頃の時代語を知るべき資料として、俳諧が最も重要である事は言ふまでもなく」（七四頁）と記す（注3）ことから、近世初期俳諧の用語を調査・分析することは、大きな意義を持つと考える。そこで、次の三つの問題点に注目して、「ふためく」について検討していくことにしたい。

（一）『紅梅千句』の「ふためく」は「ふたふた」から派生した語であるが、前述の『愚管抄』や『七さみだれ』の句とは意味用法が異なる。

（二）現在では、「ふためく」は複合動詞「あわてふためく」として用いられ、単独では使わない。

（三）『大言海』の「あわて‐ふためく」の項には、「ふためくハはためくノ転」とある。

本稿では、以上の課題について、実例をもとに「ふためく」の意味用法と同時に、「ふたふた」「はためく」「はたはた」との関連を視野に入れて、「ふためく」が単純語として衰退する過程を考えていくことにする。

猶、本文中の傍線は稿者が付記し、テキストには『近世文学資料類従』所収の『紅梅千句』を使用した。

一　古辞書類での「ふためく」と「はためく」

一‐一「ふためく」

最初に、古辞書では、「ふためく」にどのような漢字が与えられているかを記しておくことにする。

『文明本節用集』：咄䨟《フタメク》・翧《フタメク》・周章《アワテフタメク》／『温故知新書』：必堕地獄《フタメク》／『運歩色葉集』：「羽音《ブタメク》」／『饅頭屋本節用集』：翧《フタメク》・劇《フタメク》／『黒本本節用集』：周章《アワテフタメク》／『合類節用集』：鞅掌《フタメク》・鞅《フタメク》／『書言字考節用集』：鞅掌《フタメク》・周同章・周章《アハテフタメク》（左傍訓「フタメク」）／『俳字節用集』：鞅掌《フタメク》周章翃／『新撰日本節用』：周章《ふためく》

このように、「周章」や「鞅掌」と同時に、『万葉集』にある「羽音」が『運歩色葉集』に収録されている。

葦辺往　鴨之羽音之　声耳　聞管本名　恋度鴨　巻一二・三〇九〇（新日本古典文学大系『萬葉集』）(注4)

〈あしへゆく　かものはおとの　おとのみに　ききつつもとな　こひわたるかも〉

また、この「羽音」が一字になった「音部に羽」の漢字が『文明本節用集』『饅頭屋本節用集』に見え、『俳字節用集』では、翼と同義の「翃」の収録がある。これらの漢字からは鳥が飛び立つ様や羽の音を想像させる。

次の『志不可起』（巻五　一七二七年）にはあれもこれもと心が混乱して慌てる様子を表す記事が見える。

ふためく　イツカハシキ方ニ云カあはてふためくトツヾケ云フ女中ニふた〳〵ト云モふためくノ畧トキコユふためくノ和語二《フタ》ツノ義カ是モ仕《シ》タク彼《カレ》モ仕《シ》タキト心ガ一《ヒト》ツデナイノ義ナラン詩経小雅《シキヤウセウガ》北山之什《ホクサンノジフ》ニ王事《ワウノコトヲ以》鞅掌《ワウシヤウ》ス注ニ所《ユ》以《エ》拘《ンカ、フル》レ物ヲ言《イフコ、ロハ》　爲ニ王事ニ所《ノ》レ拘《ル、カ、ハラ》也此鞅掌ヲ**ふためく**トヨマセタリ

あはてふためく　周章ヲあはてト古ヨリ用按ニ惆慞カ惆ハ失レ意也慞《（「ハ」か）ヲソル、》□　懼也

一-二　「はためく」

『新撰字鏡』（天治本）：𨜶礚波太女久・爆皮太女久／『類聚名義抄』（観智院本）「ハタメク」：䨓・爆・呇・㟓・磕／『温故知新書』：爆《ハタメク》礚《同》䨓《同》炮《同》焱《ハタメク》岦呇《ハタメク》／『運歩色葉集』：𩃬《バタメク》天神・焱《同》冨士・爆《同》／『文明本節用集』：礚《ハタメク》〈焱爆〉／『伊京集』：霆《ハタメク》・岦《ハタメクコト》𡨊／『易林本節用集』：爆《ハタメク》／『合類節用集』：殷《ハタメキナル》〈雷聲也詩経〉磤《同》硠《ハタトハタメク》〈又磕𤇾《カイヘウ》並同〉・岦呇《ナリハタメク》〈文選〉雷硠《ナリハタメイテ》〈同上〉／『書言字考節用集』雷硠《ナリハタメク》・霆《ハタメク》／『明治いろは早引』霆《はためく》

（〈 〉内は割書き、また一部の俗字を省略した）

右のように、古辞書で対応する漢字には、「ふためく」の古辞書における「羽音」や「翤」の漢字は収録されず、「雷」に関連する漢字が多い。したがって、「ふためく」と「はためく」は、それぞれに対応する漢字の字義からは両者の違いが窺える。

二 ふためくの用法

それでは、以下「ふためく」の用例をあげ、対象別に分類し意味用法を検討していくことにする。複合動詞の前接語には波線を付し、一作品中に、対象・意味用法が同じ複数の用例がある場合は一から二例の挙例とした。

(一) 人・鳥以外の生き物を対象とする

①鰐仰様ニテ砂ノ上ニフタメクヲ、虎走リ寄リテ 『今昔物語集』(巻二九・三一) 一一二〇年頃

②わにの頭につめをうちたてゝ、陸ざまになげあぐれば、一じやうばかり濱になげあげられぬ。のけざまになりてふためく。 『宇治拾遺物語』(三九) 一二二一年

③大きなる鯉をとりて、もて行きけるが、いまだ生てふためきけるをあはれみて、着たりける小袖をぬぎて、買ひとりて放ちけり。 『発心集』(八・一三) 一三C初

①は「ふためく」の初出例であり、ここでは、鰐・鯉などが、ばたばた暴れる様を表す。近世・近代ではここに属する用法は探し得なかった。

(二) 鳥を対象とする

④夫夜半許ニ聞ケバ、此ノ棹に懸タル鳥フタフタトフタメク。 『今昔物語集』(巻一九・六) 一一二〇年頃

⑤大なるくそとびの羽おれたる、土におちて、まどひふためくを、童部どもよりて、うちころしてけり。

『宇治拾遺物語』（三二）一二二一年

⑥村の男どもおこりて、入て見るに、大雁どもふためきあへる中に法師交りて打ち伏せ、捻ぢ殺しければ、此法師を捕へて、所より使庁へ出したりけり　『徒然草』（一六二段）一四C前

⑦山鳩一番飛来テ、新常灯ノ油錠ノ中ニ飛入テ、フタメキケル間　『太平記』（巻五中堂新常灯消事）一四C後

⑧ふためいて金の間を出る燕かな　（蕪村　一八七二）　『蕪村集』（発句編）一七八四年

⑨やがて草履の尻をりて足半といふものになして、鳥のふためくやうにひろひあるけど、なほ脛のあたりまで泥がたになりぬ　『四山藁』第二（題『空則是諧』後）一八二一年

以上の④~⑧は前掲（一）と同じ用法であり、鳥が羽をばたばたさせて暴れる様、⑨では泥道を歩く様子を鳥が餌を拾い歩くさまに譬える。近代では鳥に関する用例は見当たらない。

（三）人を対象とする

⑩ひき具したりけるしよじう十よ人たふれふためき、おめきさけむでにげさりぬ　『平家物語』（八・緒環）一三C前

⑪あはてふためき、はしるともなく、たをる丶共なく、いそぎ御つかひのまへにはしりむかひ　『平家物語』（三・足摺）一三C前

⑫蒔絵師あはてふためきてまゐりたりけるに　『古今著聞集』（一六・五二七）一二五四年

⑬合戰《カッセン》 庭《ノニハ》ニ命《メイ》ヲモステテス、ヒトヒキモヒキ、ニケカクレ、ヲチフタメクハ口惜ク耻《ハヂ》トハ知リテ侍リナト云ニ　『沙石集』（巻三・（四六））一二八三年

⑭我先ニト逃フタメキケル程ニ、或ハ道モナキ岩石ノ際ニ行ツマリテ腹ヲ切リ　『太平記』（九・千葉屋城寄手敗北事）一四C後

⑮モテナシノ用意ヲセヨト云ハル、ソサル程ニ一家中フタメクソ　『四河入海』一六・4　一五三四年

⑯未明ノ時分ニ遅クナルト云テ急キフタメイテ出凡ソ挈壺氏カナイホトニソ餘リフタメク程ニ

『毛詩抄』五・7ウ　一五三四〜三五年

⑰さる寺へまいりければ、ちやうろうふためいていづるとて、衣のすそにからざけの大なるをひつかけていで

て、かくす事はならず。　『きのふはけふの物語』一六一四〜二四年頃

⑱山をも見ずにはしりふためく　『鷹筑波』（八三七）一六三八年跋

⑲ふためきてときにし帯《オビ》を忘《ワス》れ置《キ》　『紅梅千句』（七五七）一六五三年

⑳いとけなき子共のわけもなき事になきふためき、上気をいへば、必ず其親むつかしがり

『身の鏡』（上・童部に偽聞かすまじき事）一六五九年

㉑棊ノ粘之取次《シテウヤマミチシドロモドロ》　鑓裸乃周章《ヤリヌキミツエツキアワテフタメク》　『誹諧独吟集』（誹諧漢和独吟）一六六六年

㉒ふためくや夜をかけたる花見衆（長好）　『時勢粧』（第五何糸歌仙）一六七二年

㉓出たちは七つと云ふくめたるに、旅人も亭主もよく寐て、夜の明てふためくつらもにくし

『韻塞』（風狂人が旅の賦）一六九六年

㉔けいごの上下ふためきてそれころすなと引おこせば　『五十年忌歌念仏』一七〇七年

（三）では、鳥・その他の生き物を対象とする用例より、やや時代が下り、『平家物語』に初出例が見える。中世・近世での用法では、⑳は泣きわめく様、㉑は足もとがおぼつかない様を表し、その他では、急ぎ慌てる様子に「ふためく」が用いられる。ここに挙げた例文以外にも、『平家物語』三例・『太平記』九例・『史記抄』三例・『四河入海』三例・『毛詩抄』八例があるが割愛した。

㉕かの弓の下をくぐらするに、巧なるは百に一つを失はねど、拙きはあやまちて足杯撃ちぬとてあわてふため

く。」

『文づかひ』森鷗外　一八九一年

㉖下人は、老婆が死骸につまずきながら、慌てふためいて逃げようとする行手を塞いで、こう罵った。

『羅生門』芥川龍之介　一九一五年

㉗われのうしろの秀才は、われの立ったために、あわてふためいていた。

『逆行』太宰治　一九三六年

㉘ふってわいたようなドタバタ騒ぎにあわてふためく球団首脳部の姿だけが突出…

『朝日新聞』東京朝刊二〇一三年六月一日

㉙アップルもユニクロも慌てふためいた

『日経ビジネス』記者の眼　二〇一四年二月六日

近代では、すべて人物を対象とし、複合動詞「あわてふためく」の用例のみである。用例では、芥川龍之介『奉教人の死』一例、太宰治『陰火』『ダス・ゲマイネ』『彼は昔の彼ならず』の三例の例文は省略した。

以上の考察から、「ふためく」は単独で、或は「倒れ・をち・急ぎ・走り・なき・あわて」などに後接して、漢文訓読文臭の強い院政期から中世の文献に多く見える。その用法は、一四世紀前半までは、鰐・鯉・鳥などの生き物や人物が慌ててばたばたする様を表すが、その後、鳥や人物が慌てる様相へと意味領域が収斂されていき、明治以降は単純語「ふためく」は衰退し、複合動詞「あわてふためく」が用いられるようになる。但し、『日本国語大辞典』（第二版）の「あわてる」の語誌では、「（略）文語形は「あわて＋動詞」、口語形は「あわてて…する」の形で用いられることが多い。」とあるように、現在では書き言葉として「あわてふためく」を使うことはあるが、口語では「あわてる」の前に副詞を伴うか、「慌てて用意する」のように動詞を後接するのが一般的だろう。近代の「周章」の用例では『惨風悲雨　世路日記』（上編八回　明治一七年刊）「周章狼狽」一例・『真景累ケ淵』（二一席　明治二一年）に「周章《あはて》」一例がある。前者では、他の熟字訓には振り仮名があるが、この「周章狼狽」には振り仮名が付されないので、その環境を考えると「ふためく」のヨミでないことは明かである。「狼狽」についても『明六雑誌』『細君』『三日月』『真景累ケ淵』などの明治期の作品を調査した結果では「ろうばい」または語尾「へ」を伴い「うろたへ」のヨミである。（注5）このように、節用集に見える「周章」に付す「アハテフタメク」や「ふためく」のヨミは、近代では見当たらない。

三　はためくの用法

次に『大言海』にあるように、「ふためく」は「はためく」の転であるかを「ふためく」と同様に、「はためく」の用例をあげ、実証していきたい。

（一）人・鳥以外の生き物を対象とする

㉚くちなはやのうへよりおりくたるおほきにおそりてとこをさりてのかれかくれぬとこのまへをきくにをとりはためくこゑあり　（をとりはためく：観智院本「踊騒《ヲトリハタメク》」・前田家本「躍音」）

『三宝絵』中　九八四年（一一二〇年頃書写　関戸家本）

㉛牛ノ頭ヲ中門ノ柱ニ結著テ置タレバ、終夜鳴ハタメキテ

『太平記』（巻二三大森彦七事）一四C後

『今昔物語集』（二四・四三）には「目ハ鋺ノ様ニ鑭メキ、舌ハ焔ノ様ニ霹メキ合タリ」という一文がある。『日本古典文学大系』の注補記には「（略）絶えずちらちらと動く状態をいうもの」とあり「霹メキ」を「はためき」と読むが、『新日本古典文学大系』では「ひら（メキ）」と校注者の振り仮名がある。「はためき・ひらめき」両者の意味領域には重なる部分があるが、蛇の舌が普通に揺れ動くのではなく、「焔のように」と強さを表現していることから、「はためく」が妥当なヨミと考える。因みに『大漢和辞典』には「霹」に「はためく・かみなりが落ちる」の訓注がある。

（二）鳥を対象とする

㉜きのふみな〳〵きられ給ひ候ぬ。又そのしがいにて候やらん、とび・からすのはためき候
『保元物語』（下・義朝幼少の弟悉く失はらるる事）一二二〇年頃

㉝それやぎうのけは、ちゞみてふかきもの也。かるがゆへに、かへつてをのれがすねをまとひてばためく所を、主人はしりよつてからすをとりて
『伊曽保物語』（下・一二）一六三九年頃

㉞おきてはためく春の村鳥
『新増犬筑波集』（一八一〇）一六四三年刊

㉟日覆をはためかすのは、大方、蝙蝠の羽音であろう。
『戯作三昧』芥川龍之介一九一七年

㊱耳木兎が片方の翼ばかり苦しそうにはためかしながら転げまわっている。
『地獄変』芥川龍之介一九一八年

（三）人を対象とする

㊲vtÇutÇu tomo voboyenu mono cana to Yûte auate fatameite faxiru tomo naqu, tauoruru tomo naqu
〈うつつとも覚えぬものかなと言うて、あわてはためいて走るともなく、倒るるともなく〉
『天草版平家物語』（73）一五九二年

「あわて」と結合する「はためく」はこの一例のみである。『平家物語』（三・足摺　底本：龍谷大学図書館本）には、右の「あわてはためいて」の箇所に「あはてふためき」とあり、ここでの両語は同意である。

㊳張《はり》のある眉《まゆ》に風を起して、これぎりで沢山だと締切った口元《くちもと》に猶籠《なおこも》る何者かが一寸閃《ちょっとはため》いてすぐ消えた
『虞美人草』夏目漱石　一九〇七年

㊳は口元にことばが瞬間的に思い浮かぶことを「閃」の漢字で表し、「はため（いて）」と振り仮名を付す。

（四）雷を対象とする

㊴電行前ニ閃テ、雷大ニ鳴霆メク
『太平記』（巻三三新田左兵衛佐義興自害事）一四C後

㊵雷電カハタメイテマツクラニナツタヨトテ往テ見タレハ
『史記抄』七・10オ　一四七七年

㊶かみなりのはためく空に年越て　『新増犬筑波集』（一一〇二）一六四三年刊

（五）雷以外の音を対象とする

㊷隠々トノ、シリテ有レ（るを）聲爲レ震と、砰・磕トハタメイテ發（する）を爲レ吼（序品7―19―20）「石山寺本法華義疏長保点」

大坪氏の『改訂訓点語の研究 上』（三一九頁）に、右の例文が掲載され、「ハムカイはハウカイの誤り、ハタメイテはハタメキテの音便で、ハタメクは擬声語のハタにメクを添へて動詞としたものである」と記され、「すなわち、ハタメクは、高く響き渡る音の形容である」とある。

㊸たゞのぶもいれちがへてぞきりあひける。うちあはするおとのはためく事、みかぐらのとびやうしをうつがごとし　『義経記』（五）一四C前

㊹めいどの夜かぜ、はためくかどののぼりの音　『女殺油地獄』近松門左衛門　一七二一年

㊺車ははためきながら、或る小さい停車場を通り抜ける。　『青年』森鷗外　一九一〇～一一年

㊻張り廻した幕が帆のようにむツくりとふくれ上るかと思ふと、忽ちまたボロ〳〵ボロ〳〵と烈しくはためいたりした。　『桐畑』（七の一）里見弴　一九二〇年

以上「はためく」は「ふためく」にはない**（四）（五）**の雷鳴・その他の物音を表す用法がある。

四　「ふためく」と「はためく」の比較

以上の「ふためく」と「はためく」について考察した結果を年代順・対象別に**【表一】【表二】**に示した。考察の結果、確かに「はためく」は「ふためく」より早い例があり、古辞書『新撰字鏡』『類聚名義抄』には「はためく」の収録はあるが「ふためく」は見えない。しかし、「ふためく」と「はためく」には、次のような相違点がある。

【表一】「ふためく」の年代別・対象別の用例

年代	作品名	対象別 人	鳥	生物
院政期～中世	今昔物語集		●	●
	発心集			●
	宇治拾遺物語		●	●
	平家物語	●		
	古今著聞集	●		
	徒然草		●	
	沙石集	●		
	太平記	●	●	
	史記抄	●		
	四河入海	●		
	毛詩抄	●		
近世	きのふはけふの物語	●		
	身の鏡	●		
	五十年忌歌念仏	●		
	俳文学作品	●	●	
近代	森鷗外	●		
	芥川龍之介	●		
	太宰治	●		
	朝日新聞	●		
	日経ビジネス	●		

【表二】「はためく」の年代別・時代別の用例（例文を省略した作品を含む）

年代	作品名	対象別 人	鳥	生物	雷	物音
中古～中世	三宝絵			●		
	法華義疏長保点					●
	保元物語		●			
	義経記					●
	太平記			●	●	
	史記抄				●	
	四河入海				●	
	天草版平家物語	●				
近世	伊曽保物語		●			
	女殺油地獄					●
	俳文学作品		●		●	
近代	森鷗外（青年）					●
	夏目漱石（虞美人草）	●				
	芥川龍之介（蜜柑・地獄変・戯作三昧）		●			●
	太宰治（列車・陰火）					●
	桐畑					●

ア、「ふためく」の初出例①の『今昔物語集』では、ばたばた慌てる様を表し、「はためく」の初出例㉚の『三宝絵』では、蛇が躍り騒ぐ様を表すのであって、慌てる状態を表すのではない。

イ、『太平記』では、牛の鳴き声や雷鳴を表す場合では「はためく」を用い、「ふためく」は鳥・人が慌てる状態を言い両語の使い分けが窺える。このように、「はためく」は「ふためく」にはない雷やその他の音の表現との関連性が強い。

ウ、古辞書類では両語に全く異なる漢字が収録される。

右のような相違点から、「ふためく」は「はためく」から転じた語と言えるか、疑問が残る。両語の類似する用法としては、鳥を対象とするときに見えるが、「はためく」は慌てる様より、音の表現に重点が置かれる。したがって、「ふためく」は「はためく」から転じた語ではなく、最初から意味の分化が生じていたのではないかと考えられる。

五　「ふたふた」と「はたはた」

「ふためく」「はためく」は、擬態語反復形の語基二音節に「めく」が後接して動詞化した語である。そこで、次に「ふたふた」「はたはた」と「ふためく」「はためく」との関係を、考えていくことにしたい。

(一) 扇を対象とする

○ふたふた

㊼あかつきに帰らん人は扇ふたふたとつかひ　『枕草子』(六〇段　一〇C終)

㊽「あつや」とて、あはせの御こそでの御むねをひきあけて、ふた〳〵とあふがせ給し御すがたなどまで　『たまきはる』一二一九年

㊾暑き日やふたふた開く扇箱　　四二七六　　『崑山集』一六五一年

㊿風のふたふた唐扇の色　　三〇二七　　『国の花』一七〇四年

㊼は「ふたふた」の初出例である。㊾は扇箱の蓋と「ふたふた」を掛けて扇で煽ぐさまを詠み、㊽㊿は扇で煽ぐ音と状態を表す。因みに「ふためく」には扇を対象とする例は見えない。

○はたはた

(51)扇ーハタ〳〵トアフキ又飾リニモナルソ　　『毛詩抄』（三・28・オ）一五三四〜三五年

近代では、樋口一葉の『にごりえ』（四）・夏目漱石の『行人』『それから』『門』に例が見える。「はためく」も「ふためく」と同様に、扇を対象とする例が見受けられない。

（二）物音を表す（「ふたふた」は鳥の羽が触れ合う音のみ）

○はたはた

「ふたふた」の初出例『枕草子』より少し早い次の(52)の『かげろふ日記』に「はたはた」の初出例が見える。

(52)なといふ物心みるを、まだひるよりこほ〳〵はたはたとするぞ　　『かげろふ日記』（上）九七四年頃

右の例は楯や鼓を鳴らす音を表す。同じ頃の『落窪物語』にも、次のように爪はじきの音を表す用例が見える。

(53)たちはぎつく〴〵とききてつまはじきをはたはたとして　　『落窪物語』（二）一〇C後

(54)爪□《弾キ?》ヲハタハタトス　　『今昔物語集』（二八・八）一一二〇年頃

(55)暁がたに戸をはた〳〵とたゝけるに　　『宇治拾遺物語』（一二六）一二二一年頃

(56)帛や紙ヤナントヲ推アテヽ、シメシテハタ〳〵ト敲ケハ　　『史記抄』（七・65ウ）一四七七年

(57)しばらくすると、無敵な音を立てて車輛《しゃりょう》の戸をはたはたと締めていく　　夏目漱石『虞美人草』一九〇七年

(58)帆を朝風にはた〳〵と靡かせながら巻き上げた。　　菊池寛『俊寛』（二）一九二一年

太宰治の『思ひ出』『猿ケ島』『玩具』『斜陽』、田村俊子『栄華』（三）にも例が見え、近代で多用されている。

（三） 雷を表す（「ふたふた」の例なし）

○はたはた

⑤⑨青天白日晴レキツタニハタ〳〵ガミ鳴《ナッテ》イナ光リガシワタツタソ　『人天眼目抄』一四七三年

霓《ハタヽカミ》（色葉字類抄・前田本）靂《ハタヽガミ》（天正十八年本節用集）霹靂《ハタヽガミ》〈匀會雷《ノ》急激《ナル》者〉・霆《同》（書言字考節用集）

『日本国語大辞典』（第二版）には「はたたがみ〔霹靂神〕＝激しい雷。はたはたがみ。…」とある。

（四） 人・鳥以外の生き物を対象とする（「はたはた」の例なし）

○ふたふた

⑥⓪其わたりの者ども、桶をさげて、みなかき入れさわぐほどに、三尺ばかりなる鯰の、ふた〳〵として庭にはひ出たり。　『宇治拾遺物語』（一二二一年頃）

⑥①只ふたふたと走る牛かな　『皺筥物語』（九一二）一六九五年

これらの「ふたふた」は急ぎ慌てる様を表す。

（五） 鳥を対象とする

○ふたふた

⑥②雉ヲ生乍ラ持来テ揃ラスルニ、暫クハフタ〳〵ト為ルヲ引カヘテ　『今昔物語集』（一九・二）一一二〇年頃

「巻一九・六」（ふためくの用例④）にも棹に懸った鳥が慌てる様を表すのに「ふたふた」が用いられ、近世の俳文学作品では、次の様に鳥があわてて飛び立つ様を詠む句がある。

⑥③隣からあびせられたる煤掃（朴人三四）重箱鳥のふたふたと飛ぶ（舎仙三五）　『七さみだれ』一七一四年

近代では「ふたふた」「ふためく」の両者とも、ここに属する用例は探し得ない。

○はたはた

(64)雞は時々を告てうたうとては羽をはたはたとふるうてならいて　『玉塵抄』（巻二六）一五六三年

(65)はたはたと関の戸ならぬ羽をたたきここあけうよと鳴か庭鳥　『後撰夷曲集』（第六冊・九）一六七二年

(66)鳥はおどろきてはたはたと飛去りぬ　泉鏡花『龍潭譚』（五位鷺）一八九六年

一九〇五・〇六年作小栗風葉の『青春』（秋・五）にも「頭の上をハタハタ飛去る羽音が」とあるが、「はためく」の用例㉝のように羽をばたばたさせて暴れる様には用いない。

（六）人を対象とする

○ふたふた

(67)袴ノ扶ヨリ、白キ糸ノ頭ヲ紙シテ被裹タル二三十許、フタ〳〵ト落シタリ。　『今昔物語集』（二九・一五）一一二〇年頃

(68)年ハ老タル者ノ、此ヲ聞マ、ニ立上ケルガフタ〳〵トシケレバ　『今昔物語集』（二六・五）一一二〇年頃

(69)ヨリマシガフトコロヨリクロ血ヲフタ〳〵トトリイダシタリケレバ　『愚管抄』（四・鳥羽）一二二〇年

(70)やどのかゝなどとりつきとかふ云うちに、やりてふた〳〵としてきたり　『難波物語』（27オ）一六五五年

(71)ふたふたと月にも起て憂別れ　『誹諧独吟集』（三一八）一六六六年

(72)塗師屋《ぬしや》の勘風方へ知らすれば、「南無三方《ぼう》」と塗りかけし重箱《ぢうばこ》の、ふた〳〵として走り来り、段々の様子を聞いて　『傾城禁短気』（三之三）一七一一年

(73)乳母が後に廻って髷のみだれを直してくれるあいだも、わたくしはふたふたと心が騒ぎ、蒼ざめていた。　大原富枝『婉という女』（四）一九六〇年

(67)は「ばたばた落とす状態」(68)は「ふらふらと足もとのおぼつかない様」(69)の「フタフタ」は『名語記』（九）

に「血ノフタ〳〵トタル如何。フルツヤ〳〵ノ反ハフタ〳〵也雨ノフルヤウ也トイフ義歟」とあり、血が滴り落ちる様、(73)は感情が高まってどきどきする様を表し、この(69)(73)の両例は特殊な用法である。

【表三】

	人	鳥	生物	扇	雷	物音
ふためく	●	●	●			
はためく	●	●	●		●	●
ふたふた	●	●	●	●		
はたはた	●	●		●	●	●

○はたはた

(74)「物サハガシク候。見候ハン」ト云テ、ハタ〳〵ト打出ケルコソ、　『愚管抄』（五・二）一二二〇年

(75)弁慶が甲のこゑ、御曹司の乙のこゑ、入ちがへて二のまき半巻ばかりぞよまれたり。参りうどのゐいやづきもはた〳〵としづまり　『義経記』（三）一四C前

(75)の「はた〳〵としづまり」は、『日本古典文学大系』の注に「義経物語に『はたとしづまり』とある」と記され、パタッと急に静まる形容として用いられる。

(76)慧帝ノ仁弱ニシテハタ〳〵トモナウテ大方殿マカセテ　『史記抄』（七・9オ）一四七七年

右の(74)(75)の用例は動作が迅速に行われる様を言い、(76)はその打消し「急ぐこともなく」の意と捉える。

右の【表三】は「ふためく・はためく・ふたふた・はたはた」が、どの対象に当てはまるかを示す。（但し、人を対象とする「はためく」は『天草版平家物語』の一例のみ）

以上本節では「ふたふた」と「はたはた」について検討してきた。「ふたふた」は人・鳥・生き物・扇を対象とするが、「はたはた」は人・鳥・扇・雷・物音を対象とする。

おわりに

本稿では、近世初期俳諧に見える擬態語からの派生動詞「ふためく」と、周辺の関連する語「はためく・ふたふた・はたはた」について考えてきた。院政期に初めて見える「ふためく」は、鳥・その他の生き物が、慌ててじたばた焦る様を表していたが、その後、平家物語・太平記・抄物などでは人物が慌てて行動する様を描写することが多くなる。近世の俳諧でも、「ふためく」には、鳥を対象とする用法に二例・人物を対象とする用法に四例の使用が認められ、人物が急ぎ慌てる様を表す場面が多い。時代が進み近代になると、単純語「ふためく」は衰退し、人物が慌てる状態に、複合動詞「あわてふためく」を用いるようになり、その推移する様相の一端が俳諧の世界にもあらわれていると言える。

以上のように、近世の用語を考える上で、俳諧は重要な資料となり得ることは確かであり、今後「ふためく」とも関係がある、擬態語・擬声語について、検討していく必要があると考えている。

注

（1）蜂矢真郷『国語語彙史の研究　七』（一六七頁―一八四頁）一九八六年　和泉書院

（2）大坪併治『擬声語の研究』一九八九年　明治書院／大坪併治著作集1・12　一九九二・二〇〇六年　風間書房

（3）頴原退蔵『江戸時代語の研究』一九四七年　臼井書房

（4）『萬葉集』（新日本古典文学大系　二〇〇二年　岩波書店）凡例に「原文は西本願寺本万葉集を底本とし、新たに校訂を加えたものである。」と記される。

（5）「狼狽」の漢字に対して、『明六雑誌』では「ろうばい」とあり、『細君』（明治二二年刊）二例『三日月』（明治二四年刊）一例『真景累ケ淵』（明治二一年刊）一例では「うろたへ」とある。

調査資料

「朝日新聞」東京朝刊（database.asahi.com/library/2）「聞蔵Ⅱビジュアル」／『天草版平家物語語彙用例総索引』一九九九年勉誠社／『伊曽保物語』『宇治拾遺物語』『落窪物語』『かげろふ日記』『きのふはけふの物語』『義経記』『愚管抄』『傾城禁

短気』『古今著聞集』『太平記』『徒然草』『平家物語』『保元物語』『発心集』『枕草子』『謡曲集下』（以上　日本古典文学大系　岩波書店）／『栄華』田村俊子（『近代女性作家精選集26』二〇〇六年ゆまに書房）／『婉という女』（大原富枝『由紀しげ子　大原富枝集』一九六四年集英社）／『玉塵抄』一九七一年勉誠社／『桐畑』里見弴　一九七七年筑摩書房／『正章千句』『宗因七百韻』『當流籠抜』『西鶴五百韻』『江戸蛇の鮨』『江戸宮笥』『軒端の独活』『七百五十韻』『後撰夷曲集』『志不可起』（近世文学資料類従　勉誠社）／『江戸八百韻』（天理図書館綿屋文庫『談林俳書集』）／『今昔物語集』『たまきはる』『身の鏡』（新日本古典文学大系岩波書店）／『細君』『惨風悲雨　世路日記』『樋口一葉集』『三日月』『落語怪談咄集』（新日本古典文学大系明治編　岩波書店）／『諸本対照三寶絵集成』一九八〇年笠間書院／『慶長十年古活字本沙石集総索引・影印篇』一九八〇年勉誠社・『改訂廣本沙石集』一九四三年日本書房／『史記抄』『四河入海』『毛詩抄』（『抄物資料集成』一九七七年第二回　清文堂）／『俊寛』菊池寛　一九二一年新潮社／『新増犬筑波集』『鷹筑波』（日本俳書大系六巻『貞門俳諧集』一九二六年日本俳書大系刊行会）／『人天眼目抄』中田祝夫編　一九七五年勉誠社／『日経ビジネス』http://business.nikkeibp.co.jp/article/opinion/20140205/259343/?rt = nocnt／『青春』小栗風葉　一九五七年岩波書店／『難波物語』一九三〇年米山堂／『明六雑誌語彙総索引』一九九八年大空社／『龍潭譚』泉鏡花（『日本近代短編小説選　明治篇1』二〇一二年岩波書店）／『一茶発句』『いぬ桜』『韻塞』『笈日記』『株番』『其角十七回』『国の花』『崑山集』『四山藁』『時勢粧』『蛇之助五百』『蕉門名家句集』『皺筥物語』『七さみだれ』『後の旅』『俳諧塵塚』『誹諧独吟集』『蕪村集全』『ゆめみ草』（以上古典俳文学大系・同ＣＤ－ＲＯＭ集英社）／近松門左衛門・森鷗外・夏目漱石・芥川龍之介・志賀直哉・太宰治は教育社の作家用語索引を用いた。

化政期〜幕末期江戸語における危惧表現形式

——滑稽本・人情本を資料として——

近藤　明

一　はじめに

一－１　問題点と方法

近藤明（二〇一三）（二〇一四）においては、「危惧表現」を

望ましくない事態が起きる可能性があると判断し、それを危ぶむ気持ちを表す表現

という程度に定義し、中古和文や、万葉集・三代集の和歌において

○危惧の意を表す形式は「モゾ」「モコソ」だけであったのか、それ以外に危惧の意を表す形式があったのか。

○もしあったのであればそれはどのような形式であるか。

といったことの見通しを得ようとした。その結果、複合助動詞系の形式・疑問推量系の形式・評価的複合形式風の形式等が、「モゾ」「モコソ」以外に危惧表現に与っていた形式の候補として挙げられた。

本稿はこの問題提起を承けつつ、化政期〜幕末期の江戸語において危惧表現に与っていた形式としてどのようなものがあったかの概略を明らかにし、近代語・現代語への繋がりについての見通しを得ようとするものである。

この時期においては、「モゾ」「モコソ」は既に消失しており、近藤明（二〇一三）（二〇一四）で用いたのと同様の方法は使えない。そのため

ⅰ資料を通読して、危惧の念を表していると判断される場面で用いられている形式に注目してピックアップしていく。

という方法を主にせざるを得ないが、

ⅱ現代語における危惧表現形式から遡り、それらに該当する形式やそれらの前身と見られる形式に留意する。

ⅲ近藤明（二〇一三）（二〇一四）において、「モゾ」「モコソ」以外の危惧表現形式の候補としてピックアップされた形式を念頭に置き、それらに該当する形式やそれらの後身と見られる形式に留意する。

といった観点を併せてとることとする。また局面によっては

ⅳ（時代的にやや遡り地域的にも上方寄りになるが）近世において「モゾ」「モコソ」を危惧の意と認識していた富士谷成章や本居宣長が、「モゾ」「モコソ」の説明やそれを含む歌の語釈に用いた「里言」「俗言」に目を向ける。

という手段も有効かと思う。

ⅱと関連して、現代語で危惧表現に与る形式と考えられそうなものを挙げると、「～カネナイ」「～オソレガアル」「～トイケナイ」がほぼ危惧表現専用の形式として挙げられ、「～ハシナイカ」（或いは「～ヤシナイカ」）も危惧寄りの推量を表すことが多く、「～テハイケナイ」は「危惧」の意も表すが「禁止」等多義にわたり、「～カモシレナイ」はそれ自体では「可能性」程度の意味を表し「危惧」の意に限定されるには「ワルクスルト」「ヘタヲスルト」等の副詞類との組み合わせが必要な形式、といったところであろうか。

この中で例えば「～カネナイ」は、現代語においても本稿の調査範囲で見出された例においても、「タ」を下

接することができ、「危惧」をモダリティの一種とするのなら、「疑似モダリティ形式」寄りの形式と位置づけられそうである。[注1] 一方で「真正モダリティ形式」寄りと位置づけられそうな形式（疑問表現系の形式等）もあり、この点だけから見ても、これらの形式は必ずしも等質的な整理されたものとは言えない。

またiiiの点との関連で気をつけておく必要があると思われるのが、「モゾ」「モコソ」によって表される「危惧」の性質である（これについては近藤明（二〇一四b）も参照）。山口堯二（一九九〇）は、疑問表現のうち「危惧の念がめだつ」ものを論じる中で、「毎日がこんな風ではどうなってゆくことか」（川端康成「雪国」）のような疑問詞を含むものを「不定方式」と称している。それに倣って、これから事態がどうなるか分からず危ぶむという危惧や、特定できないが何か望ましくないことが起きる可能性があるという危惧を「不定的危惧」と呼び、特定の望ましくないことが起きる可能性があるという危惧を「特定的危惧」と呼ぶとすると、「モゾ」「モコソ」が表す危惧は「特定的危惧」の方だけではないかと思われる。

また同じ山口堯二（一九九〇）が挙げる例の中には「海浜ホテルは、閉まってやしないか」（岸田国士「紙風船」）のように、望ましくない事態が既に実現していたり進行中であったりすることに対する危惧を表しているものがある。このようなものを「既実現事態危惧」、まだ実現していない事態がこれから実現することを危惧するものを「未実現事態危惧」と呼ぶことにすると、「モゾ」「モコソ」の表す危惧は「未実現事態危惧」の方だけではないかと思われる。

本稿は「モゾ」「モコソ」を言わば基点とする形で、前述のような問題を追究する試みの一つであるところから、「特定的危惧」「未実現事態危惧」を中心としつつ、必要に応じて「既実現事態危惧」「未実現事態危惧」にも言及することとする。

用例をリストアップするに当たっては、「不定的危惧」については、「特定的危惧」を表すのと共通の形式と疑問詞との組合せで表されるものまでを対象とする。「既実現事態危惧」と「未実現事態危惧」については、主に未実現事態危惧に用いられる形式（「～ハシマイカ」等）、主に既実現事態危惧に用いられるが未実現自体危惧にも用いられた可能性のある形式（「～ハシナイカ」等）までを対象とし、既実現事態危惧と解される例しかない形式は除外することとする。

また危惧表現形式としてリストアップするのは、基本的に動詞で表される事態を危惧する形式とする。

一‐2 資料

用例収集に用いた資料は、化政期～幕末期の滑稽本・人情本である。それぞれの資料の書名・刊行年・著者は以下の通りである。なお以下の記述等で書名を挙げる際は略称によることもある。

東海道中膝栗毛（一八〇二～一八一四 十返舎一九） 浮世風呂（一八〇九～一八一三 式亭三馬） 浮世床（一八一三～一八一四 式亭三馬） 八笑人初編～四編追加（一八二〇～一八三四 滝亭鯉丈） 同五編（一八四九 上巻一筆庵主人（渓斎英泉） 中・下巻与鳳亭枝成） 春色梅児誉美（一八三二～一八三三 為永春水） 春色辰巳園（一八三三～一八三五 為永春水） 春告鳥（一八三六～一八三七 （五編のみ刊行年未詳） 為永春水） 七偏人（一八五七～一八六三 梅亭金鵞） 春色恋廼染分解（一八六〇～一八六五 山々亭有人）

なお東海道中膝栗毛・浮世風呂・春色梅児誉美・春色辰巳園は旧日本古典文学大系、浮世床は旧日本古典文学全集、春告鳥は新編日本古典文学全集、八笑人は岩波文庫、七偏人は講談社文庫、春色恋廼染分解は『春色恋廼染分解 翻刻と総索引』（おうふう）により、用例に付す頁数・行数もこれらのものである。用例の引用に際して、問題とする表現形式以外の部分は、表記に手を加えた場合がある。また用例の検索については公刊されている索引の他、国文学研究資料館の「大系本本文データベース」の恩恵に与り、「ジャパンナレッジ」の新編日本古典文学全集の本文検索機能も使用した。

用例の収集は口語体の箇所を対象とし、従って地の文・ト書きは基本的に除外するが、人物の会話や心中を口語的な言葉遣いで直接話法的に述べたような箇所の用例は、対象に加えることもある。引用に際して、会話は発言者の名を［　］内に記し、地の文等の場合はその旨を記した。

二　可能・可能性系の複合的形式

【～カネナイ】

近藤明（一九九四）において、「～カネナイ」は古くは「可能」の意を表しており、化政・天保期にもなお

①「（お袖は）随分あの様子では全盛にも成兼まひと思ふのサ」［吉兵衛］（春告鳥　四編巻十第十九章　五二〇⑬）

のような「可能」あるいは「可能性」の意と思われる例も見られはするものの、「危惧」の意と解される例が増え、安政～明治初期においては「危惧」のみになっていると見られる旨、論じた。同論文で述べたことは、「～カネナイ」が「危惧」の意に用いられる例が現れる時期について訂正を要する部分があるが（近藤明（二〇〇八）（二〇一五））、本稿の調査範囲とする時代に関しては訂正・追加されることはあまりなく、

②「ほんとうにお筆さんなんざア少しきう腹で帰り兼やァしなかつたノサ」［小万］（恋廼染分解　三編下　四〇オ③）

等、若干の用例を追加できる程度である。大筋として、この時期に危惧表現としての位置を固めてきた形式と考えられ、「可能」「可能性」と「危惧」の連続性という点においても注目されてよい形式と思われる。なお②は「～タ」の形をとっており、現代の「～カネナイ」と同様「疑似モダリティ形式」と見られるという点においても注目される用例と言える。

【〜シレヌ／シレナイ】類

現代語の「〜カモシレナイ」は、「可能性」を表すとされることが多いが、その「〜カモシレナイ」の前身に相当するかと思われるものとして、近世前期上方語資料に「〜ウモシレヌ」が多く見られる。

本居宣長『古今集遠鏡』（一七九三迄に成）において、古今集一〇四の歌の「人もこそ知れ」を、「人ガ知ラウモ知レヌホドニ　人ガ知テハアマリアハウラシイ事ヂヤ」としているが、[注2]ここで「モコソ」の訳として「〜ウモ知レヌ」があてられていることも注目される。もっとも「〜ウモシレヌ」だけでは危惧の意が十分に伝わらない（実際近世前期上方語においても「〜モシレヌ」は危惧専用ではない）ためか、「人ガ知テハアマリアハウラシイ事ヂヤ」を傍線を付して補っていることにも留意が必要であろう。

本稿の調査範囲では「〜ウモシレヌ／シレナイ」もある程度の数見受けられるものの、近世前期上方語と比べて使用が少なくなっており、一方で現代語の「〜カモシレナイ」により直接的につながりそうな形式として「〜ウカモシレナイ」「〜カモシレナイ」が、数はまだ多くないものの、現れてきている。

［〜ウモシレヌ／シレナイ］［〜モシレナイ］

膝栗毛には、上方の人物（大阪の宿の案内人左平次）の発言中に「首などくくりおろもしれんわいの」（膝栗毛八編下　四七一⑩）という「〜ウモシレヌ」の用例があるが、江戸弁の人物の発言でも、

③「コレ、番頭、気をよくして置たらば、西瓜玉蜀黍のうろうろ舟や、馬鹿囃子のさわぎ舟が出やうもしれねへ」［生酔の「中っ腹の中六」］（浮世風呂　四編下　二九三①）

といった「〜ウモシレナイ」の例が存在する。

なおこの時期においては【〜シレナイ】類で未実現事態危惧を表す場合、右の「〜ウモシレナイ」や後述の「〜ウカモシレナイ」あるいは「〜ウカシラン」のように、「ウ」等の推量系助動詞を伴うことが多いようだが

④「此うへまだどのやうなこじ付け料理が出ますもしれません」［アバ太郎］（八笑人　三編上　一三二⑦）

のように、「ウ」を介さずに動詞等に接続している「～モシレナイ」の例も見られる。ちなみにこの用例は、疑問詞（「どのやうな」）を伴って不定的危惧を表している例でもある。

【～ウカモシレナイ】【～カモシレナイ】

「～ウカモシレナイ」は次の⑤のように明らかに未実現事態危惧であるが、⑥のような「ウ」を介さない「～カモシレナイ」の形で未実現事態危惧を表していると見られる例もある。

⑤「めぐり逢ましても、万一《もし》返り打になりませうかも知れません」［佐次郎］（八笑人　初編上　四七⑦）

⑥「ヲ、おいらを、ヲおつかけて、ク来るものが有るかもシ知れねへが」［茶目吉］（七偏人　初編下　上七三⑦）

これらの形式は危惧表現専用というわけではなく、「モシ」（⑤）や、「ヒョット」「万一《まんいち》」（注3）等と共起した場合は「危惧」の意に解されることが多いとは言えるものの、

⑦「万一《ひよつと》何かの食ひ残りでも土産に持つて来るかも知れねへ」［家主源兵衛］（七偏人　五編上　下一〇六⑬）

のように「ヒョット」と共起していても「危惧」とは解されない（むしろ「土産に持つて来る」ことに期待を込めている）例もある。（注4）

【～ウカシラン】等

他に【～シレナイ】の類としては、「コリヤゑらう空がわるなつた。ふろかしらんわい」［三十石船の船頭］（膝栗毛　六編上　三二五⑨）のような「～ウカシラン」も、「危惧」の意を表しているもののようだが、このような「～（ウ）カシラン／シレナイ」については、終助詞化していくとされる「カシラン」「カシラ」との関係の整理等が十分できていず、考察は別稿を期すこととしたい。

【二重否定形式】

二重否定、特に「～マイモノデモナイ」「～マイモノトモイワレナイ／イエナイ」の形で、「危惧」の意を表しているると見られるものがある。現代語の「～ナイモノデモナイ」について、「わずかな可能性の存在を認める」（松原幸子（二〇〇八））といった見解があるところから、これらも可能性系の複合表現形式と位置づけておく。

【～マイモノデモナイ】【～マイトモイワレナイ／イエナイ】

⑧「若吾儕《もしわちき》が先方へ往て、病みわづらひでも致すまいものでもなし」［重の井］（恋廼染分解　五編中　二六ウ④）

⑨「お二人ともにひよツとマア、この本に有やうなことが」「サアあるめへともいはれめへ」［米八の発言を受けた藤兵衛の発言］（梅児誉美　三編巻之七　一五三⑧）

このような二重否定形式も、「危惧」の意に解されない例があるところから危惧表現専用の形式とは考えられないが、**【～シレヌ／シレナイ】**類と同様に「モシ」⑧「ヒョット」⑨「万一」等と共起すると「危惧」に解されることが多いようである。（注5）

三　疑問（推量）系の形式

第一節でも触れたように、古語において危惧表現に与る表現形式の候補として疑問推量形式が挙げられ、山口堯二（一九九〇）でも、疑問表現の中に「危惧の意が表面化しやすい」ものがあるとして近世後期も含めた例が挙げられているところから、疑問・疑問推量系の形式に注目しておく。

本稿の対象とする時代においては、単に疑問・疑問推量という程度では漠然とし過ぎるのと、前掲の「海浜ホテルは、閉まってやしないか」や「声が小さいと言われはしまいか」（野間宏「真空地帯」　山口堯二（一九八九）p七三　所引）のような、「～ハ・サ変動詞＋否定＋カ」と一般化される否定疑問・否定疑問推量形式が現れてきているところから、それを中心に取り上げることとする。（注6）

【～ハ・サ変動詞＋否定＋カ】類

「サ変動詞」の部分は、「マイ」に接続する場合、「セマイ」と「シマイ」とがあり、(注7)「否定＋カ」の部分は、「マイカ」「ナカロウカ」「ヌカ」「ナイカ」等のバリエーションがある。なお江戸語においては音転訛により、「ハ」の部分は「ヤー」の形になっていることも多く、(注8)「マイ」の部分は「メー」の形になることも多いが、例えば「～ハセマイカ／シマイカ」という場合、それら音転訛の生じた形も含めて「～ハセマイカ／シマイカ」の形で代表させておくこととする。

［～ハセマイカ／シマイカ］

この類に属する形式のうち、この時期、未実現事態危惧を表すのに盛んに用いられるのは

⑩「大鉢に冷麦（中略）跡で蚯蚓になりやアしめへか」［卒八］（八笑人　五編下　三〇四⑥）

のような「～ハセマイカ／シマイカ」である。ただし「～ハセマイカ／シマイカ」にも

⑪「一昨日なんぞも蔭膳のお汁の湯気が少しッきやァ立ないから、（彦三が）若《もし》煩ひでも致《し》やァしまいかと大徳天の金毘羅様へお鬮を取りに遣ッたり」［小万］（恋廼染分解　四編下　三二オ⑦）

のように既実現・進行中の事態に対する危惧と思われる例も存在する。

［～ハシナイカ］

山口堯二（一九九〇）には、

⑫「ぼうは怪我でもしはしねへか」［佐次郎］（八笑人　二編上　八九⑧）

という「～ハシナイカ」の形の例が掲げられている（p四四）。これは、茶番の稽古をしているうちにアバ太郎が倒れ、寝ていた子が驚いて泣き出したのを案じての発言であるから、怪我をしてしまったのではないか（そのために泣き出したのではないか）という既実現事態への「危惧」を表しているものである。

表：各形式の用例数

			膝栗毛	浮世風呂	浮世床	八笑人（四編迄）	梅児誉美	辰巳園	春告鳥	八笑人（五編）	七偏人	染分解
可能・可能性系		～カネナイ		1	1							1
	～シレナイ類	～ウモシレナイ	1		1	1		1				
		～モシレナイ				1						
		～ウカモシレナイ								1		
		～カモシレナイ									1	1
	二重否定	～マイモノデモナイ	3		1	1					2	1
		～マイトモイワレナイ／イエナイ					1	1			1	
		～コトガナイトモイエナイ										1
疑問推量系		～ハセマイカ／シマイカ	2				1	4	1	2	4	2
		～ハシナイカ	6		1	8	1	2	3	1	2	2
評価的複合形式	～タラ	～タラワルイ					1					
		～タラバツマラナイ									1	
		～タラ - 言いさし									1	
	～テハ	～テハナラナイ		1								1
		～テハワルイ	1	3		1	1	1	3			
		～テハイケナイ							1			
		～テハツマラナイ	1									
		～テハタイヘンダ				1					1	
		～テハ - 言いさし	1				1					
	～ト	～トワルイ					5	1	7		1	
		～トイケナイ				1		2	3		5	5
		～トツマラナイ				1					1	1
		～トタイヘンダ							1		2	
		～ト　その他						1	1			

○用例数は危惧の意に解されるもののみの数であり、不定的危惧・未実現事態危惧も含めている。

現代語では「〜ハシナイカ」の形で表される「危惧」は、未実現事態危惧であることが普通と思われるが、本稿の対象とする時期では多くはこのように既実現事態への「危惧」を表すようである。現代語であれば既実現事態危惧には「〜テハイナイカ」「〜ハシナカッタカ」の形が使われるところであろうが、この時代には「〜タ」「〜テイル」の否定形として、「〜テイナイ」よりも「〜ナイ」（動詞基本形に直接否定辞が下接する形）が使われることが多く、(注9)それと連動することであろう。

ただし、地の文ながら完全に文語的とも言えないような箇所で「神々を誓ひにたてし其人にもしや罰でもあたりはせぬかと却ツて男の身のうへが案じらるる」（恋廼染分解　初編下之巻　四七オ②）のように未実現事態危惧に「〜ハセヌカ／シナイカ」が用いられた例が見られ、(注10)「仲人なしではツイお互の我儘から愛相のつきることがないとも言えません」［お重］（恋廼染分解　二編上　三オ⑥）と、「〜コトガナイトモイエナイ」という形で未実現事態への「危惧」を表していると見られる。この辺りは「マイ」や「ウ」を伴わない「〜ハシナイカ」等の形で既実現事態を表す現代語での在り方につながっていくものかも知れない。

なお「〜ハセマイカ／シマイカ」「〜ハイシナイカ」等にも、「危惧」の念を含まない単なる疑問・質問と解されるものや、「危惧」か「疑問・質問」かの判断が微妙な例もあり、数え方によって用例数に多少の幅が生じ得る。

四　評価的複合形式

矢島正浩（二〇一三）に倣って、「条件形＋評価語」の形をとる形式を「評価的複合形式」と呼び、その中で「危惧」の意に解されるものを以下取り上げることにする。(注11)

富士谷成章『あゆひ抄』（一七七八刊）では、「モゾ」について「下に「うに」又「ばわろいに」とつけて心得べし」（富士谷成章全集　上p七二六）とするが、この中の「〜ばわろい」（又は「〜ばわるい」）は、現代では耳慣れ

ない形式ながら、矢島正浩（二〇一三）によると、近世中期資料に現れる評価的複合形式とのことである。[注12]

本稿の調査範囲では、この形式も含め「～バ」を前項部とする該当の形式自体が既に見られなくなっているようだが、現代において「～トイケナイ」が（「～ナイトイケナイ」の形で当為・義務の意で用いられる場合を除き）危惧専用に近い形で使われること等と相まって、危惧表現形式の一つとして評価的複合形式に注目するのは許されよう。更に前掲の『古今集遠鏡』でも、古今集一〇四の歌の「人もこそ知れ」の「モコソ」の里言訳として「～ウモ知レヌ」に加えて、「人ガ知テハアマリアハウラシイ事ヂヤ」を傍線を付して補っていたが、この「～テハアハウラシイ」も評価的複合形式を思わせる形である。

【前項部】

まず前項部の条件形に着目すると、当該の用例が見られるのは「～タラ（バ）」「～テハ」「～ト」の三者であり、特に「～テハ」「～ト」の両者が目につく。以下更に後項部に着目して分類・整理しつつ、論を進めていく。

【後項部】

［**～ナラナイ**］

「～ナラナイ」が後項部「～テハ」と複合した「～テハナラナイ」は、現代語では主に「禁止」「非当為・不適当」の意で使われるが、本稿の調査範囲においては、

⑬「又ぶり返しでもしちやアならねへから手めへたちは替はる替はるに気の引立やうにしやれと被仰《おつしやり》いス」（恋廼染分解　二編中　二八オ⑧）

［床花］

のような「危惧」の意と見られる例もある。

［**～ワルイ**］

後項部が「～ワルイ」（「～ワリイ」の場合も含む）であるものは、前項部「～バ」と組合わされた「～バワル

イ」は調査範囲の時期においては見出されないが、「〜タラワルイ」「〜テハワルイ」⑭「〜トワルイ」⑮の例が認められる。このような形式で「危惧」の意を表すのは、「太いのは盗んだとすぐにわかって、見られると悪いじゃないか」（川端康成「伊豆の踊子」 岩波文庫 p八四）のような例はあるものの現代語では耳慣れないように思うが、特に「〜トワルイ」は春水の人情本の頃に多用されている。

⑭「先刻《さつき》から傍《そば》で口を出したかつたが、喧嘩になつては悪いと、目を長くして居ました」［源四郎］（浮世風呂 前編下 八八⑥）

⑮「（狐火が）ひよつとこちらへくるとわるふございますからモウはやくおしめなさいませんか」［お民］（春告鳥 初編巻之二第四章 四〇三⑧）

［〜イカナイ／イケナイ］

「〜テハイカナイ／イケナイ」と「〜トイカナイ／イケナイ」が認められる。

現代語の「〜テハイケナイ」について、日本語記述文法研究会（二〇〇三）は「多くの場合制御可能な事態について用いられ」、事態が誰の行為であるか等によって「その行為を禁止する文」「自身への禁止の言い聞かせ」「許可求め」等多義的になるとし、「その事態が制御不可能なものである場合」には、「洗濯物がぬれちゃいけない。今日は部屋に干しておこう」のように「事態の実現を危惧する文として機能する」とするが、本稿の調査の範囲でも

⑯互見《みあい》の節《とき》に万一故障が出来ては行《いけ》なひから（春告鳥 五編巻十五第三十章 五九四⑫）

のような例が危惧の意を表すものとして挙げられる。（注13）

「〜トイカナイ／イケナイ」は八笑人から用例が見られ、幕末期の七偏人・恋廼染分解でも盛んに用いられている。

⑰「人にでも履かれるといけねへと思つてだらうサ」［野良七］（七偏人　初編下　上七五⑬）

⑱「もしわるい病ひでも引うけるといけまへんからの事サ［小金］（恋廼染分解　三編下　四八オ⑥）

グループジャマシイ（一九九八）は、「「V・てはいけない」も似た意味を表すが、言い切りで「禁止」の表現として使うことができる点で「といけない」と異なる」とし、現代語の「〜トイケナイ」には「禁止」の意の用法がないとの認識を示しているが、この時期には「他《ひと》は兎角に其元をわすれてしまふといけないヨ」［米八］（辰巳園　後編巻之五　三一七⑩）のような「禁止」「訓戒」寄りと見られる例も若干見受けられるとはいえ、他の評価的複合形式に比べると、危惧以外の例や文法化が進んでいない例は少なく、「〜トイカナイ／イケナイ」はほぼ危惧専用の形式に近づきつつあるように思われる。

［〜ツマラナイ］［〜タイヘンダ］等

この他、後項部である程度用例が認められるのは、「〜ツマラナイ」「〜タイヘンダ」及び後項部の省略された言いさしの形である。「〜ツマラナイ」「〜タイヘンダ」あたりになると、「評価的複合形式」の中に加えることが適当な例か、複合化・文法化が進んでいない例かの区別に迷うところもあるが、

⑲「先熱《まつ》盛りにして十三盃遣らかしたが、疝気に障るとつまらねへと思つて」［虚呂松］（七偏人　五編下　下一五六⑩）

等は「危惧」の意を表すと見てよいかと思われる。

近世前期上方語と比べると、後項部は整理されてきた観もあり、前述の『古今集遠鏡』では「モコソ」の訳として「アハウラシイ」を後項部とする「〜テハアハウラシイ事ヂヤ」が充てられていたが、そのような例も見られなかった。

後項部についてまとめると、「イケナイ」が人情本のあたりから台頭し、とりわけ前部要素「〜ト」と組み合

わさった「～トイケナイ」が多用されるようになっていることが目立つ。一方で、「ワルイ」も根強く用いられており、前述の「～バワルイ」はこの時期には既に見られないものの、「～テハ」「～ト」と組み合わさった形は存在し、特に「～トワルイ」は「～トイケナイ」台頭後は（用例数の分布においては）それに代わられるような兆しも見せながらも、なお根強く用いられている、といったところであろうか。

五　おわりに

以上、この時期において危惧表現に与っていたと思われる形式を挙げてきた。各種の複合的形式が担う役割が大きいとの見通しが得られたほか、「危惧」の意の「～カネナイ」の定着、「～トイケナイ」の台頭等、現代語へのつながりが感じられる面が多々見てとられたが、未実現事態危惧か既実現事態危惧かによる「～ハシマイカ」と「～ハシナイカ」との使い分けや、「ワルイ」を後項部とする評価的複合形式がなお根強く用いられている等、現代語とは異なる様相も見受けられた。なお副詞の類については、本文で触れたもの以外に「ワルクスルト」等もあるが、これらの考察は別稿を期すこととしたい。

本稿では、各形式の意味・用法の詳細な検討に及ぶことはできなかったし、加えて第一節でも触れたように本稿で取り上げた危惧表現そのものが等質的ではなく、そもそも「危惧」ということに関する定義・整理が不十分なままであることは否定できない。これは筆者の浅学によるところ大ではあるが、従来の理論的研究において「危惧」の定義・位置づけに関して必ずしも十分な蓄積がない面もあり、むしろ本稿のような作業を各時代において進めながら並行的に整理を進めていく途もあろうかと思う。

注

（1）仁田義雄（一九九一）は、「形式自体が、過去になることもなければ、否定にもならず、話し手の心的態度のみを表す表現形式」、「過去や否定になることがあり、話し手以外の心的態度を表すことのある表現形式」を「真正モダリティ形式」「疑似モダリティ形式」とする。（p五三）

（2）引用は筑摩書房本居宣長全集第三巻（p五六）により、傍線は原文のまま。同書の「例言」（p一二）に、「かたへに、長くも短くも、筋を引たるは、歌にはなき詞なるを、そへていへる所のしるしなり」とする。また同書で訳語としている「俗言」は「大かたは京わたりの詞して（p六）」［同書「例言」］とあるように上方語色が強いものと見られる。

（3）山口堯二（二〇〇〇）は、「モシ」を「事柄の不透明な実現性・現実性を表す副詞」とし、それが仮定の副詞へ移行するに伴い、不透明な実現性・現実性をより強く表せる「モシモ」「モシヤ」「モシカ」等の語形が現れ、更に類義の「万一」「自然」「ヒョット」等も、本来「モシ」の担っていたそのような意味を分担するようになったとする。これに従えば、これらの副詞も【〜シラナイ】類の「不透明な実現性・現実性」を強調するものだとしても「危惧」の意そのものを添えるわけではないことになる。

（4）この用例は、「ウ」を伴わない「動詞基本形＋カモシレナイ」の形で未実現事態について述べている（「危惧」ではないが）例でもある。④の八笑人や七偏人あたりからそのような例が増えるということなのか否かは、なお検討を要する。

（5）ただし現代語の例ではあるが、松原幸子（二〇〇八）の挙げる「名医なら万にひとつ、なおらぬ病気でもひょっとしてなおせないものでもない。」（三浦綾子「塩狩峠」）という例は、「〜ナイモノデモナイ」と「ヒョットシテ」が共起しているが「危惧」ではない。

（6）この他の否定疑問推量・疑問推量形式「〜マイカ」「〜ナイカ」「〜ウカ」等は、「若し万一《ひょっと》、わるい虫が出やうかとの、案じがこうじて」［喜次郎］（七偏人　五編下　下一六一⑬）のように「モシ」「ヒョット」「案ジル」等との組合わせで用いられた場合には、「危惧」の意に傾くようでもあるが、その場合も「（菊石屋の息子と豊後の師匠の取りなしが）ひよつと欲心で出来よふかと」［呑七］（八笑人　二編上　九四②）のように「危惧」の意とは解されない例もある。

（7）「マイ」がサ変動詞に下接する場合、「セ」に接続する「セマイ」と「シ」に接続する「シマイ」があることは、湯沢幸吉郎（一九五四）等参照。この場合「〜ハシマイカ」の方が多く、「〜ハセマイカ」は膝栗毛に2例、八笑人（五編）に1例。

（8）「イ・エに（引用者注：助詞の）「は」が付くと「ヤー」となり、従ってそのイ・エが子音と熟合したものであると、

ア列の拗長音となる」（湯沢幸吉郎（一九五四） p三二四）

（9） 赤峯裕子（一九八九）等参照。

（10） 「忘らるる身をば思はず誓ひてし人の命の惜しくもあるかな」の歌の心を敷衍・説明した箇所。他に口語的な箇所での「モシ舟が片よりやしませんかねへ」（恋之染分解　初編上之巻九オ⑥）も、既に「片よ」っていることを危惧しているのか、これからそうなることを危惧しているのか、微妙と思われる。

（11） 矢島は「不適当」の意の評価的複合形式のうち、働きかけ性のあるものを「禁止」、働きかけ性の無いものを「非許容」とし、それを更に「当為判断・危惧・後悔・不満」に分けるが、本稿では「危惧」をしながらも聞き手に対する「禁止・訓戒」のニュアンスも感じられるという程度のものは、「危惧」の意の例に数えることもある。

（12） 矢島の掲げる例の他に虎明本狂言や近松半二の浄瑠璃にも例が見られる。

（13） 現代語の「～テハナラナイ」について、日本語記述文法研究会（二〇〇三）「～テハイケナイ」とほぼ同じ意味としながらも、「制御不可能な事態の実現を危惧する文としては使いにくい」としており、⑬の例はその点現代語と異なると言える。近世前期にはこのような危惧の意の例が比較的多く認められるようである。

参考文献

赤峯裕子（一九八九）「「まだ～ない」から「まだ～ていない」へ」（『奥村三雄教授退官記念国語学論叢』桜楓社）

グループ・ジャマシイ（一九九八）『日本語文型辞典』（くろしお出版）

小池康（二〇〇三）「いわゆる「可能性想定」を表わすモダリティ副詞の史的変遷―モシカスルト類・ヒョットスルト類・コトニヨルト類を対象に―」（『文芸言語研究　言語篇』四四）

康雯琪（二〇一二）「中世末～近世期口語資料におけるモシ疑問文・推量文の文型と意味」（『岡大国文論稿』四〇）

近藤　明（一九九四）「危惧の「～カネナイ」の成立」（『北陸古典研究』九）

近藤　明（二〇一三）「中古における危惧表現をめぐって―「モゾ」「モコソ」とその周辺―」（『国語語彙史の研究』三二（和泉書院）

近藤　明（二〇一四a）「万葉集・三代集における危惧表現をめぐって―「モゾ」「モコソ」を基点として―」（『金沢大学人間社会学域学校教育学類紀要』六）

近藤　明（二〇一四b）「「モゾ」「モコソ」の表す「危惧」の性質をめぐって（上）」（『北陸古典研究』二九）

近藤　明（二〇一五）「近世前期における危惧表現形式」（『金沢大学人間社会学域学校教育学類紀要』七）
佐々木峻（一九九三）「大蔵流狂言詞章の文末表現法―「…か知らぬ。」「…ぢゃ知らぬ。」等の言い方について―」（山内洋一郎・永尾章曹編『近代語の成立と展開』和泉書院）
渋谷勝己（一九八八）「江戸語・東京語の当為表現―後部要素イケナイの成立を中心に―」（『大阪大学日本学報』七）
高山善行（一九八九）「複合係助詞モゾ、モコソの叙法性」（『語文』六五）
田中章夫（二〇〇一）『近代日本語の文法と表現』（明治書院）
仁田義雄（一九九一）『日本語のモダリティと人称』（ひつじ書房）
日本語記述文法研究会（二〇〇三）「第3章　評価のモダリティ」（現代日本語文法④　第8部モダリティ』くろしお出版）
松原幸子（二〇〇八）「「〜ないものでもない」に関して」（『日中言語研究と日本語教育』一）
森田良行・松木正恵（一九八九）『日本語表現文型』（アルク）
矢島正浩（二〇一三）『大阪・上方語における条件表現の史的展開』（笠間書院）
山口堯二（一九九〇）『日本語疑問表現通史』（明治書院）
山口堯二（二〇〇〇）「副詞「もし」の通時的変化とその周辺」（『京都語文』六）
湯沢幸吉郎（一九五四）『増訂江戸言葉の研究』（明治書院）

付記

本稿は科学研究費補助金（基盤研究C　課題番号25370513）による研究成果の一部である。

近代における助数詞「個」の用法

伊藤由貴

一　はじめに

助数詞「個」は様々なものに使用できることから現代語を中心に研究が積み重ねられている。特に現代語における「個」の用法に関してはその使用条件や特性がいくつか示されている。また、それに加えて、「個」の用法が広がりつつあるという変化が複数の研究で指摘されている。しかし、一方で近代以前の「個」に言及した研究はあまり無い。現代語における「個」の用法の変化は「個」の通時的な変遷の末にあるはずで、「個」がどのような変遷をたどってきたかを見ることは、現代語の「個」を考える上でも必要であろう。

助数詞「個」が多く使われるようになった近代に目をむけると、先行研究で指摘されている現代語の「個」の特性を満たしていない用例も多くみられ、現代よりも広い範囲で使用されているように見える。そこで、本論文では、近代における「個」の用例を調査・考察し、近代における「個」の用法がどのようなものであったのかを明らかにすることを目指す。

近代は、それまであまり一般的に使用されていなかった助数詞が広く用いられるようになる例などが報告されており、(注1)助数詞の一つの転換期と見ることもできる。そのため、近代の助数詞の様相を明らかにすることは、助数詞の通時的変遷を考える上でも意義があると考える。

本論文の構成は次の通りである。二節で先行研究について概観し、三節で近世以前の「個」の様相について確認する。四節で新聞のデータベースを用いて「個」の用法について考察し、五節では四節の結果を踏まえて「つ」と比較し、近代の「個」がどのようなものであったのかを検討する。六節はまとめである。

二　先行研究

助数詞「個」についてはいくつもの先行研究があるが、その多くは現代語の「個」に焦点をあてたものである。谷原・顔・リー（一九八九）では「個」などの助数詞を用いた例文をインフォーマントに与え、その使用が自然か不自然かという回答をもとに「個」のプロトタイプの要因を「1．具象物である。」「2．小さいもので重みがある。」「3．一定のまとまった形のある固体である。」「4．独立して存在できる個体である。」とする。また、松本（一九九一）は「個」について、「-コは形の条件を持たない一般的な類別詞であり、その使用は優先的に使われる-ホン、-マイ、-ツブに制約される」とし、「空間的に独立的」「固体的」「可視的」であることが必要条件であるということを述べた上で、近年これらの条件が必要条件の資格を失いつつあると述べる。

Shimojo（一九九七）は通時的な観点も踏まえて助数詞「個」を考察した研究である。聖書の一八八七年版、一九五五年版、一九八九年版の助数詞の使用の変化を調査し、現代語についてはアンケート調査、談話から採取した用例を基に考察している。その結果、現代語において、「個」には「三次元的で手で持つことのできる固体（solid three-dimensional hand-size manipulable objects）」を使用対象とする specific classifier（以下、個別的助数詞）としての性質と特別な分類対象を持たない general classifier（以下、包括的助数詞）としての性質があるとしている。そして、近年、話し言葉を中心に特別な使用対象を持たない包括的助数詞として使用が増えてきているとしている。

これらの先行研究の見解を整理すると現代の「個」は概ね「固体的」「三次元的」「空間的に独立している」「ある程度小さい」という条件を満たすものが中心的な使用対象であると考えられる。近代の「個」について触れているものは管見の限りShimojo（一九九七）のみであるが、近代の「個」はあまり一般的な助数詞ではなかったとしている。しかし、近代の書き言葉では「個」の用例が多数見られ、また、その使用対象は現代の「個」でいわれている使用対象よりも幅広いようにみえる。

三　近世以前の「個」の様相

助数詞の「個」(注2)は中国語の量詞「箇（个）」に由来すると考えられるが、中世以前の用例は少なく、一般的な助数詞ではなかったと考えられる。近世に入ると和語助数詞の「つ」や「（た）り」の漢字表記に用いられるようになった。

（1）また一人や半分有た所があの義理の、此義理のともふ勿躰ねへほどありがたくつても、二個《ふたり》の人へ義理が其処がやつぱり男日でりのした所かへト懐手をしてうつむく。（春色梅児誉美）

（2）無花果の大なる者三個《みつ》を取り細に剉み、白芥子、排草香子各二匙を加へ、[…]（厚生新編）

文学作品では唐話の影響が強い作品を中心に「個」の表記が見られるが、「こ」と読ませている確例はほとんど見られず、当時の話し言葉で一般的に使われるような語ではなかったことが推測される。学術書のような漢文訓読体の文章においては「個」の表記が多く見られるが、文体の性質上、読み方が確認できない例が多い。振仮名が付されている場合は「つ」とあることが多いが、（3）のように十以上の数で「個」が使用されている場合は助数詞の「個（こ）」として使用されていた可能性がある。

（3）真珠。蚌の肉中に在る者を最上とす。［…］毎蚌大抵十個、或は十二個を含む。（厚生新編）

このように近世以前の「個」は、用例は見られるものの、限られた位相でのみ使用されていた助数詞であったと考えられる。しかし、近代に入ってから口語体の文章での使用も見られるようになり、一般的な語となっていったことがうかがえる。次節でその用法について詳しくみていきたい。

四　近代における「個」の用法——朝日新聞の用例から——

四、一　「個」の使用範囲

近代における「個」の用法を調べるため、「朝日新聞」の記事データベースである「聞蔵Ⅱビジュアル」を用いた。このデータベースでは「朝日新聞縮刷版一八七九～一九八九」の新聞記事を見出しとそれぞれの記事に登録されたキーワードから検索することが出来る。(注3) 一八七九年から一九四五年までの記事を「二個」～「九個」、「二箇」～「九箇」というキーワードで検索し、元の新聞記事でどのような項目に「個」が使われているのかを調査した。(注4)

見出しとキーワードで検索できる記事のみの調査となり、また助数詞と組み合わされる基数詞も限っているため、新聞での用例を網羅した調査ではないが、助数詞「個」がどのようなものに使用されているのかの大枠を掴むには有用であると考える。

調査結果は次頁の【表一】のとおりである。調査によって得られた用例を便宜的に三期に分け、それらの項目を有生物か無生物か、具体物か抽象物かという観点で分類した。

一八七九～一九〇五年は期間の長さに比して用例が少ないが、これは新聞自体の初期のページ数の少なさのためかと思われる。有生物を数えている例は三例のみで、(注5) 比較的初期の用例である。近世から、人を数える和語助

【表二】朝日新聞における「個」の使用項目

年代	無生物		有生物
	具体物	抽象物	
一八七九～一九〇五	鑰、奇石［貝の化石］、金属貨幣3、金瓶、実印、真珠、時計4、猫の首、擬宝珠、郵便物、指輪、私書函、巻莨入、鈕子、大時器、死体3、千両箱、初荷［生糸］、郵便投函、浮標、街灯、要塞、学校2、教会、水路、男根、乳房、穴、影	営業、疑問、策、事件2、質問、条約、入学試験2、問題2、要素、落籍、論点、軍隊3、政党2、暗流	主権者、人物、美人
一九〇六～一九二五	食麺麭、（生）阿片、合鍵、慰問袋、印鑑、応募［設計図か］、紙入、カメリヤ［煙草］、経筒、金属貨幣2、首、顕微鏡、小石、探照燈、砂岩、三寶、桟橋、自働電話、人骨4、大福餅、珍品2、銅貨十円包、時計4、握飯3、爆弾7、初物［西瓜］、柩7、風船玉、釦、巻貝等の化石、メダル、木杯、郵便袋、指輪2、百合根、与太票、雷管、大勲位頸飾章、行嚢3、鞄・トランク5、記念碑、行李3、死体25、鍋釜2、布包2、箱、木乃伊、大金庫、気球、信号、記号2、推進器、石碑、発動機4、飛行機3、列車4、入口、大建築、水門、乳房、洞窟、ハッチ、噴火口、砲台、溶鉱炉、分派堡、砲塁、セバストポール［要塞］、穴、爆声、震源帯、低気圧2	理由3、案5、安打、大事件、階級、改良点、勝越星、仮想、観察、疑問4、教訓、傾向、決議、原因、原則、再修正、事実、時代相、借款、条件4、条項2、条約3、立場、通牒、特別会計、難点、発明、方式4、無定見、問題6、好教訓、留保、種繭審査会、委員会2、軍隊3、都市及び村落、土耳古、連邦共和国	
一九二六～一九四五	金属貨幣2、遺骨、糸玉、位牌、狼頭骨、大礼記念章、ガマ口、カメラ、金塊、栗、小包、石油カン、石鹼、ダイヤ、煙草ケース、卵6、銅なべ、土器［甕］、時計4、爆弾8、白骨、柩3、プリズム［アタッチメント］、帽子、マイクロフオン、蜜柑、指輪3、百合［球根か］、リンゴ3、レンズ、わら人形、（商品陳列）ケース、大石、大箱、行嚢2、行李4、死体27、トランク、荷物2、手提かばん、花環、気球、食堂車、発動機3、ブイ、大宮殿、銀行3、支店、百貨店、売渡所、（電車）路線2、映像、サイン、大断層、電灯	理由2、議定書等4、案5、意見、改造説、規則、協約、計画2、決議、条件4、新記録3、新停車場建設、選手権、対立、盗塁、難点、比率、報告、法幣相場、喜悲劇、区域2、非常任理事国、非常任理事席、新議席、会員組織、税警団、戦車大隊	

※類似の用例があったものは纏めて、その用例数を項目の後に示している。

数詞「(た)り」に「個」の字を当てることはよく行われてきたが、それをそのまま音読みにして用いた例だと考えられる。しかし、このような例は稀なものであり、有生物を数える用法は定着しなかったことがうかがえる。

(4)昨日の貴族院、四個《こ》の美婦人を見る婀娜たる花嫁あり瀟洒たる細君あり束髪装の令嬢あり
(一八九一年十二月八日)(注6)

無生物では、三期それぞれに具体物・抽象物を数える用例がどちらもみられる。現代の助数詞「個」は基本的に具体物を数えるとされるが、抽象物を数える用法もこれだけ存在する以上、近代の「個」は具体物にも抽象物にも使用できると見てよいだろう。以下はその用例である。

(5)凡そ物産は三個《こ》の要素より増殖する所の者にして即ち土地と労働と資本に由る者なり
(一八九四年三月二十七日)

(6)これに対して大蔵省は左の四個《こ》の理由を挙げて否認することに決定した
(一九二七年十月二十七日)

(7)民政党では別項の如く三十日の総務会にて対支問題に関し済南事件解決、満州某重大事件並に政府の国民外交否認につき左の如く三個《こ》の声明書を発表した
(一九二九年三月三十一日)

また、具体物を数える用例は以下のようなものがある。

(8)五十匁のリンゴ四個《こ》あればシャンペンの大瓶が一本出来ます
(一九三一年八月二日)

(9)[…]運河の全長は五十哩にして太平洋及大西洋面両端より七哩半の所に各六個《こ》の水門あり
(一九一三年十月二十日)

(10)何事も機械化による能率増進を第一とする米国では御覧の通りの器械を考案した、即ち一度ペンを動かせば忽ち二十四個《こ》分のサインが一時に出来上るといふので重役殿、手数が省けると大喜びである、
(一九三六年十一月十六日)

（11）氏は曰予は夕号沈没後直に四個《こ》の爆声を耳にしたり　（一九一二年四月二十六日）

「リンゴ」のように、「三次元的」「固体的」「独立的」「ある程度小さい」といった現代の「個」の条件を完全に満たすものもあれば、「三次元的」「固体的」ではあるがかなり大きく、運河から切り離すことはできないため「独立的」であるとは言い難い「水門」、目には見えるが厚みが無く、「三次元的」「固体的」「独立的」とは言えない「サイン」、目に見えず形を持たない「爆声」とさまざまなものが「個」によって数えられているということがわかる。ここから、具体物の「個」の使用条件を見出すことは難しい。

四、二　包括的助数詞としての「個」

以上、見てきたように近代の「個」は無生物を広く数えることができる助数詞であったということがわかる。Shimojo（一九九七）では現代の「個」に包括的助数詞としての機能があると述べているが、近代においてはどうであったのか確認したい。

Shimojo（一九九七）に挙げられる包括的助数詞の三つの機能をまとめると次のようになる。

① complement function—個別的助数詞が使用されるものの残余や周辺的なものに使用する。
② default function—特定の語用論的環境で個別的助数詞の代わりに使用する。
③ unspecified-referent function—指示物を分類するための情報がないものに使用する。

Shimojo（一九九七）によると現代語では「つ」が三つ全ての機能を持ち、「個」は①と②の機能を持つとされている。もちろん、包括的であると言っても有生物・無生物を問わず使えるわけではないため、無生物という範疇における包括的助数詞という意味である。以下で近代の「個」の包括的助数詞としての性質を確認していく。

Shimojo（一九九七）は現代の「個」は①と②の機能を持つとするが、ここでは① complement function（以下、補

完機能）に焦点を絞りたい。(注7)

補完機能は個別的助数詞が使用されるものの残余や周辺的なものに使用する機能とされている。四、一の調査結果を見ると「低気圧」「理由」などのように使うことのできる個別的助数詞が見当たらないものが多く見られる。これは近代の「個」の補完機能を表していると考えられる。

また、近代は、それまでになかった事物が外国から多数取り入れられたり、生み出されたりした時代である。それらの新しい事物は決まった助数詞がなく、まずは従来存在した個別的助数詞の使用対象の外側に置かれることも推測される。そこで近代の新しい事物として「テニスコート」を取り上げてみたい。飯田（二〇〇四）によると「テニスコート」は「面」で数えるとされている。しかし、「面」は近代の初めにはコートを数えるような用法は持っていなかった。見坊（一九六五）でも「面」の新しい用法としてテニスコートを数える例が挙げられている。では、近代においてテニスコートはどのように数えられていたのか、同じく「聞蔵Ⅱビジュアル」を用いて調査を行った。(注8)結果は【表二】の通りである。

用例を採取できた年代にばらつきがあるものの、一九三〇年代に「面」を用い始めたことがわかる。それ以前は「箇所」「コート」「つ」「個」「φ」(注9)が用いられている。場所を数える個別的助数詞の「箇所」はコート数なのかコートのある場所の数を数えるのかがわかりにくいため、定着しなかったのだろうか。

【表二】テニスコートの数え方

日付	助数詞	日付	助数詞	日付	助数詞
1905/ 7/ 3	個	1924/ 7/27	箇所	1932/10/27	個
1908/12/27	箇所	1926/10/20	ヶ所	1932/12/25	つ
1920/ 3/14	つ	1927/ 5/11	つ	1932/12/25	コート
1921/ 5/ 5	コート	1927/ 7/ 5	φ	1933/12/23	ヶ所
1921/10/ 9	つ	1927/ 8/ 7	個	1934/ 2/21	コート
1921/12/29	箇所	1931/ 1/14	つ	1937/ 4/15	面
1922/ 3/15	つ	1931/ 6/12	φ	1939/ 3/10	面

「φ」のように何も助数詞をつけないのは現代でも適切な助数詞がない場合に選ばれる手段である。「コート」のように数える対象の名詞をそのまま助数詞のように使用するといったことは「コート」に限らずよく見られる表現である。包括的な用法を持つ「つ」を用いた例もある。そして、それらに並んで「個」も使用されている。これは近代の「個」が補完機能を持っているために使用できたのだと推測できる。

このように近代の「個」は無生物であれば広い範囲で使用されていたことに加え、包括的助数詞の特徴の一つである補完機能を持ち合わせていたことがわかる。

五　「つ」との比較から見る「個」の特徴

前節で、「個」は近代において無生物で広く使用されていることを述べたが、このように「個」を広い範囲で用いることができたのは「つ」との関連が考えられる。(注10)「個」は現代語でも「つ」と比較されることが多いが、近代の特に初期においては密接な関係にあった。「個」は中国語の量詞「箇」に由来するため、その用法の影響も考えられるが、日本で「個」が使われはじめたころは「個」に「つ」と振仮名が付されていることも多かった。また『言海』などでも「つ」の漢字表記として「個」が挙げられており（後掲）、「個」は「つ」の漢字表記、もしくは「つ」の漢語的表現と認識されていた時期もあったのではないかと思われる。もちろん、近代でも現代と同じように「つ」は具体物にも抽象物にも使用できる。

(12)自分の風呂敷へ軒の下に並べてある三つの南瓜を包まうとしておつたは「俺れが南瓜は此れだつけかな」と不審相にいつた。（土）

(13)『[…] 旅行を始めてから一日二日は、此三つの事情の凡てか或は幾分かゞ常に働くので、是では折角の約束も反古にしなければならないといふ気が強く募りました。[…]』（行人）

このように、幅広い対象を数えることができる「つ」の用法が受け継がれ、「個」も幅広い対象に使用でき、また、包括的助数詞としての性質を持つことができたのではないだろうか。

以上のように、「個」の用法には「つ」の用法が大きく関わっている可能性を述べたが、「つ」の用法と「個」の用法が全く一致するわけではない。次に「つ」との使用範囲の違いから「個」の性質を検討する。

五、一　近代における「つ」の用法

まず、近代における「つ」の用法について述べておきたい。松本（一九九一）では現代語の「つ」に関して「抽象物を含むほとんどすべての無生物に用いることができ、〈無生〉という条件のみに規定される類別詞」とする。古典語については助数詞の起源を考える目的から上代語が考察の対象になることが多いが、田中（一九八七）は「つ」は「純粋に抽象的な数概念を表す助数詞である」とし、三保（二〇〇六）も「つ」が「幅広いもの・ことを対象として用いられ、そのいずれかとの間に緊密な、または、限定的な関係を有するということがない」ことから他の助数詞と「同列に置くことはむずかしい」と述べる。これらの先行研究を参照するに、現代語の「つ」と古典語の「つ」の大きな違いは現代語の「つ」が無生物という大きな枠ではあるものの、特定の使用対象を持つものとして捉えられ、他の助数詞と同列に扱われることが多いのに対し、古典語、とくに上代語においては特定の使用対象を持たずに、純粋に数を表すと考えられている点である。このことから、古典語から現代語にかけて「つ」の助数詞化とも言えそうな現象が起こっていると考えられる。では、近代における「つ」はどのようであったのだろうか。

山田（一九〇八）では「ひとつ、ふたつ、[…]」といった「つ」を用いた数詞を「抽象的の数をあらはす数詞」として「一、二、三、[…]」といった漢語基数詞と同列に扱っている。そして「上に述べしものは数を抽象的に示したるものなるが、之を具体的にせむが為に其の数を示すと同時に如何なる事物の数なるかをも合わせて示す方法あり。」として「ひと夜、ふたり、みつき、[…]」や「一冊、二枚、三本、[…]」といった助数詞を用いた数詞を挙げている。この記述からは「つ」と他の助数詞を同列には扱っていないことがわかり、田中（一九七八）の「純粋に抽象的な数概念を表す」という古典語の「つ」に対する指摘と共通した見解が示されていると言えるだろう。

確かに、近代の「つ」は幅広い対象に用いられ、数えられない対象が想定しにくい(注11)。先に「つ」は無生物において具体物でも抽象物でも用いることができたと述べたが、近代では有生物を数える用例も見られる(注12)。

(14)「[…]今年などは身上もちつとは残りさうですよ、金で残らなくてもあの、児牛二つ育てあげればつて、此節は伯父さん、一朝に二かつぎ位草を刈りますよ、[…]」　（姪子）

また、量を表すのみならず、順序を表すような例も見られる。

(15)[…]お住はいつも気の強いお民に当てこすりや小言を云はれ勝ちだつた。が、彼女は言葉も返さず、ぢつと苦しみに堪へつづけた。それは一つには忍従に慣れた精神を持つてゐたからだつた。又二つには孫の広次が母よりも寧ろ祖母の彼女に余計なついてゐたからだつた。　（一塊の土）

このような表現が可能なのも、近代の「つ」が純粋な数概念を表しているためと考えることができるのではないだろうか。

五、二　近代の「個」と「つ」の違い

本節の最初に述べたように、「個」は初期の段階において「つ」と切り離して考えることはできないものであった。そのため「個」も初期においては次のように純粋に数を表すために用いられたことがあった。

(16)5に、0を、幾個、加ふれば、五百個と、なるや、（小学算術書一）

(17)八は、十七個より、幾個少きや、（小学算術書二）

これは算術の教科書の出題であるが、これら「五百個」「十七個」は「500」「17」という数を表しており、「個」が純粋な数概念を表すものとして機能している。しかし、このような用法は稀なもので後には見られない。また、「つ」は順序を表す場合や有生物に対しても使えたと述べたが、「個」にはそのような用法が定着している様子は見られず、「個」は無生物を使用対象とする助数詞であったといえそうである。そのため、辞書の語釈にも「つ」と「個」の差は表れ、『言海』には次のように記されている。

(18)つ（接尾）箇 個 数詞ノ下ニ付キテ、言ヒ据ヱテ数ヘユク語。ヒト―」フタ―」イツ―」ナナ―」幾―」五百津ノ御統」此語、十進以上ナレバ、ち、又、ぢトモ転ズ、「ハタチ」ミソヂ」ヨソヂ」百チ」千ヂ」（言海）

(19)こ（接尾）箇 個 物ヲ数フルニイフ語。「一―」二―」五―」百―」（言海）

他の助数詞の語釈を見ると、「本」は「書物、又ハ長キ物ヲ数フル語」、「巻」は「巻物、書物ヲ数フルニイフ語」というように、それぞれが「～ヲ数フル語」または「～ヲ数フルニイフ語」という形で書かれている。このことを踏まえて「つ」と「個」の語釈を見ると、「個」は他の助数詞と同じ書き方がされているのに対し、「つ」は、異なった書き方がされており、これも「個」と「つ」の性質の違いの表れと見ることもできるだろう。

なぜ、「つ」と密接な関係にありながら「個」が純粋な数概念となりえなかったかという点については、漢語基数詞の「一、二、…」が存在していた為だと考えられる。和語基数詞「ひと、ふた、…」は「つ」がついてはじめて自立した語となれるが、[注13] 漢語基数詞は単独で用いることができる。そのため、そこに「個」というプラスアルファがある以上、純粋な数概念とはなれなかったのではないだろうか。また、「つ」の有生物を数える用法や順序を表す用法などは近代以後、衰えていくものであり、その衰えのために「個」にはその用法が受け継がれなかったということも考えられる。

六　まとめ

ここまで述べたことをまとめると次の通りである。

- 近代における「個」は有生物には使用できないものの、無生物であれば、具体物・抽象物を問わず、幅広く使用できた。（四、一節）
- 近代の「個」には、個別的助数詞が使用されるものの残余や周辺的なものに使用する機能があることが確認でき、包括的助数詞としての性質を持っていたと考えられる。（四、二節）
- 近代の「つ」は抽象的な数を表すとされるのに対し、「個」は無生物を使用対象とする助数詞であったと推測される。（五節）

現代語の「個」は「三次元的」「固体的」「独立的」「ある程度小さい」といった特性を持つ具体物が主な使用対象であるとされる。しかし、近代の「個」からはそのような特性は見いだされず、現代の「個」とは異なる様相を呈していることがわかる。そうなると、現代の「個」の持つ特性はどのように形成されてきたのか、という新たな問題が浮かびあがり、また、現代の「個」は用法が拡大しているということがたびたび指摘される（荻野（一九九〇）他）が、その変化は「個」の通時的な変遷の中でどのように位置づけるべきなのか、といったことも新たな課題となってくる。「個」は助数詞の中でも主要なものであり、「個」の変遷を明らかにすることは、助数詞の体系や歴史的変遷を考える上でも大いに役立つだろう。今回はその一歩として、近代の「個」についての考察を試みた。

注

（1）王（二〇〇八）では「頭」について、伊藤（二〇一一）では「回」について、近代に入って一般的に使われるようになったことが報告されている。また、田中（二〇一三）では「店」は近代に成立したことが報告されている。

（2）助数詞「個」は現代では、「個」の表記が一般的であるが、近代以前には「箇」の表記も多く使用された。「個」と「箇」の表記の違いによる用法の違いは見いだすことができなかったため、本論文では、同じものとして一括して取り扱う。以下、「個」とある場合には「箇」も含んでいる。

（3）キーワードや見出しから検索することのできる新聞のデータベースとしては読売新聞の「ヨミダス歴史館」もあるが、検索対象となる見出しが現代語によるまとめになっている記事もあり、またヒットする記事数も「聞蔵Ⅱビジュアル」の方が多いため、朝日新聞を調査対象とした。

（4）「一個」は以下にあげる例のように「独立した」という意味合いをもった使われ方をすることがあるため、キーワードからは除外した。

どこまでも他を一個の人として存在させ、自分も一個の人として立ち、そして同じ日月の下にこの生を了せんとする、といふ調子をもつて終始してゐた。（淡島寒月のこと）

また、用例の採集は以下のような基準で行った。

・検索は見出しとキーワードを対象とするが、必ず記事本文を参照し、どのようなものに「個」が使用されているかを確認した。

・記事本文内で用例が複数出てきた場合、同じもの、もしくは同類のものを数える表現ならば一例とカウントし、異なるものを数えている場合はそれぞれをカウントした。

・見出しや記事本文の「個」に「（た）り」や「にん」、「つ」と振仮名が付されていたものは、用例から除いた。「か」と振仮名が付されているものは「こ」という読みが固定化するまでの途中段階における読みのゆれとも考えられるが今回の結果からは除いた。

・「三個旅団」「四個列車」のような語もヒットするが、これらは助数詞「個」の用法なのか、「個旅団」「個列車」でひとまとまりなのかが判別しにくい。そこで今回は数える対象が「個」の直後に来ているものは用例から除いた。

（5）三例の内、一例は振仮名が付されていない例であり、「（た）り」と読ませた可能性がある。

（6）以降、日付のみの用例はすべて朝日新聞の用例である。

（7）Shimojo（一九九七）において個別的助数詞が使える場面において「つ」や「個」が使用されているような用例は default function（以下、デフォルト機能）の表れであるとしている。近代の「個」の用例の中にも個別的助数詞が使える場面で「個」が使われているように見える用例もあるが、それぞれの個別的助数詞が、近代においてどのような用法であったかということまで考察を要するため、今回、近代の「個」におけるデフォルト機能の判定は保留とする。

（8）「テニスコート」「庭球コート」という語で見出し及びキーワードを検索し、テニスコートを数える場合、どのような数え方がされているのかを調査した。

（9）「φ」は「八の芝生コート」のように基数詞の後ろに何もついていないことを表す。

（10）Shimojo（一九九七）でも「つ」の漢字表記に「個」が使われている例があることから用法上の関連が示唆されているが、Shimojo（一九九七）においては「個」の包括的助数詞としての性質は徐々に発達してきたものであり、最初から備わっていたとは考えられていない。

（11）田中（一九八七）では上代における「つ」は「たび（度）」や「へ（重）」のように動きを連想させる必要がある場合には用いることができなかったとするが、近代にはそのような表現も可能である。以下の「つ」は「度」や「回」に置き換えられるような例と考えられ、動きのある場合でも使用できた。

　呼ばれた十二三の子が紐をつけた鉦と撞木を持て来た。辰爺さんはガンと一つ鳴らして見た。「此らいけねえな。斯様な響をすらア」ガン〳〵と二つ三つ鳴らして見る。冴えない響がする。（みゝずのたはごと）

（12）ただし、有生物を数える用例として見られるのは動物の例が多く、管見の限り人間を数える用例は見られない。

（13）このことに関しては渡辺（一九五二）が和語基数詞について「助数詞をとらぬ裸のままでは、意味の上でこそ立派に数概念を表はして自立語的であるけれども、単語としてひとりだちのできない、言はば半人前の語であった」と述べ、三保（二〇〇六）は渡辺（一九五二）を受けて、和語基数詞を「単語としてひとりだち」させるための専用の接尾語が「つ」であった、と述べている。

参考文献

飯田朝子（二〇〇四）『数え方の辞典』小学館

――――（二〇〇九）「現代日本語の助数詞」『日本語学』二十八・七　三十二～四十一頁

伊藤由貴（二〇一一）「近世・近代における助数詞「回」について―行為や出来事を数える用法を中心に―」『語文』九十七

五十四～六十六頁
王鼎（二〇〇八）「動物を数える助数詞「頭」―近世・近代を中心に―」『明治大学日本文学』三十四　一～十五頁（左開き）
荻野綱男（一九九〇）「現代日本語の助数詞の意味変化の方向」『文芸言語研究　言語篇』十七　六十七～七十七頁
見坊豪紀（一九六五）「現代の助数詞」『言語生活』一六六　五十四～六十頁
Shimojo, Mitsuaki（一九九七）"The role of the general category in the maintenance of numeral classifier systems: The case of *tsu* and *ko* in Japanese" *Linguistics 35* 七〇五～七三三頁
田中敦子（一九八七）「国語助数詞試論」『国文目白』二十六　三十三～四十一頁
田中佑（二〇一三）「助数詞「-店」の成立に関する言語的・社会的要因」『日本語学会二〇一三年度秋季大会予稿集』一〇九～一一六頁
谷原公男・顔瑞珍・デビー・リー（一九八九）「助数詞の用法とプロトタイプ―〈面〉・〈枚〉・〈本〉・〈個〉・〈つ〉―」『計量国語学』第十七巻第五号二〇九～二二六頁
松本曜（一九九一）「日本語類別詞の意味構造と体系―原型意味論による分析―」『言語研究』九十九　八十二～一〇五頁
三保忠夫（二〇〇六）『数え方の日本史』吉川弘文館
山田孝雄（一九〇八）『日本文法論』宝文館
吉田康代・松本曜（二〇一一）「近年における日本語類別詞の意味構造と体系の変化」『日本言語学会第一四三回大会予稿集』二二六～二三一頁
渡辺実（一九五二）「日華両語の数詞の機能―助数詞と単位名―」『国語国文』二十一 - 一　九十七～一〇九頁

使用資料

淡島寒月のこと〔一九三八〕…『露伴全集　第三十巻』（岩波書店）／一塊の土〔一九二四〕…『芥川龍之介作品集　第五巻』（岩波書店）／言海〔一八八九―九一〕…『日本辞書　言海』（明治期国語辞書大系、大空社）／行人〔一九一三〕…『漱石全集　第八巻』（岩波書店）／厚生新編〔一八一一―四六〕…『江戸時代西洋百科事典―『厚生新編』の研究―』（雄山閣出版）／春色梅児誉美〔一八三二―三三〕…『春色梅児誉美』（日本古典文学大系、岩波書店）／小学算術書〔一八七三〕…近代デジタルライブラリー請求記号：特37-90／土〔一九一〇〕…『長塚節全集　第壱巻』（春陽堂）／みゝずのたは

ごと（一九一三）…『徳富蘆花集』（明治文学全集、筑摩書房）／姪子（一九〇九）…『左千夫全集　第三巻』（岩波書店）

※引用にあたっては、旧字体を新字体に変え、振仮名に関しては数詞についたもの以外を省いた。また、引用中の傍線は全て筆者によるものである。

※用例の検索にあたっては、国文学資料館の「大系本文データベース」、「CD-ROM版 明治の文豪」（新潮社）、検索システム「ひまわり」の配布サイトで公開されている「青空文庫」パッケージを利用した。

仮名の変遷について

――北山抄から豊臣秀吉書状まで　付・築島裕博士の仮名史研究――

山内洋一郎

一　仮名の実用性

「仮名」は、古代の日本人が、中国より渡来した漢字を基に、実用の為に考え出した文字である。仮名の本質は、実用にある。実用という観点から仮名の歴史を考えてみよう。

草体仮名にある肥瘦濃淡の美しさが、人々の感性に合い、美術の一、美的文字となり、優れた書家は尊敬せられ、書いた文字は、敬意をこめて鑑賞せられる。しかし、国民の多くは、書き読むときに誤りのないように、正しく書くことを心がける。一つの音について一つの仮名を使う。即ち、ここでいう「実用的」を心がけるのである。実用的仮名がまず成立し、美術的仮名はその後である。この二種を分別することは、仮名の歴史を正確にする。

古代の字は、全て毛筆で書かれた。漢字の形を残し、横に広い「か（加）」と、一筆で書く「𛀘（可）」とでは、それを選ぶ意図が異なる。「き」では、画数の多い「幾」が、実用性の点で「支」より劣ると見えるが、草書では大差なく、双方とも使われた。

筆で書く時は、同音の字のうち、何を選ぶかとまず考える。筆の穂先で、上下左右、いかに書き始めるか収めるかを、書くに当たって予想し、また瞬時に判断する。このような心使いが、筆写に表われる。そこで、毛筆には日常の書写でも師匠・手本が必要になり、更に書風・流派も生まれる。実用的仮名から美術的仮名が誕生した。美術的仮名は、上流の限られた人々が、わが美的感性を発揮した作品である。仮名の歴史の必要条件ではない。美術的仮名を除いても成立するのが、仮名の歴史のあり方であろう。

二、初期の仮名文書から「平仮名」まで

和文で仮名書きの初例とされるのは、正倉院仮名文書二通である。「草仮名を思わせる草体(1)」と評される。字の内部での筆の動きが判る程度の草体で書かれ、字それぞれは単独である。連綿体ではない。

定家本『土佐日記』の巻末に、紀貫之自筆を藤原定家が臨摸した十四行がある(2)。これと『貫之集』の断巻『自家集切』とは、使用の字母が共通して、異体字が少ない。実用文書ではないけれども、仮名のあり方が正倉院の仮名文書に似て、古色がある。審美的に書く意識の感じられない、素朴な時期の草体仮名といえよう。この論文の第五章と論文末の「仮名数表」において、美術的資料三種の上に、『自家集切』『土佐日記臨摸』を置いたのは、右の意味である。詳しくは旧稿「文字史上の古筆資料草仮名(3)」に記した。

漢字の形を残す草仮名は、変化して和風の草体仮名となった。その間に、書写する人々も、仮名についての認識が変化した。その分析は、遠藤邦基「平仮名の機能の歴史(4)」(一九八二)など、近時の論文にも伺えるところ、ここに仮名研究の新しい動きが感じられる。しかし、題目の「平仮名」は、慣例に従っている。

国語学会編『国語学大辞典』(一九八〇)の「平仮名《ヒラガナ》」(執筆小林芳規)は、字体表を含む六ページを、草体仮名の発生から現代まで記述している。『日本語の世界(5)』の第五冊(執筆築島裕、一九八一)は、第二章「平仮名・片仮名の創始」の題名に示す如く、草体仮名の意で、精密に記述している。最も広義の平仮名である。

学界重鎮の両氏の記事で困惑するのは、中古・中世の仮名は現代の仮名へ連続するという意識の乏しいことである。仮名は中世に国民全般に浸透し、国民誰もが書ける文字となったのである。現代の仮名に連続せず、過去の資料にのみ通じる解説の、深遠な知識・研究は敬服の至りであるが、それでよいのだろうか。右二氏とも、美術的仮名以後は、現代の一音一字の仮名に至る表面的事実の記事で終っている。

ことば「ひらがな」は『日葡辞書』（一六〇三）が初出とされていた。それを、なぜ平安初期に始まる草体仮名の名とするのか。日本語学の重要な術語ではないか。この疑念を抱いていた時、大塚光信氏より桃源が「平仮名」を用いているとの教示を筆者は受けた。『日葡辞書』より百年古く、しかも京都相国寺住持の使用である。確実この上ない。急ぎ調査し、「ことば「平仮名」の出現と仮名手本」を『国語国文』(6)に発表し、「平仮名は、いろは四十七字の仮名である」を結論とした。

その初校の時に考えた。「ひら」は平易なやさしいの意であるから、中古から用いても誤りではないという反論が出るであろう。その答えを用意せねば。そこで補説として、答えを追加し、更に論文「「かな」「ひらがなの命名をめぐって」(7)でも説明した。

「草体仮名」といえば、美術的仮名をいうのが普通であった。古写本解読には、毛筆の草書を読み解かねばならない。その字体表には、難読・稀少の字も収められる。それは美術的仮名を印象深くした。

仮名が成立してから、年々識字層が拡大してゆく。それは、仮名学習初歩の人がいつも多勢いて、毎年増加したということである。その人々は、美術的仮名の上達を目指すのではない。仮名を知り、それを使うことにより、仮名を新鮮なもの、知って良かったものとして、日々の生活を充実して行ったのである。自由に読み書きできる仮名は、実用的に撰択せられ、無学のひけ目もなく、上手下手の気遣いもない文字となった。後にそれは「ひらがな」と呼ばれた。

仮名の歴史を作り、支えたのは、このような人々ではなかったか。
美術的仮名は、仮名の上に咲く大輪の花であり、仮名史の不可欠事項ではない。

三、仮名数表

実用的仮名を中心とする仮名表を、本論文の後半に掲載する。この論文を具体化した表であるが、その解説を前もってしておきたい。

表の縦軸、資料欄に、資料名（或いはその略称）を配す。横軸の仮名欄に、対象とする句の、初めの仮名一字とその漢字を配した。縦横の合う所に、その字の数を記す。例、横の「あ　安」と、縦の「北山抄状」の合う所に「5」とあるのは、藤原公任『北山抄』の紙背の仮名消息に、「安」が5例記されていることを示す。

この数表は、左の五項で編成した。

一、資料はA～D四種より成る。実用的仮名は、AとDである。Bの自家集切とCの三書は歌集であって、対比する為に置く。「記紀万葉・祝詞宣命等」にその仮名があれば、○印を付す。

A、正倉院文書・因幡解文仮名消息・北山抄書状　　実用的仮名
B、自家集切・土佐日記臨摸　　美術的仮名初期
C、高野切古今集・継色紙・秋萩帖・本願寺本　　右二種併存
D、西光書状……豊臣秀吉書状　　実用的仮名

＊Cの時期の実用的仮名とDの時期の美術的仮名は、対象外とする。美術的仮名の筆者も実用的文書を書く。例、藤原俊成書状
資料の呼称は「置文・譲状」以外は「―状」とする。

二、資料は、成立・書写の時期の明らかなものを優先する。資料それぞれの要点は、五、資料一覧を参照されたい。

三、書写の原本か、写真や影印により原形と確認できるものを採用する。漢字に仮名を付した翻刻など、実態不明のものは除く。

四、仮名の数は、実数で示す。

＊本願寺本[8]は多量なので、比率とする。小数は四捨五入とし、比率の零以下は「・」印のみとする。空欄は仮名の存しない意。

五、仮名の欄は、資料A～Dの文例に記す仮名とその漢字である。

＊正倉院文書等「五　資料一覧」に載る資料には、注記を略す。

数表の理解の為に、「あ」の仮名・資料欄を具体的に説明する。

「記紀万葉・祝詞宣命等」の○は、「安《あ》・阿《あ》」があり、「悪《あ》」が欠けることを示す。「安《あ》」は正倉院文書二通になく、「阿」は文書甲に3、乙に1、計4例存する。北山抄紙背仮名書状に「あなかしこ」など「あ」5例、「阿」なし。「安」が多いのは、継色紙など美術的仮名の状況であるが、北山抄書状でそれ以前に始まるとわかる。「阿」は美術的仮名に少数あり、以後は「安」のみとなる。＊「あ」と「安」は同じとする。

「悪《あ》」は、継色紙に一例の他、本願寺本二十筆のうち五筆に、27例ある。27とは多いようであるが、比率は1%もない。表に見るように、上代になかった仮名が、中古以後に出現したのである。このような事実を、この表は知らせている。

「安」はやがてア音仮名専用となり、ひらがな「あ」となる。

A・Bは、奈良朝末期に、仮名を実用的に使用したもので、字母の種類は少ない。Aの「阿・以」には古色が感じられ、上代仮名の雰囲気を残している。Bは文学資料であるが、美術的修飾がない。

Cは、仮名史の中で、異体字を最も多く、かつ繊細に使用した最盛期の資料である。高野切古今集には、くずし字初期の字形・筆跡が多い。筆の動きを推測しつつ読めば、興味は尽きない。

筆者としてDに含められる皇嘉門院・後鳥羽天皇が「阿・那」などCに多い仮名を使うのも、その身分・環境による。

四、実用的仮名時代の到来、仮名の近代化

Dは、実用的仮名が中心となり、国民全てが仮名を生活に取り入れた時代である。北面の武士西光も、皇族も、親鸞も、世阿弥も、農民も、その知的レベルはさまざまであるが、実用的文書を、それに合う文字や仮名で書いた時代である。

この時代という大枠が有効である。そのまま近世に入る。

次に仮名を幾つか取り上げて、仮名の実態として考察してみよう。

「そ」の「曽・所」は、草体仮名としては「曽」で始まる。美術的仮名では「所」がやや多く、鎌倉時代には同等に用いられたが、やがて「曽・そ」の時代となり、現代へ続く。「曽」を一筆で書いたことが、この動きの力となった。「所」は左右に幅があり、美術的仮名では、多く用いられた。「曽」は実用的であったから、近代の「そ」に続くのである。

「な」の仮名「奈・那」は如何。「奈」は上代より仮名に多く用いられた。古代漢語に「ナ」と発音する字が少なく、その中で画数の少ない「奈」が有用であった。我々には、「奈良」の「ナ」の字である。「那」も発音は同

じであるが、筆写は「奈」がたやすい。

「に」の仮名のうち、上代から近世まで「爾」の俗字「尒」が使われた。実は草書体「〓」が使われたのである。この字形は、語の始めにも終りにも、自立語にも助詞にも、普通に用いられる極めて実用的な字である。従ってこの優勢は近代へも続くかと見えた。「仁」に発する「に」も使われたが、使用頻度少なく、各丁に見るほどの多さでない。しかし「に」が近代の仮名となった。なぜか。

「は」には上代から鎌倉時代まで、「波・者」が使われた。「者」は一筆で「〓」と書く実用的仮名である。世阿弥自筆の三書「花修・別紙・きや状[9]」では、「は　0」「ハ　377」「者　73」の使用数である。「は」は使われず、仮名数表でも恵信尼以後使われていない。その「は」が近代では、正規の仮名となった。不思議ではないか。

右の「に・は」について、実用的仮名「〓・〓」が現代の仮名とならなかったのはなぜかと述べた。この二字とも一筆ですらすらと書き、使用頻度も高い。他の字とは紛れようがない字である。その答えは、実用を超えた新しい基準が出現した故にとなる。即ち、一音一字の「いろは」四十七字、即ち平仮名が仮名組織を根本から変えたのであった。第二節で挙げた「ことば「平仮名」の出現と仮名手本」がそれで、そこでは「西本願寺蔵いろは手本　伝尊円親王筆」として、影印が紙面を飾った。この「いろは手本」は、一音一字である。その中では「に・は」が用いられた。筆写で多く用いられるという点で選ばれたのではない。筆先のあり方によって、次の字はこれが適しているという筆法で選ばれたのでもない。この発音ではこの仮名と定まるのが平仮名である。仮名という簡易な文字を容易に書ける時代となったのである。

既掲の小林芳規・築島裕両氏の「平仮名」は、草体仮名の発生から美術的仮名の盛んな状況までである。その説明で現代的意義が尽されるだろうか。実用的仮名のみが、可能である。

重要なのは、国民のすべてが仮名を書き、自由に表現し理解できる体制の成立である。それがここに実現したのである。

「平仮名」が成立した時期には、「実用的仮名」と殊更にいう状況は、既に終わっていた。本稿を「豊臣秀吉書状まで」としたのは、ほぼその頃には、仮名を国民が普通に用いるようになった、と思うからである。日常では「仮名」を用い、草体仮名は「ひらがな」という時代となっていた。「仮名」は、片仮名・平仮名の総称となった。

ここで、視点を変えて、それぞれの時期の仮名全体が、時を経るにつれてどのように変わったかを考えてみたい。

美術的仮名の隆盛期（継色紙〜本願寺本）を過ぎると、一挙に仮名の数が減少し、一・二字の少数となった。この傾向は、隆盛期にも実用的仮名が存在していたとすれば、正倉院文書から西光書状以下の実用的仮名へ、連続することに気付く。即ち、仮名の歴史全てが、実用的仮名の視点で記述できるのである。美術的仮名の時代にも、官民を問わず、年令を問わず、文字・仮名を学習しようとする人々がいたはずである。

右に「一・二字の少数となった」と記した。一字は実用的仮名そのものであり、二字使用に注意すれば良い。既に「に・は」などで解説したところである。

「か」の二種「加・可」は、双方とも近世まで広く用いられた。「可」は一筆で小さめに自由に書き、「加」は筆の始めにやや改まった感覚で書くとはいえようが、筆者により、場により、文脈により異なる。

「之・志」では、「志」が意図的に使われる傾向がある。

このような同音異字の仮名使用は、文脈により前後の字により筆者により変化し、一括した説明はし難い。

仮名数表に見るごとく、鎌倉初期から末まで、仮名の使用はほぼ同じような状況であった。そして「平仮名」の成立となる。以上で仮名の歴史は、実用的仮名の視点で、説明できたのである。

五、資料一覧

「実用的仮名数表」に採用した書状について、要点を記述する。

1、正倉院仮名文書　国語学会編『国語史資料集―図録と解説―』9
解説、橋本四郎、一九七六、武蔵野書院
伊東卓治「正倉院御物東南院文書紙背
仮名消息」、美術研究、二一四号

2、因幡国司解文案紙背、仮名消息

3、稿本北山抄紙背、仮名書状
京都国立博物館所蔵、藤原公任北山抄
久曽神昇『平安時代仮名書状の研究』新訂版。風間書房。一九七六
日本名跡叢刊『平安仮名消息』解説、小松茂美。二玄社。一九八六
京都国立博物館『かなの美』I、稿本北山抄紙背仮名消息。一九九二

4、自家集切
貫之集の断簡。現存五葉十首。うち未公表一首
久曽神昇、仮名古筆（三）、「汲古」第10号、一九八六[10]

5、土佐日記　貫之自筆本臨摸　藤原定家写本巻末
書道全集旧版、平凡社

6、継色紙　伝小野道風筆
日本名跡叢刊。二玄社　一九八一

7、秋萩帖（集）　伝小野道風筆
日本名跡叢刊　一九七七
東京国立博物館現蔵。「安幾破起乃」で始まる四十八首の和歌と漢文より成る。初句によりこの名がある。『新編国歌大観』は「秋萩集」。築島裕博士に仮名字体表がある。[11]

8、高野切古今集〔第二種〕
日本名跡叢刊。二玄社　一九七九

9、西本願寺本三十六人集
天仁・天永の頃（一一〇二〜一一三）に原本成立（堀江知彦『日本の名筆』一九六三、木耳社）。松本映子『西本願寺本三十六人集の字彙』[12]による。書名呼称種々あり。

10、西光書状　西光は藤原師光の法名。仁安三年（一一六八）以前の筆

11、皇嘉門院御処分状　摂政忠通の子、皇后。治承四年（一一八〇）

12、僧某田地売券　高野山文書第五、文治六年（一一九〇）

13、藤原俊成消息　公家藤原俊成（一一一四―一二〇四）の書状
京都国立博物館『かなの美』（一九九二）所収

14　美濃鵜飼荘沙汰人百姓等中状　建保参年（一二一五）十月
埼玉県史料集　第三集　熊谷家文書

15　後鳥羽天皇宸翰御置文　古文書時代鑑上　暦仁二年（一二三九）二月九日

16　親鸞上人自筆書状　鎌倉遺文十一巻七九九八　建長八年（一二五八）五月廿八日
恵信尼は親鸞の妻

17　恵信尼書状　鎌倉遺文十二巻八九二一　弘長三年（一二六三）二月十日
鎌倉遺文二十三巻、一七六三四号文書[13]

18　あませんかう譲状
＊本間美術館所蔵。『鎌倉遺文』は正応四年（一二九一）、長野県立歴史博物館は、嘉暦四年（一三二九）とする。

19　若狭太郎荘預所書状　東寺百合文書は、応長元年（一三一一）十一月

20　世阿彌、きや状　日本思想大系24『世阿彌・禅竹』一九七四。表章・後藤ゆう子「世阿弥の平仮名書の用

字法の特色」、法政大学能楽研究所紀要『能楽研究』第五号六号、一九七九・八〇。紀要二冊により、仮名使用の実態を解説している。

21　たまかき消息　備中国新見荘の女たまかきの消息。　東寺百合文書　寛正四年（一四六三）『かなの美』所収

22　三好長慶状　古文書時代鑑、上九六。永禄四年（一五六一）五月

23　敬如上人仮名消息　天正八年（一五八〇）　滋賀県長浜市、歴史博物館展示史料

24　豊臣秀吉自筆消息、二通　古文書時代鑑上一一二、同下一〇七、文禄元年（一五九〇）

以上が本稿で用いる実用的仮名の資料である。地位・職種の多様性を考慮しての仮名の展望としては、一往の成果があったと思う。随筆・記録などになお用例が見出されるであろう。

六　築島裕博士の仮名研究

東京大学名誉教授築島裕博士は、日本語研究、特に訓点資料とその語彙・文法の実証的研究の大家であった。古社寺収蔵の文書による詳細な研究が、歿後『築島裕著作集』全八巻として、刊行されることとなった。

その目録には、博士が近年熱心に論じられた仮名史研究の論著が収められていない。特に『日本語の世界5』(14)は、内扉に「仮名」とあり、三八八ページ全冊が、仮名研究で占められている。著作集に編入する形態はともあれ、この冊が収められていないことを、多くの人々は、不審に思うであろう。＊以下この冊を『仮名』とす。

山内は、『仮名』第三章に記された表49「秋萩帖」所用仮名字体表に、誤脱・誤記の多いのに驚き、築島門下の某氏に、それを質問したことがあった。その仮信はなかったが、著作集より除かれたのがその反応ではないかと思えば、心が痛む。先人の研究に後の者が異を唱えるのは、常の事であり、恥ずべきことではない。ただデー

タの誤りの如き事項が、発表者自身が気づかず、活字化の後も発表者に質疑する人がなかったのは解せない。選集から除外しても、一度公表した論文は、消えないのである。

築島氏の関心は、仮名個々でなく、仮名組織全体を論ずることにあった。従って、当初から著書として発表された。即ち左の五書である。引用は、論1、の如くにし、論Ⅳは、『仮名』とする。

論Ⅰ　『平安時代語新論』　東大人文科学研究叢書　一九六九
論Ⅱ　『国語の歴史』　UP選書　東京大学出版会　一九七七
論Ⅲ　平安時代における仮名字母の変遷について　『訓点語と訓点資料』六十三輯　一九七九
論Ⅳ　『日本語の世界　5』　＊『仮名』　中央公論社　一九八一
論Ⅴ　『平安時代の国語』（国語学叢書3）　東京堂　一九八七

『仮名』は、第一章　万葉仮名の起源と発達　第二章　平仮名・片仮名の創始、と体系的・通時的に展開している。築島氏の著書では、論文の中に仮名字母表を挿入するのが常である。『仮名』でも55種の字母表と仮名字体附表四種がある。附表には、資料名・所在・年代・ヲコト点・加点者の欄を設けて、訓点資料研究の延長らしく実地調査の成果を強調している。

『仮名』を入手して、筆者はまず表49、「秋萩帖」所用仮名字体表を見た。以前に「文字史上の古筆資料草仮名」[15]の第四章で詳細に論じたので、関心があった。山内は常に対象とする仮名の実数を挙げる。それで、その数値は座右にある。築島表は仮名のみ。

『仮名』は「あ」、山内は「安《あ》30　阿4」と記す。「勢」は「世《せ》1　勢《せ》6」、「ぬ《ヌ》　祢《ネ》」は「奴《ぬ》10　努《ぬ》1　祢《ね》3　年《ね》3」であった。築島表は「阿　世　弥　奴　努　年」を欠いている。一字欠いても批判されるものを、かほどに多種多数の欠脱があって良いのだろうか。

草体化の程度の違いも、「お　於」は別の字形としてよいが、「川《つ》」の二形は筆が続いたにすぎず、「和《わ》」の草体として記された字は、偏の竪線から旁へ移って、奇妙な字を作っている。「わ」23字の中に見出せない。

論Ⅰに掲載した「宇」が、十年余後の『仮名』に欠くのは、無しと判断を変更したのか。２例（宇幣耳、宇幾久佐）存在する。

「宇」以下21種、55字が『仮名』で見落されている。「志」のように10例もある仮名を、除く理由があった、とは思えない。

宇《う》2　氣《き》2　左《さ》9　斜《さ》1　新《し》7　志《し》10　世《せ》3　度《と》3　徒《と》2　努《ぬ》1　年《ね》3　比《ひ》2　非《ひ》4　飛《ひ》3　報《ほ》2　夜《や》3
与《よ》1　里《り》3　王《わ》2　為《ゐ》1　恵《ゑ》1（数は山内の調査）

そこで、右以前の論Ⅰの二八〇ページの（秋萩帖所用假名字母表）を見ると、「安　勢世　奴　祢年」とあり、有無一定しない。『秋萩帖』は唯一本である。「の」を論Ⅰで「乃能濃」としているが、「濃」はどこから飛来したのか。『仮名』の引用は、厳密でない。

『仮名』に表48「寸松庵色紙」所用仮名字体表がある。使用底本の記事がないが、『平安朝かな名蹟選集』第五巻「寸松庵色紙」和歌16首に、『かなの美』[16] Ⅰ31・32に写真のある2幅2首を加えて、18首と表48とを比較する。

表48のオに、「お」とその草仮名字形を並べ、『かなの美』Ⅰ31により、オの二種の字形は証明せられた。しかし、『仮名』の解説文に、「傍線を施した」という（閑、カ）は見られない。「勢《せ》、東《ト》、度《ト》」も同じく、ヱの欄にある「ゑ」も見られない。築島博士の調査時点で我々の見ない本文があったのであろうか。

元永本古今和歌集の仮名について、早く論Ⅰに仮名集を掲載し、『仮名』でも、それとほぼ同じ表を載せている。双方に「伊」が載っているが、既知の写本には見えない。『仮名』は表51に（巻第一）と記すが、論Ⅰ、二八二ページの第４表に巻数がなく、「伊」が載る。巻数未詳である。元永本全巻調査をしていない山内は、これ以上の記事をさし控える。

終りに

「仮名の歴史」という意味の論文・著書では、近代まで王朝文化の担い手、美術的仮名の記事が中心であった。中世以降の仮名は、研究はもとより、記述の対象にもならなかった。ことば「ひらがな」[17]を平安初期からの草体仮名の呼び名にしてきた一事で、明らかである。

仮名史は、日本文化の華としての、美術的仮名の賛美で覆われていた。近代までの記述は見られたが、やや形式的であった。

本稿は、実用的仮名が、上代末から近世まで、絶えることなく存在することを発掘し、資料個々を調査し、全体として如何なる素描が描けるか、今まで述べられてきた仮名の歴史の上に、如何なる事実が加えられるかを述べてみたのである。

仮名史の記事に、築島博士を除いては、仮名史が成り立たない。それほどに大きい存在であった。しかし、六節に記した如く、疑問のある文章であった。門下の人々が気づかなかったとは思われない。

築島説に対する山内の批判は、言わずもがなの文と見えよう。いつかは修正説が出てくるものを。自から憎まれ役をしなくても。

唯早く気づいた山内が問題点を公表することが、学問の進展の為に良いことであろうと、考えたのである。

今後筆者がこの件で発言することは、年齢から見ても考えられない。ただ、後進の人々が、築島説への、或いは山内への厳しい論調の文を書かないように願うのみである。

注

（1）国語学会編『国語史資料集』、正倉院仮名文書、解説、橋本四郎、一九七六。
（2）書道全集、第一巻（旧版、平凡社）。築島論Ⅳ、169ページの教示による。表45の仮名に小異あり。
（3）井上親雄・山内洋一郎編『古代語の構造と展開』（一九九二、和泉書院）四。
（4）『講座日本語学　6』（一九八二、五　明治書院）
（5）内扉に「仮名　築島裕　中央公論社」とある。一九八一・四。
（6）国語国文、八十巻二号、二〇一一・二。
（7）『国語語彙史の研究』三十一。二〇一三・三。
（8）松本暎子『西本願寺本三十六人集の字彙』（汲古書院、一九九八・八）終章に「字母使用頻度表」がある。
（9）五、資料一覧20、参照。
（10）築島裕『仮名』第三章により書道全集（旧版）を検索した。
（11）『仮名』181ページ、表49。
（12）（8）に同じ。
（13）長野県立歴史博物館で仮名の字体を見るため実見した。
（14）下記、論Ⅳに同じ。
（15）（3）の書の巻尾の論文。音・字母・字による分析がある。
（16）京都国立博物館『特別展覧会かなの美』（一九九二・一〇）
（17）山内「「かな」「ひらがな」の命名をめぐって」、『国語語彙史の研究』三十一（二〇一二・三）

実用的仮名数表

仮名／資料	あ			い				う			え	江			お		か	
	安	阿	悪	以	移	意	伊	宇	有	雲	衣	盈	要	江	於	隠	加	可
記紀万葉	○	○		○	○		○	○	○	○	○		○	○	○	○	○	○
祝詞宣命等	○	○					○	○	○	○	○			○	○	○	○	○
正倉院文書		4					3	4							1		2	6
因幡消息				3				1						1				1
北山抄状	5			9				14							3		5	8
自家集切	11			5			1	3			1			1	2		5	13
土佐日記臨摸								1			1				1			3
継色紙	24	2	1	8	4			5				3			10		2	33
秋萩帖	31	4		9	1	7		2	7	10			4		19		3	27
西本願寺 %	93	7	1	91	1	2	7	96	4	1	75	15	6	5	100		10	85
西光書状	1			5				5							2		2	5
皇嘉門院	1	2		6				4							5			11
僧田地売券				5				7							3		5	
美濃百姓状	2			4				2									1	1
後鳥羽置文	5			1				1							4		1	8
親らん書状	1			4				5			1				2			8
恵信尼書状	10			1				20			3				11		10	16
あま譲状	7			15				24									39	
若狭預所	3			4				7										11
世阿弥	3			7				16			4				5		5	
三好長慶	2			5				5									6	
敬如消息	2			4				4							1		2	12
豊臣秀吉状	7			20				16							4		6	7

		こ					け					く					き						か
故	古	己	氣	希	遣	介	計	九	供	倶	具	久	木	祈	起	支	幾	嘉	駕	賀	家	我	閑
○	○	○	○			○	○	○		○	○	○	○			○	○	○		○		○	
	○	○	○			○	○			○	○	○	○			○		○		○		○	
	1	4	4									4				1							
		2										2					2						
		12				4	1					4				3	2						
		6				6						7				11							
		1										3				1							
2		25	2	6	4	5	4		1		3	17	1	1	1	8	23				8	2	13
1	1	5	22				9					45			3		39		4			12	37
1	3	96	1	18	7	30	44	2		1	1	95	・		5	54	40	・	・		・	・	4
		3					5					8				2	2						
		6										3				1	1						
												3					1						
							2					4					2						
		8			1							2					6						
		9					1					1					6						
		24					6					13					13						
		15				6						6					10						
		3					1					8					7						
		5					3					29					1						
		1					3					4					7						
		6					1					4					5						
		24					4					31					4						

		そ		せ				す				し								さ		こ	仮名／資料
處	所	曽	勢	世	数	須	春	寸	新	事	志	之	乍	差	斜	沙	散	佐	左	期	許	
	○	○	○	○	○	○			○	○	○	○	○	○		○	○	○	○	○	○	記紀万
		○	○	○		○			○		○	○				○		○	○	○	○	祝詞等
						1						2						2				正倉院
				3								1					1		1			因幡
		7		11								22					1	8	1			北山抄
		5			3	1						1					4	1	3			自家
					2							1						1				土佐
1	60	5	5	2		4	10	2				40				5	1	4	8			継色紙
3	22		6	1	6		10		8	2	10	54			3		23		3		16	秋萩帖
2	40	51	6	94	4	22	38	29			15	85	·	·	·		3	19	78	·		西本願
	7			3				1			1	7							7			西光
	2	1		1			3	1			2	20							2			皇嘉門
				2			2					3										僧売券
	2	2		3				1			2	3										百姓
		6					1	3			1	8							2			後鳥羽
	1			4				5				12							1			親らん
	1	6		12			4	6			8	27							17			恵信尼
		10		3				6			9	20							12			あま
		1		2			1	1				11							5			若狭
		2		4			1	2			5	14							5			世阿
		3		1				1			2	4							2			三好
		3		4				2				6							5			敬如
		12		9			7	4			4	27							8			秀吉

な					と						て			つ				ち				た	そ
奈	徒	度	東	登	止	傳	轉	亭	帝	弖	天	徒	都	川	千	致	地	知	當	堂	多	太	蘇
○		○		○	○				○	○	○	○	○	○	○	○	○	○			○	○	○
○		○		○	○				○	○	○		○	○	○			○			○	○	○
6					7					1	3		3					2			7	5	
2					4					1				1							4		
5					21						11			5				1			10		
15				3	16					1	6			6				4			8	1	
					4						1	1						1			1		
17		2	1	4	17			1	3	8	5	4	1	20	2	1		4		7	15	1	
15	2	3	32	27			9				11		22	19			6	5	13	26	4		
62		・	3	7	91	・	・	1	・	16	82	27	1	72	2		3	83		11	64	25	・
1					9						11		2	2							5	3	
5					14						10	1		7				5		1	10	1	
2					2						3							2				9	
					3						4	1										5	
10				1	17					2	7			1				1			6		
14					18						6	1						4			10	1	
14					34						37			4				5			7	4	
9					13						14			19				6			14	8	
4					6						15			2				3		1	3		
13					15					1	16	1		1				3			9	4	
4				1	5						1			3				2		2	2		
2					6						3			3				2			3	1	
9					24						18	6		2				5			3	8	

			は				の		ね		ぬ						に			な	仮名／資料
八	盤	者	波	濃	農	能	乃	年	祢	努	奴	丹	兒	二	耳	尓	仁	名	難	那	
○		○	○			○	○	○	○	○	○	○		○	○	○	○	○	○	○	記紀万
○			○			○	○	○	○	○	○	○				○	○	○	○	○	祝詞等
			7				7		3		1					4					正倉院
			7				3		1							2				1	因幡
1		6	16				13				2					10				5	北山抄
		15	6		1	18	6				3					7		2			自家
																					土佐
4	15	17		5		20	38	3	2		6			5	11	14	4		2	14	継色紙
		52	16			46	18	3	3	1	10				27	21	4		37	9	秋萩帖
6	10	51	31		2	27	71	35	64	1	100	・	・	6	5	51	32	・	・	37	西本願
1		11				6	4		1		1					8	2				西光
7	1	2	2			2	5							2		6	1			5	皇嘉門
			2				7		1		1						5				僧売券
2		1					7		1							1	2				百姓
5			4				7									11					後鳥羽
7		3	4				14		1		1					1					親らん
17		4	9				28		2		2			1		18					恵信尼
6		5					18									6	18				あま
4		3					7							1		12					若狭
17		4					19									12					世阿
2		1				1	5							8		2					三好
7							7									6	6				敬如
6		3					14									1					秀吉

ま					ほ					へ				ふ					ひ				は
末	奉	報	寶	本	保	倍	弊	邊	遍	阝	婦	風	布	不	日	非	悲	飛	比	葉	破	頗	半
○		○	○	○	○	○	○	○	○	○			○	○	○	○	○	○	○	○	○		○
○			○		○	○	○	○	○	○			○	○	○	○	○	○	○	○	○		
6					1					3				2					3				
7										3				1					2				
8					4					18				7					3				
6					4					5			1	2				8	1				
2					1																		
19			1	6	1			1	1	9			8	5		3	10	3	6				
30		2			13	1	14			14			24	13		4	16	3	2		1		
55	・			40	60	1		4	3	23	13	・	13	74	6	・	5	9	80				
10				2	3					13				3					4				
4				1	2					6			1	1									
					1					4													
1										4													
				1	3					7	1			1					2				
				1	2					6				4					3				
8				3	5					9				13					6				
5										9				5					3				
3				1						3	1			2				1	4				
3				6	4					13				3					2				
4										4				2					1				
6				1						2				3					3				
9					2					18				3					4				

や				も				め					む					み			ま	仮名／資料
也	裳	母	无	毛	馬	面	免	女	舞	牟	无	無	武	身	三	見	微	美	滿	萬	万	
○	○	○		○	○	○		○		○	○	○	○	○	○	○	○	○	○	○	○	記紀万
○	○	○		○				○		○	○	○	○	○	○	○		○	○	○	○	祝詞等
				2						3								3				正倉院
								1			4							1				因幡
4			4	7				3			5		2			3		2			2	北山抄
8			11					2	1		3		2					9				自家
4			1	1							1											土佐
	4	4	5	18			3	10	1	1	4	2	4		3	12		20	1	1	2	継色紙
30	3	7	2	29		8		2		13		6	7			23		30		7		秋萩帖
99	3	4	10	82		1	19	80	1	・	29	10	61	2	14	10	・	74	3	・	41	西本願
1				9				2														西光
			3	10	2			3					3			2					6	皇嘉門
2				1				1					1									僧売券
1																						百姓
1				15									2									後鳥羽
				8				1							2			2				親らん
13				11				6					7					7			7	恵信
10				4				3					2		4			1				あま
6				1			1	1					2			1		1			4	若狭
6				10				2							1				1			世阿
2				5				1							3				2			三好
2				3				7														敬如
15				14				5					3		4			5	1			秀吉

		れ				る				り				ら				よ			ゆ		や
麗	連	礼	累	類	流	留	梨	理	里	利	落	等	羅	良		余	餘	与	喩	遊	由	耶	夜
	○	○		○	○	○	○	○	○	○			○	○		○	○	○	○	○	○	○	○
		○			○	○		○	○	○			○	○		○	○	○		○	○	○	○
		1			2									3				2					2
		1				1				1				3				1					
		7				9				6				7				3			1		
		8				17				7				11							1		
		4								1													
	6	10	2	4	4	8	2		8	18			3	21		4	1	13		2	10		4
		35			12	38		16	3	16		1	25	7			14	1		11	8	1	3
1	11	86	4	16	7	73	2	・	4	94			3	97	3		1	96		22	78		
		4				4				6				2				2			1		
	2	5				4	4		2	5				8				5		1	2		
						2				8				2									
		1				2				1				1				1					
		5				3				6				6				1			1		
		6				8				2				2							1		
		11				11				16				16				19			2		
						15			14	14				6				3			16		
			1			2				7				4				5					
		8				7				14				4				11			2		
		5				1				4				2				4			1		
		2								5				1				1					
	2	1							1	19				12				9			4		

使用仮名異なり計	ん			を			ゑ		ゐ		わ					ろ	仮名／資料
		乎	越	遠	慧	衛	恵	井	為	王	和	盧	婁	露	路	呂	
		○	○	○	○	○	○	○	○		○	○	○	○	○	○	記紀万
		○	○	○			○	○	○		○		○		○	○	祝詞等
43		1					3									3	正倉院
34				1												1	因幡
57		1		1							1					1	北山抄
60		5		5							5					3	自家
23	1	1									1						土佐
132		6	3	11		1	2		1		7	1		1		8	継色紙
111				13			1		1	2	23					10	秋萩帖
154		9	18	73	·	29	71	18	82	7	93	·	·		12	87	西本願
49	2			5													西光
65			1	2		3			1		1						皇嘉門
32	8							1			5					1	僧売券
46	6			1							2					2	百姓
48	4		3	4							1					1	後鳥羽
48	1			13			3				1					2	親らん
55	36			11							3						恵信
48	7			11			7	1			11					7	あま
53	4			5							1					2	若狭
52	11	1		11							2					1	世阿
46	7	1														6	三好
45	6			1						4	1					2	敬如
54	13	1		1			2			3						9	秀吉

1279

索引とコーパスを利用した形容詞語彙の採取について

前川　武
村田　菜穂子

一　はじめに

これまでに、以下に示す中古散文資料二二作品（以下「中古散文二二作品」と略す）を対象に、形容詞の質的な側面に注目して、活用や語の新旧、あるいは語構成の方式からさまざまな分析（注1）を行ってきた。

※中古散文資料二二作品

『竹取物語』『土佐日記』『伊勢物語』『平中物語』『大和物語』『多武峯少将物語』『篁物語』『宇津保物語』『蜻蛉日記』『落窪物語』『和泉式部日記』『枕草子』『源氏物語』『紫式部日記』『堤中納言物語』『夜の寝覚』『浜松中納言物語』『更級日記』『狭衣物語』『大鏡』『讃岐典侍日記』『とりかへばや物語』（以下、傍線部を略称とし略記する。）

村田の拙著（注2）で述べたように、形容詞語彙の量的構成は、異なり語数から見た場合には、『宇津保』あたりを境にして上代から存在する形容詞（既存の形容詞）と中古になって新たに見えるようになった形容詞（新出の形容詞）

の比率が逆転する現象が現れるものの、延べ語数（使用率）から見た場合には、平安後期に向かって徐々に既存の形容詞の使用率が減少する一方、新出の形容詞の使用率は増加してくるようになり、『和泉』あたりを境に既存の形容詞と新出の形容詞の使用率はほぼ同程度まで接近し、これ以降は、作品の規模に関わらず一定してくるようになる。つまり、使用率から見た場合の変化の兆しは『宇津保』よりもさらに時代の下った『和泉』あたりと、変化の時期が後ろにずれていた。これは、語彙の量的構成の変化が、まず、語の種類（異なり語数）において先んじて起こり、これを追うように、語の使用頻度（延べ語数）において起こると考えられるためである。

一方、「形容詞から見た中古散文一二作品のグループ化についての試み」(注3)の中で、『枕』については、当初の形容詞データの収集に何らかの問題点—複合語や語構成要素の認定基準が他と違う、依拠した索引や底本が妥当であったかなど—があったのではないかという疑問を呈し、国立国語研究所が公開する「日本語歴史コーパス」（以後「歴史コーパス」という）を利用して、『枕』の形容詞データの採取を行い、再度分析をし直したい旨をかつて述べたことがある。

本稿は、これを承けて、新しい索引により『枕』の形容詞データを採取し直すとともに「歴史コーパス平安時代編」(注4)を利用した形容詞データの採取の結果を分析し、考察を行うものである。

二　新しい索引による形容詞データの採取

これまで、稿者らが『枕』の形容詞を採取する際に依拠した索引は松村博司監修の『枕草子総索引』(注5)（以後「松村索引」という）である。しかし、この索引に問題があることは根来司氏(注6)及び中川正美氏(注7)が指摘している。根来氏は三巻本の第一類本にない部分が混入していることを指摘し、中川氏はそれに加えて、「一本」の語彙も含まれていることを指摘した上で、『校本枕草子』と校合しその相違点を抽出し、松村索引から削除すべき語、補入すべき語、「一本」の語と三種類に分けて補綴の形で示している。

その後、比較的新しい索引として、榊原邦彦氏編『枕草子　本文及び総索引』(注8)(以後「榊原索引」という)が一九九四年に発行されている。榊原索引は、本文編では、岩波書店『日本古典文学大系』(以後「旧大系」という)と同様、岩瀬文庫蔵の柳原紀光筆本(以後「岩瀬文庫本」という)を底本としながら、三巻本第一類本の陽明文庫蔵本(以後「陽明文庫本」という)と校合し、陽明文庫本を欠く部分については、三巻本第二類本の彌富破摩雄氏旧蔵本(以後「彌富本」という)に拠っており、本文の章段の順序は旧大系に従い、章段名は『校本枕草子』に準拠している。

また、索引編は、岩瀬文庫本及び陽明文庫本(欠損部は彌富本)のすべての語を検索することを目的として編纂され、岩瀬文庫本にあり陽明文庫本または彌富本に無いもの、岩瀬文庫本に無く陽明文庫本にあるもの等が区別できるようになっている。

今回『枕』の形容詞を採取し直すにあたっては、できるだけ「異本」が混入しないように、榊原索引に依拠しながら、岩瀬文庫本にのみ存在するもの及び岩瀬文庫本と陽明文庫本または彌富本で重複しているものを対象から除外するとともに、異本の存在が示唆される「一本」に出現するものも除外した。

なお、データの採取に際しては、原文の見出し語を尊重するが、表記が異なるだけのものについては、一つにまとめ、(例:「ちうせい」→「ちひさし」、「りやうりやうじ」→「らうらうじ」)、名詞+形容詞や動詞連用形+形容詞などの複合形については、できるだけ複合語として認定することを基本方針とした。

新しい索引によるデータ採取の結果、異なり語数三一六語、延べ語数三四五四語となった。前回のデータに比して、異なり語にして四八語の増加、延べ語数にして七九語の減少となった。延べ語数が減少しているのは「一本」に出現するものを除外したから当然であるが、異なり語数が増加したのは、主に「あし」、「なし」、「よし」

などを後項要素とする複合語の認定がきちんとできていなかったことが原因である。

三　前回のデータと採取し直したデータとの比較

まず、前回問題視したデータをグラフ1に示す。

これは、中古散文二二作品を分類する際に設定した数値を比較したもので、この数値は以下のように定義したものである。

作品間の規模による差を吸収するためには、出現数などの量そのものではなく、出現率などの全体に対する比率を用いる必要があるため、これまでに付加した語構成情報の中から以下の五項目を選び、各項目に出現する型で最も基本的と言えるものの延べ語数に対する比率として定めた。

①既存・新出の別…上代から既にあるものが既存、中古になって新た

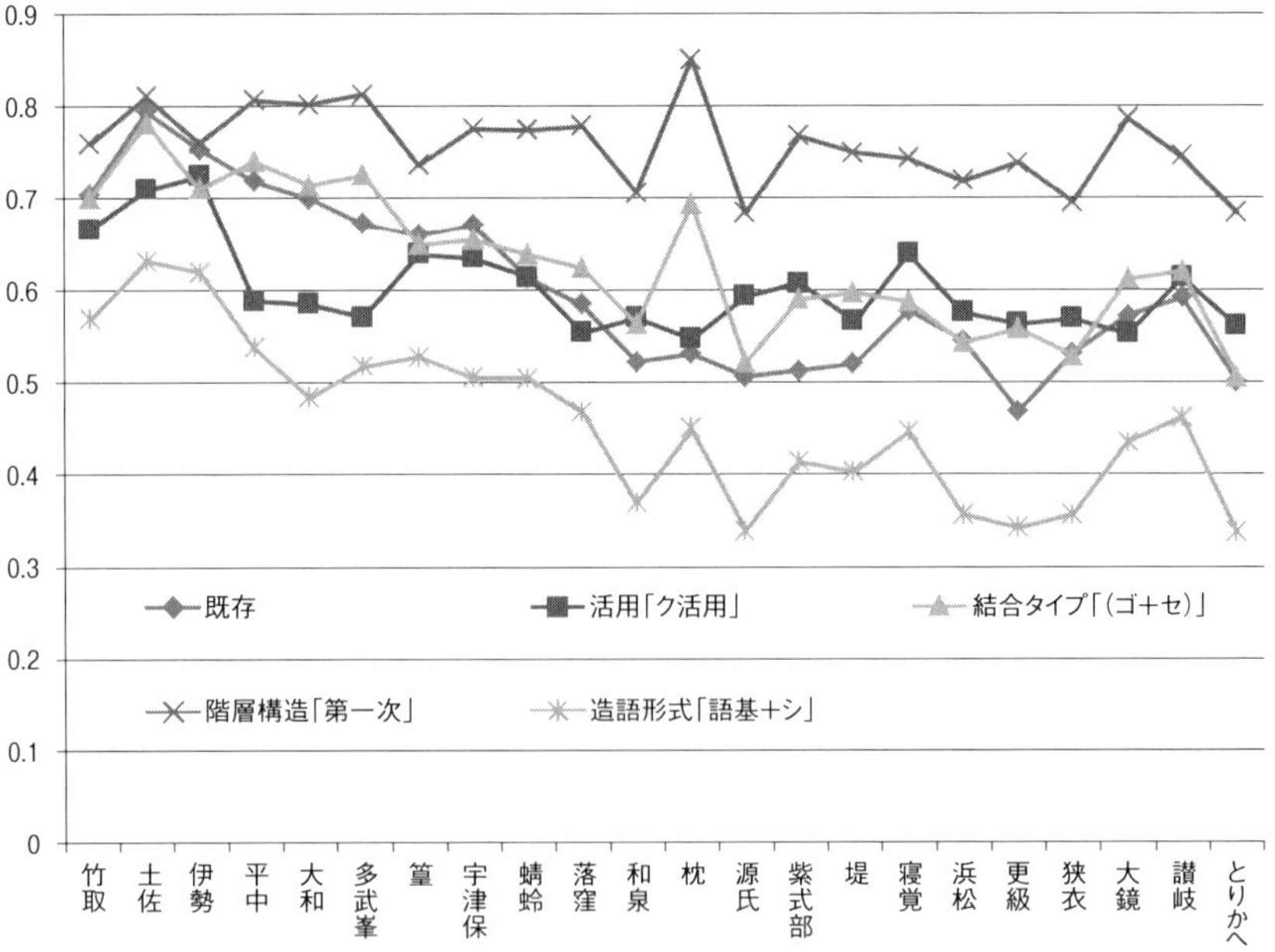

グラフ1　基本型データの占める割合（前回）

に生成されたものが新出で、基本型は「既存」

②活用……………ク活用またはシク活用のいずれかを示したもので基本型は「ク活用」

③結合タイプ………語基と接辞がどのような形で結びついているかを基準に三八種類に分類したもので、基本型は「(ゴ＋セ)」

④階層構造…………形容詞を発達段階によって三種類に分類したもので基本型は「第一次」

⑤造語形式…………語がどのような造語成分から組み立てられているのかを基準に　種類に分類したもので、基本型は「語基＋シ」

前回問題視した点は、このグラフにおいて、

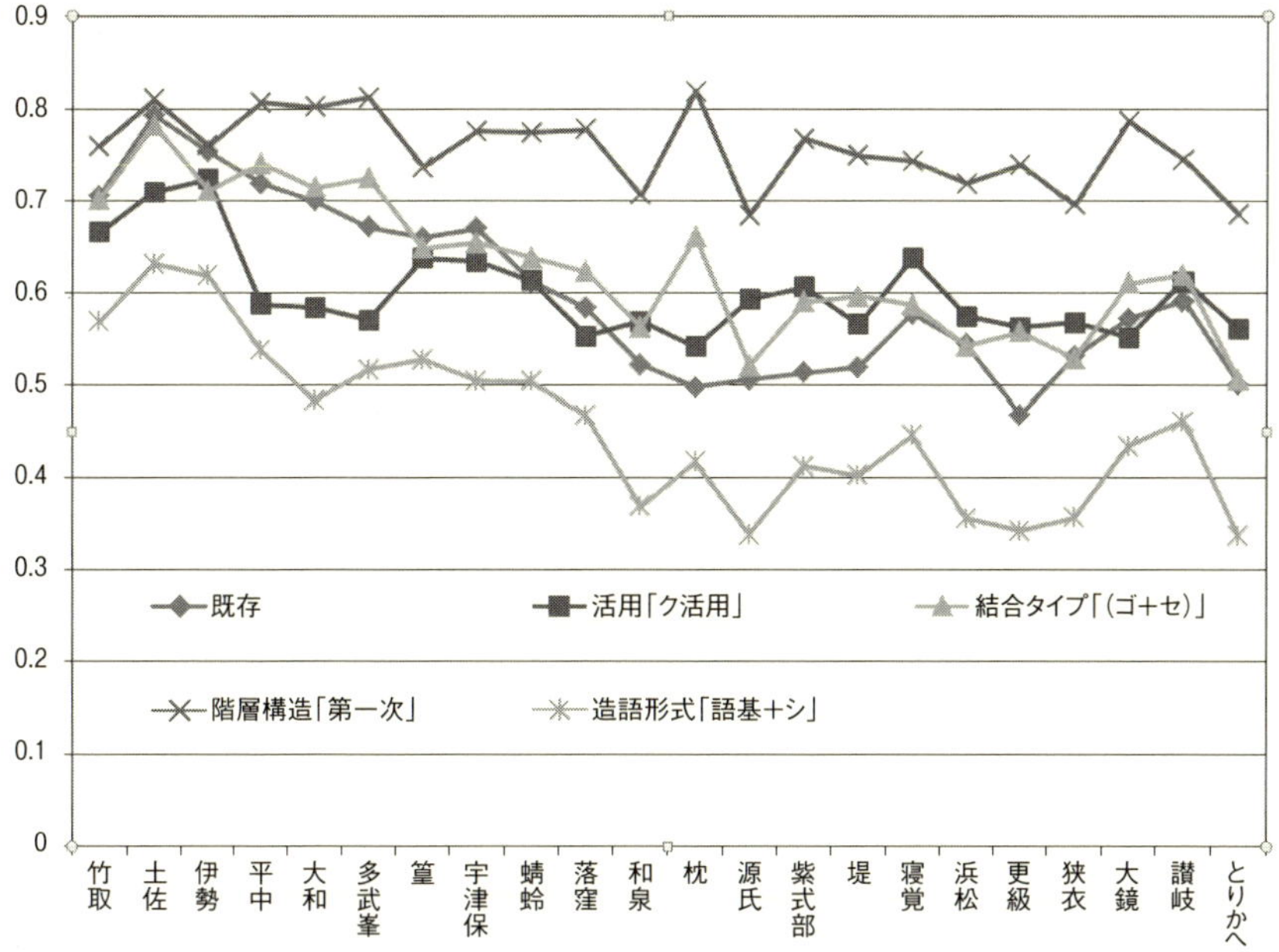

グラフ2　基本型データの占める割合（今回）

ほとんどの作品が、「ク活用」、「(ゴ＋セ)」、「第一次」、「語基＋シ」の推移と「既存」の推移とがほぼ同調しているのに対して、『枕』だけが大きく外れていることである。

次に、今回採取し直したデータによる結果をグラフ2に示す。

若干『枕』の突出具合が緩和されてはいるものの、全体としての傾向にはほとんど差がないと言ってよい。つまり、従来の形容詞データの採取に問題があったというよりも、これが『枕』の特徴なのではないだろうか。すると、ここで新たな疑問が生じる。なぜ『枕』がこのような特徴、即ち、既存の形容詞と新出の形容詞の使用率はほぼ同程度まで接近している一方で、第一次形容詞をはじめとする基本的な語彙の使用において高い頻度を示すのかという疑問である。

四 「歴史コーパス 平安時代編」による形容詞データの抽出

前章の疑問はひとまず置き、ここでは、冒頭で述べた歴史コーパスを使った形容詞データの抽出について述べる。

従来行ってきた索引を基に形容詞の出現数をカウントする方法には以下のような問題点がある。

①編者による見出し語認定基準が異なることから補正の必要がある。

②手作業のため、カウントミス、漏れなどが発生する危険性がある。

③作業に時間がかかる。

上記②③を解消する手段として、作品本文のテキストデータを基に形態素解析ソフトを用いて語彙を抽出する方法があるが、適切な底本に基づくテキストデータを入手することが困難であること、形態素解析ソフトを用いて語彙を抽出するには、解析結果をチェックし修正する作業を繰り返していく必要がありそれほど容易というわけではない。

しかし、幸いにも、国立国語研究所コーパス開発センターを中心に、将来的に上代から近代の作品をカバーする歴史コーパスの開発が進められ、その第一弾「平安時代編」が二〇一四年三月に公開されたため、今回はこれを基に『枕』の形容詞データを抽出し、その結果を二の結果と照合し、歴史コーパスの有用性等について考察したい。

歴史コーパスは小学館「新編日本古典文学全集」（書籍版及びジャパンナレッジ、以後「新全集」という）に基づき、平安時代の仮名文学十四作品について、形態素解析を行い、全てのテキストに読み・品詞などの形態論情報を付与したもので、国立国語研究所に利用申請しオンライン検索ツール「中納言」のアカウントを取得することで利用することができる。

まず、歴史コーパスが準拠する新全集の底本について確認しておく。新全集は陽明文庫本を底本とし欠損部は彌富本で補っており、底本の違いはあるものの、榊原索引が陽明文庫本及び彌富本と校合している点を考えると榊原索引による採取と歴史コーパスによる抽出とでは近い結果が得られると考えられる。

歴史コーパスでは、図1に示すような形態論情報、本文情報、作品情報、底本情報等の項目を組み合わせて検索することが可能で、必要に応じてキーの前後の文脈情報を取得することもできる。また、全検索結果はタブ区切りのテキストファイルとしてダウンロードでき、Ｅｘｃｅｌ等の表計算ソフトで編集することが可能である。

中納言を用いて『枕』の形容詞データをダウンロードし、「一本」部分（巻名で判断可能）を削除した結果、異なり語数二八九語、延べ語数三三五七語のデータが得られた。ただし、ここでは、歴史コーパスによる抽出結果を考察の対象とするため、複合語については一切手を加えないこととした。

その結果は、榊原索引によるものと比して異なり語数にして二七語、延べ語数にして九七語少ないものとなり、内訳は、共通部分が表1に示すとおりで、二八〇異なり語数、三三九二（三三四八）延べ語数、索引のみの部分が表2に示すとおりで、三六異なり語数、六二延べ語数、歴史コーパスのみの部分が表3に示すとおりで、九異なり語数、九延べ語数となっている。

以下にその差異の詳細について述べる。

まず、表1の共通部分については、ほぼ同数となっているが、大きく差があるのは「いたし」、「ちかし」、「なし」、「よし」である

「いたし」と「ちかし」については、索引の方の数値が大きく、これは、索引上の一部に相当する部分が検索されなかったことを示している。特に「いたし」については、ほとんど検索されておらず、原因を調査したところ、「いたし」のすべての用例が語彙素「痛く」で登録され、品詞が副詞となっており、品詞情報に誤りがあることが判明した。逆に「なし」と「よし」については索引の方の数値が小さく、これは索引の方では複合語と認定した語を複合語の方でカウントしているため、その分小さくなっているものと考えら

図１　「中納言」の検索画面

表1　共通部分

No.	見出し語	漢字	索引	コーパス
1	あいぎゃうなし	愛敬無	3	4
2	あいなし		9	9
3	あかし	赤	14	13
4	あかし	明	17	18
5	あさし	浅	2	2
6	あさまし	浅	28	28
7	あし	悪	35	37
8	あたらし	新	12	11
9	あぢきなし	味気無	8	8
10	あつかはし	暑	1	1
11	あつし	厚・敦	4	4
12	あつし	暑・熱	13	13
13	あなづらはし	侮	3	3
14	あなづりやすし	侮易	2	2
15	あはあはし	淡淡	1	1
16	あへなし	敢無	3	3
17	あやし	霊異・奇・怪	68	68
18	あやふし	危	7	7
19	あらあらし	荒荒・粗粗	4	4
20	あらくまし	荒	1	1
21	あらし	荒・疎	3	2
22	ありがたし	有難	5	5
23	あをし	青	17	17
24	いぎたなし	寝汚	4	3
25	いそがし	忙	1	1
26	いたし	痛・甚	38	1
27	いたはし	労	1	1
28	いちしるし	著	1	1
29	いちはやし	逸早	1	1
30	いつくし	厳	2	2
31	いとほし	労・愛	18	18
32	いねぶたし	寝眠	1	1
33	いひがたし	言難	1	1
34	いひにくし	言難	6	6
35	いぶせし	鬱	2	2
36	いまめかし	今	2	2
37	いみじ		337	337
38	いやし	賤・卑	5	5
39	うし	憂	6	8
40	うしろめたし	後不安	6	6
41	うしろやすし	後安	1	1
42	うすし	薄	9	9
43	うたがまし	歌	1	1
44	うたてし		1	1
45	うたよみがまし	歌詠	1	1
46	うつくし	愛・美	14	14
47	うとし	疎	2	2
48	うとまし	疎	3	3
49	うひうひし	初初	2	2
50	うべうべし	宜宜	1	1
51	うらなし	心無	1	1
52	うらめし	恨・悕	1	1
53	うらやまし	羨	13	13
54	うるさし	煩	4	4
55	うるはし	麗・美	19	19
56	うれし	嬉・歓	38	38
57	おくふかし	奥深	1	1
58	おそし	遅・鈍	12	12
59	おそろし	恐	33	33
60	おどろおどろし		9	9
61	おなじ	同	38	43
62	おぼえなし	覚無	1	1
63	おほけなし		1	1
64	おほし	多・大	66	66
65	おぼつかなし	覚束無	10	11
66	おぼめかし		2	2
67	おほやけし	公	1	1
68	おもおもし	重重	1	1
69	おもし	重	1	1
70	おもしろし	面白	13	13
71	おもだたし	面立	2	2
72	おもなし	面無	2	2
73	おもにくし	面憎	1	1
74	おもはし	思	1	1
75	おもひぐまなし	思隈無	2	2
76	かうがうし	神神	2	2
77	かうばし	香	1	1
78	かきにくし	書難	1	1
79	かぎりなし	限無	8	8
80	かくれなし	隠無	1	1
81	かしかまし	囂	10	10
82	かしこし	恐・畏・賢	32	32
83	かたくなし	頑・癡	1	1
84	かたし	固・堅	4	4
85	かたし	難	5	4
86	かたじけなし	辱・忝	4	4
87	かたはらいたし	傍痛	10	10
88	かたらひよし	語良	1	1
89	かなし	悲・哀・愛	6	6
90	かひなし	甲斐無	8	7
91	からし	辛・鹹・酷	1	2
92	かるがるし	軽軽	1	1
93	ききにくし	聞難	3	2
94	ききよし	聞良	2	2
95	きたなし	汚穢・濁・穢	4	4
96	きにくし	着難	1	1
97	きはぎはし	際際	2	2
98	きびし	厳・密	2	2
99	きよし	清	6	6
100	きらきらし	端正	6	6
101	くすし	奇	1	2
102	くちをし	口惜	44	44
103	くづれやすし	崩易	1	1
104	くまなし	隅無	1	1
105	くらし	暗	22	22
106	くるし	苦	13	12
107	くろし	黒	23	22
108	けぎよし	気清	2	2
109	けし	異・怪	5	5
110	けすさまじ	気凄	1	1
111	けだかし	気高	2	2
112	けぢかし	気近	4	4
113	けどほし	気遠	2	2
114	けにくし	気憎	3	3
115	こえやすし	超易	1	1
116	こころあし	心悪	1	1
117	こころうし	心憂	11	11
118	こころかしこし	心賢	2	2
119	こころぐるし	心苦	3	3
120	こころせばし	心狭	2	2
121	こころづきなし	心付無	8	8
122	こころなし	心無	1	1
123	こころにくし	心憎	14	13
124	こころはづかし	心恥	1	1
125	こころぼそし	心細	2	2
126	こころもとなし	心許無	22	22
127	こころやすし	心安	1	1
128	こころよし	快	3	2
129	こし	濃	29	29
130	こだかし	木高	1	1
131	こちたし	言痛・事痛	6	6
132	ことごとし	事事	2	2
133	ことたかし	言高	1	1
134	このまし	好	4	4
135	こはし	強	2	2
136	こひし	恋	2	2
137	こほめかし		1	1
138	こめかし	子	1	1
139	こよなし		6	6
140	さうざうし		9	9
141	さうなし	左右無・双無	1	1
142	さかし	賢	5	5

No.	見出し語	漢字	索引	コーパス
143	さだめなし	定無	2	1
144	さまあし	様悪	1	2
145	さむし	寒	10	11
146	さわがし	騒	16	16
147	しげし	繁・茂	7	6
148	しどけなし		2	2
149	しらじらし	白白	1	1
150	しるし	知・灼・著	6	6
151	しれじれし	痴痴	1	1
152	しろし	白	76	74
153	すきずきし	好好	7	7
154	すくすくし		1	1
155	すくなし	少	1	1
156	すさまし	凄	15	15
157	すずし	冷・涼	5	5
158	ずちなし	術無	3	3
159	せばし	狭	11	11
160	たいだいし	怠怠	1	1
161	たかし	高	35	37
162	たぐひなし	類無	2	2
163	たとしへなし	譬無	2	2
164	たどたどし		3	3
165	たのもし	頼	11	11
166	たのもしげなし	頼気無	2	2
167	たふとし	貴・尊	15	15
168	たゆし	弛・懈	1	1
169	ちかし	近	62	54
170	ちひさし	小	21	21
171	つきづきし	付付	9	9
172	つきなし	付無	1	1
173	つたなし	怯・拙	1	1
174	つつまし	慎	4	4
175	つつみなし	慎無	1	1
176	つめたし	冷	2	2
177	つよし	強	1	1
178	つらし	辛	4	4
179	つれなし	無情	8	8
180	ところせし	所狭	7	7
181	とし	利・敏・疾	61	61
182	とほし	遠	26	26
183	ながし	長	22	22
184	なげかし	嘆・歎	2	2
185	なごし	和	1	1
186	なごりなし	名残無	1	1
187	なさけなし	情無	1	1
188	なし	無	179	219
189	なだかし	名高	1	1
190	なつかし	懐	3	3
191	なほし	直	2	2
192	なまくらし	生暗	1	1
193	なまめかし	生	11	11
194	なみたぐまし	涙	1	1
195	なめし	無礼	6	6
196	なやまし	悩	1	1
197	にくし	憎	89	90
198	にげなし	似無	1	1
199	にぶし	鈍	1	1
200	ぬるし	温	2	2
201	ねたし	嫌・妬	23	21
202	ねぶたし	眠・睡	6	6
203	はえばえし	映映	3	3
204	はかなし	果無・果敢無	8	9
205	はかばかし	捗々	2	2
206	はしたなし	端	7	7
207	はしちかし	端近	2	2
208	はぢがまし	恥	1	1
209	はづかし	恥	21	21
210	はやし	早・速	12	9
211	はらぎたなし	腹汚・腹穢	2	2
212	はらだたし	腹立	3	3

No.	見出し語	漢字	索引	コーパス
213	はればれし	晴晴	1	1
214	ひさし	久	34	35
215	ひとげなし	人気無	2	2
216	ひとし	等・斉	3	3
217	ひとびとし	人人	4	4
218	ひとわろし	人悪	3	4
219	びびし	美美	3	2
220	ひろし	広	11	11
221	びんなし	便無	4	5
222	ふかし	深	9	12
223	ふとし	太	2	2
224	ふるし	古・旧	7	7
225	ふるぶるし	古古	1	1
226	ほそし	細	16	16
227	ほどなし	程無	1	1
228	まがまがし	禍禍	3	3
229	まことし	実	1	1
230	まことまことし	真真	1	1
231	まさなし	正無	2	2
232	またし	全・完	1	1
233	まだし	未	6	4
234	またなし	又無	1	1
235	まばゆし	目映・眩	2	2
236	まめまめし	実実	1	1
237	まゐりよし	参良	1	1
238	みえにくし	見難	1	1
239	みぐるし	見苦	22	22
240	みじかし	短	15	17
241	みすてがたし	見捨難	1	1
242	みにくし	醜	1	1
243	みみとし	耳疾	1	1
244	むつかし	難	10	10
245	むつまし	親・睦	5	5
246	めぢかし	目近	1	1
247	めづらし	珍	17	17
248	めづらしげなし	珍気無	1	1
249	めでたし	愛	138	139
250	めやすし	目安	3	3
251	もてあつかひにくし	持扱難	1	1
252	もどかし	擬・抵悟	3	3
253	ものうし	物憂	2	2
254	ものぐるほし	物狂	8	8
255	ものし	物	1	1
256	ものなげかし	物嘆	1	1
257	ものはしたなし	物端	1	1
258	ものふかし	物深	1	1
259	ものものし	物物	2	2
260	やすし	安・易	8	8
261	やむごとなし	止事無	15	15
262	ゆかし		15	16
263	ゆゆし	斎忌・忌	9	9
264	ゆるし	緩	1	1
265	よし	良・好・善	151	106
266	よしなし	由無	1	1
267	よぶかし	夜深	3	3
268	よろし	宜	22	19
269	らうたし	労甚	2	1
270	らうらうじ	労労	4	4
271	わかし	若	42	42
272	わづらはし	煩	3	4
273	わびし	侘	27	27
274	わりなし	理無	14	14
275	わるし	悪	14	15
276	わろし	悪	34	34
277	をかし	可咲・可笑	417	419
278	をさなし	幼	2	2
279	をし	惜・愛	2	2
280	ををし	雄雄	2	1
計			3392	3348

れる。

次に、表2の索引のみの部分だが、ここに挙げた形容詞はいずれも名詞+形容詞や動詞連用形+形容詞の複合形で、「いざとし」、「いふかひなし」、「かしらいたし」、「こころはかなし」、「こころみじかし」、「こころわかし」、「こころわづらはし」、「たづきなし」、「なにごと（と）なし」、「はえなし」については榊原索引が、それ以外のものについては、稿者が複合語と認定したものであり、歴史コーパスでは複合語と認定されていないことを示している。

最後に表3の歴史コーパスのみの部分だが、それぞれの状況は以下に示

表2　索引のみの部分

No.	見出し語	漢字	索引
1	あきふかし	秋深	1
2	あはひなし	間無	1
3	いざとし	寝聡	1
4	いふかひなし	言甲斐無	11
5	いろふかし	色深	1
6	うたがひなし	疑無	1
7	おひさきなし	生先無	2
8	おもひやりふかし	思遣り深	1
9	かしらいたし	頭痛	1
10	かたあし	方悪	1
11	かたちよし	容貌良	3
12	かほよし		1
13	けしきよし	気色良	1
14	げんなし	験無	1
15	ここちあし	心地悪	5
16	こころはかなし	心果無	1
17	こころみじかし	心短	1
18	こころわかし	心若	1
19	こころわづらはし	心煩	1
20	ことよし		1
21	こゑたかし	声高	1
22	こゑよし	声良	1
23	するかたなし	為方無	1
24	そこはかとなし		1
25	たづきなし	方便無	1
26	ちぎりふかし	契深	1
27	なかよし	仲好・仲良	3
28	なにごとなし	何事無	1
29	なのりよし	名乗良	1
30	なりあし		1
31	なんなし	難無	1
32	はえなし	映無	1
33	はばかりなし	憚無	1
34	はらたかし	腹高	1
35	ひまなし	隙無・暇無	8
36	よりどころなし	拠無	1
計			62

表3　歴史コーパスのみの部分

No.	見出し語	漢字	コーパス
1	あたらし	可惜	1
2	あはし	淡	1
3	いまだし	未	1
4	うつろひやすい	移易	1
5	おぼし	思	1
6	ことおほし	言多	1
7	さとし	聡	1
8	ひとしげし	人繁	1
9	みまくほし	見欲	1
計			9

すとおりである。

①あたらし……………榊原索引では「新しい」の意にとって「あたらし（漢字表記：新）の項で扱っているが、原文を見ると「もったいない」あるいは「残念だ」の意味で使われており、歴史コーパスの判断が正しいと言える。

②あはし…………原文を見ると明らかに形容動詞であり、歴史コーパスの品詞情報に誤りがあると考えられる。

③いまだし………榊原索引の本文編では「まだし」の表記であり、索引編でも「まだし」の項で扱われており、底本の表記の差によるものと考えられる。

④うつろひやすし…原文を見ると明らかに形容動詞であり、歴史コーパスの品詞情報に誤りがあると考えられる。

⑤おぼし…………榊原索引の本文編には該当箇所があるにも関わらず、索引に反映されていないことが判明した。

⑥ことおほし……榊原索引では、「おほし」の項で扱われている。

⑦さとし…………榊原索引では、複合語「いざとし」の項で扱われている。

⑥ひとしげし……榊原索引では、「しげし」の項で扱われている。

⑨みまくほし……榊原索引の本文編には該当箇所があるにも関わらず、索引に反映されていないことが判明した。

五　歴史コーパスの有用性について

一般的なコーパスの有用性については、既に随所で紹介されているため、ここでは、歴史コーパスに限定し、稿者が従来行ってきた語彙研究の分野においての有用性について述べる。

稿者は、これまで索引における見出し語の使用頻度を基に作品の分類や通時的な変遷等の様々な分析を行ってきたが、その際必要となるデータは、以下のようなものである。

①作品単位での見出し語の出現数
②一つの作品における巻単位での見出し語の出現数
③見出し語の本文での出現箇所
④見出し語の出現した前後の文脈
④見出し語の意味を表す漢字
⑤見出し語を並べるための読み仮名
⑥語の成り立ちを考察する上で必要となる結合の仕方等の語構成情報

①は作品を分類・分析する上で必須で、特に②は『今昔』など巻によって語の使用の仕方が大きく変わるような作品を対象とする場合これまた必須と言える。③は語の意味の特定や複合語の認定の際に必要で、④は語の意味を知る上であるいは同音の語を区別するために必要となる。⑥は語と語の関連、合成語や派生語の変遷の過程を知る上で必要となるもので、通常、索引には存在しないため、稿者が独自に調査をして付加している。

これら①〜⑥の観点から歴史コーパスを評価すると次のようになる。

まず、①〜④までの情報については、歴史コーパス上の項目そのものまたはクロス集計から得られることから有用性があると言える。

次に、⑤については微妙な点がある。というのは、歴史コーパスで設定されている仮名情報は、「語彙素読み」、「語形」、「仮名形出現形」、「発音形出現形」の4種類であり、前の2者は終止形で、後ろの2者は各活用形となっている。

例えば、検索されたものが「おほく」であった場合、それらは順に、「オオイ」、「オオシ」、「オホク」、「オーク」となる。必要性からすると、活用形に依存しない「～シ」の終止形である「語形」が有効だが、この例からもわかるように、表記がいわゆる現代仮名遣いとなっている。

微妙な点があると述べたのは、この現代仮名遣いを採用している点である。なぜならば、通常、索引の見出し語はいわゆる歴史的仮名遣いで表記されており、索引から得られたデータと照合する際に表記の差を吸収するための仕組みが必要となるからである。実際、本稿の表1のデータを作成する際、【あじきなし→あぢきなし】、【あやうし→あやふし】など五六箇所の表記の差を処理している。

最後の⑥については、稿者独自のものであるため、歴史コーパスに情報がないのはいたしかたない。その他の情報としては、和語か漢語かなどの「語種」、使用されている本文が会話か歌かなどの「本文種別」があり、これらの観点から分析する場合に有用な情報と言える。

六　おわりに

本稿の目的の一つは従来の『枕』の形容詞データの疑義を正すことであったが、ある意味その目的は果たされた一方で別の課題を残したとも言える。つまり三の最後に触れた第一次形容詞の使用割合の高さである。

また、第二の目的は、歴史コーパスの有用性について考察することであったが、五で述べたように一定の有用性を見いだせた一方で、一部の品詞情報に誤りがあること、検索されない語があることも判明した。また、複合語の認定については、作成者の判断に依存する部分もあるため、これまで同様の補正が必要となる、

本稿であらためて疑問を呈した『枕』の第一次形容詞の使用割合の高さについては、別稿に譲ることとしたい。

注

（1）村田菜穂子『形容詞・形容動詞の語彙論的研究』（和泉書院［2005・11］）
（2）注1参照
（3）『国語語彙史の研究』三三（和泉書院［2014・3］）
（4）大学共同利用機関法人　人間文化研究機構　国立国語研究所　コーパス開発センター（http://www.ninjal.ac.jp/corpus_center/chj/）
（5）松村博司監修　榊原邦彦編『枕草子総索引』（右文書院［1967・11］）
（6）「三巻本枕草子総索引まで」（『国語語彙史の研究』二［1981・5］）
（7）「『枕草子総索引』補綴」（『国語語彙史の研究』四［1983・5］）
（8）榊原邦彦編『枕草子　本文及び総索引』（和泉書院［1994・10］）

【参考】

中島和歌子『枕草子』章段対照表
（http://www.sap.hokkyodai.ac.jp/nakajima/waka/data/makura1.html）

中世後期から近世初頭における高程度を表す副詞の諸相

――高程度を表す評価的な程度副詞を中心とした体系と主観化傾向――

田和　真紀子

一　はじめに

田和（二〇一二）では、「高程度を表す副詞」を「極度を表す程度副詞」と「評価的な程度副詞のうち高程度を表すもの」に分け[1]、中古から近世初頭の資料を調査した。その結果、古代語から近代語への過渡期に当たる中世後期から近世初頭に、高程度を表す副詞の中心が極度を表す程度副詞から評価的な程度副詞へ交替したことが明らかになった。これを踏まえ、「イト」の衰退などに見られる中古から中世への高程度を表す副詞の変化が、単なる語彙の交替ではなく、意味・機能の体系的な変化によるものである可能性を指摘した。

しかし田和（二〇一二）は変化の概要を大局的に触れるにとどまり、田和（二〇一四）は変化の流れと方向性を示したにすぎないため、交替期の高程度を表す副詞の実態と体系については、評価的な程度副詞が極度を表す程度副詞の機能を代替したのか、それとも全く異なる体系によって高程度表現がなされたのかなど不明な点が残った。

そこで本稿では、古代語から近代語への過渡期の傾向と実態を明らかにするために、中世後期から近世初頭の高程度を表す副詞の諸相の記述を行う。特にこの時代に多く見られる高程度を表す評価的な程度副詞については、各語における評価性およびその背景にある話し手の主観[2]に注目して意味・機能の分析を行い、それぞれの語の用法の違い・表現される程度性の違いを記述しながら、当時の高程度表現の実態と体系を明らかにしたい。

二　調査方法と概観

近代語への過渡期における高程度を表す副詞の実態を明らかにするため、中世後期から近世初頭に成立、もしくは当時のことばを反映していると考えられる資料を調査対象とする。本稿では抄物、聞書歌論書、キリシタン資料、狂言台本に、近世初頭成立の版本狂言記、噺本を資料に加えて調査を行った。なお調査資料は活字本で用例を確認できる以下の文献[3]とした。

【抄物】史記抄（一四七七年）、湯山聯句抄（一五〇四年成立）、中華若木詩抄（十六世紀前半成立）。

【聞書歌論書】耳底記[4]（一五九八〜一六〇二年までの記録。一六六一年刊）、百人一首聞書[5]（一六六一年講）。

【キリシタン資料】天草版平家物語（一五九三年刊）、エソポのハブラス（一五九三年刊）、懺悔録（一六三二年刊）。

【狂言資料】虎明本狂言（一六四二年書写）、天理本狂言六義（一六四五年頃書写）、狂言記（一六六〇年刊）、狂言記外五十番（一七〇〇年刊）、続狂言記（一七〇〇年刊）、狂言記拾遺（一七三〇年刊）。

【近世前期噺本】醒睡笑（一六二三年序）、きのふはけふの物語（元和・寛永頃〈十七世紀前半〉刊）、軽口露がはなし（貞享頃〈十七世紀末〉刊）、鹿の巻筆（一六八六年刊）。

また、調査の対象とした高程度を表す副詞は、井上（一九九三）、信太（一九九四）、小川（二〇〇二）を参考に選び出した。さらに先に挙げた調査資料において高程度を表す副詞として使用されている語を「極度を表す程度副詞」と「評価的な程度副詞」に分けて一覧表とし、用例数を示したものが［表1］である。

▼極度を表す程度副詞……「イト」「イトド」「キハメテ」「ハナハダ」「オホキニ」「イカク」

▼評価的な程度副詞のうち高程度を表すもの……「アマリ（ニ）」「コトノホカ（ニ）」「イチダン（ト）」「ヒトシホ」「ツット」「チカゴロ」「ズイブン（ト）」「モットモ」「イチ」

まずは、中世後期から近世初頭の高程度を表す副詞の傾向を［表1］で概観しておきたい。

［表1］から読み取れる全体的な傾向として、極度を表す程度副詞よりも、評価的な程度副詞の使用頻度の方が高く、「アマリ（ニ）」「イチダン（ト）」といった一部の副詞に使用頻度の高い語が偏っている。これは、時代や文体によって主に使用される程度副詞（古代語における「イト」や現代語における「トテモ」など）が偏る傾向と一致している。

一方、この時代の極度を表す程度副詞は「イカク」と動詞修飾に偏る「オホキニ」以外目立ったものはない。また中古で非常に多用されていた「イト」「イタク」の用例数は激減している。（なお［表1］に含まれていない「イミジク」は、調査資料中唯一『醒睡笑』でのみ3例見られた。[6]）極度を表す程度副詞の分布には、資料ごとに文体的な傾向が見られる。例えば抄物は訓読語系に偏っており、キリシタン資料・狂言台本・近世前期噺本は、中世説話や軍記物といった和漢混交文に見られた和文語系と「オホキニ」の同時使用が見られる。この時代の資料における副詞の使用傾向として［表1］から読み取れるのは、当時の話しことば的な副詞（評価的な程度副詞）を中心に、前時代から受け継がれたベースとなる文体で用いられた副詞（極度を表す程度副詞）が混在しているということである。

しかし［表1］からは、評価的な程度副詞が極度を表す程度副詞の代わりに使用されていたのか、それとも評価的な程度副詞が高程度を表す副詞として積極的に使用されていたのか、といった使用実態まではわからない。

そこで以下では、高程度を表す副詞を「極度を表す程度副詞」と「評価的な程度副詞」とに分け、各副詞の用例を被修飾語のタイプ（形容詞か心的活動動詞か）や評価的な意味の成立する背景にある語彙的意味の特徴の相違などを記述していくこととする。

評価的な程度副詞									
アマリ（ニ）	コトノホカ（ニ）	イチダン（ト）	ヒトシホ	チカゴロ	ズイブン（ト）	（ツット）ツット	モットモ	イチ	合計
162		7	1	11	19			13	281
3	1		1		2				9
20	9	37		9	5		3		99
6		22		2	1			1	32
3		3	7				10		23
55	1	1		2	2		2		114
8	1	5		2			1		51
11				1	4			2	20
55	68	187	19	47	37	7		1	468
66	42	47	3	10	28	1		1	236
17	5	57		2	5				125
7	6		1	2	1	1			20
14	23			4	4				52
16	35			6	7				72
44	7	7	1	4	1		2		119
7	12	6		1	2				29
3			2	7	1				26
4									8

[表1]

資料＼表現形式		極度を表す程度副詞						
		イト	イトド	イタク（イタウ）	キハメテ	ハナハダ	オホキニ（オホイニ）	イカク（イカウ）
抄物	史記抄				7	4	47	10
	湯山聯句抄					1	2	
	中華若木詩抄					15	1	
歌学書	耳底記							
	百人一首聞書	2	1					
キリシタン資料	天草版平家	4	11	3	1		28	4
	エソポのハブラス	5	1				27	1
	懺悔録	2						
狂言台本	虎明本	2	2		2		12	29
	天理本	2	3		2		5	26
版本狂言記	狂言記		2					37
	狂言記外五十番							2
	続狂言記							7
	狂言記拾遺							8
近世前期噺本	醒睡笑	4			(1)	(1)	48	1
	きのふはけふの物語							1
	軽口露がはなし	3					9	1
	鹿の巻筆						3	1

表内数字は用例数。

『醒睡笑』の「キハメテ」「ハナハダ」の例は漢文脈の漢字表記のもの。参考として（ ）で表示した。

三　極度を表す程度副詞の諸相

「極度を表す程度副詞」については、被修飾語のタイプによって「主に形容詞類を修飾するもの」、「形容詞類・動詞の双方を同程度修飾するもの」「主に動詞を修飾するもの」の三種類に分けて見て行きたい。

三、一　主に形容詞類を修飾するもの

これに該当するのが、和文語系の「イト」「イトド」と訓読語系の「キハメテ」「ハナハダ」である。

「イト」「イトド」は、キリシタン資料三種、狂言台本における歌謡・文語文脈（虎明本各巻序）、『百人一首聞書』（ただし、「イトド」は宗祇の注の引用）に見られ、キリシタン資料と近世初期噺本の『醒睡笑』『鹿の巻筆』を除き、話しことば文体の部分には使用されていなかった。

(1)これをよしとおもはん人はいと心にくからずそしる人こそあらまほし（虎明本　巻一・序）

(2)〽おはなの霜夜はさむからてなこりかほなる秋の夜の虫の音もいと茂し（天理本　花折新発意・抜書）

(3)北の方の有様を見らるれば、いとどせん方なう見えられたと、きこえてござる。（天草版平家　巻一）

(4)宗祇が注、（中略）けにいとゝ思ひふかゝるへし。かうある。（百人一首聞書　59赤染衛門）

また、訓読語系の極度を表す程度副詞「キハメテ」「ハナハダ」は、抄物に比較的多く見られた。

(5)ワルイ事ヲシテ、キヤメテタノシウテ、（史記抄　一〇9オ）

(6)（祖父）〽すいさんのおうぢめや、〱、きはめていろはくろふして、（虎明本　枕物狂）

(7)此太公ハ天下ニ心アルホトニ機巧ノ太《はなは》タ深キ者也（中華若木詩抄・上　二オ16・地）

以上のように、中古・中世前期までの古代語で非常に多く見られた形容詞類のみを程度限定する典型的な極度

を表す程度副詞は、中世後期から近世初頭において限定的かつ使用頻度も低いことが明らかになった。

三、二　形容詞類・動詞の双方を同程度修飾するもの

中古和文での「イミジク」のように形容詞類・動詞の双方を同程度修飾するものは、この時代の場合「イカク（イカウ）」である。「イカク」は、「イミジク」と同様に形容詞連用形から派生したタイプであることも共通している。(7)

(8)李斯ハワルイ事ヲ多クシタレトモ、此時ハ、イカウヨフ云タレトモ、（史記抄　四47ウ）

(9)菊／太郎くわじやめが、いかうわらうが、ふしんなと云てきく、（天理本　見ず聞かず）

(10)いせ講の有し所へ風与立より、これはいかうにぎやかなる躰じやと申さるれば、（軽口露がはなし　巻二・第一　伊勢講の当番）

増井（一九八八）によると、「イカク」の元となった形容詞「いかし」は、古代において〈荒々しい、烈しい、恐ろしい〉の意味の語として用いられていたが、室町後半頃から連用形イカウと連体形イカイの両形に使用が限られ、〈程度がはなはだしい〉意での修飾用法でのみ用いられるようになった。本稿の調査範囲でも連用形と連体形以外の活用形は使用されておらず、程度限定用法のみであったことから、程度副詞として固定化されていたと言ってよいだろう。

三、三　主に動詞を修飾するもの

感情を表出する動作動詞もしくは心的活動動詞を修飾し、動作とそれに付随する感情の激しさを表す機能に偏る程度副詞は、古代語の和文語系では「イタク」(8)であるが、今回の調査範囲では『天草版平家物語』『醒睡笑』

に限られており、多くは中世前期の『今昔物語集』でも多用されていた訓読語寄りの「オホキニ」が担っていた。

(11)財宝トモヲ奪取テ大ニ富貴ニナラル、ソ（中華若木詩抄・中　一八オ5・地）

(12)そこで人々も大きに笑うて赦いてやれば、（エソポのハブラス　416㉔）

(13)此大こく大にいかりをなし、（虎明本　ゑひす大黒）

ちなみに「オホキニ」は連用形に固定化されておらず、連用形以外の活用形でも比較的多く用いられているので、「イカク」に比べ程度副詞化の度合いは低いと考えられる。

また、抄物やキリシタン資料で「イカク」より「オホキニ」の使用頻度が高く、狂言台本や版本狂言記、近世前期噺本で「イカク」の使用頻度が高くなっている[9]ことから、中世後期から近世への過渡期に動詞を修飾するタイプの極度を表す程度副詞が「オホキニ」から「イカク」へと交替した可能性が考えられる。

以上のように、この時代の極度を表す程度副詞は、形容詞類のみを修飾・程度限定を行うものが見られず、「イカク」や「オホキニ」のような動詞修飾に関わるもののみ使用されていた。

四　高程度を表す評価的な程度副詞の諸相

この時代の高程度を表す評価的な程度副詞は、話し手の主観に基づく範囲の限定の仕方とその範囲との関係によって表される程度表現が異なる。そこで、主観範囲に対してそれを超越することを表す〈主観範囲超〉によって程度高を表すグループと、〈主観範囲内〉において高い程度に位置づけられることで程度高を表すグループとに分けて見て行きたい。

四、一　〈主観範囲超〉によって評価的に程度高を表すもの

「アマリ（ニ）」、「コトノホカ（ニ）」は、〈主観範囲〉という評価的な程度副詞の前提となっている「話者の主観によって限定された範囲」を超えた程度を表しており、〈衝撃性〉という意味的に極端な程度高を表す「極度を表す程度副詞」と類似した意味特徴を持っている。[10]

この時代の代表的な高程度を表す副詞は、［表1］の使用頻度・使用割合からも見て取れるように「アマリ（ニ）」であり、[11]構文特徴や機能的にも「イト」の後継と考えられる。[12]

(14)その後あの人をばあまりに大切に思ふに依て結句その子を儲けてよからうと存じて（懺悔録　40⑬）

(15)（聟）／大むかしはあまりふるうござる、中昔もはやむかしで御ざる（虎明本　音曲聟）

(16)つくり庭を餘り人の見たがるがいやさに番衆置れたれは（醒睡笑　巻三・不文字）

現代語では、「アマリ」が「あまりおいしくない」のように否定表現と共起して弱否定を表す構文で用いられ、「アマリニ」が「あまりにひどい」のような程度限定に用いられるという使い分けがある。一方、中世後期から近世初頭にかけては現代語のような使い分けはなく、「アマリ」に比べて「アマリニ」の方が比較的堅い文脈・文体で多く使用されており、[13]文体差による使い分けの傾向が見られた。

「コトノホカ（ニ）」の方は、「ことのほか」と「ことのほかに」で特に用法の差はないようである。「イカク」と同様に形容詞類と動詞両方を修飾する。

(17)婦ハ他国ニ行テ、好キ縁ニツキテ、事ノ外ニ富貴ニナル。（湯山聯句抄　6オ1）

(18)殊外食過てねむうなつた、身共も少まとろまふ、（天理本　土産山伏）

「イチダン（ト）」「ツット」（現代語の「ずっと」に該当）は、現代語で［AよりBは程度副詞＋形容詞］という二項対立の比較構文でよく用いられる程度副詞であるが、この時代においては、話し手のこれまで見聞きした状

態（これが話し手の主観に当たる）よりも程度高になっていて評価できる状態の場合に用いられ、一応話し手の主観内での対比という比較の意味は含まれているが、現代語のようなAとBを明確に比較する構文では用いられていない。なお［表1］の使用頻度から見て、「イチダン（ト）」も「アマリ（ニ）」に準ずるこの時代の代表的な高程度を表す程度副詞だったと言えよう。

(19)夏日ノ長キ時風景ガ一段面白ソ（中華若木詩抄・中　四ウ7・地）

(20)（通辞）／仰らる、は、一だんと見事すまふを取まらした、（虎明本　たうずまふ）

また、「ツット」の程度副詞用法は狂言台本に限られるが、空間の移動の様を表す擬態語（つっと寄る、つっと流れる）や現代語の時空間の隔たりを表す「ずっと」に当たる用法（つっと奥・つっと前）は抄物やキリシタン資料の『天草版平家物語』にも見られる。「ツット」の程度副詞用法では、ある空間において起点から終点までかけ離れる距離の大きさを高程度として表している。

(21)（主）／…某めしつかふ者を一人もってござるが、つっと臆病なやつでござれ共、…（虎明本　くいか人か）

（参考）（加賀）／つっと奥に御ざる（虎明本　餅酒）

また、現代語の「一段と」や「一層」に似た意味のことばとして「ヒトシホ」がある。

(22)（祖父）／…老て二たび児になるといふ程に、一しほわかうならう（虎明本　さいほう）

(23)汁はいつに勝りて一しほ出来たるなといひほむる（醒睡笑　巻五・人はそだち）

この時代の「ヒトシホ」は、(22)・(23)のように比較対象となるものと共起して比較による高程度を表す語であるため、この時代の主観範囲内における高程度を表す「イチダン（ト）」よりも、現代の比較構文で用いられる「ずっと」「もっと」や「一層」に近い意味を持つ語である。

四、二　〈主観範囲内〉において評価的に程度高を表すもの

これに分類されるのは「チカゴロ」「ズイブン（ト）」「モットモ」である。これらは「主観範囲内における品定め」という点で、評価的な程度副詞の中でも、より評価寄りであったと考えられる程度副詞である。

(24)近比ケナゲナルハタラキソ（中華若木詩抄・下　二四オ3・地）

(25)己は主君の風情をなすこと、近比狼藉千万ぢゃ。（エソポのハブラス　463⑫）

(26)亭／近比満足いたゐて御さる（天理本　禰宜山伏）

「チカゴロ」は、もともと〈現在を含む近い過去〉という時間範囲が〈主観範囲〉に転化し、評価的な程度副詞化したものである（田和二〇一三a）。程度表現としては、〈自分の知っている現在を含む近い過去の範囲内において最も〉という意味で、話し手の主観範囲内における最高程度を表す[14]。

(27)その外或人の公事に就いて、身はその贔屓して、勝つ程合力致さうと約束したれば：随分それに念を入れ、なる程働いたれども（懺悔録　56⑧）

(28)（粟田口）／中々、しゆすのきやはんをふ断仕てゐる程に、随分くろふ御ざる（虎明本　粟田口）

「ズイブン（ト）」は、中世において(28)のように程度限定用法でも使用されるが、(27)のように〈自分の出来る範囲で精一杯〉の意味で使用されることが多く、渡辺（二〇〇二）の言う「わがこと」にも「ひとごと」にも用いられていた。（現代語では「ひとごと」にしか用いないので、「＊私は随分疲れる。」のような「わがこと」的な言い方はできない。）中世後期では、まだ語彙的な意味が強く、程度限定を中心とした評価的な程度副詞としての定着度合いはやや低く感じられる。

「モットモ」については、ほとんどが相手への同意を表す感動詞的な用法で用いられているが、一部には、程度副詞用法が見られる。これについて井手（一九九〇）は「中世後期においては堅苦しい文章語的な性格の用語

となっていたらしく、抄物以外、用例数も僅かである」（三〇四頁）と指摘しているように、今回の調査で程度副詞用法が見られたのは、『百人一首聞書』のみであった。

(29)尤あはれふかい歌しや、とある。（百人一首聞書　50藤原義孝）

現代語の「モットモ」は「富士山は日本でもっとも高い山」のように、「日本で」のような範囲を限定する語と共起するのが普通であり、通常はいわゆる高程度を表す副詞の中の周辺的な存在として扱われるが、中世の用法の中には、(29)の例のように、具体的な範囲を示さず、おそらく話し手の記憶や価値観に依存した主観範囲に基づく評価的な程度副詞用法と思われる「モットモ」の例が見られた。

〈ある範囲の中で最上級〉を表すことばとしては、それほど例は多くないが他に「イチ」がある。(15)「イチ」とは「一」で、〈ある範囲の中で一番〉の意味である。これも〈主観範囲内〉における高程度を表す語と言えよう。

(30)こと何よりも一勝れた御所作でござつた（懺悔録　12⑦）

(31)（妻）〳〵けふのはやしのそのうちに、いちほねおりとみえけるは、いかなる人ぞふしぎやな（虎明本　祇園）

五　周辺的な高程度表現

ここまで、この時代の高程度を表す副詞が、極度を表す程度副詞よりも話し手の主観に基づく評価的な程度副詞が中心となっていた様相を見てきたが、副詞以外にも評価的な表現（文・句）によって高程度を表す例が見られる。それは、「中にも」や「此の中」といった空間的・時間的に限定された範囲内を表す語彙と共起して、特定の一つの事柄を取りあげることによって、高程度であることを表すものである。(16)

(32)やい〳〵、そのすゞきの中にも、大きい、あたらしを、あらふて、座敷へだせと云て（天理本　鱸包丁）

(33)（……此ぢうはとりわけすまふがはやる、……）（虎明本　かずまふ）

(34)シテ／……中〳〵、うつくしい上らう衆が、廿人計でさせられて、（中略）中にも、廿計な上らうのとりわきうつくしいが、やれ此あふぎに絵をかいてくれよと、おふせられた、（天理本　金岡）

(33)・(34)の「とりわけ（とりわき）」は、それ単独で高程度を表す副詞として用いられているともとれるが、範囲を限定する「中にも」や「此の中」が共起することで、高程度の意味が強化される。

これらは、この時代の高程度表現における意味の傾向が評価寄り（話し手の主観寄り）であったことを示す興味深い例と考えられる。

六　おわりに

中世後期から近世初頭の高程度表現において、形容詞類の程度限定用法のみで頻用された古代語の「イト」のような典型的な極度を表す程度副詞は見られず、形容詞類と動詞を修飾する形容詞派生の「イカク」や動詞修飾のみの「オホキナリ」の連用形「オホキニ」など限られていた。一方、極度を表す程度副詞「イト」の代わりに、様々な語彙的意味をベースに派生した評価的な程度副詞が新しい語として高程度表現を担っていたと考えられる。例えば、その高程度の表現は、話し手の主観範囲に対して、それを超越することにより程度が極めて甚だしいことを表し極度を表す程度副詞の機能に類似するもの（「アマリ（ニ）」など）や、その範囲内で最上であることを表すもの（「チカゴロ」など）である。

以上から、この時代に高程度を表す副詞の体系が、意味の面から極度を表す程度副詞の機能をカバーする形で、評価的な程度副詞を中心とした体系となっていたことは、共時的な実態からも裏付けられた。（なお、評価的な程度副詞中心の傾向は、高程度を表す周辺的な表現にも垣間見られた。）またこの時代の高程度表現が、話し手の想定する範囲内での品定めという主観的な評価によって表されるようになっていたことから、この時代の高程度表現は、話し手の視点による程度の相対化、すなわち「主観化」の傾向にあった、と説明することもできるだろう。

なお、本稿で取り上げた中世後期から近世初頭という時代は、現代語に至る広義の近代語の始まりの時期と考えられているが、現代語の高程度を表す副詞の体系は、極度を表す程度副詞と評価的な程度副詞が機能分担して共存する形となっているため、この時期の高程度を表す副詞の体系とは異なっている。つまり、この時代の評価的な程度副詞を中心とした高程度を表す副詞の体系は、古代語とも現代語とも異なっていることから、古代語から近代語への過渡期限定の過渡的な体系であったと推察される。

今後は、近代語への過渡的な体系からどのような過程を経て現代語の高程度を表す副詞の体系に至ったのかを明らかにするために、近世前期から現代に至る資料における高程度を表す副詞の調査を進めていきたい。

注

（1）本稿における「極度を表す程度副詞」は仁田（二〇〇二）の「純粋程度の副詞」（古代語「イト」や現代語「トテモ」）にほぼ該当する。また、仁田（二〇〇二）の「量程度の副詞」のうち相当程度を表す「アマリ（ニ）」「カナリ」「結構」などを「評価的な程度副詞のうち高程度を表すもの」とした。本稿で「評価的な程度副詞」と呼ぶものは高程度を表すもののみであり、少量・低程度を表す副詞は取り上げない。なお本稿では、構文的に形容詞類および心的活動動詞の程度と一部動作動詞の程度・動作量を限定するものを程度副詞と認定した。また、極度を表す程度副詞と評価的な程度副詞の区別は、述語用法の有無、語彙的意味の評価性（主観範囲を背景とした評価的意味の有無）によって行った。

（2）主観性については、澤田（二〇一一、二七頁）がLyons（1982:202）の主観性の定義を「自然言語が、その構造と通常の働き方の中に言語行為者による自己ならびに自らの態度・信念の表出に備えているさま（澤田訳）」と紹介している。本稿においても、話し手の認識に基づく言語表現における意味的特徴として「主観性」の語を用いる。また、通時的な観点からは、Traugott（1989, 1995, 2003）において「主観化」（subjectification）の仮説が提唱されているが、秋元（二〇一一）は、Traugott（1995:32）の主観化の説明（「広くいえば、述べる事柄に対して話者の信念や態度の文法的に確認できる表現の発達である（秋元訳）」）を受け、「主観化は意味変化の1つのタイプであると言える。」（九六頁）と説明している。本稿では、高程度を表す程度副詞の評価的な程度副詞化傾向の現象について考える際に、主観化の仮説を意味変化の1つの考え方として参考にする。

（3）　使用テキスト・索引は次のとおりである。（「耳底記」と「百人一首聞書」については、注（5）（6）を参照。）亀井孝・水沢利忠編『史記桃源抄の研究　本篇一〜五』日本学術振興会、柳田征司他編『抄物資料集成別巻索引篇』清文堂出版／来田隆編『湯山聯句抄　本文と総索引』清文堂出版／『湯山聯句抄　中華若木詩抄』新日本古典文学大系、深野浩史編『中華若木詩抄　文節索引　巻之上中下』笠間書院／江口正弘編『天草版平家物語　対照本文及び総索引』明治書院／大塚光信・来田隆編『エソポのハブラス　本文と総索引』清文堂出版／大塚光信翻字・編『コリャード懺悔録』風間書房／池田廣司・北原保雄『大蔵虎明本狂言集の研究』表現社、北原保雄他編『大蔵虎明本狂言集索引1〜8』／北原保雄・小林賢次編『狂言六義全注』勉誠社、小林賢次他編『狂言六義総索引』勉誠出版／北原保雄・大倉浩『狂言記の研究』『狂言記外五十番の研究』、北原保雄・小林賢次『続狂言記の研究』、北原保雄・吉見孝夫『狂言記拾遺の研究』上記すべて勉誠社／岩淵匡・他編『醒睡笑静嘉堂文庫蔵　本文編［改訂版］・索引編』笠間書院／北原保雄編『きのふはけふの物語研究及び総索引』笠間書院／噺本大系（東京堂出版）所収『軽口露がはなし』『鹿の巻筆』、検索には国文学研究資料館大系本文（日本古典文学・噺本）データベースを使用した。
なお読みやすさを考慮して、読みにくい仮名表記・旧字体などの漢字表記の一部については、適宜表記を改めた箇所がある。調査対象とした語については、漢字・ひらがな・音便形など様々な表記の総記としてカギ括弧・基本形カタカナ表記とした。また、意味・用法については、次の辞典類を参考としている。

土井忠生・森田武・長南実編訳『邦訳日葡辞書』岩波書店、ジョアン・ロドリゲス著・土井忠生訳注『日本大文典』三省堂、『日本国語大辞典第二版』小学館、『時代別国語大辞典室町時代編』三省堂。

（4）　佐佐木信綱編（一九五六）『日本歌学大系　第六巻』風間書房所収。解説に「細川幽斎の口述を烏丸光廣が筆記したものと知られる。（中略）本書は、口授を受けた日時も場所も明記してあり、且つ幽斎の述べた言葉のまま口語になつてゐるのも興味がある。」（一〇頁）とあるように、歌論聞書類の中でも、話しことば的な性質の強い資料である。

（5）　島津忠夫・田中隆裕編（一九九四）『後水尾天皇百人一首抄　百人一首注釈書叢刊』和泉書院所収。
本稿では「後水尾天皇百人一首抄」のうち、御講釈を陪聴した廷臣による聞書による『百人一首聞書』を調査資料とした。『百人一首聞書』のことばについて小林（二〇一二）は、「天皇のことば、堂上方（公家）のことばという一面を持つ。」（四四頁）と指摘している。この資料の存在は、狂言台本のような庶民のことばから『百人一首聞書』のような天皇・公家のことばまで、同時代の話しことば文体の幅広さを示唆している。

（6）『醒睡笑』の本文には、擬古文的な内容の箇所や漢文体の箇所があり、他の資料に比べて古語的な要素が多く見られる。しかし、評価的な程度副詞の使用状況にはこの時代の傾向が表れており、構文的な意味は話し手と聞き手双方の理解がないと成り立たない副詞の特徴が出ているとも言える。

（7）形容詞連用形から派生したタイプは、活用による連用修飾という元来の性質から、副詞化（連用形での固定化）後も他の副詞に比べ、用言である形容詞類・動詞両方を修飾しやすいためと考えられる。

（8）今回の調査範囲における形容詞「イタシ」は、痛覚を表す形容詞として使用されていた。この時代に「オホキニ」「イカク」が動詞修飾の極度を表す程度副詞の中心となった背景には、「イミジク」の死語化、「イタク」の意味・機能変化の影響も考えられる。

（9）「いかい」の程度副詞用法は、増井（一九八八）によると、近世前期から中期にかけて広く用いられ、江戸末期に衰退したとされる。

（10）井上（一九九三）は、日本古典文学大系所収の山本東本の調査・分析結果を踏まえ、「アマリ（ニ）」について、

　動詞の「余る」の元義より、余ったありようの意味から、その基準を越えることが程度の極度に通じ、程度副詞として極度の意味をもっとも普通に展開している（三八七頁下段）

と述べ、極度を表す程度副詞との意味的な類似を指摘している。

（11）同様の指摘は井上（一九九三）、信太（一九九四）、趙（二〇〇八）にもある。

（12）中世後期から近世初頭の「アマリ（ニ）」についての詳細は田和（二〇一三b）を参照。

（13）今回の調査では、少し堅い表現である「アマリニ」よりも「アマリ」の方が多く見られた。一部ではあるが用例数の多いものの「アマリ」と「アマリニ」の用例数比を示す。

アマリ：アマリニ→史記抄121：41、天草版平家44：11、虎明本47：8、天理本58：8

（14）辞書や天理本狂言六義・虎明本の活字本注釈では、一部「近頃になく」の意と解説されているが、「近頃になく」は〈主観範囲内〉における非存在によって極度を表しており、厳密に言えば意味が異なる。また、今回の調査範囲に「近頃になく」の用例は見られなかった。なお「チカゴロ」が程度副詞として用いられている時代は、〈現在を含む近い過去〉を表す語として「この中」「このごろ」「このほど」など「チカゴロ」以外の語が用いられた。

(15) ロドリゲス『日本大文典』（土井訳注、三六一頁）に、最上級を表す助辞として「イチ」が紹介されている。

(16) ロドリゲス『日本大文典』（土井訳注、三六〇頁）にも「日本の諸宗の中《うち》には禅宗を第一といふさへ…（後略）。（豊後物語）」を例として挙げ、「往々最上級はVchi（中）をとる。」とあり、当時の高程度表現が範囲限定の品定めによって行われていたことを示している。

参考引用文献

秋元実治（二〇一一）「文法化と主観化」澤田治美編『主観性と主体性』ひつじ書房
井上博嗣（一九九三）「狂言集にみられる程度副詞―極度・高度を示すもの」『文芸論叢』四一
井手至（一九九〇）「国語副詞の史的研究―「もっとも」の語史―」『国語語彙史の研究』一一（濱田敦・井手至・塚原鉄雄編一九九一・二〇〇三増補『国語副詞の史的研究』新典社所収）
小川栄一（二〇〇二）「和漢融合における表現システムの機能進化」『国語国文学』四一（小川栄一二〇〇八『延慶本平家物語の日本語史的研究』勉誠出版所収）
小林千草（二〇一三）「後水尾天皇講『百人一首聞書』のヂャ終止文」『近代語研究』十六　武蔵野書院
澤田治美（二〇一一）「モダリティにおける主観性と仮想性」澤田治美編『主観性と主体性』ひつじ書房
信太知子（一九九四）「古代語「いと」の行方―中世における程度表現―」『国語語彙史の研究』十四　和泉書院
田和真紀子（二〇一二）「評価的な程度副詞の成立と展開」『近代語研究』十六　武蔵野書院
田和真紀子（二〇一三a）「成立過程から見た高程度を表す評価的な程度副詞の特徴―「チカゴロ」を一例として―」『都大論究』五〇
田和真紀子（二〇一三b）「狂言台本の「アマリ（ニ）」―大蔵虎明本を中心に―」『近代語研究』十七　武蔵野書院
田和真紀子（二〇一四）「程度副詞体系の変遷―高程度を表す副詞を中心に―」小林賢次・小林千草編『日本語史の新視点と現代日本語』勉誠出版
趙宏（二〇〇八）「中世の会話文における程度副詞の使用状況をめぐって　―「高い程度を表わす」副詞を中心にして―」『明治大学日本文学』三四
中川祐治（二〇〇三）「中世語における極度・高度を示す程度副詞の機能と体系」『別府大学国語国文学』四五
仁田義雄（二〇〇二）『新日本語文法選書3　副詞的表現の諸相』（くろしお出版）

原栄一（一九七一）「程度副詞おほきに小考」（『金沢大学教養部論集　人文科学編』八）
増井典夫（一九八八）「江戸語における形容詞「いかい」とその衰退について」『国語学研究』二八（増井典夫二〇一二『近世後期語・明治時代語論考』和泉書院所収）
渡辺実（二〇〇二）『国語意味論』（塙書房）

付記

本稿は、第101回国語語彙史研究会（二〇一二年九月二十九日於神戸市外国語大学）における研究発表原稿を加筆・修正したものである。同会では質疑などで有益な御意見を賜ることができた。一々お名前は記しませんが、厚く御礼申し上げます。

また、本稿は、平成二十六年度科学研究費補助金（若手研究（B）研究課題番号：二五七七〇一七二、研究課題名：「高程度を表す副詞の史的変遷に関する研究」）による研究成果の一部である。

キリシタン版対訳辞書群における聾唖関連語彙

末森明夫
新谷嘉浩

序論

中世後期より近世初期にはイエズス会やドミニコ会の関係者が来日し、キリスト教布教の傍ら日本語文献の翻訳・翻字（ラテン文字）や対訳辞書の編纂に努めたことが知られており、このような刊行物はキリシタン版と総称されている。キリシタン版対訳辞書群を題材とした語彙史研究においては『日葡』を中心とした研究が蓄積される一方（森田　一九六七、一九九五、石塚　一九七六、浅原　二〇〇八）、『日葡』以外のキリシタン版対訳辞書群を題材とした研究も展開されている（大塚　一九六六、一九六七、一九七九、一九八九、大塚・小島　一九八五、柴田　一九六七、金沢大学法文学部国文学研究室　一九六七、島　一九七三、遠藤　一九七四、福島　一九七九、三橋　一九七九、土井　一九八〇、片桐　一九八三、亀井　一九八六a、一九八六b、岸本　一九九九、二〇〇五、二〇〇八、二〇〇九、Kishimoto 2006, 斎藤　二〇〇〇、二〇〇一、荒木　二〇〇七、近藤・中村　二〇〇九、松本　二〇〇九）。

一方、聾唖関連語彙を対象とした通時的研究はキリシタン版に限らず日本語文献全体を見ても限られている（岡山　一九三五、伊藤　一九九八、津名　二〇〇五、山本　二〇〇五）。岡山（一九三五）は古代より近世に渉る日本語文献に載録されている聾唖関連語彙の網羅的分類を行い、聾唖関連語彙史研究の嚆矢とされている。（註1）伊藤（一九九八）は『日葡』に載録されている聾啞関連語彙が八語に上ることを報告し、新谷（二〇一〇）は『羅葡日』に載録されている聾啞関連語彙と『日葡』に載録されている聾啞関連語彙に若干の違いが見られることを報告した。しかし、『日葡』や『羅葡日』以外のキリシタン版対訳辞書における聾啞関連語彙を調査した例は管見の限りない。本稿は六種類のキリシタン版対訳辞書に載録されている聾啞関連語彙の調査を行い、中世後期より近世初期における聾啞関連語彙の分類を行うと共にそれぞれの語の意味等の変遷を検証することを試みた。このような検証を通して、聾啞関連語彙を始めとする障害者関連語彙の語彙史、すなわち障害者に関わる言葉の社会的位置付けの通時的考証に寄与することを試みる。

資料

本稿の執筆に供したキリシタン版対訳辞書群一覧を表1（二七五頁）に示す。『羅葡日』『日葡』『日西』『葡日』『西日』『羅西日』の影印及び索引を参照し、聾啞関連語彙一覧を作成した。『日葡』の伝本及び写本のうち、影印本が刊行されているものはボードレイ本、パリ本、エヴォラ本、アジュダ本の四冊に上るが、アジュダ本は一七四七年刊行の写本であることより対照は行わなかった。パリ本が最も古いものと見られているが、「補遺」が欠落しているため、「補遺」に載録されている語はボードレイ本を参照した。『日仏辞書』は『日葡』の仏語翻訳版であるものの、一八六二〜一八六八年に刊行されたものであり、キリシタン版対訳辞書群には含まれないことから対照は行わなかった。本稿におけるラテン文字表記は［ ］で示し、文頭は原則として小文字にした。翻字表記は〈 〉、資料における聾啞関連語の載録箇所は（ ）で示す。また、ラテン語、ポルトガル語、スペイン語はそれぞれ羅語、葡語、西語と表記する。

『羅葡日』『日葡』『葡日』

『羅葡日』の対訳日本語ないし日本語訳語釈に見られる聾関連語彙は［mimixij〈耳廢〉］［tçunbo〈聾〉］［riŏquai〈聾聵〉］の三語、唖関連語彙は［voxi〈唖〉］［yezzu〈言えず〉］の二語が得られた。『日葡』の見出し日本語に見られる聾関連語彙は［mimixij〈耳廢〉］［nireô〈耳聾〉］［reôquai〈聾聵〉］の三語、唖関連語彙は［aʃu〈瘂子〉］［voxi〈唖〉］の二語が得られた。[註2] その他、見出し日本語［reô a〈聾唖〉］や見出し日本語［mimi〈耳〉］の関連語句［mimi tçubururu〈耳潰るる〉］［mimi tçubure〈耳潰れ〉］が見られた。『葡日』の見出し葡語における聾関連語彙は［mouco］［humẽ mouco］［mulher mouca］［ser mouco］［estar mouco］［ficar mouco］の六語が得られたものの、対訳日本語に見られる聾関連語彙は［tçũbô〈聾〉］の一語のみであり、唖関連語彙は皆無であった。[註3] ただ、『葡日』は欠落箇所も少なくなく、『葡日』には唖関連語彙は載録されていないものと見なしても差し支えないかどうかは後考が俟たれる。[註4]

更に『羅葡日』及び『日葡』に載録されている聾唖関連葡語及び日本語の対応関係を検証した（表2・二七六～二七八頁）。葡語［surdo］が当てられた見出し日本語や対訳日本語は［mimixij〈耳廢〉］［tçunbo〈聾〉］［mimitçubure〈耳潰れ〉］［riŏquai〈聾聵〉］［nireô〈耳聾〉］の五語に上る。一方、『日葡』の見出し日本語［mimi tçubururu〈耳潰るる〉］には対訳羅語［enʃurdecer］が当てられていたものの、『羅葡日』の見出し羅語［obʃurdeʃco］には、対訳葡語［fazer ʃe ʃurdo, enʃurdecer］及び対訳日本語［mimi xiiru, tçũboni naru.〈耳廢る〉〈聾になる〉］が当てられていた。[註5] すなわち、葡語［enʃurdecer］に対応する日本語は［mimi tçubururu〈耳潰るる〉］［mimi xiiru, tçũboni naru.〈耳廢る〉〈聾になる〉］の三語に上ることが窺われた。葡語［mudo］に対応する見出し日本語、対訳日本語、ないし関連語句は［voxi〈唖〉］［yezzu〈言えず〉］［aʃu〈瘂子〉］の三語が得られた。また、葡語［enmudecer］に当てられた対訳日本語は『羅葡日』の［voxini naru〈唖になる〉］のみであった。すなわち、『羅葡日』や『日葡』に載録されている聾関連葡語が総て語幹［surd―］を含む単系統派生的な成り立ちを示すのに対し、聾関連日本語語彙は和語に属するものと考えられる［mimixij〈耳癈〉］［tçunbo〈聾〉］［mimitçubure〈耳潰れ〉］に限らず、漢語に属するものと考えられる［riŏquai〈聾聵〉］や［nireô〈耳聾〉］が見られるなど、日本語の聾唖関連語彙においては和語系統と漢語系統が混在することが窺われた。

『羅葡日』は［mimixij〈耳癈〉］と［tçunbo〈聾〉］を併記してはいるものの、［mimixij〈耳癈〉］や［mimixij〈耳癈〉］の派生語に［tçunbo〈聾〉］に続ける形で書いており、近世初期においては［mimixij〈耳癈〉］と［tçunbo〈聾〉］には語義ないし文脈の違いがあり文脈に応じて使い分けられていた可能性もある（表2）。尚、［tçunbo〈聾〉］は『羅葡日』や『葡日』には載録されているものの、『日葡』には載録されていない（新谷　二〇一〇）。『日葡』は「文書語」の載録に積極的である一方、俗語の載録には必ずしも積極的ではなかったという傾向があり（森田　一九九五、馬場　一九九九、岸本　一九九九、浅原　二〇〇八）、『日葡』の編纂関係者は［tçunbo〈聾〉］を俗語と見なして『日葡』には載録しなかった可能性も考えられる。

キリシタン版対訳辞書群を初めとするキリシタン版では、同一語に異なる綴りを用いるような綴りの揺れが頻出することが明らかにされている（福島　一九七九、岸本　二〇〇九）。『日葡』の三種類の伝本（ボードレイ本、エヴォラ本、パリ本）『日西』の比較を行ったところ、見出し日本語における聾唖関連語彙の加筆、削除、ないし綴りの揺れは見られなかった。しかし、『羅葡日』は見出し羅語に見られる聾関連語彙（五語）の内、［exurdo］［surdè］［súrditas］［surdus］（四語）の対訳日本語には［tçunbo］という綴りを用いているものの、［obsurdesco］の対訳日本語には［tçũbo］という綴りを用いている。一方、『葡日』は［tçũbŏ］という綴りのみを用いている。すなわち、キリシタン版対訳辞書群では三種類の綴り（［tçunbo］［tçũbo］［tçũbŏ］）による綴りの揺れが見られる。また、〈聾聵〉は『羅葡日』と『日葡』に載録されているものの、『羅葡日』では[riŏquai]、『日葡』では[reôquai]という綴りになっている。葡人宣教師ジョアン・ロドリゲスの『日本大文典』を初めとするキリシタン版では、「開音（オー）」を[ŏ]、「合音（オー）」を[ô]と区別している事例が報告されている（土井一九八〇）。しかし、一七世紀初頭には関東では[ŏ]と[ô]の区別はほとんど見られなくなり、京都でも明暦年間（一六五五〜一六五八）までには見られなくなったものと見られている（金子　一九九三）。当時の開合発音を巡る過渡的状況が『羅葡日』（一五九五年刊行）における表記[riŏquai]と『日葡』（一六〇三年刊行）における表記[reôquai]の違いにも反映されている可能性については、『羅葡日』における開合表記の原則の検証など後考が俟たれる。

『日葡』に載録されている[nireô〈耳聾〉]は、現在は「じろう」と読み慣わされており、近世以降に呉音から漢音への転化が生じたことが窺われる。

[reô a〈聾唖〉]は『日葡』のみに載録されており、『日葡』の三種類の伝本（ボードレイ本、エヴォラ本、パリ本）の影印では、いずれも[reô]と[a]の間に字空けがある。[reô a]〈聾唖〉の対訳葡語は[surdo & mudo]と書かれていることから、意図的に[reô]と[a]の間の字空けを行うことにより〈聾〉と〈唖〉の複合語であることを示そうとした可能性も考えられる。一方、『日葡』に載録されている[reôquai〈聾聵〉]や[nireô〈耳聾〉]も複合語ではあるが、対訳葡語は[surdo]という単語であるため、字空けは行われなかったものとも考えられる。

葡語[mouco]は『葡日』のみに見られるものであり、現代葡語には見られない古葡語でもある。『*Dicionário Raphael Bluteau*』（一七二八年刊行）は見出し葡語[mouco]を載録しており、[mouco]の同義語に葡語[surdo]を挙げている。『葡日』が『羅葡日』や『日葡』に載録されている[surdo]を載録しなかった理由は不明である。

また、『葡日』は他の対訳辞書群には見られない［uonnatçûbô〈女聾〉］という日本語を載録している。『日葡』は盲関連語彙に分類される見出し日本語及び対訳葡語［mecura〈盲〉, cego］と［goje〈瞽女〉, mulher cega］の両方を載録しているものの、聾である女性自体を指す語は載録していない（伊藤　一九九八）。『葡日』の編纂関係者が『日葡』を参照し、盲関連語彙と聾関連語彙の整合性を図るべく、〈女聾〉の載録を図った可能性も考えられるものの、『葡日』は［A］～［C］の章が欠落しており、葡語［cego〈盲〉］や［mulher cega〈瞽女〉］が載録されていたかどうかを確認することはできないことが惜しまれる。しかし、『葡日』が［uonnatçûbô］〈女聾〉を載録したことは、近世初期の聾唖関連語彙を始めとする障害関連語彙におけるジェンダー論を模索する上でも興味深いものがある（佐竹　二〇一一）。

『西日』『羅西日』

『西日』の見出し西語における聾関連語彙は［ſordo］のみであるものの、見出し西語［ſordo］には子見出し西語［ſordo in poco］が続き、西語［ſordo］には対訳日本語［qicazu〈聞かず〉］、西語［ſordo in poco］には対訳日本語［mimidovoi〈耳遠い〉］が当てられている。［qicazu〈聞かず〉］は『羅葡日』や『日葡』には見られないものの、その理由は不明である。また、見出し西語における唖関連語彙は［mudo］のみであり、対訳日本語［vbuxi〈唖〉］が当てられている。

『羅西日』の対訳日本語に見られる聾関連語彙は［qicazu〈聞かず〉］［mimidovoi〈耳遠い〉］の二語、唖関連語彙は［monoivazu〈もの言わず〉］［vbuxi〈唖〉］［mugon〈無言〉］の三語が得られた。[註6][註7] 見出し羅語［muteo］の対訳日本語語釈の中に［ubuxi〈唖〉］という表記が見られる他、見出し羅語［obmuteſco］の対訳日本語語釈

[obmutresco is enmudecer mugon xi, uru. ibuxi ni näii] の中には [ibuxi 〈唖〉] という表記が見られたものの、綴りの揺れ、ないし錯誤の範疇に属するものと考えられた。(註8)(註9)(註10)

『西日』と『羅西日』の編纂者とみられているコリャードが『羅葡日』や『日葡』に見られる [mimixij 〈耳癈〉] [tçunbo 〈聾〉] や [voxi 〈唖〉] を『西日』や『羅西日』に載録しなかった理由は不明であるが、コリャードの「イエズス会関係者が編纂した対訳辞書群との違いを打ち出す」という思惑が反映された結果と見なすことも可能である(大塚　一九七〇、大塚・小島　一九八五)。

方言地図

「日本聾唖史稿」(岡山　一九三五) に所収されている聾唖方言地図は「聾の一、二」及び「唖の一～九」からなり、聾関連方言は和語系統の「キカズ系」「ツンボ系」「クヂラ系」の3系統、唖関連方言は和語系統の「オーシ系」「ウーシ系」「イワズ系」「ゴロ系」「アッパ系」「チーグー系」、漢語系統の「無語系、無口系、語遅系」の7系統に分類されている。この方言地図に載録されている聾唖関連方言群と、キリシタン版対訳辞書群に載録されている聾唖関連語彙の対照を行った。

キリシタン版対訳辞書群に載録されている聾関連語彙〈みみしい〉〈つんぼ〉〈きかず〉〈耳聾〉〈聾聵〉〈耳遠い〉の六語のうち、方言地図に載録されていたものは〈つんぼ〉〈聞かず〉の二語のみであった。〈つんぼ〉は「ツンボ系」、〈聞かず〉は「キカズ系」の中に見られた。キリシタン版対訳辞書群に載録されている唖関連語彙〈おし〉〈うぶし〉〈もの言わず〉〈無言〉の四語は、総て方言地図に載録されていた。〈おし〉は「オーシ系」、〈うぶし〉は「ウーシ系」、〈もの言わず〉は「イワズ系」、〈無言〉は「無語系、無口系、語遅系」の中に見られた。

聾方言地図より「キカズ」、「ツンボ」、「カズンボ」の3語の東北地方における分布を抜粋編集したものを図1aに示す。東北地方北部は「キカズ」が優勢であるのに対し、東北地方南部では「ツンボ」が優勢であるほか、「キカズ」と「ツンボ」の混淆と見られる「カズンボ」が散見される。聾関連語彙が京都、もしくは関東から東北地方を北上伝播したものと考えると、「キカズ」、「ツンボ」の順に伝播し、更に「キカズ」が「ツンボ」と混淆して「カズンボ」が生まれたものと見なすこともできる（柳田 一九三〇）。一方、聾方言地図では八重山地方の方言は「クヂラ」系統に分類されており、「ミミクチ」を祖語とする方言が散見される他、九州には「キカズ」系統や「ツンボ」系統の方言が散見される。「ミミクチ」が「ミミシイ」との関連語であるとすると、「ミミクチ」や「ミミシイ」は「キカズ」や「ツンボ」よりも古いものと考えられる。このようにキリシタン版対訳辞書群に載録された聾関連語彙と方言地図を対照することにより、東北地方及び九州地方における「キカズ」系統や「ツンボ」系統の方言の分布状況と、京都を中心とする方言周圏論を重ね合わせることにより、日本各地に〈みみしい〉〈聞かず〉〈つんぼ〉の順に伝播した可能性を見出すことができた（町 二〇一一）。

一方、唖方言地図では「オーシ系」方言は全国各地に散見されるのに対し、「ウブシ」を含む「ウーシ系」は九州及び中国地方に留まっており、このような分布からは唖関連方言群には京都を中心とする方言周圏論を適用することは難しいであろうことが窺われる。「ウーシ系」が九州及び中国地方に限定されていることより、「ウブシ」、「ウグシ」、「ウグ／ウブ」の四語の分布を抜粋編集し（図1b）検証を行った。『西日』や『羅西日』に載録されている［vbuxi〈唖〉］に該当する「ウブシ」は、下関地方、周防地方、島根県西部地方、壱岐、対馬、及び五島列島に散見される一方、［vbuxi〈唖〉］が音韻変化したものと考えられる「ウグシ」や「ウグ／ウブ」は天草地方や佐賀地方に見られる。すなわち、『西日』や『羅西日』は中世後期から近世初期に於ける九州方言であった〈うぶし〉を載録した可能性が高いものとも考えられる。また、唖方言地図における「ウブシ」「ウグシ」

「ウグ／ウブ」の四語の分布状況より、天草地方を中心とする部分的方言周圏論が成り立つ可能性も窺える。すなわち、中世後期から近世初期の間、長崎では「ウブシ」が幅広く使われており、それらが九州北部、中国地方西部に広まっていく一方、天草地方では新たに「ウグシ」、「ウグ／ウブ」が用いられるようになったものとも考えられる。キリシタン版対訳辞書群の編纂関係者は京都周辺で使われていた語の載録に努める傍ら、九州地方のいわゆる方言の載録にも努めたことが載録語彙の傾向より明らかにされていることも、このような考証に符合する（柴田　一九六七、亀井　一九八六ａ）。

結論

キリシタン版対訳辞書群に載録されている聾唖関連語彙の調査をおこなうことにより、中世後期ないし近世初期における聾唖関連語彙の多系統的多様性を明らかにした。また、聾唖方言地図との対照を行うことにより、キリシタン版対訳辞書群に載録されている聾唖関連語彙において、聾関連語彙は京都を焦点とする方言周圏論が成

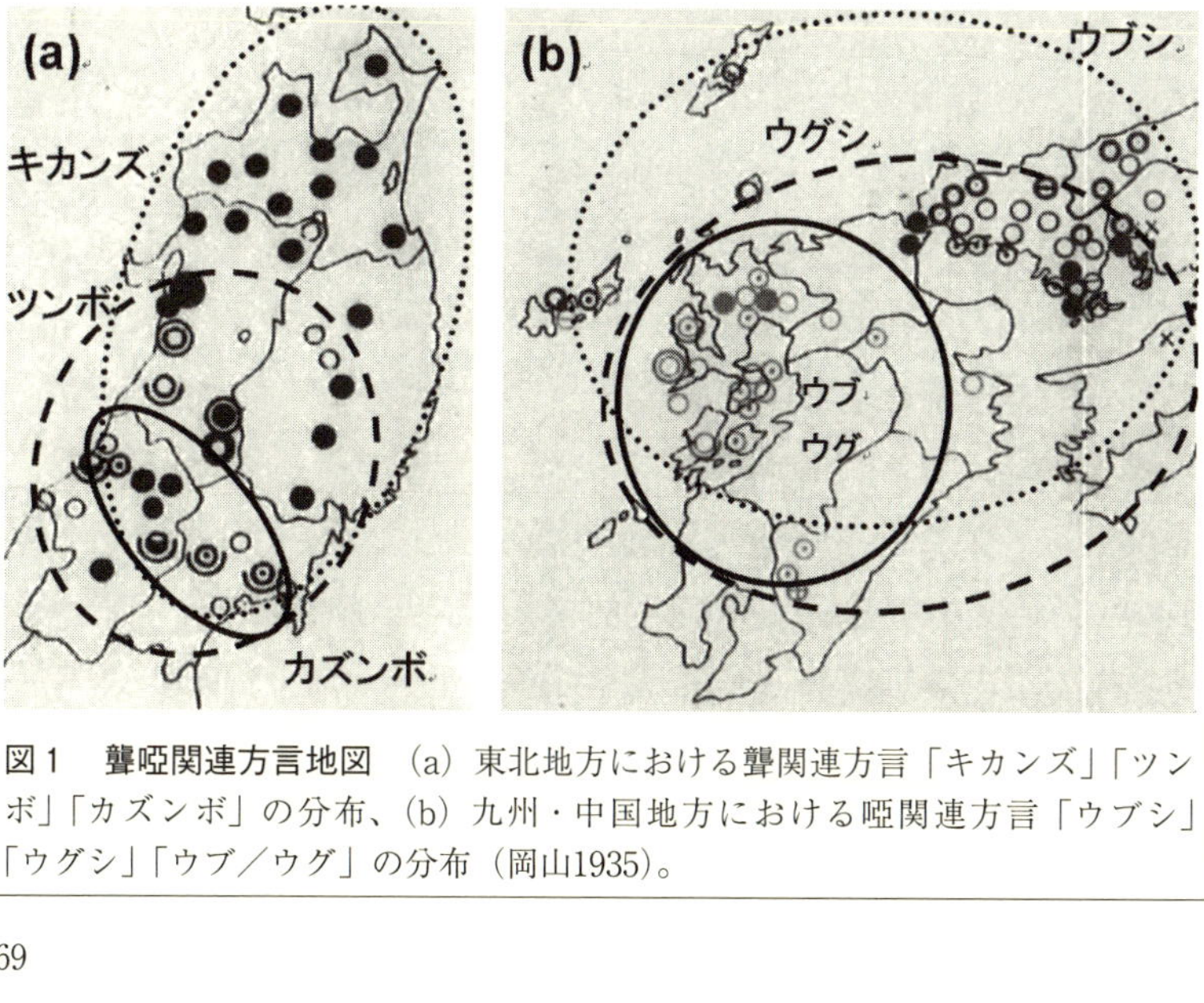

図１　聾唖関連方言地図　(a) 東北地方における聾関連方言「キカンズ」「ツンボ」「カズンボ」の分布、(b) 九州・中国地方における唖関連方言「ウブシ」「ウグシ」「ウブ／ウグ」の分布（岡山1935）。

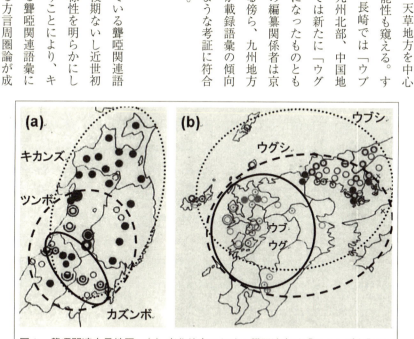

り立つ可能性があること、唖関連語彙は近世初期の天草では唖を意味する「ウブシ」が使われていた可能性が高いことを明らかにした。今後は近世日本及び近代初期の日本語文献及び洋学資料における聾唖関連語彙の調査を通して、近世以降における聾唖関連語彙の変遷を語彙史研究及び社会言語学的視点に基づき考証することが望まれる。

註

（1） 七一八年に制定された『養老律令』「戸令」七目盲条には次のような記述が見られる。「凡一目盲。両耳聾。手無二指。足無三指。手足無大拇指。禿瘡無髪。久漏。下重。大癭瘇。如此之類。皆為残疾。癡。瘂。侏儒。腰背折。一支癈。如此之類。皆為癈疾。悪疾。癲狂。二支癈。両目盲。如此之類。皆為篤疾。」

（2） 『日葡』は「本文」「補遺」の二部よりなるが、[nireô〈耳聾〉]は補遺に載録されている他、[reô a〈聾唖〉]には文書語を意味する註記[S.]が見られる。『邦訳日葡索引』では[voxi]の翻字には〈瘂〉が当てられているが、本文では〈唖〉に統一した。

（3） 見出し葡語[mouco]には対訳日本語[Tçùbô]、見出し葡語[hemẽ mouco]には対訳日本語[tçùbô]が当てられており、[mouco]及び[hemẽ mouco]それぞれの語義の違いを[tçùbô]の語頭を大文字、小文字で示して分ける工夫が見られた。また、[ser mouco][estar mouco][ficar mouco]の三語には対訳日本語は当てられていなかった。斎藤（二〇〇一）は「多くの動詞には直説法単数現在の一人称形と二人称形が示されるが、それを外国語として学ぶ学習者にとって有効な情報として、それぞれの動詞の過去分詞形とSer～、Ter～、Estar～のような複合形がいわば機械的に並べられている。（中略）未対訳部分に残っているのは、「対訳を要せず」という意味とも読める。」と述べている。[ser mouco]は「聾という固定化された状態自体」、[estar mouco]は「一時的に「聴覚障害者」になっている状態」、[ficar mouco]は「聾／聴覚障害者になる」という意味を示すものと考えられる。

（4） 斎藤（二〇〇一）は「『葡日』載録語彙や寛永十二年鎖国令との対照から、『葡日』の成立年代として「一六〇三年より五〇年ほど下げてもよいのではないかという指摘を加えたい。」と述べている。

（5） 『羅葡日』の見出し羅語における聾関連語彙は[surdus][surditas][surdè][surdaſter][obsurdeſco][exurdo]

の六語、唖関連語彙は［mutus］［elinguis］［muteo］［obmuteſco］［immuteſco］の五語に上る。これら十一語は総て一五九五年以前に刊行された羅語辞書『*Calepius*』に所収されており、［surdus］［surdaſter］［obsurdeſco］［mutus］［elinguis］［muteo］の六語は一五〇二年に刊行された羅語辞書『*Cornucopiae*』にも見られる。

（6）『西日』では［ſordo, qicazu］と［ſordo in poco mimidovoi］は一行に収められていたものの、『羅西日』では［surdus, ſordo, qicazu］と［surdaſter, ra, um: medio ſordo mimidovoi］は、それぞれ異なる項に載録されていた。また、『西日』では［ſordo un poco, mimidovoi］と書かれていたものの、『羅西日』では［ſurdaſter, ra, um: medio ſordo mimidovoi］と書かれており、対訳日本語［mimidovoi〈耳遠い〉］が当てられた子見出し西語及び対訳西語が異なっていた。『羅西日』は『西日』における載録西語を踏襲する傾向が見られ、このような例は稀である（大塚・小島一九八五）。『和英語林成集』（初版一八六七年刊行）では［tcznbo〈聾〉］［mimixij〈耳癈〉］に加えて［mimiga tôi〈耳が遠い〉］という見出し日本語が載録されており、［mimiga tôi］には対訳英語［hearing impared］が当てられている。

（7）『羅西日』の二種類の伝本（マドリード本及び亀井本）の影印の比較を行ったところ、見出し羅語［obmuteſco］の対訳日本語における錯誤以外は、見出し羅語、対訳西語、対訳日本語及び語釈における聾唖関連語彙の加筆、削除、あるいは綴りの違いは見られなかった。

（8）『羅西日』の見出し羅語に見られる聾関連語彙は［surdus］［surdaſter］の二語、唖関連語彙は［mutus］［muteo］［obmuteſco］［elinguis］の四語に上る。『羅西日』は「本文」「補遺」「続篇」の三部で構成されており、［surdaſter］［obmuteſco］は「続篇」に載録されていた。

（9）『羅西日』の「索引」では索引見出し日本語［ibuxi〈唖〉］には羅語［obmuteſco］の他に羅語［nodus］及び［nodo］が当てられており、『羅葡日』では見出し羅語［nodus］には対訳日本語［musubime〈結び目〉］、見出し羅語［nodo］には対訳日本語［musubu〈結ぶ〉］が当てられていた。すなわち、［ibuxi〈唖〉］は［vbuxi〈唖〉］／［ubuxi〈唖〉］の錯誤と考えられる。亀井（一九八六b）は「いぶし」という方言の存在に言及しているものの、本稿では論及しない。

（10）『羅西日』は「本文」「補遺」「続篇」の三部よりなるが、「本文」に載録されている見出し羅語［obmuteſco］の対訳日本語及び「続篇」に載録されている正誤表を見ると、マドリード本は［mugon xi, uru. ibuxi ni nàio, u.］［nàio, l. nàri.］であるのに対し、亀井本は［mugon xi, uru. ibuxi ni nàii u.］［nàio, l. nàri.］となっている。マドリード本の［nàio］は二箇所の訂正（［i］→［r］及び［o］→［i］）が必要であると考えられるものの、亀井本では［i］→［r］の訂正が行われず、[o]→[i]の訂正のみが行われたことにより、[naii]になったものと考えられる。しかも本文の訂正が行われたにも関わらず、正誤表の方はそのままになっているため、亀井本では「本文」における表記[naii]と「続篇」正誤表における表記[naio. I. nari.]が一致しない。すなわち、マドリード本の方が亀井本よりも先に刊行されたものと考えられる。このような事例はキリシタン版対訳辞書群では頻繁に見られる(岸本 二〇〇九)。

参考文献

浅原　義雄(二〇〇八)「日葡辞書」『コミュニケーション文化』二、一三—二三。
荒木　雅實(二〇〇七)「『邦訳日葡辞書』の軽卑語：意味分類を中心にして」『拓殖大学語学研究』一一六、一—二三。
石塚　晴通(一九七六)「解題」『パリ本日葡辞書』三—三七、東京：勉誠社。
伊藤　政雄(一九九八)「葡語の中の障害者」『歴史の中のろうあ者』東京：近代出版。
遠藤　潤一(一九七四)「日葡辞書の欠陥動詞」『徳島大学学芸紀要人文科学』二四、一—三五。
大塚　光信(一九六六)「解題」『コリャード羅西日辞典』三—四二、明文堂印刷所。
大塚　光信(一九六七)「コリャードの邦語辞書について」山田忠雄(編)『本邦辞書史論叢』八三—一一五、東京：三省堂。
大塚　光信(一九七〇)「Collado の辞書における出典とことば」『キリシタン文化研究会会報』一二、二四四—二五六。
大塚　光信(一九七九)「解題」『羅西日辞書』三五九—三六九、東京：勉誠社。
大塚　光信(一九八九)「キリシタン資料と二・三の語」『国語語彙史の研究』一〇。
大塚　光信・小島　幸枝(一九八五)「解説」『コリャード自筆西日辞書』大分市：明文堂印刷。
岡山　準(一九三五)「日本聾唖史稿」東京聾唖学校(編)『東京聾唖学校紀要第二輯』一—三六。
小野　正弘(二〇一一)「文献学と語彙」斎藤倫明・石井正彦(編)『これからの語彙論』一六三—一七三、東京：ひつじ書房。
片桐　洋一(一九八三)「『日葡辞書』の歌語　その性格と時代性」『国語語彙史の研究』四。
金沢大学法文学部国文学研究室(一九六七)「本文篇凡例」『ラホ日辞典の邦語』。
金子　弘(一九九三)「開合」『日本史大事典』三五、東京：平凡社。
亀井　孝(一九八六a)「コリアドの辞書に方言ありや」『亀井論文集5言語文化くさぐさ』四二三—四五〇、東京：吉川弘文館。

亀井　孝（一九八六b）「「コリアドの辞書に方言ありや」跡追」『亀井論文集5言語文化くさぐさ』四二一―四五六、東京：吉川弘文館。

岸本　恵美（一九九九）「解説」京都大学文学部国語学国文学研究室（編）『ヴァチカン図書館蔵『葡日辞書』』京都市：臨川書店。

岸本　恵美（二〇〇五）「キリシタン版『羅葡日辞書』とその原典」『国語語彙史の研究』二四。

Kishimoto, Emi（2006）The process of translation in Dictionarium Latino Lusitanicum, ac Iaponicum, *Journal of Asian and African Stidues* 72, 17―26.

岸本　恵美（二〇〇八）「宣教を意識した『羅葡日辞書』の邦語訳」『訓点語と訓点資料』一二一、一〇六―九五。

岸本　恵美（二〇〇九）「『羅葡日辞書』の錯誤と制作工程」『京都大学國文學論叢』二〇、一―一六。

近藤　正尚・中村正巳（二〇〇九）「『日葡辞書』に基く名古屋平曲とその復元」

斎藤　博（二〇〇〇）「対訳辞書索引の翻字について ―『自筆西日辞書』の索引などをめぐって―」『東京成徳大学研究紀要』七、一―一六。

斎藤　博（二〇〇一）「ヴァチカン図書館蔵『葡日辞書』所収邦語の語彙的特徴」『東京成徳大学研究紀要』八、八一―九四。

佐竹　久仁子（二〇一一）「フェミニズムと語彙」斎藤倫明・石井正彦（編）『これからの語彙論』一八九―二〇〇、東京：ひつじ書房。

柴田　武（一九六七）「『日葡辞書』の九州方言」山田忠雄（編）『本邦辞書史論叢』四九―八〇、東京：三省堂。

島　正三（一九七三）『羅葡日対訳辞書検案』東京：文化書房博文社。

新谷　嘉浩（二〇一〇）「「つんぼ」の呼称～羅葡日辞書・日葡辞書から考察する～」近畿聾史研究グループ（編）『聾史レポート集』一、六―三四。

津名　道代（二〇〇五）『難聴　知られざる人間風景（下）日本史に探る聴覚障害者群像』京都市：文理閣。

土井　忠生・森田　武・長南　実（一九八〇）「解題」『邦訳日葡辞書』八―二九、東京：岩波書店。

馬場　良二（一九九九）『ジョアン・ロドリゲスの「エレガント」　イエズス会士の邦語教育における邦語観』東京：風間書房。

福島　邦道（一九七九）「解題」『羅葡日対訳辞書』三―一四、東京：勉誠社。

町　博光（二〇一一）「民俗学と語彙」斎藤倫明・石井正彦（編）『これからの語彙論』一七五―一八七、東京：ひつじ書房。

松本　仲子（二〇〇九）『『日葡辞書』所載飲食関係用語総覧』東京：岩波ブックセンター。
三橋　健（一九七九）「羅葡日対訳辞書　その書誌的解説」『羅葡日対訳辞書』一七―四〇、東京：勉誠社。
森田　武（一九六七）「日葡辞書の成立に関する一考察」山田忠雄（編）『本邦辞書史論叢』三一―四六、東京：三省堂。
森田　武（一九九五）『日葡辞書提要』東京：清文堂出版。
山本　正志（二〇〇五）『ことばに障害がある人の歴史をさぐる』京都市：文理閣。
柳田　國男（一九三〇）『蝸牛考』東京：刀江書院。

表1　キリシタン版対訳辞書群史料一覧

本稿における略称	影印本表題	編者	刊行年	出版社	底本所蔵先	底本刊行年
『羅葡日』	羅葡日対訳辞書	福島邦道・三橋健	1979	勉誠社	オックスフォード大ボードレイ文庫	1595
『日葡』パリ本	パリ本日葡辞書	石塚晴通	1976	勉誠社	パリ図書館	1603
『日葡』ボードレイ本	日葡辞書	土井忠生	1960	岩波書店	オックスフォード大ボードレイ文庫	1603
『日葡』エヴォラ本	日葡辞書：エヴォラ本	大塚光信	1998	清文堂出版	ポルトガル・エヴォラ	1603
『葡日』	ヴァチカン図書館蔵葡日辞書	京大・ヴァチカン図書館	1999	臨川書店	ヴァチカン図書館	1650～
『日西』	日西辞書	大塚光信	1978	雄松堂書店	パリ図書館	～1630
『西日』	コリャード自筆西日辞書	大塚光信・小島幸枝	1985	臨川書店	ヴァチカン図書館	1632
『羅西日』マドリード本	コリャード羅西日辞典	大塚光信	1966	臨川書店	マドリード国立図書館	1632
『羅西日』亀井本	羅西日辞書	大塚光信	1979	勉誠社	亀井孝氏	1632
	索引表題	**編者**	**刊行年**	**出版社**		
	ラホ日辞典の日本語	金沢大	2005	勉誠出版		
	邦訳日葡辞書	大塚光信	1995	岩波書店		
	邦訳日葡辞書索引	大塚光信	1995	岩波書店		

表2 『日葡』,『羅葡日』,『羅西日』の「聾」「啞」関連語彙目録

『日葡』	『羅葡日』	『羅西日』
聾関連語彙		
Mimixij (160r R22)	**Surdus**, a, um. Lus. Surdo. Iap. Tçunbo, mimi xiitaru mono. ¶ item, Cot ſi cujo chei to ſe não ſente. Iap. Niuouanu mono, l, niuoino qicoyenu mono. ¶ Item, Couſa que perdeo ogoſto. Iap. Fŭmino vxetaru mono. ¶ Surda buccina. Lus. Bozina que ſe não ouue, ou de pequeno ſom. Iap. Qicoyezaru cai. ¶ Locus ſurdu. Lus. Lugar onde facilmente ſe não ouue. Iap. Monowootono qicoyenicuqi tocoro (801 L13)	**Surdus**, ſordo, qicazu. (131 L3)
¶ Mimi tçubure. l, mimino tçubureta fito. Surdo, ou bomĕ que não percebe as couſas pro redeza, &c. (160 L15)		
Nireô, Mimixij. Surdo. (368 L39)		
Reôquai. Mimixij, Surdo. ¶ Iefino qicazaru cotoua reoquaino gotoxi. O naó ouur, & descernir o bem, & mal be comoſer ſurdo. (208v R29)	**Súrditas**, ati. Lus. Surdeza. Iap. Riŏquai. (801 L12)	
	Surdè, adu. Lus. Surdamente. Iap. Tçunboni, riŏquaini. (801 L11)	
Mimixij, **ijte**, **l**, **ijta**. Enſurdecer. Verb. Defect (160r R22)	**Obſurdeſ**, is. Lus. Fazer ſe ſurdo, enſurdecer. Iap. Mimi xiiru, tçŭboni naru. (511 L7)	
¶ Mimiga tçubururu. Enſurdecer. (160 L13)		

	Exurdo, as. Lus. Fazer ſurdo a outrem. Iap. Tçunboni naſu. ¶ Exurdare palatū. Lus. Priuar do ſentiào do goſto. Iap. Agiuaiuo voboyuru xeiuo vxinaruaſuru. (272 L6)	
Mimidouoi. Couſsa que ſenão entende bem. ¶ Mimidouoi cotouari gia. He arrezo ae nio que mal ſe entende. (160 L38)	**Surdaſter**, a, um. Lus. O que ouuemal, ou he hum pouco ſurdo. Iap. Voyoſo, l, tairiacu tçunbo naru mono. (801 L10)	**Surdaſter**, ra, um; medio ſordo. mimīdovòi. (339 L6)
Mimidouona. Idem. (160 L41)		
唖関連語彙		
Voxi. Mudo. (286 L35)	**Mutus**, i. Lus. Mudo. Iap. Voxi. ¶ Mutæ artes. Lus, Pinturas que eſprimem as couſas ſem ſslar. Iap. Yezzu. ¶ Item, Mutæ artes. Lus. Artes pouco nome*das. Iap. Safodo quicoyenio naqi nôgei. Seruius. ¶ Mutæ, dicuntui literæ quædam ex conſonantibus. ¶ Mutæ cicadæ. Lus. Cegarregas que c*ntam pouco. Iap. Sucoxi naqu xemi. (479 L13)	**Mutus**, mudo, vbuxi. (85 R7)
Aſu. i. Voxi. Mudo. ¶ Aſuno yumeuo mite catarazaruga gotoxi. Proverb. Entender a couſa, & naõ a ſabe de clarar. (13v R7)		
	Elinguis, e. Lus. Mudo. Iap. Voxi. (237 R10)	**Elinguis**, gue, ſin lengua o que no babla. mono iuazu, vbuxi. elinguo, as: ſacar la lengua. xita vo fiqi nuqīdaxi: u. (217 R36)
	Muteo, es. Lus. Enmudecer. Iap. Voxini naru. ¶ Item, Calarſe como mudo. Iap. Voxino gotoqu mugon ſuru. (478 R12)	**Muteo**, es; enmudecer. ubuxi ni nàru (285 L24)

	Obmuteſco, is. Lus. Ficar como mudo. Iap. Voxino yǒni naru. ¶ item, Não ve vſar. Iap. Xidani sutaru, fayaranu. (506 R9)	**Obmuteſco**, is. enmudecer. mugon xi, uru. ibuxi ni naii, u. (290 R19)
	Immuteſco, is, tui. Lus. Enmudecer. Iap. Voxini naru. ¶ Item, Calarſe. Iap. Xizzumaru. (348 L16)	
聾啞関連語彙		
Reô a. Mimixij, voxi. Surdo, & mudo S. (208v R2)		
その他		
¶ Mimiga naru. Zunirem asorelbas. (160 L12)		

『通俗三國志』巻一の漢語語彙と漢語

浅野敏彦

1. はじめに

荒尾禎秀（二〇〇〇）に、中国白話小説の翻訳テキストにみえる〈漢語のありようについての研究は近代日本語の漢語研究の一部として意義をもつ〉との指摘がみえる。本稿は、荒尾氏の指摘の驥尾に付して、原典である中国白話小説を翻訳する際に用いられた漢語の一斑を見てみようとするものである。調査の範囲は巻一のみで、五〇巻からなる『通俗三國志』の2％にしかすぎないが、元禄期の、ある識字層の語彙にあった漢語を捉えておきたいと思う。

文山が底本とした『三國志通俗演義』については、長尾直茂（一九九三）が、小川環樹氏、徳田武氏の論を検討して、翻訳の底本を〈蓬左文庫本「李卓吾先生批評三国志」に限定する〉のではなく、〈却て小川氏の説く「李卓吾本のどれか」という幅をもたせた底本選定の方がより穏当であるかに思われて来る〉としたうえで、〈俗に弘治本と呼ばれる嘉靖元年刊の版本二十四巻をも被見した可能性のあることを指摘しておく〉とされた。長尾氏の論にあるように、文山が底本とした『三國志通俗演義』を確定することができていないのに加えて、長尾（一九九七）において、翻訳態度が〈逐語訳とは到底いえぬ、随意に補足・省略を含む自在なものである〉とされていることもあって、荒尾（一九九三）が、原典と対応させて、原典との一致不一致という観点から漢語を整理した手順をとることはできないが、冒頭に引用した荒尾（二〇〇〇）の指摘に沿って、『通俗三國志』の「漢語」を抽出して、若干の考察を加えることにしたい。

2.『通俗三國志』と『三國志通俗演義』

本稿で用いる『通俗三國志』は、「元禄五壬申天三月吉辰／寛延三庚午天正月吉辰　皇都　額田勝兵衛／同姓正三郎　全板」の刊記(1)を持つ零本の架蔵本である。国文学研究資料館所蔵の紙焼き写真で、元禄五年の刊記をもつ上田市立図書館蔵本、寛延三年の刊記をもつ新潟大学佐野文庫蔵本、天明五年の刊期をもつ北海道大学図書館蔵本各々による巻一の一丁表、四一丁裏のみの比較のかぎりでは、架蔵本とそれらの本文との異同はない。また、「原典」との関係では、長尾（一九九三・一九九七）が指摘している問題点があるが、長尾（一九九三）が〈俗に弘治本〉とされる『三國志通俗演義』を「上海涵芬樓據明弘治本景印」とある新文豊出版公司刊行本によって、『通俗三國志』との対応記事を例示すると次のようである。

①建寧二年四月十五日。帝會群臣於温徳殿中。方欲陞座。殿角狂風大作。見一條青蛇。従梁上飛下来。約二十餘丈長。蟠於椅上。霊帝驚倒。（三國志通俗演義）

②建《ケン》寧《ネイ》二年四月十五日帝温《ウン》徳《トク》殿《テン》ニ出御ナリテ已《ステ》ニ御座ニ着《ツカ》ントシ玉フ時俄《ニワカ》ニ殿《デン》角《カク》ヨリ狂《ケウ》風ヲコリテ其《ソノ》長二十余《ヨ》丈《セウ》ノ青蛇《セイジヤ》梁《ウツハリ》ノ上ヨリ飛《トビ》下《クダ》リテ椅子《イス》ノ上ニ蟠《ワタカマ》リケレバ帝大ニ驚《ヲトロカ》セ玉ヒ地ノ上ニ昏倒《コントウ》シ玉フ（通俗三國志）

①、②の例は、冒頭近くでもあるからか、かなり原文に忠実に翻訳されている箇所である。「開放文学」（http://open-lit.com/index.php）サイト上にある『三國志通俗演義』の本文は、「建寧二年四月十五日、帝會群臣於温徳

殿中。方欲升座、殿角狂風大作。見一條青蛇、從樑上飛下來、約二十餘丈長、蟠於椅上。靈帝驚倒」とあって本文異同がないので、(2) 以下、『三國志通俗演義』にある文字列の検索にあたっては、便宜上「開放文学」サイトにより、引用も同サイトの本文によった。早稲田大学古典籍総合データーベースで閲覧出来る、首題に「李卓吾先生批評三國志」とある本文は、「約二十餘丈長」が「約二十餘丈」と「長」が無い他は同じである。

3. 漢語の抽出

右に示した架蔵本を用いて、各回の題、本文中に「其詔《ミコトノリ》ニ曰」などとして引用される漢文の部分（訓点、送り仮名、振り仮名が付されている）を含んで、二字の漢字列を抜き出したが、次の語は除いた。

年月（二年四月十五日等）、年号（建寧、熹平等）、官職名（帝、議郎等）、人名（玄徳、関羽等）、国名・地名（後漢、河東、中山、洛陽等）、助数詞を伴った数量（五萬余騎、一尺、六七千人等）

ただし、読みが「いちにん」「ひとり」のいずれか決めがたく、漢語の認定が難しい「一人」、また「みょうにち」「あす」「あした」の可能性がある「明日」については、音合符号を手がかりとした。しかし、『通俗三國志』巻一は、左記のように、音合符号が付いているもの（③）もあれば、付いていないもの（④）もある。音号符号の付いている「一人」は「いちにん」としたが、付いていない「一人」は「ひとり」とした。「明日」も同様である。ただし、「一人」は数量となるので、【資料1】の数値には含んでいない。以下の引用にあたって、『通俗三國志』にある振り仮名は、必要と思われる箇所のみに付した。

③一-人ノ英《エイ》-雄《ユウ》アリ（5オ4）

④一人ノ英雄《エイユウ》身ノ長（10ウ4）

また、同じ漢字列を漢語、和語の両方に読んでいる例（⑤・⑥）もあるが、振り仮名が和語のみのものは対象としなかった。しかし、「輔佐《タスケ》」は、荒尾（二〇〇〇）が、〈付け仮名が漢字語の右にあって、それが和語のもの〉である熟字訓は『通俗列國志呉越軍談』には三七語ある、とされる類であるが、『通俗三國志』にも「後《ゴ》攻《ツメ》」（8ウ5）、「許《ソコ》多《ハク》」（12ウ1）などがあり、「尋《ヨノ》常《ツネ》」（5オ2）は音合符号のように見えるが、振り仮名を優先した。『絵本通俗三國志』(3)も「尋常《よのつね》」とする。荒尾（二〇〇〇）が〈当時比較的一般と思われるもの〉とされる中にもある。これらの例は「漢字語」として含めることも考えられるが、本稿では振り仮名を優先して、振り仮名が音よみのものを漢語として抽出した。

⑤君ヲ輔《ほ》佐《さ》シ奉ル（1ウ2）
⑥天子ヲ輔佐《タスケ》奉ン為ナリ（36オ2）
⑦汝佐《タスケ》奉ントナラバ（36オ3）

4. 漢語の割合

『通俗三國志』の漢語を考察するにあたって、漢語が占めている割合をみておきたい。簡便な調査であるが、巻一第一回（総文字数三八六四）に限って自立語を抽出し、その中から「人名、地名、年号、数量、年月官職名」を除いた語を、漢語（混種語も含む）と和語とに分類した。人名、地名は作品特有の語が多いという理由で除いた。また数量は、助数詞を取り上げることも漢語の問題としては必要であるが、五百両、五万餘騎などは、その作品のその場面で表現上必要として描かれる表現であり、他の作品では異なった数量の表現となり一般性が少ないと考えた。年号、年月においても同様である。他作品との比較ではないので、これらの語を除く必要もないのであるが、「通俗もの」一般における漢語の量の見当をつけたいとも考えたことによる。年月、数量は漢語であるのでこれらを除いた結果、漢語の割合が少なくなっている。

上記の語を除いた結果、第一回の自立語延べ一二七八語の27.8％が漢語である。除いた語を漢語に含めると、第一回の自立語延べ一四八九語の37.7％が漢語になるが、いずれにしても和語が多くを占めている。同様の基準で『通俗西遊記』巻一第一回（総文字数三一七五）を調査すると、人名などを除いた漢語は25.4％で、『通俗三國志』と大きな違いのない結果であるが、人名などを含めると、自立語一一三六語の28.3％で、『通俗三國志』とおおきな差異がある。これは、『通俗三國志』が『通俗西遊記』に比べて、人名、地名などの語を多く含んだ表現になっているということを示しているものと思われる。

宮島達夫（二〇一四）には、『源氏物語』と『平家物語』を比較した表があるが、それによると、延べ語数での漢語の比率は、『源氏物語』5.1％、『平家物語』23.8％とあって、『通俗三國志』、『通俗西遊記』の一回に占めている、固有名詞、数量などを除いた漢語の量は『平家物語』と差異がない。

5．漢語語彙

田中章夫（一九七八）は、〈あるまとまりを持った語の群れのことを、一般的に「語彙」という〉とされる。語彙の調査では、〈語の群れ〉という点では、対象とした文献のすべての語を採取すべきであるが、語彙が外側の世界に大きく影響を受けるので、採取した個々の語が一般性を持つか否かは、検討すべきことになる。江戸時代における漢語の層という問題を明らかにしようとするとき、ある層に特有な語、あらゆる層に共通する語、いくつかの層に渡って共通する語という観点は必要であるが、そのような観点からも、資料によって異なってくる固有名詞は除き、助数詞を伴う数量についての語も前述した理由により除いた。しかし、「一〜」は、助数詞の一班がわかること、「一陣ノ風」（3オ9）はあっても「一陣」はないので、やや別にあつかった。宮島（二〇一四）にある、意味分野ごとの異なり語数を、多い順に上位二〇位までを示されたものによると、固有人名が一位、固有地名が二位となっているので、固有名詞を除いたことで、そこに含まれる漢語の多くを除いたという結果になっている。

外側の世界に左右されるところが少ない語として、『分類語彙表』の「人間活動—精神および行為」の意味分野に属する語を抽出することにした。前節では、一字漢語、三字漢語も対象としたが、ここでは、二字漢語に限って、『分類語彙表』のコード番号を付与した。漢語サ変動詞（蜂起ス、長嘆ス）、漢語形容動詞（凛凛タリ）も「ス」「タリ」を除いた語形で処理した。

古代語と現代語とでは語義が異なっていること、現代語にない語もあることなど、現代語の意味分野のコードを、語形の一致だけで古典語にあてはめることについては問題がある。宮島（二〇一四）でなされたような個々の語についての検討と点検とが必要となる。今回、意味分野のコードを用いて語彙を分類するにあたっては、『日本古典対照分類語彙表』を用いることも考えたが、漢語が多く掲載されているであろう『分類語彙表』のコードを付与することにした。また、付与するにあたっては、処理上の都合で、すでにエクセルファイルになっている旧『分類語彙表』を用いて、旧『分類語彙表』にない場合は『分類語彙表—増補改訂版—』を用いた。増補改訂版にも記載の無い語については、意味をとって、近似の語にして検索した。たとえば、「肥重」は「肥満」で旧版によって「1.585」、「龍体」は「玉体」で増補改訂版によって「1.570」、を付与した。しかし、「肥満」は増補改訂版では「1.560011」でコードが異なっているが、最終的なデータは1.5のコードを利用したので、旧版と増補改訂版とのあいだでコードが異なっていても問題とはならないと考えた。二つ以上のコードがある場合は『通俗三國志』での語義に近いコードを選択した。

語義によって現代語に直しても旧版、増補改訂版に該当する語がなかった「方口」は除いた。意味分類した二字漢語は六八四語である。【資料1】にその結果を示した。なお「方口」は、「原典」の「面濶口方」を「濶面方口」としたものであるが、「口は方なり」と訓読すべきところである。

【資料1】の中で、「人間活動―精神および行為」のコード「1.3／2.3／3.3」を付された「人間活動―精神および行為」に属する語は、【資料2】のとおりである。語頭の漢字の漢音読みで配列した。そのために、「合戦」「下知」のように実際の語形「かっせん」「げち」と異なる配列が生じている。字体は底本に従った。

【資料1】

意味分野	語数（%）	合計
抽象的関係	162（24%）	684（100）
人間活動の主体	227（33）	
人間活動―精神および行為	157（23）	
人間活動―結果および用具	57（8）	
自然―自然物および自然現象	81（12）	

【資料2】

〈ア行〉悪逆、悪口、悪心、威儀、慰勞、運氣、榮華、恩賞、恩徳

〈カ行〉下知、家業、回荅、改元、官祿、寛仁、干戈、閑居、喜怒、基業、饑乏、儀式、弓馬、舊規、強逆、兢兢、業業、勳功、軍功、計略、軽浮、決断、權柄、虎威、後悔、交通、公論、功名、功労、好言、巧言、幸甚、皇威、膏腴、荒淫、荒言、行歩、降參、昂然、合戦、尅定

〈サ行〉沙汰、催促、再拜、才覺、簒逆、懺悔、裁断、伺候、思案、指揮、侍立、酒宴、酒食、首將、書簡、勝負、照鑒、詔書、賞罰、仁慈、仁智、姓名、政道、政務、千金、穿議、錢粮、訴状、喪葬、奏聞、操擅、騒動、聰明

〈タ行〉多言、懦夫、太平、退治、對面、大音、大儀、大吉、大業、大事、大乱、達者、膽量、知悉、智恵、忠義、忠戦、寵幸、寵榮、朝綱、牒状、牒文、長嘆、勅命、追討、天威、天常、殄滅、諂佞、傳國、塗炭、討戮、動乱、堂堂

〈ナ行〉内通、内内、内應

〈ハ行〉廢立、拜伏、八卦、半酣、披見、秘藏、百練、不幸、不仁、不第、符水、侮慢、撫慰、武藝、無禮、富貴、封賞、兵法、兵權、平定、返事、輔佐、

亡國、謀反、茫然、本意
〈マ行〉密詔、默然、〈ヤ行〉野心、勇猛、由来、妖術、用意
〈ラ行〉濫叨、利害、良巧、狼藉

なお、『日本古典対照分類語彙表』を用いて『平家物語』の漢語を意味分類したが、(4)「人間活動の主体」で『平家物語』が約6%多く、「自然―自然物および自然現象」で『平家物語』が4%少ない他は、大差のない結果であった。

【資料2】は、文献の内容に左右されないという目途のもとでとりあげたが、一覧をみると、やはり『通俗三國志』の内容に影響を受けた語が上がっている。そのことは、次の作業の結果からも明らかである。

『通俗三國志』の刊行された元禄期と重なる近松門左衛門の『曽根崎心中』『源吾兵衛おまん薩摩歌』『心中二枚絵草紙』『筒井筒』の四作品から、固有名詞を除いた漢語、混種語を示された小松寿雄（一九八二）の一覧表を利用して、『通俗三國志』巻一の漢語と比較してみた。文山と近松の作品は、時代的には同時代であるが、文体、内容も異なる二人の作品の比較から得られた漢語は、十八世紀初頭における識字層における共通した漢語の一斑を示していると考えるのである。さらに言えば、近松の世話物は、人形の動きと、語られる文脈の助けを受けたとしても、太夫の語りを耳から音声として受容した語＝文字を媒介としないでも理解可能な語であったと、大きく捉えることができるので、共通する漢語は上記の性格を持った漢語と捉えうる。

しかし、結果として、共通する漢語は、『通俗三國志』の8%に達しない五八語であり、注（5）に示した『平家物語』との共通漢語の四分の一強であった。小松（一九八二）によると、『古典対照語い表』（『平家物語』のデータは無い）との共通語は二四%の二四八語であることからすると、(6)極めて低い一致度である。このことは、

『通俗三國志』の読者層は、『平家物語』のような漢字仮名交りの和漢混淆文体に親しんでいる層ということになり、日常の語彙を大きく上回る、「学習」によって獲得された漢語を理解語彙の中に多く持っている層ということを反映した数値を示していることになる。

『浮世床』（日本古典全書によった）には、漢字が十分読めない「ちゃぼ」という人物が『通俗三國志』巻二十第一回を読んでみせるところがある。表題の「曹操 横《ヨコタヘテ》レ槊《ホコヲ》 賦《フス》レ詩《ヲ》」を振り仮名の通りに上から「曹操横たへて槊を賦す詩を」と読んだり、「徐庶命《ジョショメイ》ヲ受《ウケ》テ已《ステ》ニ兵ヲ引テ出ケレバ曹操」を「徐庶命。徐庶命をウ受。ヱ、。受てすで。てすでに。ヱ、受て。すでにイ。兵を引イてヱ出。ければア。ヱ、ければア。出ヱけれヱばア。曹操。何だ仮名を落しやアがつたぜ。よめるもんぢやアねへヱ、。曹操《なに〱》」とたどたどしく読んでいくさまが写されている。彼は、振り仮名があって初めて漢字が何とか読めるという層である。一方で、「高慢な口ぶり」の男で唐音を話すのを「何をいふか唐人の寝言ばかり云居るぜ」と言われ、自分でも「話に實が入ると好物の讀本風が出る」と言っているほどの「土龍」という男がいる。『通俗三國志』の刊行から一世紀ほど後の話であるが、識字層の様子が具体的に示されている。十八世紀初頭では、『浮世床』の時代よりも、『通俗三國志』を読む層は少なかったと思われる。

近松と『通俗三國志』に共通する語を示した【資料3】には「一大事」「不思議」の三字漢語も含めた。

【資料3】

〈ア行〉悪心、悪人、威勢、一寸、一大事、一度、一日、一命、一門、恩徳

〈カ行〉儀式、御前、近年、金銀、兄弟、後悔、國家

〈サ行〉沙汰、才覺、罪人、四方、思案、次第、自然、諸國、將軍、西國、千里、騒動

〈タ行〉他人、他國、打擲、對面、大事、大小、大將、大将軍、大臣、大名、第一、弟子、天命、田地

〈ハ行〉八方、萬人、不思議、父母、武士、無事、無用、風情、謀反、本國

〈マ行〉毎日、毎年、明日〈ヤ行〉用意〈ラ行〉両方

【資料3】にみえる、「一命・一門・恩徳・金銀・後悔・才覚・思案・大将軍・大名・田地・父母・武士・本國・毎日・明日・用意」などの語は、武士社会で生きている人々の生活が、浮かび上がってくる語であるとも思えるが、小松氏が資料とされた近松世話物の性格を大きく反映していると言える。

6.『三國志通俗演義』との比較

【資料2】に見える漢語が、「原典」である『三國志通俗演義』の影響を受けているかどうか、荒尾（一九九三）のように、原典と比較したうえでの考察が要求されるのであるが、『通俗三國志』が原典に忠実ではない翻訳（長尾一九九七）という点によって、原典と一対一で対応させる作業をせずに、次の作業を行って、「原典」との関係を参看してみることにした。

「開放文学」の本文を用いて、【資料2】の漢語で、『三國志通俗演義』巻一のうち、『通俗三國志』の巻一とかさなる、最初の六回（祭天地桃園結義～呂布刺殺丁建陽）に見える語を抜き出してみると、【資料2】の四割強に当たる六六語を得ることが出来た。【資料4】に一覧を示した。その中から三語を選んで、『三國志通俗演義』の本文（「開放文学」の本文によるが、「」を「」に直した）を併記して示す。『通俗三國志』は、必要な箇所にだけ振り仮名を付して引用した。

【資料4】

威儀、干戈、喜怒、弓馬、軍功、虎威、交通、公論、功名、好言、幸甚、皇威、膏腴、荒淫、沙汰、催促、再拝、指揮、侍立、詔書、仁慈、仁智、姓名、千金、喪葬、操擅、多言、太平、大吉、大事、知悉、忠義、寵榮、朝綱、牒文、天常、塗炭、討戮、堂堂、八卦、半酣、不幸、不仁、不第、富貴、符水、侮慢、撫慰、

兵權、輔佐、亡國、謀反、密詔、無禮、妖術、濫叨、傳國、廢立、懦夫、懺悔、拜伏、權柄、殄滅、聰明、膽量、饑乏

⑧為首閃出一個好英雄、身長七尺、細眼長髯。膽量過人、機謀出衆、

（『三國志通俗演義』巻一「劉玄德斬寇立功」）

⑨眞先ニ進ムハ又コレ一人ノ英雄身ノ長七-尺細-眼長-髯《セン》膽《タン》-量《レウ》人ニ過謀衆ニ超

（『通俗三國志』巻一「劉玄德破黄巾賊」10ウ）

⑩何太后見董太后專政、於宮中設一宴、請董太后赴席。酒至半酣、何太后起身、捧杯再拜、而勸董太后曰：「我等皆婦人也、參預朝政、非其所宜。

（『三國志通俗演義』巻一「何進謀殺十常侍」）

⑪權柄コト〱ク董太后ニ皈《キ》シテ天下ノ政ソノ裁断ニ出デズト云《フ》コトナシ何太后コノコトヲ安カラズ思ヒ玉ヒ官中ニ酒宴ヲ設テ董太后ヲ招キ半酣《ハンカン》ニ至テ自ラ盃ヲ捧ゲ再拜シテ申サレケルハ我等《ラ》ミナ女ノ身ナレバ朝廷ニ出テ政ヲ聞コト其宜《ヨロシ》キニアラズ

（『通俗三國志』「何進謀殺十常侍」25ウ）

⑫卓曰：「天子為萬民之主、以治天下、無威儀不可以奉宗廟社稷。況先君有密詔、言劉辯輕浮無智、不可為君

（『三國志通俗演義』巻一「董卓議立陳留王」）

⑬董卓百官ニ向テ申ケレハ今一ツノ大事ヲ議セン諸官ヨク聞玉ヘ夫天子ハ萬民ノ主ナリ天下ヲ治ムルニ威儀《イキ》ナキ時ハ宗-廟社-稷ヲ保コト能ハズ況ヤ先帝ノ密-詔アリ劉-辨ハ軽-浮ニシテ君トスルニ足ズ

（『通俗三國志』巻一「呂布刺殺丁建陽」37オ）

「膽量」は、現代語の語義「度胸、胆力、勇気」（『東方中国語辞典』東方書店、二〇〇四年）で解釈できる語である。この語は『日本国語大辞典第二版』には立項されていない。「中央研究院漢籍電子文献資料庫」による検索では、「三國演義」、「鏡花縁」（清・李汝珍撰）、「舊五代史」（宋・薛居正等撰）、「清史稿」（趙爾巽等撰）、「寶華山

志」（清・釋定菴輯）、「醒世姻縁」（清・西周生著）、「元刊雜劇三十種」（寧希元校點）が得られるが、唐代までの文献があがってこない。「開放文学」での検索では「紅楼夢」、「西遊記」、「水滸全伝」の例があり、白話語であると思われる。

「半酣」は、『日本国語大辞典第二版』では、「（1）（「半」は、物事の最中の意）酒席、酒興が最高潮であること。たけなわであること。」の語義で十九世紀の「江戸繁昌記」、「枕山詩鈔」と孟浩然「酔後贈馬四詩」の「奏城遊俠客、相待半酣時」を引き、「（2）適当に酒に酔うこと。ほろ酔い加減になること。微酔。微醺《びくん》。」では、十八世紀初めの「養生訓」と明治の露伴の例を引き、漢文の例は引いていない。「中央研究院漢籍電子文献資料庫」の検索では、旧唐書の例が古いが、あとは宋、明、清に成立した文献の例である。明、馮夢龍「三遂平妖傳」、「醒世姻縁」も検索できるので、古代中国語ではないと思われる。「開放文学」では「西遊記」、「水滸全伝」、「儒林外史」、「警世恒言」、「警世通言」、「今古奇観」の例を得る。「寒泉」で、「全唐詩」を検索すると、孟浩然以外にも李白、元愼の例が得られるので、詩語としては唐代の例があることになる。ジャパンナレッジの『日本国語大辞典第二版』の用例全文検索では一二世紀の「本朝無題詩」の例を得ることが出来る。中国におけるこの語が文章語か、口頭語かを明らかにする課題があるが、今のところ、湖南文山は、「半酣」を白話語として理解していたであろうという推測しかできない。また、「半酣」は次のように、『三國志通俗演義』に「半酣」がない箇所の翻訳にも南山は使っていて、彼の使用語彙にもなっていた語である。

⑭次日、飛騎往來於城中、遍請公卿。皆懼董卓、誰敢不到。卓探知百官到了、徐徐策馬到園門下馬、帶劍入席。百官見了、先令從人執盞。酒行數巡、卓自舉杯、勸諸大臣飲酒。畢、卓教停酒止樂、卓曰：「今有大事、眾官聽察。」（『三國志通俗演義』巻一「董卓議立陳留王」）

⑮次ノ日温明園ニ酒宴ヲ設テ百官ヲ請シケレバ誰カ肯テ従ハザラン其威ヲ怕レテ盡ク来ル董卓人ヲ出シテ百官

ノ集リ了レルヲ窺ハセ其ノチ徐々ト馬ヲ打テ轅門ノ前ニテユラリト飛《トビ》下剣ヲ帯テ内ニ入一々相見テ楽ヲ奏シ酒ヲ勸ム已ニ半酣《ハンカン》ニ及テ董卓百官ニ向テ申ケレハ今一ツノ大事ヲ議セン諸官ヨク聞玉へ

（『通俗三國志』巻一「呂布刺殺丁建陽」37オ）

「威儀」は、「膽量」「半酣」とは異なり、『日本国語大辞典第二版』が続日本紀、延喜式など九世紀、一〇世紀の例を引き、色葉字類抄にあることを記載し、詩経の例を引いているように、古代に受容した古代漢語である。「漢籍電子文献資料庫」の検索においても、漢書、後漢書、晋書、隋書の例が見え、仏典の例も多い。

【資料2】の漢語で、『三國志通俗演義』には見えない漢語（九一語）で、『平家物語』に見える漢語が三四語ある。「原典」に依拠しない語の三割程度は、南山の使用語彙と考えてもよいが、それらの語は、日本古典の軍記物に使われてきた漢語と共通する語であった。もっとも、「慰勞」「運氣」は巻一以外に、「奉曰：「此人河東楊郡人也、姓徐、名晃、字公明。」帝慰勞之。楊奉保駕至華陰寧輯、」（『三國志通俗演義』巻三「楊奉董承雙救駕」）「今途中乏水、軍馬枯渇、倘上天不絶於大漢、賜與甘泉。若運氣已終、臣亮等願死於此處！」（巻一八「諸葛亮五擒孟獲」）」とあるので、「無い」を積極的に指摘するには調査を重ねた上でなければならないのは当然であるが、「慰勞」は、『三國志通俗演義』の該当箇所の「撫慰」に代えて用いている。

⑯卓大驚、慌忙下馬、拜於道左。陳留王以言撫慰董卓、（巻一「董卓議立陳留王」）

⑰董卓アハテ驚キ馬ヨリ飛テ下テ地ノ上ニ拜伏シケレバ陳留王チカク寄テ好《コウ》言《ケン》ヲ以テ慰《イ》勞《ロウ》シ玉フニ董卓心ノ内コノ人ノ才覺ヨノ帝ニアラズト驚キ共ニ御駕ヲ（巻一「董卓起兵入洛陽」36オ）

「撫慰」は、『日本国語大辞典第二版』には立項されていない。用例全文検索では「続日本紀」の用例が得られるのみであるが、「続日本紀」に用例があるのは、中国の史記、漢書などの正史には多く用いられていることと関係している。また、「開放文学」での検索では「紅楼夢」「水滸全伝」「警世通言」等、多くの例が得られ、『三國志通俗演義』では一七例を得ることが出来る。字順が逆の「慰撫」も、『日本国語大辞典第二版』の全文検索では、明治以前の例では、「慰撫」の項目に挙げられた「東帰集」のみである。文山は、日本語で用いられることがなかった「撫慰」を、「慰労」に置き換えたものと思われる。この「慰労」も、『日本国語大辞典第二版』だけの調査では、明治以前の例は、「延喜式」と「空華日用工夫略集」の例を得るだけである。中国の正史、白話には多くの用例があり、『三國志通俗演義』にも九例の「慰労」がみえる。『通俗三国志』の作者を通説に従えば、「空華日用工夫略集」とつながるが、文山の使用語彙となっていたものと思われる。「好言」も、「原典」にはなく、文脈から補ったものである。

冒頭に引用した②に見える「昏倒」も、「原典」①には見えない語である。『三國志通俗演義』では「倒」とあるのを『通俗三国志』は「昏倒」としているのである。『三國志通俗演義』の他の巻では、巻二「董卓火焼長樂宮」に「忽一騎馬到、月明中認得是曹操、兩刀砍死兩個歩軍、急下馬扶起操時、操箭傷痛、昏倒在地。」と見えるほか、「開放文学」によった『三國志通俗演義』の検索では十例の「昏倒」が得られる。「昏倒」は、『日本国語大辞典第二版』の見出し項目の用例では『和英語林集成』が初出になっているが、用例全文検索では、『南総里見八犬伝』の「倘その船に人多く、弓箭鉄砲の武備ありて、敵しがたきに遇ふ時は、宿計れる舟経紀を偽り出て哄誘し、陀《ダ》々《ダ》花《クワ》と喚做す毒を喫して其人々を昏倒して」(巻九・一三三回)の例が得られる。しかし、江戸時代の例はこの一例である。「開放文学」のサイトでは、「水滸全伝」、「警世通言」、「剪灯余話」の例が検索できて、白話語から得た語であったと思われる。明治以降の例では『日本国語大辞典第二版』の全文検索によって、「佳人之奇遇」の例が得られた。

「狂風」は、『日本国語大辞典第二版』では、「菅家文章」の例から引き、中国の例として杜甫を引くので、日本が受容した典型的な漢語である。「演義」には二三例あり、「寒泉」による「全唐詩」の検索では、杜甫以外に李白の用例も得られる。

7. さいごに

既に指摘されていることで、本稿において新しく指摘することもないが、極めて小さな調査からも、江戸時代の識字層の漢語には、

・生活と密着していた漢語[5]（【資料3】）
・『平家物語』と共通するような、江戸までに蓄積されていた書記言語としての漢語
・史記、白氏文集などに代表される古典中国語
・白話語

の四層があることを具体的に示し得たかと思う。

語彙としては右のように括ることが出来たとしても、【資料4】との関連でとりあげた「半酣」「膽量」など白話語と思われる語が、知識層の語彙に入り込んでくる経緯を具体的に示すためには、今後の調査を待たなければならない。知識層の語彙のなかの漢語が白話語と関連することの指摘は、「開放文学」などのデータベースでの検索によって容易にできたとしても、それが、どのような経路を使って、彼らが取り込むことができたのかを明らかにすることは難しい。たとえば、「幸福《サイハヒ》」幸福《カウフク》」が、佐久間象山、新島襄、福澤諭吉ら幕末武士階級の語彙にあり、秋成、馬琴の作品にも見えることで、白話の影響かという見通しはついても、熊沢蕃山に見えるとなれば、象山についても同様であるが、漠然と白話語とするだけでなく、朱子学、陽明学とのつながりを明確にしたいとなると、道は遠いという思いをもつ。

注

（1）国文学研究資料館電子資料館「所蔵和古書・マイクロ／デジタル目録データーベース」の画像によって、肥前松平文庫『通俗三國志』によると、「元禄巳巳孟夏湖南文山識」とあり、刊記は

通俗三國志巻之五十大尾

元禄四年辛未

九月吉辰

西川嘉長

書肆西堀川三條三町下　　刊行

栗山伊右衛門

のように、識語の二年後に刊行されている。

（2）新文豊出版公司本をa、「開放文学」本をbとして、巻二四末尾を示すと次のとおりである。bの「悪太康七四年」は、李卓吾先生批評本（早稲田大学古典籍総合データベースによる）も「晉太康七年」であり、aの「晉太康七年」が正しい本文と思われるが、こうした誤入力が「開放文学」のみならず、Web上の本文にはあるかと思われるが、本稿では検索の便宜さを優先して利用した。

a後主劉禅。亡於晉太康七年。魏主曹奐。亡於太康元年。呉主孫皓。亡於太康四年。三主皆善終。自此三国帰於晋帝司馬炎。為一統之基矣。後人有古風一編。嘆曰（以下省略）

b後主劉禪亡於悪太康七四年、魏主曹奐亡於太康元年、吳主孫皓亡於太康四年：三主皆善終。自此三國歸於晉帝司馬炎，為一統之基矣。後人有古風一篇，歎曰：

なお、李卓吾先生批評本では「以附巻末而」が「古風一編」の次に入る。

（3）早稲田大学古典籍総合データーベースの画像による。

（4）『日本古典対照分類語彙表』では、複数の語義をもつ語については複数のコードが付されている。しかし、今回の作業は、複数のコードについては、先頭に付されたコードによって処理をした。そのこともあって、数値を示さないでおいた。

（5）『日本古典対照分類語彙表』の『平家物語』と『通俗三國志』との共通漢語は二四九語であった。ただし、同一語に

対する漢字表記が異なる可能性（希有・稀有、不思議・不思儀）もあるが、検討はしていない。新旧字体は新字体に統一して点検した。語義、語形（読み）についても考慮の外に置いた。平家物語にある「尋常」「須臾」は『通俗三国志』ではそれぞれ「尋常《ヨノツネ》」「須臾《シハラク》」とあって、漢語として採っていないので共通漢語の中には入っていない。このような採取についての不統一があるが、参考までに示せば共通漢語は次のとおりである。配列は語頭の漢字の漢音読みによって配列した。そのため、「下向・下知」「西門・西国」「地震・地頭」など、語形との齟齬が生じたものもある。

〈ア行〉悪心、悪人、悪逆、悪口、悪党、威勢、一合、一人、一陣、一寸、一族、一度、一同、一二、一日、一部、一方、一門、陰陽、英雄、栄華、遠近、往来、王位、王者、恩賞

〈カ行〉下向、下知、火焔、改元、海内、階下、官位、官軍、官職、官人、漢家、漢朝、還幸、閑居、希代、鬼神、儀式、義兵、宮中、宮門、弓馬、九重、九族、牛馬、御座、御前、禁門、近年、金銀、今度、今日、苦、勲功、京師、兄弟、荊棘、計略、賢臣、古今、故郷、虎狼、五百、後胤、後悔、皇后、皇子、皇帝、行歩、降人、高祖、強盗、合戦、国家、国母、国家、骨肉

〈サ行〉左右、沙汰、裁断、才覚、在在所所、罪人、三方、山中、讒者、暫時、懺悔、伺候、刺史、司馬、四海、四方、士卒、始皇、子細、次第、自然、咫尺、侍中、日月、日夜、日輪、守護、酒宴、十方、出御、駿馬、諸侯、諸人、諸国、勝負、将軍、上下、震動、人形、人身、人馬、人民、数度、数日、姓名、成就、政道、政務、生死、精兵、西門、西国、先陣、先帝、先年、千里、前後、奏聞、相違、騒動、相国、即時、賊徒

〈タ行〉他人、太子、他国、退散、退出、大事、大蛇、大守、大小、大臣、大勢、大名、対面、第一、第三、第四、第二、達者、男女、地震、地頭、嫡子、嫡男、忠臣、誅戮、張本、朝廷、牒状、勅使、勅命、追討、帝位、弟子、天下、天子、天神、天人、天地、天命、殿中、度度、当今、当世、同日、同年、堂堂、童子

〈ナ行〉内外、内内、内裏、八寸、八方、万人、万騎、万民、披見、非分、飛脚、微塵、百官、百姓、不幸、不思議、父子、父母、武官、武士、無用、武芸、無礼、富貴、風情、副将、平安、平地、返事、輔佐、奉行、蜂起、謀反、亡国、北国、本意、本国

〈マ行〉毎度、毎日、末座、末葉、名馬、明日、門外、門前

〈ヤ行〉夜中、夜半、野心、勇猛、由来、余党、用意　〈ラ行〉洛陽、流浪、両方、狼藉

（6）小松氏のデータの分母になっている近松の漢語、混種語は一〇三九である。

参考文献

荒尾禎秀（一九九三）「『通俗赤縄奇縁』の熟字—原典との比較を通して」（「東京学芸大学紀要2部門」44号）
荒尾禎秀（二〇〇〇）「『通俗列国志呉越軍談』の漢字語について」（「東京学芸大学紀要第2部門」51号）
小松寿雄（一九八二）「近松浄瑠璃の語彙—世話浄瑠璃の漢語」（『講座日本語の語彙5』明治書院）
田中章夫（一九七八）『国語語彙論』（明治書院）
長尾直茂（一九九三）「『通俗三国志』述作に関する二、三の問題」（「上智大学国文学論集」26号）
長尾直茂（一九九七）「江戸時代元禄期における『三国志通俗演義』翻訳の一様相—『通俗三国志』の俗語翻訳を中心として」（「国語国文」66巻8号）
宮島達夫（二〇一四）「古典語の統計と意味」（『日本古典対照分類語彙表』笠間書院）

和田維四郎訳『金石学』の金石名について

吉野政治

1

西洋では万物を動物・植物・鉱物の三つに大別し、それぞれに対するソーロギア（Zoologia 動物学）・ボタニカ（Botanica 植物学）・ミネラロギア（Mineralogia 鉱物学）という学問があることを日本に最初に紹介したのは宇田川榕菴の『植学啓原』（天保五年〔1834〕刊）であった。その『植学啓原』はボタニカについての日本初の教科書に他ならない。榕菴はソーロギアについても同様のものを計画していたようであるが、完成しなかった。ミネラロギア（注1）については和田維四郎の『金石学』（明治九年〔1881〕成、同十一年刊）が日本初の教科書とされる。町田久成（当時の博物局長）の「序」にも本書によって本邦の近代金石学が隆盛に向かうことを期待する次のような文が見える。

邦人訳西籍者。不レ外二物理・医術・性理・経済等書一。而未レ有下講二金石学一者上。化学一科雖レ説二金石之事一、亦以説二明化学的理一耳。未レ道二及金石要領一、豈不二一大欠典一哉。和田維四郎年才二十余歳。深有レ慨二於此一。就二徳国博士某一。講二金石一数年。尋思推求。遂能訳二述斯書一。斯書係二徳国博士猶斑揑、羅伊尼斯氏原著一。維四郎摘二其要一。抄訳以便二初学一。（中略）斯書一出。本邦金石之学。将二従レ此而隆盛一。顧不二国家一美事一耶。

当時の他の専門分野の学術書の多くがそうであったように、本書もまた西洋の専門書を翻訳したものであることは右の「序」にも書かれているが、本人の手になる「凡例」にもドイツの「猶斑捏、羅伊尼斯」（ヨハンネース・ロイニース）の博物書（一八七〇年出版）を原書とし、ナウマン著『金石学』、シルリング著『博物学』及びその他の金石物の諸書を参考にし、旧開成校の鉱山教師カール・シェンクの口授などによってその内容を増減してできたものであることが記されている。

2

中国本草学における万物の分類法は西洋の三学（Zoologia・Botanica・Mineralogia）のそれと異なることは、『植学啓原』の「序」（箕作阮甫誌）の、

蓋《けだ》し本草は名に就いて物を識り、気味能毒を詳にするに過ぎず。猶《なお》角ある者は牛、鬣《たてがみ》ある者は馬なるを知るが如し、甚だ究理と相渉らざるなり。（原漢文）

という文によってよく知られている。例えば李時珍の『本草綱目』（明・万暦二十四年〔1596〕刊）では「古鏡」「古文銭」「銅弩牙」「諸銅器」「諸鉄器」なども「金」「銀」「赤銅」「銅砿石」「鉛」「錫」などと同じく金類に分類されるがごとくである。

西洋の金石学（Mineralogia）もまた、性質形状の相近似するものを集めて分類するが、その分類の根拠となる性質形状は、硬度、劈開・断口の形状、弾力、可曲性・可展性・可伸性・柔軟性、比重、透明度、光線の屈折度・偏向度、光沢、色、燐光、条痕、磁気・電気、味覚、臭気、触感の違いである。和田維四郎訳『金石学』もそうした基準から分類された金石が次のように整理されている（振り仮名は原文のまま）。

第一種　燃砿類

第一属　炭砿属

石墨（黒鉛）・無焔炭・石炭《セキタン》・褐炭・泥炭・膏風

第二属　石油砿属

石脳油《クサウヅノアブラ》・地蠟・土瀝青（地瀝青）・琥珀《コハク》

第三属　硫砿属

硫黄《イワウ》・雄黄《ヲワウ》（石黄・黄色硫化砒石）・鶏冠石《ケイカンセキ》（鶏冠雄黄・赤色硫化・砒石）

第二種　金鉱類

第四属　硫化鉱属

辰砂（霊砂・硫化水銀）・閃銀鉱・閃亜鉛鉱（硫化亜鉛）・輝安質母尼鉱・輝水鉛鉱（硫化安質母尼）・輝銀鉱（硫化水鉛）・輝銅鉱（硫化銀）・輝鉛鉱（硫化鉛）・輝蒼鉛鉱（硫化蒼鉛）・黝銅鉱・黄硫鉄鉱（硫化鉄）・黄硫銅鉱・磁硫鉄鉱・斑銅鉱・輝苦抱爾《コバルト》鉱・毒砂（硫砒鉄鉱）

第五属　砒化鉱属

紅臬客爾《ニッケル》鉱・砒苦抱爾《コバルト》鉱

第六属　純金属

水銀（汞・澒）・銅《アカガネ》・黄金《キン》（金）・白金・銀《ギン》・鉛《ナマリ》・鉄《テツ》・蒼鉛（灰鉛）・安質母尼・砒

第七属　酸化鉱属

磁鉄鉱（磁石）・客等弥《クローム》鉄鉱・赤鉄鉱（血石・代赭石）・褐鉄鉱（含水酸化鉄）・沼鉄鉱・赤鉄鉱・軟満俺鉱・含水満俺鉱・黒満俺鉱・錫石（酸化錫）・鉛丹《タン》

第三種　石鉱類

第八属　角閃石属

輝石・角閃石・蛇紋石（葡萄蠟石・温石《オンジヤク》）・斑輝石・蠟石（凍石・青田石）・石絨《イシワタ》・青晶石

第九属　堅石属

柘榴石《ザクロイシ》（石榴子・石榴珠）・電気石・斧石・入爾康《ジルコン》・金剛石（金剛鑽）・鋼玉石・尖晶玉・黄玉石・金緑玉・橄欖石・緑玉石（葱珩・祖母緑）・石英《メクラスイシヤウ》（珪石）・蛋白石（無形珪酸）・黒曜石《コクエウセキ》（烏《ウルシ》石《イシ》）・松香石・真珠石・浮石《カルイシ》

第十属　長石属

長石・藍宝石・来時愛克《ラスライト》・扁青石・白榴石

第十一属　泡沸石属

十字石・葉理泡沸石・光線條泡沸石・金咸條泡沸石

第十二属　粘土属

陶　土《ヤキモノツチ》・粘土《ネバツチ》・石髄・海泡石（水泡垊）

第十三属　雲母属

雲母《キララ》・滑石《クワツセキ》・碌泥石《チヽブアヲイシ》

第十四属　軽塩金属

孔雀石《クジヤクセキ》（石緑）・銅青石・鉄青石・苦抱爾花《コバルト》

第十五属　重塩金属

硅酸亜鉛鉱・炭酸鉄鉱・白鉛鉱（炭酸鉛（黄鉛砿・赤鉛砿・緑鉛砿））

第十六属　塩石砿属

硫酸重土砿・炭酸重土砿・炭酸息脱浪西恩砿・硫酸息脱浪西恩砿・霰石《アラレイシ》・石灰砿《イシバイイシ》（灰石・炭酸石灰・方解石・大理石・繊維状灰石・鍾乳石・尋常石灰砿・魚鰤石・石灰華・山乳石・灰土・臭石・粘土石灰）・白雲石（苦灰石）・硼酸苦土砿・燐灰石（燐酸石灰）・蛍石《ホタルイシ》（衡灰石・衡酸石灰）・石《セキ》膏《カウ》（硫酸石灰）・硬石膏（無水石膏）

第四種　鹵石類

第十七属　鹵石属

石塩《イハイホ》（崖塩・巌塩）・磠砂《ドウトヤ》・硝石《エンシヤウ》（焔消・硝酸可里・硝酸鎌）・曹達硝石（硝酸曹達）・硼砂《ホウシヤ》（硼酸曹達）・曹達《ソウダ》（炭酸曹達）・凝水石《ニガリ》（瀉利塩・苦塩・硫酸苦土）・芒硝《バウシヤ》（朴硝・硫酸曹達）・明礬《メウバン》（礬石・硫酸礬土加里）・緑礬《ロウハ》（硫酸鉄）・胆礬《タンバン》（石胆・硫酸銅）・皓礬（亜鉛礬）

3

本稿の筆者が注目したいのは、このように分類された個々の金石がどのように名づけられているかである。これには二つの場合がある。一つはそれまで用いられていた本草学での名称がどのように利用されているかということであり、もう一つは新たに知られることになった金石の西洋名がどのように翻訳されているかということである。

『金石学』の「凡例」の中に次のような一項がある。

金石ノ中本邦ニ産セザル者少ナカラズ。又、産スル者ト雖ドモ其名号一定セザル者アリ。故ニ或ハ漢名ヲ用ヒ、或ハ和名ヲ用ヒ、又近来漢訳ノ書ニ因リテ新名ヲ下シ、或ハ洋名ヲ義訳シ、又、音訳スル者アリ。

すなわち、近代金石学草創期の当時は同一の金石に「漢名」「和名」あるいは「近来漢訳ノ書」に見える「新名」、さらには洋名の「義訳」（意訳）や「音訳」が用いられ、一定しないという状態であった。注目されるのは、本書にはそれらの名称が併記され、しかも次のようにそれらの語種あるいは訳法が明記されていることである。

石墨 又 黒鉛 義訳 Graphit. *Graphite. Plumbago.*

輝苦抱爾鉱 訳名 Kobaltglanz *Cobaltite.*

安質母尼 音訳 Untimon *Antimony.*

孔雀石 和名 石緑 Malachit. *Mzlachite.*

前節に掲げた四種十七属に分類されている金石名で訳法が明記されているものを整理すると次のようになる。

「音訳」 安質母尼《アンチモニー》・入爾康《ジルコン》・来時愛克《ラスライト》

「訳名」 輝苦抱爾《コバルト》鉱・輝安質母尼《アンチモニー》鉱・砒苦抱爾《コバルト》鉱・客等弥《クローム》鉄鉱輝・軟満俺《マンガン》鉱・含水満俺《マンガン》鉱・黒満俺《マンガン》鉱・珪石・苦抱爾《コバルト》花・炭酸息脱浪西恩砿・硫酸息脱浪西恩砿・曹達《ソウダ》硝石

「和名」 鶏冠石《ケイカンセキ》・葡萄蠟石・温石《ヲンジャク》・蠟石・柘榴石《ザクロイシ》・黒曜石・孔雀石《クジヤクセキ》・霰石《アラレイシ》・蛍石《ホタルイシ》

「漢訳」 鋼玉石・黄玉石・緑玉石・葱珩・藍宝石・蘭宝石・火山瑠璃・松香石・真珠石・水泡坭・白雲石

「旧訳」 祖母緑・皓礬

「義訳」 黒鉛・無焔炭・褐炭・地蠟・地瀝青・土瀝青・閃銀礦・閃亜鉛鉱・輝水亜鉛鉱・輝銀鉱・輝銅鉱・輝鉛鉱・輝蒼鉛鉱・黝銅鉱・黄硫鉄鉱・黄硫銅鉱・磁硫鉄鉱・斑銅鉱・毒砂・蒼鉛・灰鉛・磁鉄鉱・赤鉄鉱・血石・褐鉄鉱・沼鉄鉱・赤銅鉱・錫石・輝石・角閃石・蛇紋石・斑輝石・青晶石・電気石・斧石・尖晶玉・金緑玉・橄欖石・蛋白石・扁青石・白榴石・十字石・葉理泡沸石・光線條泡沸石・金咸條泡沸石・石髄・海泡石・銅青石・鉄青石・硅酸亜鉛鉱・炭酸鉄鉱・硫酸重土鉱・炭酸重土砿（繊維状灰石・魚鰤石・石灰華・山乳石・灰土・臭石・粘土石灰・苦灰石）・硼酸苦土砿・燐灰石・衡灰石・巌塩・

瀉利塩・苦塩・白鉛鉱

次のような金石名にはこうした注記はないが、これらは「漢名」に他ならない（付されている振り仮名はその「漢名」に対する和名などである）。

石墨・石炭《セキタン》・泥炭《スクモ》・膏風・石脳油《クサウヅノアブラ》・琥珀《コハク》・硫黄《イワウ》・雄黄《ヲワウ》・石黄・鶏冠雄黄・辰砂・霊砂・水銀（汞・澒）・銅《アカガネ》・黄金《キン》（金）・白金・銀《ギン》・鉛《ナマリ》・鉄《テツ》・砒・磁石・代赭石・鉛丹・凍石・青田石・石絨《イシワタ》・石榴子・石榴珠・金剛石・金剛鑽・石英《メクラスイシヤウ》・烏石《ウルシイシ》・浮石《カルイシ》・長石・陶土《ヤキモノツチ》・粘土《ネバツチ》・雲母《キララ》・滑石《クワツセキ》・緑泥岩《チチブアヲイシ》・石緑・石灰砿《イシバイイシ》・灰石・石膏《セキカウ》・硬石膏・石塩《イハシホ》・崖塩・硇砂《ドウトヤ》・硝石《エンシヤウ》・焰消・硼砂《ホウシヤ》・曹達《ソウダ》・凝水石《ニガリ》・芒硝《バウシヤ》・朴硝・明礬《メウバン》・礬石・緑礬《ロウハ》・胆礬《タンバン》・石胆

4　和田の「漢名」について

「漢訳」と記されている名称の出典は確認できないが、中国近代金石学において新しく造られた名称だと思われる。また、「旧訳」は「緑玉石漢訳　葱珩同上　祖母緑旧訳」などとあり、「漢訳」に対する旧訳を意味するようであり、おそらく「漢名」に他ならないであろう。

和田の言う「漢名」は本草学に用いられた漢語名を指しているようである。

日本本草学は「漢名」が指すものが日本の何に当たるかを研究するのを主たる目的とした。あるいは「漢名」を知ることを目的とした。したがって、「漢名」が正式名とされた。それは和語（大和ことば）に金石名が極めて貧弱であったからでもあろう。源順の『倭名類聚抄』（承平年間〔931-38〕成立）に見える金石の和名は次のとおりである。

【山石類】石（和名以《い》之《し》）・石鍾乳（和名以《い》之《し》乃《の》知《ち》）・浮石（和名加《か》流《る》以《い》之《し》）・細石（和名佐《さ》佐《ざ》礼《れ》以《い》之《し》）・砂（和名以《い》佐《さ》

古《ご》）・繊砂（万奈古《まなご》）

【金銀類】金（和名古加祢《コガネ》）。金屑（和名古加祢《こがね》乃須利久都）・銀（和名之路加祢《しろがね》）・銅（和名阿良加祢《あらがね》）・鉄（和名久路《くろ》加祢《がね》。此間一訓祢利《ねり》）・鉄落（一名鉄液和名鉄乃波太《てつのはだ》一云加奈久曽《かなくそ》）・鉄精（和名加祢乃佐比《かねのさび》）・鉛（和名奈万《なま》利《り》）・錫（和名之路奈万利《しろなまり》）・水銀（和名美都加祢《みづがね》）・須粉（和名美豆加祢乃加須《みづがねのかす》）・鎮粉（和名美豆加祢乃介《みづがものけ》布利《ぶり》）

【玉石類】珠（訓之良太万《しらたま》）・玉（和名之良太万《しらたま》）・璞（和名阿良太万《あらだま》）・水精（和名美豆止流太万《みづとるたま》）・火精（和名比止流《ひとる》太万《たま》）・雲母（岐良良《きらら》）・玫瑰（岐良良《きらら》）

また、以上の他に「俗云」「俗音」といった説明で漢字音を用いているものが【玉石類】に

瑠璃（俗云留利《るり》）・琥珀（俗云久波久《くはく》）・硨磲（俗音謝古《しゃこ》）・瑪瑙（俗音女奈宇《めのう》）

とある。【山石類】の次の石にはそのような注記もなく、漢名が用いられていたのであろう。

消石・礜石・礬石・滑石・陽起石・凝水石・慈石・玄石・理石・長石・桃花石・方解石

『倭名類聚抄』以前に成立している深江輔仁の『本草和名』（延喜十八年頃〔918〕成）に見える和名は『倭名類聚抄』より少なく、次のような和名また漢字音名があるだけである。

雄黄（岐尓《きに》）・石流黄（由乃阿加《ゆのあか》）・鐵（阿良加祢《あらがね》）・剛鉄（布介留加祢《ふけるかね》）・鉄精（加奈久曽《かなくそ》）、代赭（阿加都知《あかつち》）・鹵鹹（阿和之保《あわしほ》）・大塩（之保《しほ》）・白悪・白土（之良都知《しらつち》）・鉛丹（多尓《たに》）・粉錫・胡粉（己布尓《ごふに》）・石灰（以之波比《いしばひ》）

このように「和名」はあっても、極めて素朴なものか「漢名」を翻訳して成立した語と思われるものであり、公式には「漢名」を用いざるを得なかった。『延喜式』第三十七「典薬寮」の「諸国進年料雑薬」には諸国から集められる金石が記されているが、用いられているのは「漢名」である。例えば「白石脂・赤石脂」（伊豆）、「礬石」（肥後）、「黄礬石」（伊豆）、（飛驒国）「青礬石」（美濃）、「白礬石」（飛驒・長門）、「石硫黄」（信濃・相模・下

野）、「滑石」（但馬・周防）、「石膏」（備中・太宰府）、「石鍾乳」（備中）、「朴消」（備中・備後・讃岐・若狭）、「水銀」（伊勢）、「温石」（紀伊）、「代赭（石）」（太宰府）、「消石」（讃岐）、「石胆」（備前）、「白石英」（備中・近江）、「紫石英」（伯耆）、「磁石」（近江）、「雲母」（陸奥）など。

「漢名」を公式名称として用いることは江戸時代に至るまで変わることはなかった。李時珍の『本草綱目』が日本に将来されてからはこの書に用いられている「漢名」も含めて一層重視されたように見える。

小野蘭山の『本草綱目啓蒙』（享和二年〔1802〕成）には、日本の方言名が多く記されているが、『本草綱目』の講義録であり、見出し語は『本草綱目』に従って「漢名」であることは言うまでもない。『本草綱目』の「金石部」で見出し語として用いられているものは次のとおりである（金類の「諸銅器」「諸鉄器」など、また石類の化石名などは省く）。

金之一　金類　金　銀　錫恡脂　銀脂　硃砂銀　赤銅　自然銅　銅鉱石　銅青　鉛　鉛霜　粉錫　鉛丹
蜜陀僧　錫　鉄　鋼鉄　鉄落　鉄精　鉄華粉　鉄鏽　鉄熬　鉄漿

石之二　玉類　玉　白玉髄　青玉　青琅玕　珊瑚　瑪瑙　宝石　玻璃　水晶　琉璃　雲母　白石英　紫
石英　菩薩石

石之三　石類上　丹砂　水銀　水銀粉　粉霜　銀朱　霊砂　雄黄　雌黄　石膏　理石　長石　方解石　不
灰水　五色石脂　桃花石　炉甘石　井泉石　無名異　蜜栗子　石鍾乳　孔公蘗　殷蘗
土殷蘗　石脳　石髄　石脳油　石炭　石灰　石麪　浮石　石芝

石之四　石類下　陽起石　慈石　玄石　代赭石　禹余粮　太一余粮　石中黄子　空青　曽青　緑青　扁青
色青　石胆　礬石　特生礬石　握雪礬石　砒石　土黄　金星石　銀星石　婆娑石　礞石
花乳石　白羊石　金牙石　金剛石　砭石　越砥　薑石　麦飯石　水中白石　河砂　杓上

砂　霹靂碪　雷墨

石之五　鹵石類　　食塩　戎塩　光明塩　鹵塩　凝水石　玄精石　緑塩　塩薬　朴消　玄明粉　消石　硇砂
蓬砂　石硫黄　石硫赤　石硫青　礬石　緑礬　黄礬

「漢名」を正式名称とすることは蘭学でも同様であった。詳しくは別稿に譲るが、例えば宇田川玄真・榕菴の『遠西医方名物考』（文政五年〔1822〕～八年刊）に

薬品和漢ニ産スル者ハ漢名ヲ挙グ。唯　本邦ニ産シテ漢名未ダ詳ナラザル者ハ和名ヲ挙グ。和漢ノ産未ダ詳ナラザル者、並ニ方剤器械ハ対訳シテ原名ヲ挙グ（注略）或ハ直訳義訳シテ其名ヲ定ム（注略）。

とあり、橋本宗吉の『三法方典』（文化二年〔1805〕刊）にも

薬品漢名ヲ先ニシ…漢名未詳ノモノハ和名ヲ先ニス。…名物亦之ニ倣《なら》フ。

とある。したがって、例えば平賀源内の『物類品隲』でも「石榴子　和名ザクロイシ」「白石英　和名ケンジヤリ、マタカブトスイシヤウ」とあるように、見出し語は『本草綱目』の「漢名」が用いられており、宇田川玄随（1755-1797）の『西洋医言』（寛政四年〔1792〕序）でも、本草学の順序に従って次のような「漢名」の金石名が記され、それに対するオランダ語が示されている。

黄金・銅・鉄・錫・鉛・剛鉄・黄銅・紫銅・水銀・金線・銀線・銅緑・鉄粉・玉・宝・珊瑚・瑪瑙・琥珀・珍珠・王毒王冒・海石・石緑・朱・丹・赤石・礬石・石灰・雲母・水晶・仮水晶・試金石・金剛石・青田石・石麻・酢荅（癖石・鹿玉）

中島中良『蛮語箋』（寛政十年〔1798〕成）でも同様である。(注2)

このような「漢名」重視の伝統の中で、和田は西洋の金石学書に現れてくる金石名を造語しなければならなかったわけである。ただし、和田は本草学で指すものとは異なるものの名称として同一の「漢名」を用いている

ものもある。例えば、「長石」は本草学では硬石膏を指すもののようであるが（『物類品隲』にも「長石　一名硬石膏」とある。和田の分類では第十六属の塩石砿属に属する）、和田は第十属の長石属の名称として用いている。

5　和田の「和名」について

和田の言う「和名」は純粋な大和ことばだけではなく、「漢名」が通称として用いられているものも含むようである。『金石学』の見出し語に見られる「和名」は次のように現れる（本書の附録『金石対名表』（武藤寿編・田中芳男・和田維四郎同閲、明治十二年刊）で新たに増補された中にも、「星珊瑚」「血百金」「玉髄」「砂金石」「蛭石《ひるいし》」等が見えるが、今は省く）。

霰石《アラレイシ》 和名　Aragonit.　*Aragonite.*（注3）
蛍石《ホタルイシ》 和名　衡灰石 義訳 即チ 衡酸石灰 Flusspath.　*Fluorite.*
孔雀石《クジヤクセキ》 和名　石緑　Malachit　*Malachite.*
鶏冠石《ケイカンセキ》 和名　鶏冠雄黄 即チ 赤色龍砒石　Realgar. *Realgar.*
黒曜石《コクヨウセキ》 和名　烏石《ウルシイシ》 即チ 火山瑠璃 漢訳　Obsidian.　*Obsidian.*
柘榴石《ザクロイシ》 和名　石柘榴　柘榴珠　Granat. *Garnet.*
蛇紋石 義訳　葡萄蠟石 和名　温石《ヲンジヤク》 和名　Serpentin. *Serpentine.*
蠟石 和名　凍石 又 青田石　Spedstein.　*Steatite.*

これらの「和名」に現れる字並びは時珍の『本草綱目』には見られない。蘭山の『本草綱目啓蒙』には「霰石《アラレイシ》」「鶏冠石《ケイカンセキ》」「葡萄石」「柘榴石《ザクロイシ》」が日本の地方名あるいは俗名などとして次のように現れている。

○方解石　イ、ギリ佐州　ハブ播州　ウマノハイシ芸州　アラレイシ濃州　（方解石）

○雄黄　…鶏冠ヲ上品トス。俗名鶏冠石。古渡ニハ大塊ナル者アリ。市人呼テ人形様トス。其色赤クシテ臭気ナク、明徹ナリ、是、抱朴子ニ、其赤如㆓鶏冠㆒光明曄曄ト云者ニシテ、真ノ鶏冠雄黄ナリ。（雄黄）

○宝石　…又宝石ノ一種ニ、ザクロ石ト云アリ。又ジヤクロ砂トモ云。此ハ紅毛ヨリ来ル。其形安石榴の子ノ如ク、色赤シ。又黒ヲ帯ルモアリ。盆玩ニ用ヒテ最美麗ナリ。此即集解ノ石榴子ナリ。（宝石）

○宝石　…舶来ニ葡萄石ト云者アリ。是物理小識ノ蜻蜓頭ナリ。津軽舎利ノ類ニシテ大サ葡萄顆《ブドウノミ》ノ如シ。故ニ名ヅク。今別《イマベチ》ノ海岸ノツガル石モ葡萄石ノ類ニシテ、即瑪瑙ナリ。（宝石）

○滑石　…又予州三角寺ノ路傍ニ多クアル石ヲ、方言ヌメリオンジヤクト呼。柔ニシテ浅緑色或ハ五色雑ル。筑後、阿州ニモ多シ。共ニ方言温石ト呼。是、冷滑石ノ一種ナリ。（滑石）

「葡萄蠟石」は、源内の『物類品隲』に「斑石　和名ブドウ石」と見える。

「蛍石」「孔雀石」は水谷豊文の『物品識名』（文化六年〔1809〕刊）に、それぞれ「ホタルイシ　クダキ火ニ投ズレバ光リテ飛ブモノナリ勢州石博備中黒田産又漢産紫精鋭モ火ニ投ズレバ光リ飛ブモノナリ」「クジヤクセキ　蝦蟆背石緑　芥子園賀」と説明されているが、前者の漢名の欄は空欄になっており、後者は別の漢名が示されている。

「温石」は『延喜式』に見えているが、益軒の『大和本草』に「山東通志曰出㆓掖縣㆒色兼㆓青白㆒潤膩如㆑玉玉甘無㆑毒可㆑備㆓薬物㆒。日本ニ温石ト云物アリ。白クシテ少青シ、ヤハラカナリ。是山東通志ニシルセル中華ノ温石ト同物ナルベシ」とあり、日本でも通称として用いられていたもののようである。

「蠟石」は、『大漢和辞典』によると清の屈大均撰『広東新語』に見られるようであるが、田中耕三訳『牙氏初学須知』（明治八年刊）にグレー（石英の一種）を「蠟石ノ一種」と説明しており、石英とは属を異にするものの名称として日本では用いられていたようである。

さて、注目したいのは、前述のように、こうした「和名」が、和田の『金石学』では見出し語に「漢名」と対等に並んでいることであり、そして以降の専門書では唯一の金石名として現れることである。

A　松本栄三郎纂訳『鉱物小学』（明治十四年）
B　島田庸一編述『小学博物金石学』（明治十五年）
C　熊沢善庵・柴田承桂編纂『普通金石学』（明治十八年刊）
D　敬業社編纂『鉱物学』（明治二十一年）
E　小藤文次郎等編『鉱物字彙』（明治二十三年）
F　東京地学協会編『英和和英地学語彙』（大正三年）

	A	B	C	D	E	F
霰石		○	○	○	○	○
蛍石	○		○	○	○	○
孔雀石		○	○	○	○	○
鶏冠石		○	○	○	○	
黒曜石		○		○		○
柘榴石	○		○	○	○	○
葡萄蠟石		○葡萄石	○葡萄石		○葡萄石	○葡萄石
温石	○	○				
蠟石		○	○			○

6　「音訳」「義訳」「訳名」について

「音訳」は原語の音写であり、「義訳」とは現在の意訳のことである。「義訳」が原語の意味をどのように生かして造られているのかについては、本稿の筆者が説明し得るところではない。(注4) ただ、その多さには驚かされる。前掲の見だし語の他にも本文中にも多く見られ（「板炭」「灯炭」「粗炭」「煤炭」「鉄石英」「木化硅石」等々）、『金石対名表』で新たに加えられたものも加えると合計百七語に上る。「訳名」というのは同氏編輯の『金石識別表』（東京大学理学部、明治十年刊）の「凡例」に、

此表中記スル所ノ金石ノ倭名ハ力メテ従来江湖普通ノ者ニ従フト雖ドモ未ダ倭名ナキ者ノ如キハ止ムヲ得ズ仮ニ訳名ヲ設ケ、或ハ直ニ洋名ノ音ヲ訳記ス。

とあり、「漢名」でも「和名」でもなく、原語に基づく「義訳」や「音訳」でもなく、和田が独自に考えだしたものを言うようである。前掲の用例では「珪石」の他は「音訳」と他の語の混種語だけであるが、『金石対名表』で新たに加えられたものには「板石」「粘鉄石」「雲母板石」「珪石」「鹼石」「彫像石」「涌生石」「砒硫銀鉱」「砒花」が「訳名」とされている。

おわりに

日本における本格的な金石学は、蘭学時代に行われていた他の分野の学問に遅れて、明治時代に和田の『金石学』から始まった。『金石学』に取り上げられている金石数は、『本草綱目』の三倍弱の二百七十七にのぼる。物名には本草学だけでなく蘭学においても、「漢名」が優先して用いられていたが、和田の本書は、西洋名で示されている金石の同定も重要な目的の一つであり、(注5) そのために「漢名」であれ、「和名」であれ、よく知られている名称を積極的に用いた。この漢名にとらわれなかったことが後の日本金石学（鉱物学）における術語としての鉱物名の制定に影響を与えたようである。本稿で述べたかったのはこのことに他ならない。

金石学（鉱物学）の術語に関する国語学的研究には、管見では昭和56年度文部省化学研究費補助金特定研究としてなされた森岡健二・塩澤和子両氏（研究代表者林大氏）の研究がある。小藤文次郎等編『鉱物字彙』（明治二十三年）を対象としたものであり、成果報告書『明治期専門術語集　鉱物字彙』には、語基の分析とその語構成上

の役割などを主に調査された塩澤氏の論考「『鉱物字彙』の語構成」と索引「『鉱物字彙』（和英の部）語基索引」が収められている。この研究は「日本語の正書法及び造語法とそのあり方」というテーマで行われており、例えば「霰石《あられいし》」が二字漢語の語基と見なされているように、和語は音読みできるものはすべて音読し、漢語の語基に組み入れられている。塩澤氏の説明によると、こうした処理をするのに「訳語を1つに統一し、務めて簡潔明瞭な語を選定していこうとした姿勢が窺われる」『鉱物字彙』が好適な資料として選ばれたようである。本稿ではその書に先行する我が国初の鉱物学の教科書である和田維四郎の『金石学』と附録『金石対名表』を用いて、術語における語種の問題について考えたのである。

注

（1）Mineralogia を宇田川榕菴は「山物の学」と訳しているが、当時は「金石学」と訳されることが多い。現在では「鉱物学」が用いられているが、本稿では原則として「金石学」を用いることにする。

（2）ただし一例「石榴石《ザクロイシ》 カラートステーン」とあるのは「石榴子」と書くべきものを誤ったのであろう。『物類品隲』に「石榴子　和名ザクロイシ」とある。

（3）『地学の語源をさぐる』（歌代勤・清水大吉郎・高橋正夫著、東京書籍、昭和五十三年一月刊）は「霰石《アラレイシ》 Aragonite」について次のように説明している。

日本では方解石に似る石として、古くから本草学者によって識別され、霰石とよばれてきた。おそらく粒状の結晶をなすものに、「あられ」の名がついたものであろう。中国から入った名ではないらしい。（中略）Aragonite の訳にこの名を与えたのは和田維四郎がはじめてと思われる。

（4）『地学の語源をさぐる』には例えば次のような説明があり、参考になる。、

沼地などにできる多孔質の褐鉄鉱は、特に沼鉄鉱（英語 dog iron ore, ドイツ語 Raseneisenstein）という。日本語訳和田維四郎（明治11年・1878）だが、この場合は、ギリシャ語に由来する語源ではなくもドイツ語の Braunei-senerz（braun 褐色の + eisen—鉄 + erz—鉱石）を訳したもの。沼鉄鉱も字義通りに漢字をあてたもので、これ

も和田維四郎の訳らしい。

（5）和田には当時日本で存在することが知られていた鉱物とその主要産地を記した『本邦金石畧誌』（工部大学校書房、明治十一年刊）もある。

〈見る行為〉の描写と文末テンス形式

――二葉亭四迷翻訳作品における「見ると」「見れば」を含む文の保持と改変――

深澤　愛

一　文末テンス形式の変更をめぐる議論

言文一致文あるいは口語文の形成過程において、文末形式のいわば「創出」が重要事項であったことは、今さら言うまでもない。この時期の文末形式の有り様についての研究も枚挙にいとまがない。

それらを念頭に置きつつ本稿も文末形式に注目するのは、次の点を知りたいからである。すなわち、書き言葉の文末形式が変化する（変化しない）場合、そこにはどのような言語的条件があるのか。その条件に当たるものが今少し明確になれば、近代における文体形成史の理解に新たな知見を加えることができようと思うのである。

それを知るために、本稿では二葉亭四迷の翻訳作品「あひゞき」「めぐりあひ」を用いて、改稿が作られた際の文末テンス形式の保持あるいは改変の条件を探ってみたい。テンス形式に注目するのは、一つには「た」の使用が先学に注目されてきた現象だからである。[1]今一つには、工藤（一九九五）で詳細に分析されたような「〈かたり〉のテクスト」におけるテンス形式のふるまいを見るとき、そこにつながる史的過程をいくらかでも記述することが、近代文体形成史を描く一助になるのではないかと考えるからである。

さて、周知のように、ツルゲーネフ「Свидание」を原作とする「あひゞき」、同じく「Три встречи」を原作とする「めぐりあひ」の二作品は、明治二一（一八八八）年に一度訳されたのち、同二九（一八九六）年にさまざまに手を加えられたものが発表された。

「あひゞき」初稿[2]…明治二一年七、八月『国民之友』三巻二五号、二七号掲載

改稿…明治二九年一一月　春陽堂刊『片恋』所収

「めぐりあひ」初稿…明治二一年一〇月〜二二年一月『都の花』一巻一号、三〜六号掲載

改稿…明治二九年一一月　春陽堂刊『片恋』所収。「奇遇」と改題

「あひゞき」の文末テンス形式の初稿から改稿への変化については、例えば木坂（一九七六）の次のような指摘がある。木坂によれば、初稿における文末「終止語」の「一方的な使われ方」が改稿においては「分散の様相をみせ」ており、改稿は「「た終止」「である終止」「現在終止」の三形を代表として、使われ方にほぼバランスを保った、変化のある表現形式をもつ言文一致文」だという（四六〇-一頁）。テンス形式の変更をいわば文末形式の多様化と捉える姿勢と言えようか。

それとは異なる観点からテンス形式の変化を捉えるものとしては、例えばCockerill（二〇〇八）がある。Cockerillは、「あひゞき」「めぐりあひ」初稿の「てゐた」が改稿で「てゐる」に変更されている箇所のロシア語原文には、動詞の不完了体過去形が用いられている点に着目する。そしてそれは、「placed emphasis on the aspectual meaning of original Russian verbs rather than their tense」（一八四頁）の結果であると論じる。改稿における変更は、ロシア語原文に忠実であろうとしたためと見ているのである。

文末形式が変わることを多様化とするにせよ忠実さの現れとするにせよ、議論を前進させるためには、テンス形式の保持・改変の条件を探ることが不可欠である[3]。そこで、深澤（二〇一二）は、「あひゞき」「めぐりあひ」の文末に知覚動詞「見える」が用いられた六例に限定して、改稿でも文末テンス形式が保持された場合と、初稿

から改変された場合とを比較し、保持や改変の条件について次のようにまとめた。

出来事が継起的に展開し、語り手の視界が転換しているときは、それを示すために「見えた」を改稿でも残す。一方、出来事に時間的前進性がなく、語り手の視界が転換しないときは、語り手の〈見える〉という知覚が前面化されるような語り方へ改変する。（四六頁）(4)

ただし、これらはかなり限定された数の例によるもので、これをもって全体を判断することは到底できない。

そこで、本稿では、深澤（二〇一二）とはやや異なるタイプの文に注目したい。今回注目するのは、地の文において、語り手でもある「自分」の行為が描かれた部分のうち、従属節に〈見る行為〉が含まれる複文である。視界の転換の有無を条件としたのが前稿の結論だとするなら、本稿で行おうとするのは、〈見る行為〉と他の事態との関係が、文末テンス形式の保持・改変の条件となるか否かについての考察である。

二　〈見る行為〉を条件節とする事実条件文

前述したように、深澤（二〇一二）では、「語り手の〈見る行為〉によって何かが語り手の視界に入る」という事態を表す動詞「見える」のテンス形式に着目して、語り手の視野や視点のあり方と改稿における文末テンス形式（「見える」か「見えた」か）との連動を指摘した。

では、〈見る行為〉を契機として次の事態が生じる、というような内容を持つ文では、どのような事柄が文末テンス形式の選択に影響を与えるのだろうか。本稿の興味に沿ってもう少し具体的に言うなら、この疑問は次のようになる。すなわち、初稿において、〈見る行為〉とそれを契機として生じた事態とが一文で表される場合に、その事態を表す述語（主節述語）のテンス形式はどうなっているのだろうか。そして、その形式は改稿において、どのような条件下で保持あるいは改変されるのだろうか。

疑問を解消するには、〈見る行為〉を順接条件節とし、その結果として生じる（生じた）事態が主節に描かれている文を観察する必要がある。その中でも特に、事実条件節を持つ文に注目すべきだろう。出来事の描写を主とする地の文としては、事実条件文が最もスタンダードな条件文だと思われるからである。そこで本稿では、助詞「と」または「ば」によって事実条件が提示される、次のような形式を初稿または改稿の少なくともいずれかに有する事実条件文に注目したい。

（条件節）―｛みると／みれば｝、（主節）―｛シタ形式／スル形式｝(5)。

本稿では〈見る行為〉が行われていることを重視するので、この形式を持っていたとしても「みる」が〈見る行為〉を表していると考えられないものは考察対象とはしない。また、文末形式の対立にはテイタ－テイルの対立は含めていない。「めぐりあひ」から考察対象としなかった例を挙げておく(6)。

初 および腰になつて垣の内を窺《のぞ》いて見ると、つひ鼻の端《さき》に真紅《まつか》な野罌粟《のけし》がこんもり生へ茂ツてゐたが、そのぱツと開いた花の底に夜露の円い大きな玉が薄暗く光ツてゐた(7)。

改 垣の内を覗いて見ると、つい鼻の頭《さき》に真紅《まつか》な野罌粟《のげし》の茎《ぢく》が草叢《くさむら》の中からすつと出てゐて、そのぱつと咲いた花の底には大粒の円い夜露が薄光りに光つてゐる。

また、当然ではあるが、この形式を有する文の全てが事実条件文になっているわけではない。例えば、次の「めぐりあひ」の例は条件節の事態をきっかけとして主節の事態がいつも生じることを表す一般条件文と判断される。このような例は、本稿の考察対象としない(8)。

初 意《こゝろ》を注《つ》けて見ると、見識《みし》らぬ人に逢ツた時は、眼さへ閉ぢれば、其顔が目前に現はれるもので。偽《うそ》か真《まこと》か何人《たれ》でも市中で試して見ればわかる。

改 気を注《つ》けて見ると、見識《みし》らぬ人に逢つた時は、眼を閉《とぢ》さへすれば、直ぐ其面《そのかほ》が見える。偽《うそ》か真《まこと》か誰《たれ》でも市《まち》中《なか》で試して見れば判《わか》ることである。

以上を踏まえると、本稿で考察対象となりうるのは一七例（初稿と改稿を合わせて三四ヶ所）となる。初稿・改稿それぞれにおける主節末テンス形式を分類し、組み合わせパターンごとの用例数をまとめた表を示す。表中の

考察対象の分類と用例数（(x)：「みると/みれば」を含む事実条件節）

	初稿 主節述語 テンス形式	改稿 主節述語 テンス形式	分類		用例数
1. 初稿・改稿ともに (x) を持つ	シタ	シタ	保持	1-A	1
	スル	スル		1-B	2
	シタ	スル	改変	1-C	3
	スル	シタ		1-D	
2. 初稿になかった (x) が、改稿では見られる	シタ	シタ	保持	2-A	2
	スル	スル		2-B	1
	シタ	スル	改変	2-C	4
	スル	シタ		2-D	
	対応する主節述語が文末ではないもの			2-E	2
3. 初稿であった (x) が、改稿では見られない	シタ	シタ	保持	3-A	1
	スル	スル		3-B	
	シタ	スル	改変	3-C	
	スル	シタ		3-D	
	対応する主節述語が文末ではないもの			3-E	1
				合計	17

（x）は、条件節末尾に「みると／みれば」を含む事実条件節を指す。

次節では、用例のあったパターンのうち、文末形式の観察には適さない2-Eと3-Eの三例[9]を除く一四例（二八ヶ所）を検討したい。

三　文末テンス形式の保持と改変

まず、初稿と改稿のどちらにも（x）がある例について検討する。1-Aに当たる（1）は、「めぐりあひ」の例である。語り手である「自分」はある館をしばしば訪れ、そこの老僕に館の主についていろいろ尋ねたりしていた。しかし、ある日訪れると、老僕の甥が老僕は自殺したと言う。（1）は、甥から状況をひととおり聞いて館を立ち去る際の「自分」の様子が描かれている部分である。

(1)初それより尚ほ半時間計りも談話《はなし》をして、遂に自分は其場を去ツた、全く心を混雑さして。実は、此古家《ふるいへ》を観ると、妄信者《ばうしんじや》めくが、内々薄気味わるく思はずにはゐられなかツた……

改それから尚ほ半時ばかりも談話《はなし》をして、若者とは遂に分れて了つたが、変な心地《こゝろもち》がした。実の所、此古家《ふるいへ》を見ると、妄信《ばうしん》ではあらうけれど、内々薄気味悪く思はぬ訳には行《い》かなかつた。

条件節の「観ると／見ると」という行為が契機となって、主節の「薄気味わるく思」うという心情が生じている。主節に描かれる内容は、〈見る行為〉によって引き起こされた事態であるといえよう。このとき、初稿ではシタ形式が用いられ、引き続き改稿でもシタ形式が用いられている。

次に、1-Bの二例を見る。（2）は「めぐりあひ」の例で、「自分」がある館で見かけた美人の素性を考えながら眠りにつき、「奇妙な夢を見」るという場面である。

(2)初自分は夜更《よふけ》てから漸く眠入ツたそして奇妙な夢を見た……或は何処か曠野にでも彷徨《さまよ》ツてゐるやうな心地

がした、日盛に――スルト不意に、見《み》れば、眼の前の焦《こ》げるやうな黄《きいろ》い砂の上を大きな汚点《しみ》見るやうな影が駈抜ける……

改夜更《よふ》けてから漸う眠入つたが、奇怪《ふしぎ》な夢を見た……何でも日盛《ひざかり》に何処かの荒野《あらの》を彷徨《さまよ》つてゐるやうである――と見れば、眼の前の焦《こ》げるやうな黄ばむだ砂の上を大きな物の影がすつと通る……

条件節末尾の「見れば」の後には、「自分」の〈見る行為〉を通じて視界に入った光景が描かれており、主節の「影が駈抜ける／影がすつと通る」もその光景の一部である。このように、〈見る行為〉を通じて「自分」の視界に入ってきた光景が主節で描かれているとき、初稿での主節末にはスル形式が用いられ、改稿でも保持される。

（3）も「めぐりあひ」の例である。美人のいる館を訪れた「自分」は、彼女は一時前にモスクワへ発ったと老僕から聞き、真偽を確かめるために半ば強引に館内を案内させている。主節述語に「見えなかツた」「見えぬ」とあるように、主節には「自分」の〈見る行為〉に伴い視界に入った光景（についての判断）が描かれる。この点で（2）と同様にみなすことができよう。主節末テンス形式も、（2）と同じくスル形式が保持されている。

(3)初但処《ところどころ》々に転《ころが》ツてゐる紙屑の真白な所を見れば、棄てられてまだ程経た物とも見えなかツたばかりで。

改唯其辺《そこら》に転《ころが》つてゐる紙屑の純白《まつしろ》な所を見れば、未だ棄て、程経《ほどへ》た物とも見えぬ。

1-Cの三例にあたるのが（4）～（6）である。（4）は「めぐりあひ」の例で、「自分」は、三年前に美人を見かけた館の本来の所有者姉妹に会い、記憶の中の美人（「例の婦人」）と姉妹（「此人々」）とを比べている。[10]

(4)初ガ例の婦人と此人々とを比較《くらべ》て見れば、何処さら似寄の所はなかツた。

改けれども、例の女と此人達とを較べて見れば、何処さら似寄《により》の所はない。

「自分」は、〈見る行為〉の結果、三年前に見かけた美人と館の所有者姉妹に似たところはないと判断している。

両者が似ていないという事は、〈見る行為〉が引き起こした事態ではなく（「自分」が見る以前から両者は似ていなかったはずである）、〈見る行為〉によって「自分」の視界に入ったもの（似たところのない女性達）である。その点で（2）（3）に近い。この場合、初稿での主節末シタ形式は、改稿でスル形式に改変されている。

（5）（6）は「あひゞき」の例である。（4）と同じく初稿のシタ形式が改稿でスル形式になっている。主節には〈見る行為〉によって視界に入ったものが描かれている点、ここまで見てきた（2）～（4）と同様である。

(5)初 眸子を定めて能く見れば、それは農夫の娘らしい少女であツた。

改 熟《よ》く視れば、それは百姓の娘《こ》らしい少女《むすめ》で。

(6)初 暫らくして眼を覚まして見ると、林の中は日の光りが到らぬ隈もなく、うれしさうに騒ぐ木の葉を漏れて、はなやかに晴れた蒼空《あをぞら》がまるで火花でも散らしたやうに、鮮かに見渡された。

改 久《しば》らくして眼を覚して見ると、林の中《うち》には一杯日が照《あた》つてゐて、何方《どちら》を向いても、嬉しさうに騒ぐ木《こ》の葉《は》を透《すか》して蒼空が華やかに火花でも散らしたやうになつて見える。

続いて、初稿にはなかった（x）が改稿に見られる例を検討していく。2-Aに当たるのは（7）（8）の二例で、（7）は「あひゞき」の例である。「自分」は、少女「アクーリナ」の逢い引きの様子を物陰から覗き見つつ、相手の男を観察している。

(7)初 自分は尚ほ物蔭に潜みながら、怪しと思ふ心にほだされて、その男の顔をツク〴〵眺めたが、あからさまにいへば、余り気には入らなかつた。

改 自分は尚ほ物蔭に潜《ひそ》むでゐながら、如何《どん》な奴かと思つて、其男を視ると、何だか厭な心地《こゝろもち》がした。

初稿の条件節には「みると／みれば」がないが、改稿には「視ると」がある（初稿での対応箇所は「眺めたが」）。〈見る行為〉が契機となって生じた感情（「気には入らなかった／厭な心地がした」）が主節に描かれるという構造は、

（1）と同じである。主節末テンス形式のあり方も（1）と同様で、初稿に引き続き改稿でもシタ形式になっている。

（8）は「めぐりあひ」の例で、（7）と同じくシタ形式が保持されている。遊猟中の「自分」が撃ち取った獲物を嚢に入れたときに遭遇した出来事が描かれている。（8）に続く部分では、前夜見かけた美人が男と連れだって騎馬で眼前を通り過ぎる様子が描かれる。「自分」が「立縮むで仕舞ツた」のは二人を目撃したからであり、立ちすくむという事態は「自分」の〈見る行為〉が引き起こしたものに他ならない。条件節の事態をきっかけとして主節の事態が起こるという内容を持つところに注目すると、（1）や（7）と同様に捉えることができよう。

(8)[初]自分はそれを拾《ひら》ひ上げて、鳥嚢《とりぶくろ》に納《い》れて、振反ツて顧《み》て——その儘、釘付けにされた者のやうに、其場に立縮《たちすく》むで仕舞ツた……

[改]さてそのチョールヌイシを拾上げて、嚢《ふくろ》に納《い》れて、何心なく振返つて見ると其儘——釘付にされたといふ身で、其場に立ずくむで了つた……

次に、2-Bに当たる一例を見る。（9）は「めぐりあひ」での夢の中の場面で、（2）に続く部分である。

(9)[初]首を振揚て見る……と例のが、アノ美婦人が、空中を飛でゆく、総身《そうしん》真白で、長々として白い翅《はね》が生へて、そして自分を招く。

[改]仰向《あふむ》いて見ると——例の美人が長い白い翼《はね》を負《しよ》つて、白々《しろぐ》とした風をして、空中を飛んで行きながら、自分を麾《まね》ぐ。

初稿では「首を振揚て見る」で一文目が終わり、「……」の後の接続詞「と」から二文目が始まっている。改稿では両者を結び付けて、条件節「仰向いて見ると」となっている。条件節の後に続く部分（初稿では二文目）に描かれるのは、〈見る行為〉の結果「自分」の視界に入ってきた光景で、1-Bや1-Cに分類した例と同じ構造をしている。そして、初稿で用いられていた主節末のスル形式は改稿でも保持されている。

さらに、2-Cの四例はどうだろうか。（10）は「あひゞき」の例である。

⑽ 初 「アクーリナ」はその顔をジツと視詰めた、次第々々に胸が波だツて来た様子で、唇も拘攣しだせば、今まで青ざめてゐた頬もまたほの赤くなりだした……

改 少女《むすめ》は其面《そのかほ》を凝然《じつ》と視た儘で傍眼《わきめ》も触《ふ》らぬ。見れば、段々胸が悸々《わく〳〵》し出した様子で、唇も痙攣《ひきつ》れば、今まで蒼ざめてゐた頬も紅《あか》らむで来る……

初稿では「アクーリナ」の様子（「次第々々に〜ほの赤くなりだした」）を見ているのが誰か明示されない（文脈から「自分」であることは明白だが）。改稿では「見れば」が挿入され、「少女」（＝「アクーリナ」）の様子が「自分」の視点から描かれていることが明示される。少女の様子の変化は、「自分」の〈見る行為〉を契機として生じた事態ではなく（そもそも少女は「自分」に見られていることを知らない）、少女と男との様子を覗き見ている「自分」の視界に入った光景にすぎない。構造は1-B、1-C、2-Bで見てきた例と共通している。そして、初稿でのシタ形式は改稿でスル形式に改変されているのである。

（10）と同様、（11）〜（13）も、主節（（13）の場合は二文目）には〈見る行為〉によって「自分」の視界に入った光景が描かれている。（11）は「あひゞき」の、（12）（13）は「めぐりあひ」の例である。

⑾ 初 自分は将に起ち上りてまたさらに運だめし（但し銃猟の事で）をしやうとして、フト端然と坐してゐる人の姿を認めた。

改 そこで自分も獲《と》れるか獲《と》れぬか最う一度運を試《た》めさうと思つて、起上《たちあが》らうとして、只《と》見ると、彼方《むかふ》に悄《しよ》然《んぼり》と坐つてゐる者がある。

(12) 初 その蓬々《もや〳〵》とした頭髪《かみ》とヌツと出《だし》た顔は其日ほど気六ケ敷《きむづかし》さうに見《みえ》たことは無かツた。

改 蓬々《ばう〳〵》とした頭で、ぬつと面《かほ》を出した所を見れば、平生《いつも》よりも余程気難かしさうである。

(13) 初 自分は此方《こちら》の婦人を振向いて見た。婦人は通り過ぎる男女《なんによ》の者を目送《みおく》ツてゐたが、急に自分と組合はしてゐた手を振解《ふりほど》いて、戸口の方へと駈出した。

改 此方《こちら》のを振向いて視ると、通り過ぎる男女《なんによ》の者を目送《みおく》つてゐたが、其内に矢庭に自分と組合してゐた手を振解《ふりほど》いて、急足に戸口の方へ行く。

最後に、初稿にはあった（x）が改稿では見られない例を取り上げる。（14）は3-Aに当たる「あひゞき」の例である。「自分」は、「アクーリナ」の想いを一身に受ける男の得意気な様子を物陰から覗き見ている。

(14) 初 その顔を、あから顔を見れば、故らに作ツた偃蹇恣睢、無頓着な色を帯びてゐたうちにも、何処ともなく得々とした所が見透かされて、憎かつた。

改 その赤ら面《がほ》を視てゐると、故《わざ》と平気な風をして鼻で遇《あし》らつてゐる傍《そば》から、得々と己惚《うぬぼ》れてゐる所もちよい〳〵見えて、誠に面《つら》が憎かつた。

初稿での条件節末「見れば」に対応する改稿の箇所は「視てゐると」である。〈見る行為〉が契機となって「自分」に湧き起こった感情が主節に描かれているところが（1）や（7）と同じである。そして、初稿での文末シタ形式は、改稿でもシタ形式のままである。

さて、以上見てきた例をもとに、〈見る行為〉の描写と文末（主節述語）テンス形式の関係をまとめると、次のようになる。

条件節に「見ると」「見れば」を持つ事実条件文の、改稿における文末（主節述語）テンス形式

（a）主節に〈見る行為〉が引き起こした事態が描かれる…改稿での文末はシタ形式

（b）主節に〈見る行為〉により「自分」の視界に入ったものが描かれる…改稿での文末はスル形式

それぞれに該当するパターンおよび例を整理しておく。

（a）に当たるもの…1-A（1）、2-A（7）（8）、3-A（14）

（b）に当たるもの…1-B（2）（3）、1-C（4）～（6）、2-B（9）、2-C（10）～（13）

初稿にはスル形式を用いるものもシタ形式を用いるものもあるが、（a）（b）の条件に合わせて、初稿から改稿へと文末（主節述語）のテンス形式の保持や改変が行われている。〈見る行為〉とそれに続く事態との関係のパターンが、改稿における文末テンス形式を決定する要因の一つになっていると言えよう。

四　日本語文としての保持・改変

このように考えてきたときに問題となるのは、前節末にまとめた条件下での保持や改変が、原文のロシア語に忠実に訳し直した結果なのか、それともあくまで日本語文としての保持・改変だったのか、ということである。Cockerill（二〇〇八）は、「ていた」から「ている」への改変について次のように説明する。

It is clear, however, that in 1896 Futabatei was taking a new stylistic direction in his translations, one that placed emphasis on the aspectual meaning of original Russian verbs rather than their tense. The new style is characterized by the effective use of *-te iru* forms when translating past imperfective verbs. The *-te iru* forms emphasize the continuity of actions in progress, while most *-ta* forms convey the notion of completion.（一八四頁）

改稿では、ロシア語原文の動詞のアスペクトを強調した訳文を作ろうとしたため、初稿の「ていた」を改稿で「ている」にしたという。これは、改稿は、初稿とは別の角度ではありながら、原文ロシア語に忠実に訳し直したとする解釈である。Cockerill が注目しているのは原文のロシア語動詞が不完了体過去形の場合で、初稿では「過去形」であることに着目して「ていた」を用いたが、改稿では「不完了体」であることに重点を置いて、テンスを犠牲にしてでもアスペクトを優先して「ている」を採用したとする。[11]

しかし、本稿で取り上げた、シタ形式からスル形式への改変例を見ると、Cockerill の解釈が改稿で文末テンス形式が改められた理由の全てだとは考えにくくなる。本稿ではテイタ・テイルを文末に持つ例を取り上げていないので Cockerill の指摘をそのまま当てはめるべきではないが、「ていた」から「ている」への改変に関する解釈が全ての文末テンス形式の変化に当てはまるとは考えにくい。

三節で見てきたとおり、〈見る行為〉が条件節に含まれる事実条件文においては、文末テンス形式の保持または改変が（原文を云々する以前に）その文の内容に依拠して決められていることは明らかである。また、「あひゞき」ロシア語原文と初稿とを対比させながらその語彙を分析した谷川（一九九七–一九九九）を用いて、本稿で注目した例の原文[12]での該当箇所を見るかぎり、ロシア語動詞の持つアスペクトあるいはテンスに対応させて改稿の日本語動詞のテンス形式を改めた（保った）とも言い難い。そもそも、次に挙げるように、原文と日本語文とで主節述語の動詞が対応しているとは思えない場合もあるからである。例として（6）と（11）のロシア語原文とその直訳を谷川（一九九七–一九九九）によって示しておく。傍線部が主節述語の動詞と思われる箇所である。

・〔(6) 原文〕Я собралcя было встать и снова попытать счастья, какъ вдругъ глаза мои остановились на неподвижномъ человѣческомъ образѣ. ／また〔猟での〕幸運をためしてみようかと思って立上がりかけたとき、私の目はとつぜん、身じろぎもせずにいる人のうえに止まった。（一九頁）

・〔(11) 原文〕когда Я открылъ глаза – вся внутренность лѣса была наполнена солнцемъ, и во всѣнаправленья, сквозь радостно шумѣвшую листву, сквозило и какъ бы искрилось ярко-голу бое небо;／目をあけてみると、森の内部がくまなく太陽に満ちあふれ、四方八方へ、うれしそうに騒音をたてていた葉を通して、明るい水色の空が透きとおり、まるできらめいているようだった（一七-八頁）

（6）での主節述語（初稿「見渡された」改稿「見える」）、（11）での主節述語（初稿「認めた」改稿「ある」）は、原文の特定の動詞に直ちに対応しているわけではない。このように原文と二葉亭稿とのずれがある箇所については、そこでの日本語動詞のテンス形式の改変を、原文動詞への対応をより厳密にした訳し直しであるとは理解できない[13]。

こうしたことを踏まえるなら、少なくとも本稿で見てきたシタ形式／スル形式の保持や改変は、ロシア語原文とは別に、あくまで日本語文として行われたものだったと考えられる。

五　おわりに

本稿では、同内容で書き換え（書き直し）が行われた二作品、二葉亭四迷「あひゞき」「めぐりあひ」を取り上げ、その書き換えの際の文末テンス形式の様相の一端を見た。〈見る行為〉を条件節に含む文の場合、主節の描写内容が文末テンス形式の保持・改変の条件となること、そしてその保持・改変は原文に対応させた結果というより、日本語文としての保持・改変と捉える方が妥当だということ、の二点が本稿で特に主張したことである。

もちろん、本稿で明らかにしえたのは、ごく限定された状況下（翻訳という過程を含み、しかも同内容の書き換え（書き直し）が行われたもの）での、限定されたパターン（〈見る行為〉を条件節に含む順接事実条件文）の文末テンス形式の様相である。近代文体形成史に新たな知見を加えるには、検討を加えるべきことは多い。例えば、翻訳作品や描き直しが行なわれていない文献での、文末テンス形式と語り手の視野なり〈見る行為〉の描写なりとの関わりについては、ぜひとも検討せねばならない。「あひゞき」「めぐりあひ」を用いた考察にもまだまだ余地がある。⒁いずれも今後の課題ではある。

ただ、本稿によって文末テンス形式が変化したりしなかったりする場合に、それぞれに明確な条件が求められる場合のあることは指摘できた。こうした条件を丹念に掘り起こしていくことは、近代文体形成史をより立体的に描くことにつながるはずである。

参考文献

太田紘子（一九九七）『二葉亭四迷『あひゞき』の表記研究と本文・索引』和泉書院

太田紘子（二〇〇〇）『二葉亭四迷『あひゞき』の語彙研究―『あひゞき』はどのように改訳されたか―』和泉書院

木坂基（一九七六）『近代文章の成立に関する基礎的研究』風間書房

木村崇（一九九七）「二葉亭が用いたツルゲーネフ作品集」『文学』八-二、一二〇-八頁

工藤真由美（一九九五）『アスペクト・テンス体系とテクスト―現代日本語の時間の表現―』ひつじ書房

鈴木貞美（二〇〇五）「「言文一致と写生」再論―「た」の性格―」『国語と国文学』八二-七、一-一二頁

谷川恵一（一九九七-一九九九）『二葉亭四迷の初期翻訳における言語的可能性』文部省科学研究費補助金研究成果報告書（研究課題番号09410114）

仁田義雄ほか（二〇〇八）『現代日本語文法6　第11部　複文』くろしお出版

深澤愛（二〇一二）「視点のあり方とテンス形式―二葉亭四迷「あひゞき」「めぐりあひ」における動詞「見える」をめぐって―」『混沌』（近畿大学大学院文芸学研究科）九、二九-四八頁

藤井貞和（二〇〇四）「言文一致における時制の創発―「たり」および「た」の性格―」『國學院雜誌』一〇五-一一、四四-五六頁

三谷恵子（二〇〇一）「ロシア語の『体』の研究史」『「た」の言語学』ひつじ書房、一-六〇頁

Cockerill, Hiroko（二〇〇八）「The ―ta Form as die reine Sprache (Pure Language) in Futabatei's Translations」『Japanese Language and Literature』（Association of Teachers of Japanese）vol.42、一七一-一九五頁

付記　本稿は、東アジア日本語教育・日本文化研究学会二〇一三年国際学術大会で発表した内容を骨子とする。

注

（1）特に文学（史）研究において注目されてきたと言った方がいいのだろうか。例えば「あひゞき」に限って見ても、藤井（二〇〇四）と鈴木（二〇〇五）との議論などがある。

（2）「初訳」「改訳」とされることもあるが、本稿では「初稿」「改稿」という名称を用いる。「改訳」に含意されるであろう〈原典をなぞりかえしての（改めての）翻訳〉という意味合いを、本稿の考察ではひとまず脇に置いておきたいからである。また、「めぐりあひ」と「奇遇」について、本稿では両者の統一名称として「めぐりあひ」を用い、「奇遇」は「めぐりあひ」改稿と考えて、「改稿」とのみ称する。

（3）Cockerill（二〇〇八）の指摘は改変の条件の一つとしても理解できる。ただし、同論文の主旨が改変や保持の条件の提示にあるわけではない。

（4）スル形式をとることによって知覚が前面化するという考えについては、工藤（一九九五）の指摘に従っている。

（5）本稿では、シタ形式またはスル形式の直後に句点・白ゴマ点・三点リーダ・ダッシュのいずれかがある場合を文末とした（ただし、今回の考察対象にはダッシュを持つ例はない）。白ゴマ点を文末の目印とするのは、「白抜きごま点は、従来「。」「、」両方の役割と見られているようだが、句点とは解さず、読点と解釈するのが適当」（一四二頁）だとする太田（二〇〇〇）の見解とは異なるが、本稿では厳密に文末を定めることよりも、主節述語のテンス形式の例をできる限り広く抽出したかったため、白ゴマ点も文末の目印とした。

（6）この例では、「窺く／覗く」が〈見る行為〉を表すと判断した。仮に「見る」に〈見る行為〉が表されていると考え、文末の「光ツてゐた」→「光つてゐる」をシタ形式からスル形式への改変のパターンに含めて考えた場合でも、本稿の結論に影響はない。三節末に提示した保持・改変の条件の（b）に合致しているからである。

（7）用例は『二葉亭四迷全集第二巻』（一九八五年、筑摩書房）所収の「あひゞき」「めぐりあひ」「奇遇」「あひゞき〔改譯〕」による。ただし、引用に際しては漢字や平仮名の字体を現行のものに改めた。

（8）少なくとも現代語では、一般条件文の場合は主節末がスル形式になるのが普通である。つまり、一般条件文の場合、主節の内容とは無関係にスル形式が保持されている可能性が高く、本稿を通じて明らかにしたいことに寄与する種類の文とは考えにくい。

（9）　2-E、3-Eの例は次のとおり。三例とも「めぐりあひ」の例である。（2-E）［初］遠方で人の足音が響いた……近《ちかづ》いた‥殆ど自分程の背恰好《せいがつかう》の男が町尽頭《まちはづれ》に現はれて、（中略）そして小声で"Ecco ridente……"と唱《うた》ひだした。角門《くゞり》が開《あ》いた……　［改］遠方に人の足音がして……段々近寄る。只《と》見れば、自分と殆ど同じ程の背格好《せいかつかう》の男が町尽頭《まちはづれ》に顕《あら》はれて、（中略）小声で"Ecco ridente《エコーリデンテ》……"と唱《うた》ひ出すと、耳門《くゞり》が開《あ》く……　（2-E）［初］「どうだ、どうだ、老爺《ぢいや》、と繰返して云ツた、（中略）フト昨日《きのふ》の新しい「チエトヴェルターク」の地上に落ちてゐるを見付けて。——知らなかツたのか？　［改］「どうだい、老爺《ぢいや》、好《い》い天気ぢやないか？」と世辞を云つた、（中略）只《と》見ると、昨日《きのふ》の新しい銀貨が未だ落した儘であるから、「如何《どう》したんだ、知らなかつたのか？」（3-E）［初］動《うご》くこともならない……只《と》見れば——例のが「ランプ」を持て這入《はい》ツて来て、（中略）自分の上へ屈《こゞ》みかゝる……　［改］動くこともならぬ……すると、例のがランプを持つて入つて来て、（中略）そしてそろ〳〵と自分の傍《そば》へ来て、屈《こゞ》むで視て、

（10）（4）の「見れば」は、〈見る行為〉を表すのではなく「〜てみる」の一部だと考えられなくもない。本稿では眼前の姉妹を見ながら記憶中の美人と比較しているという状況を重視し、「見れば」が〈見る行為〉を表すと判断した。

（11）Cockerillは「めぐりあひ」初稿と改稿を比較して、次のように述べている。「In the above example Futabatei has emphasized the aspectual meaning of original Russian verbs at the expense of tense.」（一八三頁）

（12）谷川（一九九七-一九九九）で参照されている「あひゞき」のロシア語テクストは、凡例を見る限り、木村（一九九七）で二葉亭が用いたことが明らかにされた、一八六五年のサラーエフ兄弟社版だと思われる。

（13）本来なら全ての箇所についてロシア語原文と「あひゞき」との動詞を対照させ、アスペクト・テンスの面での対応を見るべきではある。ただ、ロシア語に不案内な筆者には、今のところ谷川（一九九七-一九九九）を頼りに原文の述語動詞と「あひゞき」の述語動詞とが対応していないと思われる例を挙げるより他に手がない。

（14）例えば、初稿における文末テンス形式選択の条件など。前稿や本稿で指摘したのは、あくまで改稿における文末テンス形式についてであり、初稿でのそれについての考察は今後の課題である。

「障害」の語史
――言い換え語における漢語の中立性とその弱化――

郡山　暢

一　はじめに

「障害者」という際の「障害」はかつて、身体障害者を言い表す「かたは」「不具」「廃疾」といった語が差別用語の認定を受けたことにより、言い換えられた経緯を持つ（以下、必要に応じて「障害者」と言う時の「障害」を「障害（者）」とし、「機能障害」を指す場合は「障害」とすることで両者を区別する）。しかし、その言い換え語「障害（者）」が、昨今、「害」の字がマイナスイメージを与えるということで、国に対し法律や条例などの「障害」表記の変更を求める要望が提出された。それを受け、内閣府は平成二十一年十二月に「障がい者制度改革推進会議」を設置し、そこで「法令等における「障害」の表記の在り方に関する検討」が行われた。その検討結果は以下、A、B、Cの資料にまとめられている。

A「障害の表記に関する意見一覧」（平成二十二年三月十九日）

B「第174回国会（常会）衆議院文部科学委員会における「害」「と「碍」の字に関するやりとりについて（平成二十二年四月二十一日）

C「「障害」の表記に関する検討結果について」（平成二十二年十一月二十二日）

これらの検討会では、文科省文化審議会国語分科会漢字小委員会の調査官をはじめ有識者、国会議員などにより、主に法令等の「障害」の「害」を「碍」に変更するか否かを、現在常用漢字外の「碍」を常用漢字に加えることも含め、話し合われた。また、「障がい」という交ぜ書きや、「チャレンジド」などの名称自体の変更も併せて検討された。結果として、「碍」の常用漢字入りは「使用機会の少なさ」「造語力の乏しさ」などにより見送られ、同時に「障害」表記は当分現行表記を維持することとなった。結果的に表記の変更は行われなかったが、実際、地方自治体や企業では、「障害」表記を「障がい」という交ぜ書き表記に見直す動きもあり、そういった表記を我々は日常的に目にする。このような動きは「障害（者）」という表現を差別用語としないまでも、言い換え語としての中立性(注1)には揺らぎが生じたと判断できる。その原因としては、二つの要因が想定できるだろう。第一に社会的要因である。

①「害」は「公害」「害悪」「害虫」の「害」であり、当事者の存在を害であるとする社会の価値観を助長してきた経緯から「障がい」とすべき。

②「碍」は「カベ」を意味し、社会が（障害者に対し）「カベ」を形成し、当事者もその「カベ」に対し立ち向かうべき意識改革の課題があるとの視点から「障碍」表記にすべき。

①②は、前掲Cの資料の「障害（者）」表記を変更すべきとする代表的な意見である。それぞれ「害」の字に障害者が立たされている社会的状況を見出していることがわかる。用字変更を求める意見は、以上のように「障害」を分析的に捉えて「害」に積極的な意味を見出すことにより成り立っている。

第二に、言語的要因である。以上の①②を含め用字変更意見においては、「障害（者）」という語が語義を含めそもそもどういった語であるかについて言及しているものは殆どみられない。したがって①②は「障害（者）」という語についてどのような認識を持った上での発言かは不明であるが、その語義について、

③（障害は）「健常者にとって障害となる」という意味もあるのだそうである。（中略）この「害」という言葉が「害を及ぼす」といった悪い意味にとられかねないために言いかえが横行しているのだが、障害の「害」はもともと、本人にとってさまたげとなるから、この字が当てられたのである。

（上原善広『私家版差別語辞典』）

といった認識も中には見える。その「障害」は本来、医学用語として近世後期に流入した翻訳語である。「障害」が翻訳語であることは、森岡（一九六九）[注2]二七六頁、佐藤（一九六〇）[注3]三二七・三二九頁などに既に指摘がある。翻訳語においては、外国語を受容する際にその受け皿として「障害」のような漢語が用いられたという経緯がある。その理由として、亀井（一九九七）[注4]は、外来諸概念を受容する際に、和語には特有の情的価値がまとわりつき、知的概念を取り入れるには少なからず障害をきたしたであろう、と述べ、そこで情的に無色な漢語がその受け皿として用いられたとしている。しかし、そこには、漢語によって受容した概念をほんとうに理解できるかといえば、「わかる気がする」にとどまる、といった弊害が存するとされる。このような漢語の二つの側面を滝浦（二〇〇七）では漢語の緩衝効果と呼び、それは、主に和語主体の差別用語の言い換えの際にも利用されたと指摘している。つまり、婉曲表現として漢語の以上のような特性が利用されたということである。本論では、これらの指摘にあるような漢語の特性が、言い換え語「障害（者）」成立に深く関与した反面、その中立性の弱化を招く要因となったと考える。すなわち、「障害（者）」は差別用語の言い換え語として用いられる際に漢語の特性が利用された。加えて漢語「障害」は医学用語の翻訳語であることから、知的で客観性を持っていることも言い換え語として最適であった。これが「障害」の中立性を担保する要因であった。しかし、その反面、漢語「障害（者）」には、概念（語義）的に「わかるようで本当はわからない」曖昧さがあり、そこに①②にみたような障害者に対する社会的要因が介入する余地が生まれ、結果的に「害」字問題を引き起こすに至ったと推察する。

本論では以上の推論を実証するために、まずは、第二章で再度「害」字問題を検証し、その問題を明らかにする。第三章では、「障害」がどのように受容され認識されていったかを確認し、その上で、第四章において、言い換え語「障害（者）」の中立性の弱化のメカニズムを解明する。

二 「害」字問題

ここでは、本論冒頭でも述べた「害」の字の変更要望に対し行われた国の「検討」をもとに、「害」字問題を検証を行う。前掲Cの資料に「障害」表記の歴史的変遷に関する同委員会の見解が述べられているので以下にその抜粋を引用する。

「障害」については、遅くとも江戸末期には使用された用例があり、他方、「障碍（礙）」については、もともと仏教語で、明治期にいたるまで「ショウゲ」と読まれてきた語であり、「ものごとの発生、持続にあたってさまたげになること」を意味するが、仏教語から転じて平安末期以降「悪魔、怨霊などが邪魔をすること。さわり。障害」の意味で多く使われてきた。

明治期に入ると「障碍（礙）」を「ショウガイ」と読む用例が現れ、「障碍（礙）」という一つの表記について、呉音で読む「ショウゲ」と「漢音」で読む「ショウガイ」という二つの読み方が併存するようになる。こうした不便な状況を解消するためということもあって、次第に「ショウゲ＝障碍（礙）」と「ショウガイ＝障害」を書き分ける例が多くなり、大正期になると「ショウガイ」の表記としては、「障碍（礙）」よりも「障害」のほうが一般的になる。

戦後、「当用漢字表」（昭和二十一年）や、国語審議会による「法令用語改正例」（昭和二十九年等）がその時点における「障害」と「障碍」の使用実態に基づき、「障害」のみを採用した結果、一部で用いられていた

「障碍」という表記はほとんど使われなくなっていった。

ただし、戦前は、心身機能の損傷や、心身機能の損傷のある人を言い表す場合に、現在用いられている「障害（者）」が用いられたことはほとんどなく、別の言い方、いわゆる差別的な言い方が用いられた。

以上を現時点での「障害」の一般的な理解とするが、ここでは「障害者」と言う際の「障害」がそもそもどのような経緯で成立したかという点に対しての言及はなされていない。それについては次章以降述べていくこととして、ここでは、同じく同資料では触れられていない「障害」の語構成について、「碍（礙）」も含め確認しておく。『大漢和辞典』によると、「障」は「㊀へだてる㊁ふさぐ㊂ふせぐ㊃さへぎる㊄おおふ㊅へだて㊆ふせぎ㊇さはり」といった意味があり、「礙（碍）」には「㊀さまたぐ㊁へだてる㊂かぎる㊃かける㊄いたる」という意味があることから、「障碍（礙）」は類義による並列構造を持つことが確認できる。また、「害」は「一㊀わざわひ㊁うれへ㊂なんぎ㊃損㊄そこなふ。いためる。㊅さまたげる。じゃま。㊆いむ。ねたむ。㊇たぐふ。又、まさる。」といった意味を持ち、「障害」も「障碍（礙）」同様、類義による並列構造を持つ。そして、「碍（礙）」と「害」も、ほぼ同様の意味領域的を持つことから「碍（礙）」と「害」が交替しても何ら不思議ではない。「碍（礙）」と「害」がほぼ同義であることは、『書言字考節用集』（一七一七享保二）に「害　ガヰ　妨ケ也　不利也　礙　同妨也」とあることからも確認できるであろう。この「碍（碍）」と「害」の交代は「妨碍（ボウゲ・ボウガイ）」から「妨害」のように同様の例も見られる。しかし、そもそも翻訳語である「障害」を分析的に捉えることについては、柳父（二〇〇四）（注5）に「観念的で抽象的な意味の言葉の翻訳語として使われている漢字二字の言葉では、その一字一字の意味を問題にするのは、あまり意味のないことが多い。（中略）このような翻訳語では、漢字としては意味を知る手掛かりはまことに乏しいので、とにかくまず、漢字二字の全体の形として、人々の目の前に出現していることになる。」とあるように、あまり意味のあることとは考えられない。

三　障害（者）語史

前章「漢字小委員会」の見解にあったように、「障害」は元来「障碍（礙）」と表記し、「ショウゲ」と呉音読みされ、主に「悪魔、怨霊などが邪魔をすること」という意味で用いられていた。一方、漢音である「ショウガイ」は、漢音は伝統的に儒者や医者に用いられ、明治以降に大流行し、その際にその詠み方を学問の世界では伝統であった漢音を規範とした、といった事情から、主に近世後期及び明治以降に普及したものと考えられる。その「ショウガイ」は、『日本国語大辞典　第二版』（以下日国大）によると、「（一）（―する）さまたげをすること。じゃまをすること。また、そのさまたげとなるもの。（二）精神や身体の器官がなんらかの原因でその機能を果たさないこと。また、その状態。」と、いった語義がある。（一）が原義であるが、ここで問題となるのは（二）の医学的語義である。『日国大』の医学的語義の用例は「神経系の障害であることは分ったが、病名は不明だった」という『或る「小倉日記」伝』（一九五二）の松本清張のみであることから、これを初出としているのであろうが、近世後期の医学書に医学的語義と考えられる用例が散見する。以下の用例は「滋賀医科大学付属図書館蔵河村文庫データベース」により抽出したものの一部である。（注6）

④「骨腫。創傷。潰瘍等ノ治ノ如キ獨リ醫力ノ能ク（中略）自然不測ノ機轉即チ滲出。瘥著。醸膿。排泄。補充等ヲ以テ故形ニ復スルナリ（中略）之レカ障碍ヲ做スモノアレハ是ヲ駆除スルヿヲ務トス」（『察病亀鑑』扶歇蘭度（フーヘェランド）著　青木浩斉訳　巻上・二丁　一八五七　安政四）

⑤「近因ハ心肺ノ運営遏止シ若クハ脱衰セル者ニ〆神經運営為ニ其障碍ヲ被レルナリ（中略）即チ昏冒ハ血行ノ障碍ニ〆其因心ニ在リ卒中ハ神經ノ障碍ニ〆其因脳ニ在リ」（『扶氏経験遺訓』扶歇蘭度著　緒方洪庵訳巻十一・十四丁　一八五七　安政四）

＊傍線筆者（④⑤は独語から蘭語に訳されたものを訳した重訳）

以上の用例は近世後期の西洋医学書の訳本である。それぞれの原文をあたっておらず「障碍（礙）」「障害」が蘭語のどういった語から訳されたかは不明であるが、蘭語においてはその手掛かりとして『法爾末和解（ハルマわげ）』（一七九六　寛政八）に、「hinderen　止メル　防キ　格反スル　滞ラセル　障礙スル　hindernis　障礙」とあり、これらの蘭語から漢語「障碍（礙）」に訳されたものと考えられる。この医学的語義の「ショウガイ」は、明治期になると更に多くの用例が見られるようになる。以下はその一例である。尚、検索には国立国会図書館「近代デジタルライブラリー」を利用した。

⑥第三章　補給機障碍
（『病理新説』　虞里応（グリイン）著　桑田衡平訳　一八七六　明九）

⑦運動機障碍　Motorische Störungen
（『診断学（愛氏）第6』ヘルマン・アイヒホルスト著広瀬桂次郎　原田八十八訳一八九一　明二十四）

⑧血行障害　circulationsstörungen　榮養障害　Ernährungsstörungen
（『原譯對照　武氏病理解剖學　巻上』有終會飜譯及編纂　一八八九　明三十二）

＊傍線筆者

以上は、近世後期とは違い、「〇〇障碍（礙）・害」といった「ショウガイ」に上接語が付いていることである。そして、それらの多くは上位語として用いられた。前掲『原譯對照　武氏病理解剖學　巻上』では、「榮養障害」の説明に、「増數肥大トハ細胞増加ノ旺盛ニ因テ器官ノ増大スルヲ謂フ。是症ハ……」とあり、「障害」の下位分類として「増數肥大」という具体的な症状（傍線部）を示す。また、『診断学（愛氏）．第六』では、「強直性及間代性痙攣、強直、震戦運動、共働機障碍及之ニ類似セル症の如キ爾他ノ運動障碍ハ……」と、ここでは様々な麻痺や痙攣などの症状を総じて運動障碍としている。一方で、⑧「血行障害」のように個々の症状を示す場合にも

「障害」は用いられる。⑥⑦⑧は翻訳書であり、上位語及び具体的な症状といった用法はそれに従ったわけだが、以降、その両方の用法が定着していくことになる。この「障害」の用法について、言語分野の論考ではないが、原田憲一「精神障害考―日本におけるその表記その用法に関して―」（『精神医学史研究』Vol15 二〇一一）は、明治期から大正期における「精神障害」の用法を精査し、それが「包括的概念」と「精神症状」の両方に用いられていることから、「精神障害」の多義性を指摘している。そして「もともと『精神障害』の概念が、その初めから始終曖昧であった。個々の精神機能の障害という常識的な用法が、「精神障害」という集合的な内包を要求する用語になったためである。」と、その「多義性」が「精神障害」という概念の曖昧さを招いたと指摘する。その曖昧さは「精神障害」だけではなく「障害」という概念自体に指摘できる。現在『最新医学大辞典』（医歯薬出版株式会社二〇〇五）によると、「障害＝疾患」（八〇三頁）、「疾病＝疾患」（七七七頁）とあり、そこから「障害＝疾病＝疾患」という認識が成立する。しかし名称において、例えば「心疾患」を「心障害」や「心疾病」と言うことはできない。「疾病」は「病気」と同じく上位語としての使用しかできず、「疾患」「障害」は個々の病名に用いることが可能である、と一応は大別することはできる。しかし「疾患」「障害」は上位語としての使用も可能であり、やはり単純に両者を大別することはできない。その上、概念的にも同様であることから、それらの区別は非常に曖昧であると言えるだろう。

さて、明治には、現在身体障害のカテゴリーに分類される「障害」の用例も見られる。

⑨視覺及聽覺障碍 Strongmen d. Gesichts und Gehöremphndung（『百日咳及其療法』笠原道夫著　一九一二明四十五）

⑩言語障碍 Die Sprachstörungen（『診断学　後編』下平用彩著　一九〇六　明三十九）

注目すべきは、以上の用例の原語に「störungen」という独語があることである。この語は⑦⑧といった現在機能障害のカテゴリーに分類される「障害」の原語にもみえる（⑦⑧傍線部）。『小学館独和大辞典［コンパクト版］』（小学館一九九〇）によると、「störung」は「邪魔・妨害・中断・障害・故障」といった語義があり、明治二十七年の『精神病学集要 前』の巻末にある「譯語一覧」には「störung 障礙」とあり、ドイツ医学が大きな影響力を持った明治期においては、医学分野では「störung ＝ショウガイ」であった。⑦⑧⑨⑩の「障害」はすべて「störung」を原語に持つことから、これらはすべて同根であり、そのことから「身体障害」と言う際の「障害」は、本来「機能障害」を意味していたと考えられる。現在、医学分野では、「疾病性」と「障害性」は区別されて（前掲原田二〇一二）いるが、当初そういった区別はなかった。その区別を明確にしたのはWHOの障害分類（一九八〇）だとされている。また、我が国では「障害者」という概念は「障害者基本法」（一九七〇 昭和四十五）[注7]が成立するまで公的に存在しなかった。そこでは「身体障害、知的障害又は精神障害があるために長期にわたり日常生活又は社会生活に相当な制限を受ける者」と規定されており、そこから「障害者」という際の「障害」は「長期にわたり日常生活又は社会生活に相当な制限を受ける」機能障害を意味することが理解される。しかし、「障害者」という語自体は大正期に既に存在した。

樋口長一『欧米の特殊教育』（一九二四 大正十三）では、その対象として

・叡智缺損者・性格缺損者・視（旧字）覺障碍者・聴（旧字）覺障碍者・言語障碍者・不具児・病弱児

・心身缺損者

を挙げている。特殊教育とは、同書においては「特殊教育といふのは、精神並身體の普通でない卽ち特殊な兒童並青年に對して施す教育をいふのである。」と述べるように、今日の障害児教育とほぼ同義である。[注8]ここで「障碍者」とされているのは視覚・聴覚・言語の三者だけであり、これは⑨⑩にあるように医学的に、視覚障碍・聴覚障碍・言語障碍という言い方が存在したからであろう。[注9]その他、「叡智缺損者」は「劣等児・低能

児・白痴児」の総称であり、今日の知的障害にあたる。「性格缺損者」は、「道徳的な意志の欠損」と定義されており、「盗癖・虚言癖」などを持つ者である。「不具児」は、「肢体不自由」な身体障害者であり、「弱児は「癲癇発作」を持つ者や「結核を患う」者、「貧血」「栄養不良」の者まで含まれる。心身缺損者は心身・精神に欠損のある者を指す。これら特殊教育の対象となっているものの殆どが、今日では「障害者」というカテゴリーに含まれるが、上記三者のみが「障害者」とされていることから、ここでの「障害」は単に「機能障害」を指し、その機能障害を有する者を「障害者」としていると考えられる。しかし、この当時、「障害者」が支持する対象は様々であった。以下は「神戸大学付属図書館デジタルアーカイブ　新聞記事文庫」からの用例である。

⑪営養障害者が何の位危険思想に感化れ易いかを闡明するのは最も必要なことと思う（中略）尚食糧不足から来る営養障害は啻に当人にのみ影響するばかりでなく延いて小児の出産率に影響して減少し小児の死亡率を増加すると云う重大な問題もある（大阪新報　一九一九年七月六日　大正十）

ここでは、物価高騰により飢えに苦しむ者たちがその飢えの余り追い詰められ暴徒と化す危険性がある、といった記事内容であり、その飢えに苦しむ人々を「栄養障害者」と言っている。現在では「障害者」が指す対象は固定的であるために、こういった「障害者」の用法は見られないが、この当時は「機能障害」を持つ者は「障害者」と言うことができたわけである。また、

⑫呉氏は張氏を目して軍閥の巨頭と罵り、張氏は呉氏を呼んで南北統一の障害者となしているけれども、その実、誰か烏の雌雄を知り得よう。（大阪毎日新聞　一九二二年四月十七日　大正十一）

⑬統制障碍者に対し法力を発動してその本流に副はしめる、（神戸新聞　一九四〇年七月六日　昭和十五）

といったように「妨害行動を行う者」のことを「障害者」とも言えた。しかし、次のように、今日と同様、法的に規定されたと思しき「障害者」も存在した。

⑭扶助法の為に苦痛を感ずる工場主は割合に少なく実力を有する大工場にては概ね法律の規定以上の取扱いを為し只微力なる工場例えば生糸織物工場等は多少影響を蒙るやに想像せらるるも此等の工場が障害者を生ずる事は甚だ少なきを以て格別の事なかるべし（福岡日日新聞「工場法施工後の概況 工場法実施成績 其九」一九一七年一月二十日　大正六）

⑮米国では工場法によって工場主は労働者に賠償の方法を講じているが一時に多数の障害者を出した場合等が十分に救済の実を挙げることが困難である（大阪毎日新聞「労働保険調査会　第一回総会　法案の骨子」一九二一年十二月十七日　大正十）

ここでは工場労働で傷病を負った者を「障害者」としており、それは「工場法」という法律によって規定されていた。工場法とは「苛烈な就業条件の下にあった10歳~15歳未満の幼少年工と、ほとんどが未婚の農村出稼ぎ女工とを直接肉体的磨滅から救助し、同時に労働災害により肉体を損傷した被災者らの扶助を工業主に義務づけた」[注10]労働者保護する法律であり、明治四十四年（一九一一）公布、大正五年（一九一六）に施行され、昭和二十二年（一九四七）に労働基準法の成立により廃止された。この工場法では、「工場法施行令第七条ノ身體障害ノ程度ニ関スル標準」により、心身を十一のカテゴリーに分類し（眼・耳・鼻・口・精神及神経・頭蓋及軀幹・腹部及臓器・上肢・下肢・皮膚・泌尿生殖器）、その障害の度合い（例えば「両眼ノ視力0．04以下ニ減シタル者　二號」「胸腹部臓器ノ機能ニ著シキ障碍ヲ胎シ常ニ介護ヲ要スル者　一号」）で号級が決められており、[注11]そういう意味では今日の制度的な障害者と類似している。この「障害者」には同様の用例として、

⑯現に全国有数の大工場に於ては其従事員の傷害に対しては成文或は不文に之が救済の法を立てたるもの有りと雖も仔細に其の内容を調査すれば傷害者を収容したる病院は其患者に対し大体に於て治癒せるものは其退院を迫ること頗る猛烈なるものあるに反し（神戸又新日報　一九一六年三月二十三日　大正五）

⑰次に米国では工場法に依って工場主は労働者に賠償の方法を講じているが一時に多数の傷害者を出した場合などは充分に救済の実を挙げることが困難である（東京日日新聞　一九二一年十二月十八日　大正十）

と、同音で「傷害者」という表現もある。この「傷害者」の用例は他にも見え、

⑱然ルニ傷害者ハ、手術ニヨッテ四肢ヲ切断シテモ、ソノ手足ハアタカモ尚残存シテ居ルカノ様ニ感ズルモノデアル（『臨時産業合理局生産管理委員会パンフレット』臨時産業合理局生産管理委員会編　一九三七　昭和十二）

⑲第三節　傷害者の年齢とその負傷部位（『数字に現はれたる本市の事業災害』大阪市人事課編　一九四〇　昭和十五）

と、「負傷（者）」と同義として用いられている。「傷害」は本来「傷つける・怪我を負わす」といった能動的な意味であるが、ここでは傷病を被った者に対し用いられているのが特徴的である。この受動的な用法は、やや年代は下るが、

⑳戦災に依りまして傷害を受ける、或は家を焼かれた者に付きましては一定の救護金をやることになつて居ります（貴族院　昭和十九年度第一予備金支出の件特別委員会　一九四六年九月二日　昭和二十一）

㉑戦時中、戦前におきまして、労働者の傷害を受ける比率關係と、そうして外科醫に對しまする諸機械設備、器具の設備關係等の比率關係がありますなれば、合せて後日一つお知らせ願いたいと思うのであります。（衆議院　労働者災害補償保険法案委員会　一九四七年三月二二日　昭和二十二）

といった用例があることから、ここでは「傷害」は、「なんらかの外的要因により身体に被った外傷及び内傷」といった意味として用いられていると解せられ、この「傷害（者）」と同様の用いられ方をされている工場法の「障害者」もそのような認識が含まれていると考えられる。しかし、本来「障害」と「傷害」は同義ではない。ここでいずれか一方を誤用とするのは早計であろうが、同音による語義の混乱が生じていた可能性は指摘できる。

この他、外的要因により後天的に「障害者」となった者は、戦前戦中では傷痍軍人が挙げられる。これらの「障害者」と、前掲特殊教育に現れた「障害者」は、「機能障害」を持つ意味では同様であるが、前者に「傷害」的含意があることにおいて、厳密には区別されるであろう。また、傷痍軍人は軍事扶助法（一九一七年制定　一九三七年改定）により国家による扶助があり、工場法に規定されている「障害者」に対する賠償は雇用主であるが、法に規定され賠償が認められているという点において両者を同様とするならば、

日本の国家による本格的な障害者施策は戦後から始まった。戦前においては一般的な窮民対策としての「恤救規則」（一八七四）や「救護法」（一九二九）の中で障害者が救貧の対象とされるか、あるいは精神障害者に対しては「路上の狂癲人の取扱いに関する行政警察規則」（一八七五）等に表れているように治安・取締りの対象でしかなかった。（文部科学省HP　第4　日本の障害者施策の経緯）

とある「障害者」は、先天的障害者や精神障害者を指し、制度上においても先天的障害者等と後天的障害者は区別されるだろう。

以上のように、「障害」は、元来医学的に「機能障害」を意味しており、その「障害」に「者」という接尾辞がついた「障害者」も当初は単に「機能障害を持つ者」を指した。しかし、工場労働による傷病者や傷痍軍人といった重篤な機能障害を持つ者の生活を保障する目的として法律による保護が行われることにより、法的な「障害者」というカテゴリーの前身が誕生する。そして、その一群に先天的障害者を加え、戦後、法律名に「障害者」を冠した「障害者基本法」が成立することにより、今日的な「重篤な機能障害を持つ者」という意味での「障害者」というカテゴリーがほぼ完成されるに至る。しかし、その時点では未だ「障害（者）」の医学的語義から身体障害的語義が完全に分派したとはいい難い。それは、その後ＷＨＯの「障害分類」によって医学的カテゴリーから分離されることにより、完全に成立する。このように考えると、「障害」の身体障害的語義は二段階を

経ることで成立したと言えるだろう。しかし、その源流である医学的語義「障害」は語義及びその概念自体が曖昧であるため、身体障害的語義「障害」も、「障害」という漢語の中に多くの概念が含まれるという意味において、その曖昧さを引き継ぐことになる。

その身体障害的語義「障害」は、やがて類義語である「かたわ」「不具」「廃疾」を駆逐することになるが、その契機となったのが上記類義語群の差別用語としての認定である。現在それらの語は差別用語とされ、『記者ハンドブック　第11版　新聞用字用語集』(共同通信　二〇〇八)の「差別語、不快用語」(五一六頁)の一覧表に記載されており、公的な発言等が厳しく制限されている。

四　漢語「障害」の中立性とその機能的弱化

差別用語となった身体障害語彙に比して「障害」はかなり新しい語であり、主に明治以降両者は併存していた。その状態の中で「障害」だけが残った理由としては、無論前者が差別用語に認定されたことによるが、より積極的な理由としては、「障害(者)」という漢語の中立性が好まれたということが考えられる。「はじめに」でも述べたように、滝浦(二〇〇七)は、差別語が多く和語である点に言及し、亀井(一九九七)の、漢語は新しい知的概念を受け入れても和語特有の「妙な情的価値」がつきまとうこともない、との指摘をうけ、差別用語の言い換えにおいてもその漢語の持つ「緩衝作用」が利用されたとした。亀井(一九九七)がいう和語特有の「妙な情的価値」とは、差別用語の場合、指示対象の差別されてきた負の歴史を指す。滝浦(二〇〇七)はその和語特有の「妙な情的価値」、つまり差別用語に纏わりつくマイナスイメージを、「情的に無色透明」な漢語に置き換えることで、緩衝させたと述べている。「不具・廃疾」は漢語であるが、我が国で長年使用されてきたことにより「妙な情的価値」が纏わりつき、和語「かたは」と同様差別用語の認定をうけたものと考えられる。上記亀井(一九九七）は「外来諸概念の受容において漢語の果たした役割」（滝浦二〇〇七）を述べる中で以下のように言っている。
この漢語による近代的概念の受け止め方は、ある点では、利点があった。これらの近代的諸概念は、すべて知的な概念であったから、和語でこれを伝えたとすると、和語特有の情的価値がまとわりつき、知的に取り扱うことに、少なからず障害をきたしたことになったであろう。

ここで、亀井氏は、近代的諸概念を知的に受容するために漢語を用いたと述べているが、まさに、漢語「障害」は、近代的諸概念を知的に受容した翻訳語であることは確認した通りである。その知的に受容され、医学的語義を獲得した漢語「障害」を基本とする「障害者」は、一面では医学用語として客観性・論理性を持って対象を支持することが可能であった。ゆえに、「障害者」は、「不具・廃疾」及び「かたは」といった差別用語の言い換え語とされた時点では、バイアスの掛かっていない中立的表現として機能したものと考えられる。しかし、反面、その中身は非常に曖昧であった。滝浦（二〇〇七）が、

漢語は〝本当はわからない〟ことにおいて、ときに不用意に、また無防備に、いとも簡単に対象を名指ししてしまうが、しかしそれを見ると〝わかる気がする〟感覚が引き起こされてしまう。そこに〝無色透明〟な漢語の危うさがある。

と「漢語の語義の不透明さ」を指摘しているように、身体障害的語義「障害」においても、その源流が本来翻訳語であり医学用語であった医学的語義「障害」にあることが、それが一般的に流布され始めた頃には既に不明になっていったのではないだろうか。小野（一九八五）（注12）は、本来、中立的意味を持つ語が後にプラスあるいはマイナスの意味を持つようになる語義変化について、「分限（ブゲン）」（「土地」「身分」→「多くの財産を持つ者」）を例に挙げ、その要因の一つに「原義の忘却」をあげている。そこでは「ブゲン」の「ブ」の表記が「富倹」「無限」と様々な解釈がおり込まれたものとなっていることから、それらがただちに「原義の忘却」とは結びつかな

いのかもしれないと述べた上で、「そういった説明（合理化）をされる必要があったということは、やはり、もうすでに原義をうまく説明できなくなていたのかもしれない」と述べる。「障害」の場合、「害」の字だけを分析的に捉え、様々な解釈が行われていることからも、そこに医学的語義としての「原義の忘却」を想定し得る。前掲柳父（二〇〇四）が「翻訳語として使われている漢字二字の言葉では、その一字一字の意味を問題にするのは、あまり意味のないことが多い」と述べていることもその傍証になろう。そして、その「障害（者）」の混沌に、障害者の持つ社会的マイナスイメージが介入することにより、言い換え語「障害」の客観性をベースとした中立性が弱化するに至ったと考えられるのである。

しかし、そもそも医学的語義「障害」自体がその指示対象及び概念が多様であったことは押さえておく必要があるだろう。なぜなら、漢語「障害」はその非常に多様な医学的語義を受容し、さらに身体障害的語義をも含み、現在も新たな概念を孕み膨張しているからである。この度の「害」の字問題は、その漢語の受容能力とも言える特性の綻びが表面化した一つの事例としても捉えられるのではないだろうか。

五　おわりに

以上、本稿では漢語「障害」が、医学的語義、身体障害的語義を獲得していく過程を概観し、その中で「障害」が多様な解釈及び多様な概念を帯びていく様を確認した。そして、それを可能にしたのが漢語の特性であるが、その許容能力が反面、語義の不明瞭さとなり、言い換え語としての中立性の弱化を招き、「害」字問題を引き起こす一要因となったことを実証した。しかし、「障害」が多義語化していく背景には医学・福祉における新たな概念が国外からもたらされる際に「障害」という語が多くその受け皿となっていることから、翻訳の問題も考慮に入れる必要があり、それに関しては今後の課題としたい。また、「障がい」という交ぜ書き表記も、「障害」の書き換え語であり、現在最も中立的な表記とされているので、その実態及び問題点等を示す必要があると考える。それについても今後の課題としたい。

注

(1) 本論は「中立性」という用語を用いるが、小野(一九八四・一九八五)などで用いられる「中立的意味」とは現在のところ分けて考えたい。小野(一九八四・一九八五)で用いられる「中立的意味」とは、元来中立的な意味を持っていた語が、後にプラスあるいはマイナスの意味を持つようになることを指す。例えば、「天気」は元来「天の精気」「天皇の様子」を表していたが、後に晴天・曇天区別なく「空もよう」を表すようになり、現在では一般的に「好天」を指すプラスの意味でも用いられる。この「空もよう」が中立的意味になる。一方、本論で用いる「中立性」は、「差別」を前提にした、評価の上でのプラスマイナスのない中立を差すということで、厳密には区別したい。もっとも、語義的には「障害」は小野氏のいう「中立的意味」であることから、「天気」のようにその語自体の意味がプラス化することはないにしろ、副次的意味(コノテージョン)がプラス化マイナス化するため、それを一種の語義変化と捉えることで、小野氏の「中立的意味」の意味変化の要因と、言い換え語の中立性の消失には共通する部分もあると考える。

(2) 森岡健二『近代語の成立―明治期語彙編』昭和四十四年　明治書院

(3) 佐藤亨『近世語彙の歴史的研究』昭和五十五年　桜楓社

(4) 亀井孝「日本語(歴史)」(亀井孝、河野六郎、千野栄一編著『日本列島の言語』言語学大辞典セレクション　三省堂一九九七年)

(5) 柳父章『近代日本語の思想』法政大学出版二〇〇四年

(6) 十六タイトル(参考文献に記す)の医学書を調査し、十七例「障害(礙・碍)」表記を発見した。うち、医学的用例と考えられるものは本文用例を含め三・四例である。あとは原義「妨げる」であろうと思われる。

(7) 一九九三年に「身心障害者対策基本法」から「障害者基本法」に改正。

(8) 「特殊教育」とは一般に、special education の訳語だとされている。特殊教育という語が使われ始めたのは、『格氏特殊教育学』(明治二十六年　一八九三)であり、本書は『格氏普通教育学』に対応するもので、宗教、職業、性別、年齢段階、心身の故障などを考慮した教育論であった。国立教育研究所がまとめた明治以降の『教育文献総合目録第一集』（昭和二十五年一九五〇年）の特殊教育の項には、（一）宗教教育、（二）職業教育、（三）異常児教育・児童保護・感化法、（四）聾盲唖教育、（五）女子教育・性教育・男女共学、（六）家庭教育、（七）軍事教育、（八）雑（皇族教育・天才教育・早教育）が記載されており、現在のように特殊教育と障害児教育全般が同義語として使われるようになったのはごく最近のことである。（以上は『国史大辞典』の「特殊教育」項から抜粋した）尚、現在「特殊教育」は「特別支援教育」とその名称が変更されている。

（9）明治期には既に「精神障害」という語はあった。近代デジタルライブラリーによると、谷野格（一八七四―一九二三）講述の『刑法汎論』に「精神障礙者」という記述がみえるが、同データベースでは出版年は不明となっている。仮にそれが谷野格が存命中のものであるなら遅くとも大正前期には「精神障害者」という表現があったことになるが、現時点では不明。

（10）渡辺章「労働法の制定　工場法史が今に問うもの」（『日本労働研究雑誌』vol49 No5 二〇〇七）

（11）號級は数字が小さくなるに従って重度となる。これら障害が複数あった場合一号繰り上げとなったり、女子の場合、欠損箇所が顔部であった場合一号繰り上げになる。

（12）小野正弘「中立的意味を持つ語の意味変化の方向について―「分限」を中心にして―」（『国語学』141集　一九八五年六月二十九日）

引用・参考文献（本文・注記載以外）

飛田良文「明治大正期における漢音呉音の交替」『近代語研究　第十一集』三八九頁

千本英史「「かたは」考―身体障害の表現―」『研究年報』奈良女子大文学部一九九一年

滝浦真人「〝名指す〟ことと〝述べる〟こと―「ことばの言い換え論」のために―」『日本語学』特集言葉を言い換える　二〇〇七年十一月　明治書院

『国語学研究事典』（明治書院　一九七七年）

参照デジタル資料

「神戸大学付属図書館デジタルアーカイブ　新聞記事文庫」

「滋賀医科大学付属図書館蔵河村文庫データベース」『格致余論』（慶安二　一六四九）朱彦脩著、『脚気類方』（宝暦十三一七六三）源義徳著、『吐方考』（宝暦十三　一七六三）永徳独嘯庵著、『温疫論』巻乾・坤（天明八　一七八八）呉有性著、『腹証奇翼』（文化六　一八〇九）和久田叔虎著、『病因精義』（文政十　一八二七）小森桃塢著、『医学警悟』巻一〜六（天保七　一八三六）宇津木昆台著、『医案類語』巻一〜十二（弘化三　一八四六）皆川淇園訳定　吉岡元亮中川信纂輯、『婦人病論』巻之一〜六（嘉永三　一八五〇）船曳卓堂著、『知生論』巻首・一（安政三　一八五六）依百乙（イベイ）著　広瀬元恭訳、『西医略論』巻上・中・下（安政五　一八五八）合　信著、『全体新論』巻乾・坤（安政四　一八七三）合　信著、『医家必携』巻上・中・下（安政四　一八五七）堀内適斉著、『察病亀鑑』巻上・中・下（安政四　一八五七）扶歇蘭度（フーヘェランド）著　青木浩斉訳、『扶氏経験遺訓』巻一〜二十五（安政四　一八五七）扶歇蘭度著　緒方洪庵訳、『コレラ病論』（安政五　一八五八）新宮涼民・大村達吉・新宮涼閣訳

「近代デジタルライブラリー」『病理新説』（明九　一八七六）虞里応（グリイン）著　桑田衡平訳、『婦女性理一代鑑』（明十一〜十二　一八七八〜七九）那普平斯（ジョー・エッチ・ナフェース）著　堀誠太郎訳、『診断学（愛氏）第6』（明二十四　一八九一）ヘルマン・アイヒホルスト著　広瀬桂次郎・原田八十八訳、『精神病学集要　前』（明二十八　一八九五）呉秀三編、『原譯對照　武氏病理解剖學　巻上』（明三十二　一八九九）有終會飜譯及編纂、『百日咳及其療法』（明四十五　千九百十二）笠原道夫著、『診断学後編』（明三九　一九〇六）下平用彩著

「帝国議会会議録検索システム」

振仮名を語彙的事象としてとらえる

今野真二

はじめに

何らかの文に「密雪《ミッセツ》」とあったとする。〈細かな雪〉という語義をもつ「ミッセツ」という漢語を、もっとも自然な書き方で書いたものとみえる。やはり何らかの文に「翻訳《ヤキナヲシ》」とあったとする。「ヤキナオシ」という和語に、「ホンヤク」という漢語に（もっとも自然に）使う漢字列「翻訳」をあてたものとみえる。この場合の「あてた」という表現には、自然ではないものを、という含みやわざわざという含みがある。

「密雪《ミッセツ》」は「ミッセツ」という漢語に「密雪」という漢字列を使い、「翻訳《ヤキナヲシ》」は「ヤキナオシ」という和語に「翻訳」という漢字列をあてた、とみる時、これは「ある語にどのような漢字列を使うか／あてるか」という事象であり、それは「書き方」という枠組みの中の事象であることはいうまでもない。言い換えれば表記的事象ということになる。「ヤキナオシ」という和語に漢字列「翻訳」をなぜあてることができるのか、といえば、和語「ヤキナオシ」の語義と、「翻訳」という漢字列を使う漢語「ホンヤク」の語義とが何程かの重なり合いをもつからであることはいうまでもない。つまり「ヤキナオシ」という和語を、振仮名を使って「翻訳」と書くことを支えているのは、語義の重なり合いなのだから、その「語義の重なり合い」に焦点を絞れば、これは語彙的事象ということになる。ここでは、「振仮名」という事象を、ある語をどう書くか、どう書いたかという表記的事象としてではなく、語彙的事象としてとらえることによって、いささかの問題提起をすることを試みたい。

先に掲げた「密雪《ミツセツ》」「翻訳《ヤキナヲシ》」は、寺門静軒（一七九六～一八六八）の『江戸繁昌記』（天保三年初篇刊、同五年二篇・三篇刊、同六年四篇刊、同七年五篇刊）にみられる例である。本稿では、この『江戸繁昌記』を具体的なテキストとして使っていくことにするが、『江戸繁昌記』がどうであるかを報告、分析するというよりは、それを手がかりにしてさまざまなことがらについて考えることを目的としている。『江戸繁昌記』は架蔵しているテキストを使用した。

『江戸繁昌記』には右振仮名と左振仮名とがある。一般的には、左振仮名はそれが施されている漢字列があらわしている語の語義を補助的に説明することが多く、漢字列の左右に振仮名が施されている場合は、右・左という位置によって、何らかの「差」が窺われることが多い。それを認めた上で、本稿では、結局は右振仮名と左振仮名は緩やかに連続するとのみとおしのもとに、左右の振仮名をことさらに区別しないで考えを進める場合がある。

『江戸繁昌記』は新日本古典文学大系に収められ、『江戸繁昌記　柳橋新誌』（一九八九年、岩波書店刊）として一冊をなす。振仮名にかかわる「凡例」を抜き出す。

1　適宜平仮名で歴史的仮名遣いの振り仮名を施した。

2　底本の片仮名の振り仮名は片仮名のまま残し、清濁を区別した。本行の左側にあるものは右側に移した。

1「平仮名で歴史的仮名遣いの振り仮名を施した」は表現そのものが整斉としていない。「歴史的仮名遣いによる振仮名を平仮名で施した」ぐらいがよいのではないか。こうした場合に、右で引いたように、現代人が何らかの必要に基づいて加える振仮名がいわゆる「歴史的仮名遣い」によっていることが多いが、もともと施されている振仮名がいわゆる「歴史的仮名遣い」ではないのに、そのようにする積極的な意義があるのだろうか。「戯場（左振仮名シバイ）」（初篇八丁裏一行目）と書かれている一方で、「演戯国語謂之曰芝居曰歌舞伎」の「芝居」には翻刻に際して加えられた振仮名が「しばゐ」と書かれている。新たに加える振仮名に何らかの統一的な「方針」が必要であることは理解するが、それは「現代仮名遣い」によったものでさしつかえないのではないだろうか。江戸期や明治期に刊行された書物だから「歴史的仮名遣い」によった、ということであろうか。しかし、そうした時期にいわゆる「歴史的仮名遣い」がかなりな程度使用されていたというわけでもない。「現代仮名遣い」による振仮名がちくはぐな印象を与えるというのであれば、漢字字体を「通行の字体」（「凡例」二）に統一した時点で江戸期や明治期の出版物らしさは失われているのではないか。いずれにしても、江戸期や明治期のテキストを現在刊行する場合に、こうした「手当」をすることは一般的、習慣的ではあるが、つきつめて考えればはたして筋がとおっているかどうか疑問がある。

2「底本の片仮名の振り仮名は片仮名のまま残し」とあれば、「では平仮名の振仮名はどうしたか」と考えてしまうが、平仮名の振仮名はそもそも存在しない。「底本にある、片仮名で書かれた振仮名はそのまま残し」とでもあるべきではないか。またそれが「清濁を区別した」に続くことも不可解としかいいようがない。1も2も表現が精密でないが、それはそれとする。

一　振仮名が和訓にあたる場合

初篇の冒頭ちかくに「如妓楼者陥奸盗大牢獄」とある。この箇所は新日本古典文学大系においては「妓《ぎ》楼《ろう》の如きは、奸盗《かんたう》を陥《おとしい》るるの大牢獄《だいろうごく》」（四頁）となっている。この箇所にはもともとは振仮名はない。「陥ル」は現代人の「手当」によって「陥《おとしい》るる」と翻刻されたことになる。まずは、当該文脈を考え、もともと添えられていた送り仮名「ルル（ル、）」と、「陥」字が対応を有してきた和訓とを勘案して「陥ルル」は「オトシイルル」という語を書いたものだと判断してこの振仮名が施されたと思われるが、「常用漢字表」においても「陥」字の訓として「おとしいれる」が認められている。このように、「常用漢字表」に当該和訓があれば判断はしやすいが、ない場合でも過去において、（おそらくということにもなるが）振仮名となっている和語が和訓として当該漢字と結びついていると推測される場合を「振仮名が和訓にあたる場合」と呼ぶことにする。

右では、引き合いとして「常用漢字表」にふれたが、「常用漢字表」は（過去の言語生活をまったく反映していないというわけではないが）現代のものであることはいうまでもない。過去の言語生活において、漢字Xと対応をもち、ある程度それがひろく文献に足跡を残していれば、それをその漢字Xの「和訓」と呼ぶことができる。例えば観智院本『類聚名義抄』にあたれば、観智院本が編纂されるまでに蓄積されていた「和訓」をしることができるし、明治期に刊行されている漢和系辞書、例えば『明治大広益会玉篇大全』（明治十三年刊）にあたれば、明治期までに蓄積されていた「和訓」を知ることができる。

「和訓」をつきつめて考えれば、当該漢字の字義（より正確にいえば、当該漢字があらわしている中国語の語義）と和語との語義の重なり合いが根底にあり、その重なり合いの度合いがつよいということ、あるいは当該漢字としばしば結びつくことなどを契機として、臨時的であった結びつきが、固定的な結びつきへと移行し「定訓」と呼ぶことができるようなものになっていくということも考えられる。いずれにしても、そこには「語義の重なり合い」があることになる。右では「重なり合いの度合いがつよい」という表現を採った。しかし、現時点では、そうした「重なり合いの度合い」を測定する方法は考案されていない。ところで、『日本語学研究事典』（二〇〇七年、明治書院刊）は見出し項目「当て字」について次のように記している。

形音義を兼ね備えた漢字本来の用法にこだわらずに漢字で表記するもの。意義に関係なく漢字の音・訓を借り用いるので借字ともいう。基本的には漢語以外の語に対する漢字はすべて当て字といえる。そのうち、当てるべき漢字と和語との連合の固定したものがいわゆる訓であり、さらに、語とその漢字との間に何程かの不均衡ないし異常性の認められるものがいわゆる当て字である（一一九頁中段、酒井憲二執筆）。

右の「何程かの不均衡ないし異常性」が認められるという表現は、「重なり合いの度合い」がつよくない、ということを表現しているとみることもできる。「重なり合いの度合いがつよい」は、「振仮名となっている和語の語義と、それを書いている漢字字義との重なり合いがつよい」ということで、それは「振仮名となっている和語の語義と、それを書いている漢字字義との距離がちかい」と表現することもできる。「重なり合いの度合いがよわい」は、「距離がある」ということである。本稿では、この「距離がちかい」「距離がある」という表現を使うこともある。

先の「妓楼《ぎろう》」の場合は、「ギロウ」という漢語に、その漢語を書くのにもっとも自然に使用される（使用されてきた）漢字列「妓楼」を使っているので、これは（和語の場合ではないが）「距離ゼロ」といえよう。その「距離ゼロ」と比べれば、「定訓」と呼ぶことができるような場合であっても、和語の語義と漢語の語義とが完全に一致するということはほとんど考えられないのであって、そこには何程かの「距離」があることになる。「定訓」と呼ぶことができるような場合は、そうではない「和訓」よりも「距離」はないことになるが、それでも、（中国語の語義と日本語の語義とを対照していることになるのだから）「距離」は確実にある。

二　振仮名が漢語である場合

「妓楼《ぎろう》」も「振仮名が漢語である場合」であるが、これはもっとも自然な書き方であるので、こうした場合ではなく、「招牌（左振仮名カンバン）」（初・九表五行目）のような場合のことをさす。『江戸繁昌記』においては「カンバン」は左振仮名となっているが、今仮に「招牌《かんばん》」のように右振仮名に「かんばん」とあると仮定する。そうすると、「カンバン（看板）」という漢語を書くのに、通常「カンバン」に使う漢字列「看板」ではなく、通常は「ショウハイ」という漢語を書くのに使う漢字列「招牌」をあてていることになる。こうした書き方は振仮名がなければ成立しないといってよい。振仮名を使わない中国語で書かれた文献において「招牌」と書いてあれば、それは「ショウハイ」という漢語を書いたものとみるしかなく、この漢字列で「カンバン」という漢語を書くことはできない。それはいうまでもないことであるが、日本語においてもそれはほとんど変わらない。「招牌」とだけあれば、それは「ショウハイ」という漢語を書いたものとみるほかない。

そうした意味合いにおいて、右のような書き方は、もっとも「距離」がある書き方といってもよいであろう。もっとも「距離」があるということは「わざわざそう書いた」ということにちかい。「わざわざ」がおもしろみをねらって（注1）、ということと結びつければ、「戯」や、狂詩・狂歌・狂俳など「狂」という表現と結びつけられる体の文学作品ということになる。

明治期においてはこうした書き方がさほど珍しくない。具体的な例については、拙書『ボール表紙本と明治の日本語』（二〇一二年、港の人刊）第三章第二節「振仮名が漢語である場合」において述べている。ここでは具体的なテキスト名を省くが、「アイサツ（挨拶）」を「応答」と、「ガマン（我慢）」を「忍耐・耐忍」と、「コンレイ（婚礼）」を「婚儀・婚姻」と、「シホン（資本）」を「資金」と、「ショウコ（証拠）」を「保證」と書いた例など、さまざまな例がみられる。

『江戸繁昌記』から「振仮名が漢語である場合」の例を三十あげておく。例10・13・15は傍線部のみが漢語。挙げた例には、右振仮名と左振仮名とがある。右振仮名の場合は、振仮名となっている漢語を、当該漢字列を使って書いたとみてよい。左振仮名の場合は、当該漢字列が自然にあらわしている語、例15でいえば、「ソジュ

［表1　振仮名が漢語である場合］

	漢字列	振仮名	所在
1	道学	左シユシガク（朱子学）	初篇五丁裏七行目
2	極	左キッスイ（生粋）	初篇五丁裏八行目
3	子院	右マツジ（末寺）	初篇十三丁表九行目
4	仮面	左メン（面）	初篇十三丁表十行目
5	白	左コウヂヨウ（口上）	初篇十五丁表八行目
6	欹案	左ケンダイ（見台）	初篇十六丁裏九行目
7	絶倒	左カンシンスル（感心）	初篇十七丁表一行目
8	花子	左コジキ（乞食）	初篇十七丁表十行目
9	計人	右バントウ（番頭）	初篇二十二丁表五行目
10	屠沽割烹	左リヨウリチヤヤ（料理茶屋）	初篇二十四丁裏四行目
11	断役	左センジン（先陣）	初篇二十五丁裏一行目
12	優人	左ヤクシヤ（役者）	初篇二十八丁表三行目
13	烹家	左リヨウリヤ（料理屋）	二篇八丁表六行目
14	演史	左コウシヤク（講釈）	二篇十六丁裏九行目
15	蔬筍	左セウジンモノ（精進物）	二篇十九丁裏十行目
16	享物	左シンモツ（進物）	二篇二十丁裏三行目
17	情死男女	左シンジウ（心中）	二篇二十二丁裏九行目
18	稗官者	左ケサクシヤ（戯作者）	二篇三十一丁裏八行目
19	家爺	左タンナ（檀那）	二篇三十二丁表七行目
20	行厨	左ベントウ（弁当）	二篇三十三丁裏六行目

ン（蔬筍）」という漢語（中国語）の語義を補助的に説明している可能性がある。「ソジュン（蔬筍）」の語義はまずは〈野菜と筍〉で、「蔬筍之気」といえば、〈肉食しない者の風気〉ということになって、「ショウジン（精進）」の語義とちかづく。そうしたことをふまえての漢字列選択と覚しいが、「ソジュン（蔬筍）」と「ショウジン（精進）」との直接的な語義の重なり合いはほとんどないといってもよい。「ほとんどない」のに、この語にこの漢字列をどうしてあてたか、という問を読み手が発し、その問いに自ら答えを見出すというところに「戯」がかかわることがあろう。

「補助的」は時に「戯」ということにちかづく。後に「表2」として少し例をあげるが、例えば「欠老人気（左振仮名オトナゲネイ）」（二篇二丁表八行目）といった体の例は少なくない。この場合「オトナゲネイ」を書くのに「欠老人気」という漢字列を使ったとは考えにくい。（注2）し

21	花児	左コジキ（乞食）	二篇三十四丁表六行目
22	税	左ウンゼウ（運上）	二篇三十四丁裏二行目
23	官	左ダンナ（檀那）	二篇三十七丁表七行目
24	偶	左ニンギヨウ（人形）	三篇四丁裏四行目
25	博山	左コウロ（香炉）	三篇十四丁表十行目
26	黄頭	左センドウ（船頭）	三篇十八丁五行目
27	書舗	左ホンヤ（本屋）	三篇十九丁裏一行目
28	糊造招子	左カンバン（看板）	三篇十九丁裏七行目
29	磕頭	左オヂギ（辞儀）	三篇十九丁裏九行目
30	招旆	左カンバン（看板）	三篇二十六丁表六行目

かし、左振仮名が「補助的な説明」であったとしても、その左振仮名と漢字列とはなにほどかの「距離」をもって結びついているのであって、そうであれば、書き手の脳裡にあった「結びつき」が臨時的に浮かんだものでも、ひろく共有されているものでも、そこで「結びつき」が示されているとみることもできる。

『和英語林集成』は見出し項目「ヤクシャ」に漢字列「俳優」を掲げているが、明治期においては、漢語「ヤクシャ（役者）」に漢字列「俳優」をあてることが少なからずある。例12においては〈俳優〉という語義をもつ漢語「ユウジン（優人）」に使われる漢字列「優人」が選択されている。「ハイユウ（俳優）」は『漢書』においてすでに使われている語で、『日本書紀』においても「不離汝之垣邊、當為俳優之民（汝の垣邊を離れずして、俳優の民たらむ）」（神代下第十段）と使われている。この「俳優」は「わざをき」と訓読されることが多い。「ハイユウ（俳優）」は『漢書』に使われているのだから、古典中国語とみてよいと考える。『大漢和辞典』は「ユウジン（優人）」の使用例として明の張鼎思の撰である『琅琊代酔編』を一番目に挙げているが、この語も『漢書』において、「婦女相対、優人筦弦鏗鏘極楽、昏夜乃罷」（匡張孔馬伝第五十一）と使われている語である。『大漢和辞典』の使用例のあげかたは辞典使用者に誤解を与えないでもないが、それはそれとして、「ユウジン（優人）」も古典中国語といってよい。したがって、漢語「ヤクシャ（役者）」に漢字列「俳優」をあてるのも、漢字列「優人」をあてるのも、ともに、古典中国語「ハイユウ」「ユウジン」に使う漢字列をあてたという点においてはかかわりがないことになる。

例25においては「コウロ（香炉）」に漢字列「博山」があてられている。「ハクザン（博山）」は〈彝器の上に山の形を刻して装飾としたもの〉（『大漢和辞典』巻二、六〇一頁）で、「ハクザンロ（博山爐）」という香炉が存在している。これは「コウロ（香炉）」という一般的な名詞（上位概念＝類）を書くのに、その「コウロ」の具体的な一つ（下位概念＝種）である「ハクザンロ（博山爐）」に使う漢字列をあてた例になる。こうした場合、「提喩（synecdoche）」を背景にした書き方とみることもできる。

これらの場合、振仮名となっている語と漢字列との関係を「語」を単位としてはかりにくい。そうした意味合いにおいて、より「説明的」といえるし、振仮名となっている語と漢字列との間には、より「距離」があるとみることができる。

［表2　説明的な振仮名・語を超えた単位の振仮名］

1	調弄	左オナブリナンシ	初篇六丁裏九行目
2	奇貨再贋	左シロモノニドチガイ	初篇七丁表九行目
3	箱根嶺東魑魅無居	左ハコネカラコッチニバケモノハイネヱ	初篇三十二丁表五行目
4	倡某	左ヤクシヤダレサン	初篇三十九丁表三行目
5	失寐乎	左ネボケタカ	二篇二丁表二行目
6	不好事	左ヨクネイコッタ	二篇二丁表八行目
7	叱敗	左イメヘマシイ	二篇三丁表三行目
8	可憐之一隻語	左カワイトタッタヒトコトノ	二篇四丁表二行目
9	姑徐々	左シツカニツカヤアカレ	二篇四丁表四行目
10	大敗事	左オ、シクジリ	二篇六丁裏五行目

三　振仮名が和語である場合

二篇に「穏婆繁昌可従知也（穏婆の繁昌、従って知るべきなり）」（十三丁表七行目）という行りがある。漢字列「穏婆」の左側には「トリアゲバ、」とある。ここでは和語「トリアゲババ」と漢字列「穏婆」とが結びついていることになる。このような例は『江戸繁昌記』(注3)においても多数みられ、一般的にみても多い。そしてこうした振仮名を採りあげる論考も多い。幾つか具体的に例をあげておく。

［表3］に示したような例は、一で扱った「振仮名が和訓にあたる場合」に隣接しているといえよう。原理的には三「振仮名が和語である場合」に「振仮名が和訓にあたる場合」が含まれることになるが、本稿では、「振仮名が和訓にあたる場合」は漢字との結びつきが安定的であるとみており、意味合いが異なる。

［表3　振仮名が和語である場合］

1	篦頭舗	右カミユイドコ	二篇二十一丁表一行目
2	乳婆	左オンバ	二篇二十五丁表四行目
3	清泗	左ミヅハナ	二篇二十五丁表八行目
4	亡命	左カケヲチ	二篇二十六丁裏十行目
5	快刀	左ハヤフネ	二篇三十四丁裏五行目
6	兎児	左ウサギ	二篇三十七丁裏十行目
7	傖	左イナカモノ	三篇六丁裏七行目
8	小厠	左コモノ	三篇八丁裏八行目
9	漸沙	左トウアサ	三篇十八丁裏十行目
10	粟倉	左モミグラ	三篇三十三丁裏七行目

また例4であれば、「カケオチ」という和語を漢字化する場合に、和訓を媒介とした「欠落」という書き方ではなく、漢語「ボウメイ（亡命）」に使う漢字列を使っている点、見かけ上は中国語らしさを装っているとみることはできよう。以後、漢語に使う（ことのできる）漢字列を特に「漢語漢字列」と呼ぶことにする。

ここまで述べてきたことを整理すれば、左に掲げたａｂｃにおいて、ａが振仮名と漢字列との「距離」がもっともない場合で、ｃがそれがもっともある場合とまずはいえよう。ｃであっても、振仮名と漢字列との間には、語義の重なり合いがあるとみることはでき、そうであるとすれば、「振仮名が漢語で、その漢語に使わない漢語漢字列をあてている場合」が、dとして、もっとも「距離」のある書き方として定位できる可能性がある。しかし、この場合についてはさらに慎重に考えていきたい。

a 振仮名が漢字列の和訓にあたる場合

b 振仮名となっている和語に漢語漢字列をあてている場合

c 振仮名が説明的であったり語を超えた単位である場合

本稿では、振仮名が和語である場合の中で、次のようなものに注目したい。

「次のようなもの」とは、単漢字に、その単漢字が（おそらく、という他ないが）獲得していなかったであろう訓が振仮名として施されている場合である。「漢字→和訓」という方向においてこの現象をとらえると、すなわち漢字側からみると、「和訓の拡大」とみえる。

一方、「振仮名→漢字」という方向において現象をとらえると、当該資料の場合、漢文で書くということにかかわる漢字選択があり、それが通常期待される漢字を選択していないという場合と例10のようにそもそも「トッサン」という和語を書く「通常期待される漢字」がない、という場合とが少なくもあることが推測される。

［表4］

1	則外武而喜	左ワスレテ	初篇二丁表三行目
2	手捏両把熱汗	右ニギル	初篇二丁裏五行目
3	階下施閑	左テスリ	初篇十一丁表五行目
4	擂皷報警	右タ、イテ	初篇十一丁表七行目
5	走聞［走字言得／妙］	右ワタクシ	二篇三十七丁表九行目
6	其虚其邪	右ユルク	二篇三十七丁裏一行目
7	肚裏決不少悸	左ビクトモ	三篇九丁裏六行目
8	其夥便千百一心	左ナカマ	三篇十二裏九行目
9	妾為熟睡不知	右マネス	三篇十五丁裏八行目
10	女曰爺大酔	左トツサン	三篇十六丁裏二行目

こうした書き方を「当て字」と呼ぶことがある。先には「語とその漢字との間に何程かの不均衡ないし異常性の認められるものがいわゆる当て字である」という表現を引用した。右の「当て字」の定義によれば、ある単漢字が獲得している「訓」を何らかの方法によって（とまでは述べられていないが）、具体的に特定し、その「訓」以外の和語を書くのにその単漢字が使われた場合を「当て字」と呼ぶということであろうが、そのような例はあらゆる時期に多数存在していることが推測される。右では「「訓」を何らかの方法によって具体的に特定し」と述べたが、「何らかの方法」が案出しにくい時期も当然ある。そしてまた、観智院本『類聚名義抄』が漢字の下に掲げているものが右でいう「訓」であるとすれば、それだけ多くの「訓」と漢字とが結びついていた（あるいは結びつく可能性をもっていた）時期があったということであり、このような時期に「当て字」という概念をもちこんでもほとんど意義をもたないことは自明であろう。「定訓」めいたものをつきとめることができたとして、「定訓」以外の「訓」と当該漢字との結びつきを、すべて「当て字」といったところで意義はあまりないと思われる。学術用語として、あるいは文字をめぐる思惟を深めるために、「当て字」というみかたが有効である「場面」は相当に限定的であるのではないだろうか。

しかしまた、右のような例は『江戸繁昌記』においても多くみられるわけではない。一方、「情郎」（初篇五丁表六行目左振仮名イロオトコ）「奇貨」（初篇七丁表九行目左振仮名シロモノ）などは多くみられる。これらは先に述べたように、漢語「キカ（奇貨）」と和語「シロモノ」とのなにほどかの語義の重なり合いを背景にして成り立っている書き方と考えるが、「爺」と和語「トッサン」との語義もなにほどかは重なっているとみることは可能で、そうであれば、両者は連続していることになる。先に「次のようなものには注目したい」と述べた、その「次のようなもの」が目をひくことに、単漢字ということがかかわっているとすれば、ある時期の日本語母語話者の「心性」において、単漢字と二字漢字列、二字以上の漢字列が異なるものとして意識され始め、その「心性」が現代まで継続しているということになる。

『色葉字類抄』においては、二字漢字列に該当する「畳字」が部としてたてられ、その中に、三字以上の漢字列に該当する「長畳字」が置かれており、それは二字漢字列の中国語らしさ、ということとかかわると臆測するが、二字漢字列が抽出され、三字以上の漢字列が別に扱われていることからすれば、当然単漢字も別にとらえられていたことになり、『色葉字類抄』が編まれた時期には、先に述べたような「心性」があったことが窺われる。

右では［表4］に掲げたような例を、和語「シロモノ」に漢字列「奇貨」をあてるような例との連続相においてとらえるということを述べたが、こうした例は多くみられるわけではないので、さらにひろく文献にあたり、例を蒐集して考察を精密にしたい。

おわりに

漢文で書くということは古典中国語で書くということであるので、漢文で書くということを選択しているのに、ある日本語は古典中国語で書けないということになれば、何らかの「工夫」をする必要が生じる。ここで「ある日本語」をひとまず「非標準語形」であったと仮定する。

「工夫」は二つの方法がある。一つは書こうとしている非標準語形の標準語形にあてる漢字列を使い、それに非標準語形の振仮名を施す。もう一つのやりかたは（日本語の）非標準語形に相当しそうな非古典中国語を使うということである。後者のやりかたを採ると、古典中国語の中に、非古典中国語が「鏤められた」テキスト、いわば「貼り合わされたテキスト」になる。

佐藤進一訳『江戸繁昌記』（一九二九年、春陽堂刊）という一書がある。冒頭に「本書の訳文に就いて」と題した文章が置かれているが、そこには「訳文は、同く訳文ではあるけれど、直訳ではない。意訳のところもあれば、解釈的に訳したところもある。これでも苦心して現代文に引きなほしたつもりだ。特に滑稽的風刺的会話などに到着した時には、原著者の精神を失はぬやうにするといふことを基底にして、思ひきり、其の場面が浮くべく大胆な訳し方をして見た」とある。「奔走使脚左搏右搶屈腰握沙叩頭流血」（初篇三丁裏十行目〜四丁表一行目）の箇所は、「籠にも乗らず、テクで走り廻つて、相撲でいふなら、左へ搏込み、右へ突入れ、それかと思ふと、スカを喰つて膝を落す。転んでもたゞでは起き上らぬ。両手には一杯の砂を捉んで居る。頭を砂に叩きつけて血を流さうとも、それは、決して恥辱とは考へない」（九頁）と訳されている。この箇所は直訳されていないことは明らかである。『江戸繁昌記』を読んだ、当時の読者が、右の訳文のような日本語文を想起したかどうかは（右の訳文の適不適ということともかかわり）わからないとしかいいようがないが、仮にそれにちかいような日本語文が想起されていたとすれば、右でいえば、「テクで走り廻つて」や「スカを喰つて」を中国語文としてつくりあげたことになる。

そしてまた、非古典中国語が中国語内のそれではなく、中国語とは異なる言語例えば日本語ということになると、テキスト全体はそもそも中国語で書かれたものではないことになる。そのように考えれば、ここまで述べてきたことをできるかぎり単純なモデルとして構築することができれば、日本語の歴史の全般にあてはめることができるモデルになる可能性がある。現時点では稿者にはそれを提示するだけの準備がないが、本稿を階梯として、さらに考えを進めていきたい。

語種とそれを書く漢字の数とによって、簡略な整理を試みると次のようになる。

和語を漢字一字で書く…………味（右ムサボル・初九オ6）・帕（左テヌクイ・3三十ウ1）

和語を漢字二字で書く…………小可（左ワタシ・5八ウ5）・錯愕（左ビツクリ・4四ウ2）・親方（左オヤカタ・3三十ウ10）

和語を漢字三字以上で書く……油豆腐（左アブラゲ・5三十三オ6）・膾残魚（左シラウヲ・4四オ5）
漢語を漢字一字で書く…………牛（右ギウ・5二十六オ5）・官（左ダンナ・4五ウ1）
漢語を漢字二字で書く…………風鈴（右フウリン・5二十六ウ7）
漢語を漢字三字以上で書く……紙屑商（左カミクヅカイ・3二十二オ3）

語種に関しては、さらに「和語＋漢語」「漢語＋和語」のかたちの混種語を含めることもできる。和語を漢字三字以上で書くことは多くはない。そうした場合、和語そのものが複合語であることが多い。「和語を漢字一字で書く」「漢字二字で書く」といった場合、前者の多くは「定訓」による場合で、後者は漢語漢字列で書く場合が多いと臆測する。前者において、「定訓によらない場合」の一つが、［表4］のような場合で、これまでこのことについてはあまり注目されてきていない。また後者が稿者の臆測のように、漢語漢字列で書かれることが多いのだとすれば、そのこと自体をさらにつきつめて考えておく必要があろうし、また「オヤカタ」を「親方」によって漢字化する場合（これを漢語漢字列を一方に置いて、和語漢字列と呼ぶことができると考える）のように、訓を媒介にした二字漢字列ととらえた場合、そうした書き方をどのように定位させるかということも一度は考えておいてよいのではないだろうか。

注

（1）「おもしろみをねらって」と表現したが、書き手が「おもしろみをねらって」いたかどうかを書かれたものから判断することは案外と難しい。『万葉集』における語句の書き方に関して「戯書」という表現が使われることがあるが、現代人がその書き方をおもしろいと思うことは認められるとして、『万葉集』筆録者もそう思っていたかどうかを証明することは難しい。

（2）そもそも『江戸繁昌記』は漢文（中国語文）で書かれているのだから、書き手はまず中国語文を書き、それから右振仮名、左振仮名を施している、とみることもできる。自らがつくりあげようとしている中国語文にふさわしい中国語を選択して、それによって文をかたちづくる。その後に、その中国語が日本語とどのように対応しているかということを、調子をとりながら右あるいは左振仮名で示している。そうみると、「惶遽（左振仮名ウロタヘ）」「失笑（左振仮名フキダス）」（二篇六丁表四行目）とあるからといって、和語「ウロタヘ」「フキダス」を「惶遽」「失笑」と書いたわけではなく、「コウキョ（惶遽）」「シッショウ（失笑）」という中国語を使って中国語文を書いた後に、左振仮名によって、当該中国語と日本語との対応を示したとみることになる。しかし、翻って考えれば、「戯」ということとなにほどかかかわるにせよ、そうしたかかわりはさほどないにせよ、振仮名が中国語と日本語との対応、「回路」を示すものであるとすれば、たとえ左振仮名であっても、その左振仮名となっている日本語を当該漢字列で書いたとみなすことはできると考える。右で述べた「日本語」は広義の日本語であるので、その中に、当該時期までに日本語の語彙体系にはいっていた中国語、あるいは知識として獲得されていたような中国語をも含む。

（3）架蔵する二種類の『江戸繁昌記』はいずれも表紙見返し上部に「天保三年新鐫」とある克己塾蔵版であるが、例4の右振仮名が（版面の磨滅などに起因するものではなく）施されていない。十一丁表六行目「幹人（左振仮名セハヤキ）」とあるはずの箇所においても左振仮名「セハヤキ」が架蔵二本ともやはり施されていない。周知のことがらであろうが、『江戸繁昌記』初篇・二篇は、天保六年三月に「時の南町奉行筒井伊賀守の命により発売差留の処分」（一九八九年、筑摩書房刊、前田愛著作集第一巻、『幕末・維新期の文学』一〇三頁）を受ける。「町奉行所から大学頭林述斎にこの書の処置について問い合わせがあり、一読した述斎の「当世市中の風俗・俚言を漢文に綴り、敗俗の書にて候間、絶板仰せ渡されて然るべく存じ候」という意見に従った裁決が下された」（新日本古典文学大系『江戸繁昌記　柳橋新誌』解説五九七頁）ためであるが、しかし、すでに刊行されていた三篇はなぜかこの処分を免れ、処分後も静軒は四篇、五篇と書き継いでいく。版ということとかかわって気になるのは、初篇・二篇の「絶板」が命じられた時に版木は没収されたかどうかということである。東洋文庫二九五『江戸繁昌記3』（一九七六年、平凡社刊）の「解題」は「現在見られる江戸期の刊行本、それも五篇までは、当初の刷本ではないのではあるまいかという考えが起こらざるを得ない」と述べている。前引『江戸繁昌記　柳橋新誌』解説は「同じ青表紙本でも、五冊すくなくとも二通りの版があって、ごくわずかに本文の異同が見られる」（五九八頁）と述べている。

漢語の連声濁について
——歴史的視点に基づく分析——

山田昇平

1　はじめに

日本語において、撥音や、漢字音の鼻音韻尾［-ŋ］に由来するウ段音に、頭音が清音の要素が後続する場合、その清音が濁音化するという現象[1)]がある。

cf. 金＋色→コンジキ　東＋西→トウザイ　感＋す→カンズ（動詞）

これは広義の「連濁」とされ、「新濁」や「うむの下濁る」といった名称でも呼ばれる。特に語が複合する場合に、確認されることが多い現象である。

近年では、この事象を、特に和語の複合に生じる狭義の連濁（尾＋鰭→オビレ）とは区別し、「連声濁」の名称を用いることもある。連濁が語の複合に関する形態音韻的現象であるのに対し、連声濁は音環境によって規則的に生じた、音韻的事象とされる。一方で、この事象にも、後に触れるような語構成の影響が指摘されている。当該の現象を考えるためには、このような音韻的側面と形態的側面とを、どのように位置づけるか、議論が必要であろう。

本稿では、このような問題意識に基づき、以下連声濁の呼称を用い、これを扱う。ここでは、形態的側面として指摘されるものを特に扱い、これを歴史的な変化の結果生じたものと位置づけ、説明を加える。具体的には、音韻的事象としての連声濁が生産性を失ったのちに、個々の語形に非連声濁語形化が生じる傾向があったとする。そして、従来指摘される形態的側面は、その過程の中で位置づけられるものとする。

2　連声濁をめぐる議論

2．1　音韻事象としての連声濁

従来連濁の名称で呼ばれていたものに、形態音韻的事象と音韻的事象とがあるとし、連濁と連声濁の名称を以て、両者を区別したのは、高山倫明（1992）である。同論では、時代が下るにつれて、規則的な連濁が衰退したという見方に対し、衰退したのは音環境によって生じる連声濁のみであって、形態音韻的な連濁は変わらずに機能しているとする。また、同論では、連声濁が生じた原因について、古代の清濁の弁別特徴を、前接する鼻音（同論では「入りわたりの鼻音」）の有無と捉える見解[2)]に基づき、以下のように述べる。

> 入りわたりに鼻音がくれば濁音としての特徴をそなえることになるわけであるから、《鼻音による無声音の有声化》といったことをあえていう必要はないし、そもそも後続音の〈こえ〉の有無は非対立的なのである。
>
> （p. 121）

つまり、清濁の弁別特徴を鼻音性の有無と考えれば、清音に前接する鼻音要素（撥音、漢字音の鼻音韻尾）が、濁音の特徴として認識されることになると考える。また連声濁の消失に関しては、次のように説明する。

> 中央語において、清濁が今日的な無声／有声の対立となり、濁音を特徴づけていた入りわたり鼻音が弁別性をうしなったときに、必然的に、鼻音が後続の清音を濁音に変えることもなくなることになる。連声濁がのちに姿を消すのは、背後にこういった、清濁そのものの弁別特徴に関する変化があったためではないかと思うのである。（p. 121）

高山説は、連声濁を、ある時代の音韻体系から生じた、音韻的な事象とする。このように捉えるなら、かつてこの現象は、音環境に応じて、規則的に生じていたということになる。そして、清濁の体系が変化したことにより、現象としての生産性が失われていったとする。このように、鼻音性の有無によって清濁を捉えれば、確かにこの事象に関する多くに説明が付くことになろう。

2．2　連声濁の形態的側面

上記のように、連声濁と連濁とが、それぞれ性質を異にする現象と指摘される一方で、江口泰生（1993）のように、連声濁にも連濁のような形態的側面を認める説がある。同論では、貞享版『補忘記』を対象とし、連声濁の起こりうる語であっても、形態素の結びつき方によっては、非連声濁語形になりやすい場合があるとする。同論でその条件に挙げられているものを以下に示す（以下に示す用例は、江口論文に挙がる貞享版『補忘記』の例を私に補ったもの。［ ］内は掲出字に対する声点の名称。or とあるものは声点が二種示されているもの）。

・「二字漢語と残りの部分に分解出来る事、連濁[3)]が生じないのはその間に境目がある場合である事」（p. 23）

　智身色相［平，上 or 去，入，平］→　智身＋色相

　開權顕實［去，上濁，平，入濁］→　開權＋顕實

・「前部が独立して文献に用いられる事が少ない」（p. 23）

　華厳経［上，上濁，上新濁］　→　華厳経…「華厳」の単独例が少ない

・「敢えて結び付き方を示しても、殆ど（no）しか入らない事が多い」（p. 23）

　金光明経［去，上，上，上新濁］→　金光明（no）経

・「漢語の境目の結合が動詞成分（suru）の場合、最も連濁しにくく、形容成分（naru）がこれに続き、（no）の場合連濁しやすい」（p. 24）

　供養次第法［平，平，平，平濁，フ入］→　供養（suru）次第（no）法

また、この他、二字漢語については、「Ａ ト Ｂのような構成の場合、連濁しにくい」（p. 25）とする。

　横竪［平，上］→　横（to）竪

　廣多［平，上］→　廣（to）多

これに対して、例外的な「因果」（インガ）のような例は、文献上の徴証などから、「中世末期には因（ト）果という認識は喪失していたようである。このため、連濁形が保存されるのではなかろうか。」（p. 25）とする。

　因果［去，平新濁］　→　因（~~to~~）果

以上のような例から、同論では連声濁について、「形能音韻論的な視点が必

要」(p. 26) と説く。確かに、ここで示された例では、連声濁語形を取るものと、取らないものとでは、語構成によった一定の分布が見受けられる。これは連声濁について考える上で、重要な指摘といえるだろう。

3　問題の焦点

3．1　音韻的側面と形態的側面の位置づけ

以上、連声濁をめぐる議論として、二説を挙げた。この事象に対しては、音韻的側面と形態的側面の二面からの指摘がなされているといえよう。

音韻的な側面については、ある時点を境にした、濁音の体系変化を想定したものであった。連声濁が生産的に生じたとされる時代において、この事象が、どの程度規則的に生じていたかを資料上に確認するのが難しいものの、確かに事象への全体的な説明はつく。

形態的側面について、連声濁語形と非連声濁語形の分布の傾向は、指摘の通りである。ただし、これがどのような要因によって生じたかまでは言及がない。この点については、明確にする必要があるだろう。江口論文では「この時代、連濁が音的条件に一義的によるものではなく、既に形態音韻論的な視点が必要な事を示すものと結論される」(p. 26) としていることから、形態による分布が、前時代には生じていなかったとみていることがわかる。また、ここでは、「連濁する／しない」といった表現を用いており、当該時期の連声濁を生産性のある現象として扱っていると考えられる。そのため、同論で指摘されるのは、連声濁の起こりにくい／起こりやすい条件ということになろう。

両者の連声濁の生産性に対する見解の相違はひとまず置くとして、高山説であっても、連声濁語形と非連声濁語形との間に、形態的な差が見受けられるという指摘には答える必要がある。以下、この位置づけについて、検討を行う。

3．2　連声濁の形態的側面は共時的に捉えられるか？

まず、連声濁語形と非連声濁語形とにみられる形態的な差を、共時的な働きによるものとして考えてみる。江口 (1993) では、貞享版『補忘記』の連声濁

を生産性のある現象として捉えていると思われる[4)]。その上で、非連声濁語形を取る条件の一つに、「横（to）竪」のような「to」を間に入ることのできる、形態素同士が並列関係にある二字漢語を挙げていた。しかし、これに近い時期の二字漢語の非連声濁語形には、それ以外の関係をとるものも多くみられる。中世末期の『日葡辞書』から例を挙げると、以下の通りである。

Tenxei（天性）、Dôxa（同車）、Tonsacu（頓作）、Nintai（人体）

上記の語は平安末期の『色葉字類抄』（前田本）では、いずれも連声濁語形で確認される。つまり、これらはある時点では連声濁語形であったと考えられる。

天性［平，去濁］（テンセイ）、同車［平，平濁］（トウシヤ）、頓作［平，入濁］（トンサク）、人體［去，平濁］（ニンタイ）　　※［ ］は声点、()は仮名音注

仮に、中世末期まで連声濁が生産的であったとすれば、これらは連声濁語形のままであっても問題はないはずである。つまり、音韻的にも形態的にも連声濁語形であってもおかしくない語が、非連声濁語形であらわれる。

もっとも、江口論は「連濁しにくい条件」として、これらの例を指摘したのであり、必ずしも共時的に厳密な制約条件を想定している訳ではない。しかし、この事象の位置づけを考える目的から、当該時期の連声濁に生産性を認めた上で、あえて連声濁に共時的な制約条件を想定すると、これらに働いていたはずの連声濁が、新たに制約を受けた理由を考える必要がある。

こういった、連声濁語形から非連声濁語形への変化は比較的多く見受けられる。それは中世期を通して起きていたようで、例えば、室町時代前期の『名目鈔』に、以下のような記述がある（陽明文庫蔵乙本を用いた。句点は私による）。

元三゛《グワンサン》　後生以三字可令清欤。故注之。　（恒例諸行事篇）
同゛《トウ》心゛《シン》　当世人シムヲ清テ云。故注之。　（諸公事言説篇　付私議）

「後生以三字可令清欤」、「当世人シムヲ清テ云」などは、連声濁を起こす語形に規範が置かれたことが窺える記述といえよう。このような記述は、連声濁語形を取っていたものが、非連声濁語形へと移っていたために必要とされる。つまり、既に連声濁語形が、非連声濁語形へ移行しつつあった傾向が読みとれ

る。ここで例に挙がる、「元三」や「同心」は並列関係とはいえないもので、やはり連声濁語形を取らなくなったことへの説明が必要となる。『補忘記』にみられた、並列関係の二字漢語が非連声濁語形に偏るという傾向を、共時的事象として説明するのであれば、こういった変化については、制約規則の例外が生じる過程を想定しなければならず、複雑な説明が必要となる。

このように、連声濁語形の形態的な側面を、ある時点の共時的な働きによるものとして位置づけようとすれば、中世を通して連声濁語形が非連声濁語形へと変化をしているという実態について、説明が難しい。

3．3　連声濁語形の消失条件として捉える

中世末期の資料をみる限り、連声濁語形と非連声濁語形には、確かに形態的な条件に対応した偏りが確認されるものの、これを共時的な規則と位置づけるには、説明が難しい部分があった。そのため、以下ではこれについて、通時的な過程を想定して、説明を試みる。

連声濁に生産性が失われた後であっても、個々の語には連声濁の形が保存される。ただし、これらの内には、先に見たような、時代を経るうちに非連声濁語形へと変化した語もあった。連声濁に関わる形態的な側面は、この語形変化の過程の内に位置づけられるべきものではないか。つまり、共時的な音韻現象としての連声濁が生産性を失った後に、残された連声濁語形が非連声濁語形へと変化するか、そのままの語形を維持するかという要因の内に、形態的な条件が含まれるのではないか。

4　検証

以下では、上記の想定に基づいて検討を行う。連声濁の形態的側面を、連声濁語形から非連声濁語形への語形変化の中に位置づけることは可能か。

なお、ここでは中世末期までの変化を対象とする。これは当該の問題に関わり得る要因として文字知識の影響も指摘されるため、識字層に大きな変化が起こる直前とされる当該時期を一応の境とした[5)]。文字の影響についても当然考

慮されるべきであるが、本稿ではこれを保留とし、まずは口頭言語のみを想定した説明を優先した[6]。

4．1　資料

江口論文では、『補忘記』を基に、形態素同士の関係に注目し、特に「ト」や「ノ」といった形態素同士の格関係を問題としていた。これは連声濁語形をとるか非連声濁語形をとるかには、当該語形の語構成意識が関わるということであろう。

このような、中世末当時の語構成意識を明らかにする目的から、本稿ではキリシタン・ローマ字文献の内、『サントスの御作業』（以下『サントス』）の巻末語彙集成である、「ことばの和らげ」（以下「和らげ」）を資料に用いる。「和らげ」は『サントス』本文で使用される難解語句を抜き出し、ポルトガル語語釈を加えた、難語句集成である[7]。当該資料は、ローマ字資料であることから、清濁を確実に確認できる。更に、次に挙げるように、漢字形態素について、頭注で注を加えているため、当該時期における形態素同士の関係を把握しやすい。

An《yasuxi》-pu《inaya》. O certo ou falso, Si ou não

訳：安《ヤスシ》-否《イナヤ》. 正確さ或いは不正確さ、はい或いはいいえ

このような、形態素注とポルトガル語語釈から、対象の形態素と意味とを当時の内省により近い形で確認できると考える。なお、当該資料に登録される語彙の多くが、二字漢語である事情から、本稿では対象を二字漢語のみとする。

4．2　構成形態素と語釈

まず、連声濁語形をとらないとされる、並列関係の語を確認する。

ここでは歴史的変化の過程を想定しているため、連声濁語形を維持する語と、連声濁語形から非連声濁語形へと変化した語との対照を行う。以下では、前者を「連声濁語」、後者を「非連声濁語」と呼んでおく。「和らげ」から両者を選定するにあたって、後者については、連声濁語形から変化したことを確認しておく必要がある。ここでは、当該時期までに連声濁語形・非連声濁語形のどち

らもが確認されたものを、変化が生じた例として判断し、非連声濁語に分類した。具体的には「和らげ」に収録される非連声濁語形の内、『日本国語大辞典』に連声濁語形の用例がみえ、原資料に確例が確認できたものを非連声濁語とした。一方で、非連声濁語形しか確認されないものは対象から外した。加えて、「和らげ」に連声濁語形で確認されるものであっても、他の資料に非連声濁語形が確認される場合は、非連声濁語とした[8)]。ただし、いずれも、中世末期までの確例が得られない場合は扱わない。

このようにして得られた本書の連声濁語と非連声濁語の内、並列関係にあるものは以下の通り。

※表記：当該語形の漢字表記 見出し《形態素注》（語釈及び訳）

非連声濁語：4例

安否 An《yasuxi》-pu《inaya》（O certo ou falſo, Si ou naõ. 正確さ或いは不正確さ、はい或いはいいえ）／安危 An-qi《yasuxi ayauxi》（O ben e o mal 善い事と悪い事）／往還 Vǒ《yuqi》 -quan《cayeru》（Ir & vir 行くことと来ること）／遠近 Yen《touoi》-qin《chicai》（Longe[9)]& perto 遠いことと近いこと）

連声濁語：10例

田畠 Den《ta》-bacu《fataqe》（Varſias & capos 田と畑）／変化 Fen《cauari》 -gue《cauaru》（Mudarse 変わる）／巌石 Gan《iuao》-jeqi《isi》（Rochedo 大きな岩）／憲法 Qen《nori》 -bǒ《nori》（Iustiça, rectitude 正義、正しさ）／郎党 Rǒ -dǒ《votoco tomogara》（Criados 召使い）／東西 Tô《figaxi》-zai《nixi》（Leſte & oeſte 東と西）／音声 Von《voto》-jǒ《coye》（Brados 大声）／星霜古りたり Xei《xei》-zǒ《ximo》 furitari（Couſa antiga 古くから存在するもの）／進退 Xin《susumi》-dai《xirizoqu》（Obras. i. vida. l. Dominar 行為。即ち、生活。あるいは支配。）／身心Xin《mi》-jin《cocoro》（Corpo & alma 体と魂）

この内、それぞれの項目の形態素注とポルトガル語釈とを対比させる。例えば、「安否」などは各形態素の頭注にそれぞれ “yasuxi”（易し）、“inaya”（否や）とあり、両形態素の関係が、修飾関係を持たない、並列関係にあると判断できる。加えて語釈では、“O certo”（正確さ）、“falſo”（不正確さ）といった、各形態素に対応したポルトガル語が示される。一方で、「巌石」では、形態素の関係は並列とみられるが、語釈には “Rochedo”（大きな岩）とあり、形態素注と語釈が対応しない。

このような対応を確認した結果、非連声濁語に分類される４例すべてに形態素注と語釈との対応がみられる。一方で、連声濁語には、対応しない場合（波線で示した）が10例中７例と多くみられる。

この結果から、連声濁語形のうち、語の意味と、語を構成する形態素とが一致しないものは、非連声濁語形へと変化せずそのままの語形を維持した、という過程が想定される。構成形態素と意味との不一致は、形態素の分析を困難にすると考えられる。つまり、連声濁語形が維持されやすいのは、意味から語を構成する形態素を分析できないもの、と考えられる。裏返せば、分析が妨げられなければ、本来的な非濁音の形態素へと回帰したとみることもできよう。

ここで扱った用例は多くないが、このような分析の度合いが、語形に与える影響という想定は蓋然性のあるものに思える。例えば江口論文で挙げられた「因果」の例も、この考えで説明できよう。語構成の分析がしやすいか、しにくいかが変化に関わるなら、形態素同士の格関係などは、これに関わる要因の一つに過ぎず、二次的な問題といえる。そのため、並列関係以外の二字漢語でも同様の手続きを取ることが望ましいが、並列関係以外のものについて、形態素と意味の対応性を図るのは困難である。よって、以下ではこの点について、別の視点から検討を行う。

４．３　形態素の認識しやすさ

先に、語を構成する形態素への分析が困難であれば、連声濁語形を維持しやすい、と想定した。これは、当該の語形を形成する形態素を分析できなければ、連声濁語形が維持される、というものである。このような想定には、その形態素自体の認識されやすさも関わる。つまり、当該の漢語形態素の単独での形が知られていれば、分析した結果への同定が可能であるが、知られていなければ、元の形態素自体が不明ということであり、同定は不可能である。

４．３．１　分析方法

以上のように考え、「和らげ」に登録される連声濁語及び非連声濁語に含ま

れる形態素が、それぞれ単独で、どの程度認識可能であったかを確認する。

しかし、実際には上記の点について、明確に定義するのは難しい。そのため、以下では、対象とする語形を構成する形態素の、単独使用の有無を便宜的な基準とした。つまり、単独で使用されるものであれば、基本的に認識可能であったと考える。また、単独使用されないものであっても、使用頻度が高いものなどは認識されやすいことが想定されるが、当該時期における頻度の測定は困難と判断し、明らかにそれが窺えるものでない限り、これを考慮に入れないこととした。

単独使用の判定には、対象語形に含まれる漢語形態素のうち、『日本国語大辞典』に単独で登録され、その用例が中世末期以前において、日本語として使用されていたと判断できるかどうかを基準とした（動詞形を含む）。また、単独使用例が確認されていなくても、「半」のように『日葡辞書』に立項され、「他と複合するか、他の語に後続するかしてでなければ用いられない」（邦訳版 p. 201）といった記述がみられるものがある。このようなものは使用頻度が高く、認識の容易な形態素であったと判断し、独立したものの例に含めた。

以上の基準によって、形態素の単独使用の有無を抽出するが、ここではそれにあわせて、対象語彙を ［X # X］,［［X］# X］,［X #［X］］,［［X］#［X］］ とあらわす。X は形態素を示し、X が内側の［ ］で囲われる場合は単独使用が確認できる事を、内側の［ ］が使用されない場合は単独使用が確認できない事を示す[10]。

例えば「金色《コンジキ》」であれば非連声濁語形である「コンシキ」は確認されないため、連声濁語と判断した。そして、この語を構成する形態素、「コン」（金）、「シキ」（色）は、いずれも単独での使用が確認されなかったため、共に独立使用例のない［X # X］に分類される。一方で「頓死《トンシ》」は「和らげ」には非連声濁語形「Tonxi」で登録されるが、『日葡辞書』には連声濁語形「Tonji」で登録されるため、非連声濁語と判断した。また、それぞれ『日葡辞書』に「Tonna」（頓な）及び「xi」（死）の単独での登録が確認できるため、「頓死」は共に単独使用の確認できる［［X］#［X］］に分類される。

4．3．2　分析結果

このような基準で「和らげ」の用例を分類したのが、以下の表である。

表「和らげ」の連声濁語と非連声濁語

語構成	連声濁語	非連声濁語	合計
[X # X]	22	6	28
[[X]# X]	11	9	20
[X #[X]]	11	9	20
[[X]#[X]]	16	9	25
合計	60	33	93

全体として、連声濁語が多い傾向にあるが、特に語構成が［X # X］の場合に連声濁語と非連声濁語の差が大きくなる。一方で［[X]# X］［X #[X]］の場合は両者にほぼ差があらわれない。また、［[X]#[X]］の場合にも、連声濁語の数がやや大きくなる。これは当初の想定からすれば、不都合な例にもみえるが、［X # X］の場合と比べて差が大きいわけではない。少なくとも、最も分析が困難と予想される、単独で使用されない形態素のみで構成される語に、連声濁語形が多い傾向は確認できるだろう。

つまり、認識され難い形態素のみで構成される語に、連声濁語形が多いという傾向を読み取ることができる。ここからも形態素が分析できるかどうかが、連声濁語形の維持に関わっているということが確認できよう。

5　考察

5．1　分析のしやすさと連声濁語形の保持

以上、中世末期において、連声濁語形を保持する語と、非連声濁語形へと変化が生じた語についてみた。ここで確認できたのは、次のⅠ・Ⅱの通りである。

Ⅰ　「和らげ」の形態素注と語釈が対応しないものに、連声濁語が多い

Ⅱ　単独使用されない形態素で構成されるものに、連声濁語が多い

Ⅰからは、語の意味から構成形態素の分析が困難であれば、連声濁語形を維

持しやすいということがわかる。Ⅱからは、語を構成する漢語形態素自体が認識され難いものも、連声濁語形を維持しやすいことがわかる。また、Ⅰでは例外的であったものも、Ⅱによって説明できるものがある。連声濁語形をとるが、形態素注と語釈とが対応する、「田畠《デンバク》」「東西《トウザイ》」がこれにあたる。これらを構成する形態素「田《デン》」「畠《ハク》」「東《トウ》」「西《サイ》」はいずれも単独での使用がみられない。つまり、意味から形態素の分析が可能な環境であっても、当該の形態素が認識されにくいものであったと考えられる[11)]。これらは、語を構成する形態素の分析のしにくさの問題[12)]としてまとめることができよう。

つまり、連声濁語形が非連声濁語形へと変化するなかで、語を構成する形態素の分析が困難なものは、連声濁形を維持しやすかったということになる。その結果、中世末期には連声濁語形と非連声濁語形との間に形態的な分布があらわれたのであろう。しかし、これは結果として生じた分布であり、この場合の濁音が直接形態的な機能を担っていたとは考えにくい。

分析のしにくさが連声濁語形の保持につながる要因には、当初想定したような、非連声濁語形への変化が、形態素単独での形への回帰であったということが関わる。つまり、全体的には単独での形態素の形へ戻ろうとする傾向にあったが、単独での形への同定が困難であれば、前時代からの連声濁語形を維持しやすかったものと考える。

5．2　濁音の歴史との関わり

以上、連声濁語形と非連声濁語形との差を、歴史的な語形変化の中に位置づけ、その変化に、当該語形の語構成が分析しやすいか、しにくいかが関わっていることを確認した。これは、形態素を分析・同定する過程で、濁音が修正されるべき要素とみなされたことが要因ともいえる。しかし、形態素の同定によって濁音が排除されるのであれば、なぜ、この段階で、排除されたのかが疑問となる。つまり、形態素の同定という過程があり、濁音がその妨げとなるならば、そもそも、なぜ連声濁が生じたのか。

これは、濁音の性質の変化によるものと考えられる。かめいたかし（1970）、

小松英雄（1971）などでは、かつての濁音は今日的な分節音素ではなく、語の弁別を一義としない、超分節音（プロソディー）的なものであったとする。連声濁が生産的に生じていた時代の濁音がそのような音であったならば、構成する形態素が濁音化しても、直接的に語の弁別には関わらない。そのため、形態上は同じ形として認識される。しかし、濁音が清音と弁別的に対立する分節音素へと変化した後であれば、本来の形態素の形と異なる形として認識されうるため、非連声濁語形への回帰が進むということではないだろうか。つまり、分析による形態素の同定自体は常に働きうる状態であったが、濁音が修正されるべき要素となるかどうかは、時代によって異なっていたということである。本稿で指摘した、連声濁語形から非連声濁語形への変化は、濁音の性質の変化をきっかけに生じたものといえよう。

高山倫明（1992）では、連声濁の消失を、濁音の弁別特徴の変化（鼻音対非鼻音の対立から有声対無声の対立へ）によるものとして位置づけていた。本稿の想定は、このような濁音の弁別特徴の変化と、かめい（1970）などで指摘される超分節音から分節音へといった濁音の性質の変化との、いずれにも関わる。本稿の考察からは、濁音史で指摘される二つの変化について、より積極的に連関付けた議論の展開が期待されよう。

6　まとめ

本稿では漢語の連声濁について扱い、連声濁語形と非連声濁語形の差にあらわれる形態的差異について、説明を試みた。ここでの指摘は以下の通り。

・連声濁語形と非連声濁語形とにみられる形態的な差異は、前者から後者への通時的変化の過程で生じたものと位置づけられる。

・二字漢語の連声濁語形が非連声濁語形へと変化する中で、形態素に対する分析が困難なものは連声濁語形を保持しやすい。

・このような変化は濁音の性質が変わったことがきっかけに生じている。

なお、連声濁語形を維持するか、非連声濁語形へと変化するかを決定する要因はこの他にも様々なものが想定される。例えば、従来から指摘のある文字や

声調などに加えて、文書語や仏教語といった個々の語が使用される位相なども当然考慮されるべき点であろう。また、三字以上の漢語についても事情は異なるだろう。本稿では、『サントス』の「和らげ」にみられる二字漢語の連声濁語・非連声濁語を対象としたものである。そのため、更に対象範囲を広げて検討を行えば、ここで指摘した以外の要因も指摘できよう。ここでは対象とした範囲において、説明可能な要素を指摘したに過ぎない。

同様の理由から、例えば連声のような他の言語事象に対して、本稿で用いた、分析がしやすいか、しにくいかといった要因による説明が有効であるとは主張しない。これについては別の問題として、改めて考えたい。

注

1） この他、鼻音韻尾に由来するものであればイ段でも生じる時がある。
cf. 栄＋華 → エイガ（-ŋ 由来）

2） 早田輝洋（1977）等

3） 江口（1993）では、高山説のように連濁と連声濁とを別種の現象として分けず、連濁の名称を用いる。これは江口説が高山説にいう連声濁にも連濁と同様の形態的側面を認めているためと考えられる。本稿では、これらの現象をひとまず分けて考えることを目的とするため、江口説における連濁についても連声濁と連濁とを分けて扱う。

4）『補忘記』に収録される語彙は、新義真言宗の論議の場で用いられた、規範性の高いものである。そのため、同書で示される読みも規範的なものと考えられ、同書の連声濁語形と非連声濁語形をどの時代のものとして位置づけるかには問題がある。ここでは、アクセント史研究における一般的な扱い方に従い、室町時代のものとして捉えておく。また、規範的に書かれたために、実態を反映していない部分があるという可能性もあるが、本稿ではそれについて考慮しない。

5） 池上禎造（1978：82）「紛失・容態・招待・元服のようなものの二字目の第一音節を濁らなくなったのは一字一字を見て語を習得することによると考えられる。」
同（p. 75）「識字層あるいは言語生活の変動を語る場合に、室町時代末期から江戸時代初頭、すなわち十六世紀後半から十八世紀初頭を挙げることは、異論のないところであろう。」

6） ただし今泉忠義（1951：19）では、『日葡辞書』にみられる連声濁語形を扱った上で、「耳からはひつて覚えた語には連濁が多く、眼で見て覚えたやうなのはそれの少ないことの考へられるものがある。」としている。このような説があることか

ら、実際にはこの時代においても、文字知識の影響を検討する必要があろう。

7） キリシタン・ローマ字資料の内には、このほかにも巻末に「和らげ」を持つものがあるが、形態素注と語釈を共に備えるものは『サントス』のみである。

8） この他に、以下の条件に該当するものは対象から外した。

・鼻音韻尾に由来しない音の後で濁音化しているもの。

Cǒ-zan.［tacai yama］Monte alto（高山［タカイ　ヤマ］高い山）

→「高」は非鼻音韻尾

・和語と複合して、かつ濁音化する場合がある形態素を含むもの。

Vôjei（大勢）、Cojei（小勢）、Ximagiŭ（島中）、Tçuqigiŭ（月中）（『日葡辞書』による）

→ 和語的な連濁。異形態として許容されうる。

・『日本国語大辞典』に収録されていない、あるいは他に用例が確認されないもの。

Fon-bon.［moto xina］O proprio（本品（？）［モト　シナ］自分）

→ 登録なし

これら以外にも、個別に問題があると判断した例は用例から外した。また、撥音に後続する事情から、形態素の頭が半濁音形であらわれる形態素がある。これらは、単独では半濁音にならず、少なくとも、二字漢語においては、形態的な機能もないと判断した。そのため、相補分布する清音形の異形態として扱い、ここでは用例に含めた。

最終的に、「和らげ」に収録される総項目数2149（山田健三（2004）参照）の内、連声濁語・非連声濁語を抽出し、さらに上記の条件の元、検証に利用可能と判断されたものは、93例であった。

9） 原文でこの個所は、「onge & perto」とあるが、頭字が小文字である点などから欠落と判断し、“L” を補った。

10） 表記法については、田中真一（2010）を参考とした。

11） また、「東西」については、「東西南北」という四字熟語で使用されるという、個別の事情も関わるだろう。

12） ここにいう「分析のしにくさ」というのは、「分析性」（analyzability）の考え方と同様の発想と考えてよい。分析性とは、ある言語表現の意味がその構成要素からどの程度予想可能かを指す術語である。これについて、山梨正明（2000：209）では、以下のように説明する。

> 一般に、ある表現の意味が、構成要素の意味の総和として予測できる場合には分析性（analyzability）が高く、逆に全体としての意味が変容しその意味が構成要素の意味から予測できない場合には、分析性は低くなる。

この術語を用いて説明するなら、分析性が低ければ連声濁語形を維持しやすいということになろう。

また、高山知明（1997）では特に現代語を対象とし、「還元性」や「還元可能性」といった用語で、漢語自体が和語に比べて形態素の同定がされにくい事を指摘する。そして、同論でいう漢語の連濁が、和語の連濁のような積極的な機能を果たしにくいことを示す。高山知明（1997）では連濁の機能から述べたものであるため、本稿とは立場は異なるが、ここにいう「還元性」も「分析のしにくさ」と同じ発想といえよう。

参考文献

今泉忠義（1951）「日葡辞書を通して見た字音と語法と」『国語学』6

池上禎造（1978）「識字層の問題」『岩波講座日本語別巻　日本語研究の周辺』岩波書店

江口泰生（1993）「漢語連濁の一視点―貞享版「補忘記」における」『国語国文』62-12

江口泰生（1994）「連濁と語構造」『岡大国文論稿』22

岡島昭浩（2009）「漢語から見た語彙史」『シリーズ日本語史２　語彙史』岩波書店

奥村三雄（1952）「字音の連濁について」『国語国文』214

かめいたかし（1970）「かなはなぜ濁音専用の字体をもたなかったか――をめぐってかたる」『人文科学研究』12（亀井孝『亀井孝論文集』吉川弘文館による）

小松英雄（1971）『日本声調史論考』風間書房

高山知明（1997）「漢語形態素の連濁のあり方について」『香川大学国文研究』22

高山倫明（1992）「連濁と連声濁」『訓点語と訓点資料』88

高山倫明（2012）『日本語音韻史の研究』ひつじ書房

田中真一（2010）「大阪方言の漢語式保存と「一語性」」『漢語の言語学』くろしお出版

早田輝洋（1977）「生成アクセント論」『岩波講座日本語５　音韻』岩波書店

山田紀久子（1985）「うむの下濁る－一六〇三年長崎版日葡辞書を中心として－」『滋賀大國文』23

山田健三（2004）「キリシタン・ローマ字文献のグロッサリー」『語彙研究の課題』和泉書院

山梨正明（2000）『認知言語学原理』くろしお出版

参考・引用テキスト

貞享版『補忘記』:『補忘記　貞享版』（白帝社　1962）

『名目抄』陽明文庫蔵甲本:『陽明叢書14』（思文閣　1976）

前田本『色葉字類抄』:『尊経閣蔵三巻本　色葉字類抄』（勉誠社1984）

『日葡辞書』Oxford 大学 Bodleian Library 蔵本:『日葡辞書』（勉誠社　1973）、『邦訳日葡辞書』（岩波書店　森田武訳1980）

『サントスの御作業のうち抜書』Oxford 大学 Bodleian Library 蔵本：『サントスの御作業』（勉誠社　1976）

参考・引用辞書

『日本国語大辞典　第二版』（小学館　2000-2002）

〔付記〕

本稿は第106回国語語彙史研究会（2014年４月26日、於関西大学）における研究発表に基づく。全体の論旨自体に変わりはないものの、発表後に賜った多くのご指摘によって、論述の方法などを見直すことができた。ここに記して感謝申し上げる。

語彙索引

〔ア〕

〔イ〕

〔ウ〕

人名・書名・事項索引

執筆者一覧

蜂矢《はちや》 真郷《まさと》　中部大学教授
釘貫《くぎぬき》 亨《とおる》　名古屋大学大学院教授
小柳《こやなぎ》 智一《ともかず》　聖心女子大学准教授
蜂矢《はちや》 真弓《まゆみ》　相愛大学非常勤講師
中垣《なかがき》 徳子《のりこ》　中部大学大学院生
村田《むらた》 菜穂子《なほこ》　大阪国際大学教授
山王丸《さんのうまる》 有紀《ゆき》　近畿大学非常勤講師
池上《いけがみ》 尚《なお》　国立国語研究所プロジェクト非常勤研究員
田中《たなか》 巳榮子《みえこ》　関西大学東西学術研究所非常勤研究員
近藤《こんどう》 明《あきら》　金沢大学教授
伊藤《いとう》 由貴《ゆき》　大阪大学大学院生
山田《やまだ》 昇平《しょうへい》　大阪大学大学院生
山内《やまうち》 洋一郎《よういちろう》　奈良教育大学名誉教授
前川《まえかわ》 武《たけし》　大阪国際大学短期大学部教授
田和《たわ》 真紀子《まきこ》　宇都宮大学准教授
末森《すえもり》 明夫《あきお》　独立行政法人産業技術総合研究所主任研究員・関東聾史研究会
新谷《しんたに》 嘉浩《よしひろ》　近畿聾史研究グループ代表
浅野《あさの》 敏彦《としひこ》　大阪成蹊短期大学名誉教授
吉野《よしの》 政治《まさはる》　同志社女子大学特任教授
深澤《ふかざわ》 愛《あい》　近畿大学准教授
郡山《こおりやま》 暢《みつる》　関西大学大学院生
今野《こんの》 真二《しんじ》　清泉女子大学教授

国語語彙史研究の記録

第一〇三回国語語彙史研究会　二〇一三年四月二七日（土）　大阪大学豊中キャンパス　文法経講義棟　文四一教室

漢語の再解釈――「泥酔」と「ドロンコ」の関わりを例として――　鳴海伸一

字鏡集と倭玉篇の境界と継承に就いて　鈴木功眞

『航米日録』に見える振り仮名が付された漢字列について　浅野敏彦

第一〇四回国語語彙史研究会　二〇一三年九月二八日（土）　立命館大学衣笠キャンパス　清心館三階五三四号教室

『五国対照兵語字書』の編纂とその関連資料について　胡琪

モノクサシの語史――クサシとの関連から――　池上尚

伊勢本系増刊本類新出古本『節用集』とその意義　佐藤貴裕

第一〇五回国語語彙史研究会　二〇一三年一二月七日（土）　天理大学杣之内キャンパス　二号棟二階二二A教室

換喩におけるカテゴリーの境界と意味変化について　大田垣仁

単語情報付き『太陽コーパス』に見る動詞の尊敬待遇表現　近藤明日子

実用的仮名の歴史素描　山内洋一郎

（現在の役員）代表幹事＝乾善彦、幹事＝山内洋一郎・前田富祺・糸井通浩・蜂矢真郷・浅野敏彦、委員＝佐藤貴裕・山本真吾・岡島昭浩・小椋秀樹・佐野宏、編集主任＝佐藤貴裕、庶務主任＝岡島昭浩

（ホームページ）http://www.let.osaka-u.ac.jp/jealit/kokugo/goishi/

彙報

・次集『国語語彙史の研究』第三十五集では、テーマを「コーパスと語彙史」とする特集を計画しております。日本語歴史コーパスが公開されるなど、日本語の歴史的研究にもコーパスの重要度が高まっています。語彙史の分野ではどのようにコーパスを利用していくことが有効かなど、コーパスと語彙史に関する御論考をお寄せくだされば幸いです。また、特集のテーマに関わらない、国語語彙史に関する御論考もお受けしております。

一、分量　四〇〇字詰め原稿用紙換算四〇枚以内、刷り上がり一八ページ以内（注・図・表を含む）

一、締切　二〇一五年七月末日（完全原稿であること）

一、送付先　編集主任　岡島昭浩（大阪大学）

〒五六〇―八五三二　大阪府豊中市待兼山町一―五　大阪大学大学院文学研究科

電子メール　okajima@let.osaka-u.ac.jp

一、出版予定　二〇一六年三月

・御投稿に際しての目安は次のようです。ご参照ください。

一、原稿は、縦書き・一行五〇字詰めでプリンアウトしたものを御投稿ください。同時に、電子ファイル（著名ワープロソフト形式またはテキストファイル形式）もお送り下さい（CD―R等の媒体もしくは編集主任宛へのメールに添付しても可）。自筆等の場合は、締切の二週間以上前に編集主任に御相談下さい。

一、投稿論文の採否決定は、幹事・委員からなる編集委員会の審査に一任願います。審査結果は執筆者に通知しますが、その他の問い合わせには応じられません。

一、図版など、掲載に許可を要する事項がある場合は、原則として執筆者が手続き願います。

一、校正段階で索引原稿の作成をお願いします。また、執筆者校正は再校までとします。

一、掲載論文の著作権は執筆者に帰属します。ただし、『国語語彙史の研究』の再版、電子化等については、執筆者の許可を得ないで国語語彙史研究会が行うことができるものとします。

『国語語彙史の研究』発刊に際して

戦後、国語史の研究は各分野にわたって著しく進んできた。次々と新しい文献・資料の紹介も行われ、それらについての研究も数多く発表されている。しかし、国語語彙史の研究は、音韻史や文法史の研究に比して、やや立ち遅れているように思われる。もっとも国語語彙史にかかわる研究論文の数は必ずしも少ないわけではない。ただそれらを国語語彙史としてどのように体系的にまとめてゆくかということになると、なお考えるべき点が多いように思われるのである。

そのような状況の中で最近になっていくらか様相が変わってきた。国語語彙史としてまとめることを目標としているような著書・論文も出てきている。国語語彙史の研究は、新たな進展の時を迎えているといえよう。そこで、私ども国語語彙史の研究に関心を持つ者が集まって、昭和五十四年春、国語語彙史研究会を始めることにした。幸い、心ある方々の力添えをいただき、ささやかながら関西を中心として研究会を開いてきた。そしてそのような研究会の活動の中で、論文集を出そうという気運がもりあがってきた。研究会に参加しているものを中心に、各地の国語語彙史の研究に関心を持っておられる方々の参加をえて、ここに『国語語彙史の研究』の発刊を見るに至ったのである。

国語語彙史の研究会自体が、会則などのない（注）、開かれた、自由な会である。参加している人の考え方も、国語語彙史に関心を持っているということは共通としても、様々である。本論文集も研究会と同様に、いろいろな考え方の、いろいろな分野の研究の発表の場となることを期待している。研究会ともども時には厳しく、時には暖かく見守っていただきたいと念願する。

昭和五十五年三月

国語語彙史研究会幹事

根来　司

前田富祺

山内洋一郎

（注）その後、平成八年十一月に会則を、平成十年十二月に投稿・編集規程を制定するに至った。

国語語彙史の研究　三十四

平成二十七年三月三十一日初版第一刷発行

（検印省略）

編　者　国語語彙史研究会

発行者　廣橋研三

印刷所　亜細亜印刷

製本所　渋谷文泉閣

発行所　有限会社　和泉書院

〒543-0037　大阪市天王寺区上之宮町七―六

電話　〇六―六七七一―一四六七

FAX〇六―六七七一―一五〇八

振替〇〇九七〇―八―一五〇四三

ISBN978-4-7576-0756-9　C3381